Walter Bruck / Rudolf Müller
Wirkungsvolle Tagungen und Großgruppen

*den freien Geistern
in der Arbeit mit großen Gruppen*

Walter Bruck / Rudolf Müller

Wirkungsvolle Tagungen und Großgruppen

Handbuch für Ziele, Wirkfaktoren, Designs –
mit Anwendungsbeispielen, Werkzeugen,
Appreciative Inquiry, World Café,
Open Space, OpenSpace-Online®, RTSC,
Zukunftskonferenz, klassische Tagung

Bibliografische Information der Deutschen Nationalbibliothek

Die Deutsche Nationalbibliothek verzeichnet diese Publikation
in der Deutschen Nationalbibliografie; detaillierte bibliografische
Daten sind im Internet über http://dnb.d-nb.de abrufbar.

ISBN: 978-3-89749-678-1

Lektorat: Coaching & More Limited | www.coachingandmore.de
Umschlaggestaltung: +malsy Kommunikation und Gestaltung, Willich
Umschlagfoto: Nordenia International AG, Greven
Satz und Layout: Das Herstellungsbüro, Hamburg | www.buch-herstellungsbuero.de
Druck und Bindung: Salzland Druck, Staßfurt

© 2007 GABAL Verlag GmbH, Offenbach
Alle Rechte vorbehalten. Vervielfältigung, auch auszugsweise,
nur mit schriftlicher Genehmigung des Verlages.

www.gabal-verlag.de
www.gabal-shop.de
www.gabal-ist-ueberall.de

Geleitworte

Begeisterung

Als in der Mitte der neunziger Jahre des vergangenen Jahrhunderts die Möglichkeiten und Methoden der Großgruppenarbeit erstmals im deutschen Sprachraum bekannt wurden, gab es viel Begeisterung, aber auch eine Menge Skepsis. Die einen stürzten sich voller Enthusiasmus auf die neuen Werkzeuge, andere meinten, es würde sich nur um eine Modewelle handeln, die rasch wieder abebbt. Doch die Welle verebbte nicht. Großgruppen-Konferenzen wurden und werden in der Wirtschaft und in vielen anderen Bereichen der Gesellschaft zunehmend eingesetzt. Auch wenn keine harten empirischen Daten vorliegen, so habe ich den Eindruck, dass die Tendenz eindeutig steigend ist. Denn häufiger als früher stoße ich bei meiner Arbeit auf Führungskräfte, die bereits Erfahrungen mit Großgruppen-Interventionen gemacht haben. Unternehmen und Organisationen setzen Großgruppen-Methoden ein, um Mitarbeiter für Veränderungen oder neue Strategien zu gewinnen, um Schubkraft in Richtung Qualität oder Kundenorientierung zu erzeugen, um Fusionen zu begleiten oder um ihre Kultur zu entwickeln. Es ist daher nur folgerichtig, dass Walter Bruck und Rudolf Müller ein neues Buch zu diesem Thema vorgelegt haben – ein Buch, das die Praxis der Großgruppenarbeit ganz sicher befruchten und bereichern wird.

Gelungene Großgruppen-Interventionen setzen eine Menge positiver Energie frei. Die Teilnehmer erhalten mehr Hoffnung für die Zukunft, sie identifizieren sich stärker mit ihrer Organisation und sie fühlen sich ihren Kollegen stärker verbunden. Ein ganzes Bündel positiver Gefühle wird freigelegt, das man summarisch als »Begeisterung« bezeichnen könnte. Interessanterweise entsteht diese Begeisterung bei einer kleinen Gruppe oftmals schon lange bevor das eigentliche Ereignis stattfindet, nämlich bereits innerhalb der Planungsgruppe. Das ist jene Gruppe, die eine Großgruppen-Konferenz vorbereitet und sich dafür im Vorfeld einige Male trifft. Sie ist in der Regel 10 bis 15 Personen stark und repräsentiert einen Querschnitt der späteren Teilnehmer. Immer wieder hat es mich erstaunt, wie viel Freude es dieser Gruppe macht, das große Ereignis vorzubereiten. Planungsgruppenmitglieder nehmen zusätzliche Arbeit auf sich – etwa eine besonders kreative und aufrüttelnde Präsentation eines komplexen Sachverhalts vorzubereiten –, auch wenn sie ohnehin mehr als genug zu tun haben. Führungskräfte berichten, es hätte ihnen lange nicht mehr so viel Freude gemacht, mit Mitarbeitern aus ihrem Team zu arbeiten. Betriebsräte setzen sich vehement dafür ein, dass Samstagsarbeit erlaubt wird, wenn die Konferenz in einen Samstag hineinreichen soll. Vorstände, die nur kurz an der Planungsgruppe teilnehmen wollten, lassen sich plötzlich von der positiven Stimmung so anstecken, dass sie den Rest des Tages bleiben. Wie kommt es, dass bereits die Vorbereitung der Großgruppen-Konferenz so viel Energie freisetzt? Liegt es daran, dass es immer Freude macht, ein Großereignis vorzubereiten? Ganz sicher nein, denn ich habe an der Vorbereitung konventioneller Veranstaltungsformen teilgenommen, wo diese Begeisterung nicht aufkam.

Die Antwort, die ich auf meine Frage gefunden habe, weist auf einen Faktor hin, der die Magie von Großgruppen ganz wesentlich ausmacht. Menschen, die in Unternehmen oder anderen Organisationen arbeiten, wollen nicht nur ein Rad im Getriebe oder ein Kästchen im Organigramm sein. Sie möchten vielmehr Teil einer Gemeinschaft sein – einer Gemeinschaft, die eine wertvolle gemeinsame Aufgabe hat und in der jeder zwar nicht gleich, aber doch gleich viel wert ist. Dieses Bedürfnis, Teil einer großen Gemeinschaft zu sein, die gemeinsame Ziele hat und in der jeder für das Ganze verantwortlich ist, wird im Alltag von Organisationen normalerweise nicht bedient. Denn jeder erlebt sich als Einzelperson, die in einem Büro, in einer Werkstatt oder vor Ort beim Kunden arbeitet. Das große Ganze, von dem man einen Teil ausmacht, ist hier kaum spürbar. Und dadurch geht das Gefühl verloren, zu einer Gemeinschaft zu gehören. Ich glaube, jede Planungsgruppe fühlt, dass sie dazu beiträgt, etwas entstehen zu lassen, das jedem unbewusst fehlt. Sie ahnt, dass sie nicht nur ein Ereignis vorbereitet, das dazu dient, geschäftliche Ziele voranzubringen, sondern dass sie auch eine Art Fest gestaltet, das alle Teilnehmer auf ein höheres Bewusstseinsniveau – über den Alltag hinaus – anheben wird. Die Gruppe spürt, dass sie als repräsentativer Querschnitt bereits der Nukleus der größeren Gemeinschaft ist, die in der Großgruppenkonferenz allen

Teilnehmern wieder bewusst wird. Es macht ihr sichtlich Freude, dem großen Ganzen einen Dienst zu erweisen.

Diese Freude, die bereits während der Vorbereitung und später bei der Durchführung einer Großgruppen-Konferenz entsteht, ist ein belebender Quell für mich und viele, die mit großen Gruppen arbeiten.

Großgruppen-Interventionen zu gestalten und einzusetzen, erlebe ich immer wieder als inspirierend, und ich wünsche Ihnen als Leser dieses Buches, Gleiches zu erleben. Selbstredend braucht es dazu auch gutes Handwerkszeug. Das Modell der 7 Wirkfaktoren bringt eine ganzheitliche Sichtweise auf die Großgruppenarbeit, jenseits der bekannten Standardformate. Es hilft, sich der Zusammenhänge in der Arbeit mit großen Gruppen mehr und mehr bewusst zu werden. Es stellt neue und bewährte Werkzeuge bereit, ermutigt, eigene Wege zu gehen, inspiriert, neue Ideen zu verwirklichen und unterstützt darin, passgenaue Lösungen für die Aufgabenstellungen zu entwickeln. Neue Entwicklungen wie die des Computereinsatzes und des Internets wurden aufgegriffen und erstmalig zusammenhängend dargestellt. Für die praktische Arbeit leistet dieses Buch einen wertvollen Dienst.

November 2006

Matthias zur Bonsen
(all in one spirit)

Krisen bewältigen
Probleme und Krisen beinhalten das Potenzial für radikalen Wandel zum Besseren. Während der Evolution unseres Planeten haben Zeiten höchster Krise immer Bedingungen für einen Übergang in etwas ganz Neues geschaffen. Ich bin überzeugt, dass wir zu Beginn einer signifikanten Übergangsphase leben, wie Menschen sich selbst organisieren, um sinnvoll und in Harmonie miteinander und mit der Natur zu leben.

Systemische Großgruppenarbeit hat das Potenzial, uns die aktuelle Überlastung natur- und menschenverursachter Krisen, die wir heute erleben, überwinden zu lassen. In der Tat ist dies wohl die einzige Möglichkeit.

Bruck und Müller zeigen viele Möglichkeiten auf, wie das Beste in den Menschen angestoßen werden kann, um erfolgreich signifikante Übergangsphasen mit Hilfe von Großgruppen zu meistern. Seien es aktuelle Herausforderungen von Unternehmen und Organisationen in der Verbindung von Ökonomie und Menschlichkeit oder allgemein wenn Gemeinschaften eine neue Qualität leben wollen. Unsere gemeinschaftliche Fähigkeit, weise, herzlich, beseelt und produktiv zu sein, nimmt zu, wenn Menschen Folgendes entdecken:

- Weisheit in ihnen selbst
- Verbindungen untereinander
- Respekt vor dem Anderssein
- Kraft durch Austausch von Geschichten
- und die Fähigkeiten Träume zum Leben zu erwecken.

Die in diesem Buch vorgestellten Wirkfaktoren und ihre Umsetzung zeigen auf, wie dies konkret in Großgruppenprozessen wirkungsvoll geschehen kann. Die vorgestellten Großgruppenprozesse beziehen Hunderte, sogar Tausende Menschen ein: in die Schaffung von Gemeinschaften und Organisationen, die die Bedürfnisse von Individuen und Gemeinschaften erfüllen. Diese Prozesse funktionieren am besten, wenn Herausforderungen, Interessenvielfalt, Konflikt und Komplexität gegeben sind. Sie schaffen gesündere und interessantere Arbeitsplätze und Gemeinschaften, die Sinnvolles bewirken.

In der Tat, die effektive Erreichung der Zielsetzungen – die Bruck und Müller formulieren – bessere und transparente Information, tieferes Lernen, gesteigerte Motivation und Innovation, stärkerer Gemeinschaftssinn, gemeinsame Werte und Überzeugungen, größere Entscheidungskraft sowie effektivere und effizientere Umsetzung von Veränderungen – haben die Kraft, die Welt zu ändern. Die hier vorgestellten Ansätze und Werkzeuge sind für den Einsatz in Tagungen und Kongressen sowie in Veränderungsprozessen hervorragend geeignet. Dabei ist die Übertragung der Wirkfaktoren von Großgruppenprozessen auf offene Tagungen und Kongresse besonders zu begrüßen und wird viele Menschen erreichen.

Wir leben in einer interessanten Zeit. Was wir tun, ist wichtig. Willkommen zu der Arbeit daran, einen Unterschied zu bewirken.

Dezember 2006

Peggy Holman
(Autorin von Change Handbook)

Inhalt

Vorwort 17

Einleitung 21

1 Grundlagen von Großgruppenveranstaltungen 29
1.1 Begriffsbestimmungen 29

1.2 Ziele und Nutzen 31
1.2.1 Ziele aus Veranstaltersicht 32
1.2.2 Ziele aus Teilnehmersicht 35

1.3 Grundsätzliches über Großgruppenveranstaltungen 37

2 Wirkfaktoren in großen Gruppen 43
2.1 Wirkfaktor 1: Wohlfühlen 45
2.1.1 Der erste Eindruck der Teilnehmer beim Ankommen 46
2.1.2 Raumgestaltung und Atmosphäre 48
2.1.3 Form der Arbeitsmaterialien und der Dokumentation 49
2.1.4 Sonstige Faktoren 51
2.1.5 Schlüsselfragen für Wirkfaktor: Wohlfühlen 54

2.2 Wirkfaktor 2: Ressourcenaktivierung 55
2.2.1 Sinn erkennen – Bewusstsein schaffen 58
2.2.2 Grundhaltung des Hinwendens 59
2.2.3 Austausch und Dialog 61
2.2.4 Beziehung und Gemeinschaft 64
2.2.5 Schlüsselfragen für Wirkfaktor: Ressourcenaktivierung 64

2.3 Wirkfaktor 3: Kleingruppenarbeit 65
2.3.1 Zeitanteil 66
2.3.2 Gruppenbildung und Gruppengröße 66

2.3.3	Zusammensetzung und Konstanz der Kleingruppen	67
2.3.4	Arbeitsstruktur	68
2.3.5	Querinformation	69
2.3.6	Überlegungen zu Raumfragen	71
2.3.7	Schlüsselfragen für Wirkfaktor: Kleingruppenarbeit	72
2.4	Wirkfaktor 4: Ergebnisorientierung	72
2.4.1	Zielklärung	74
2.4.2	Ergebnisorientiertes Arbeiten	75
2.4.3	Ergebnisse sichern	78
2.4.4	Schlüsselfragen für Wirkfaktor: Ergebnisorientierung	79
2.5	Wirkfaktor 5: Rhythmisieren	80
2.5.1	Wechsel der Sinneskanäle	81
2.5.2	Die Pausenregelung	82
2.5.3	Eigenaktivität und Austausch	83
2.5.4	Schlüsselfragen für Wirkfaktor: Rhythmisieren	83
2.6	Wirkfaktor 6: Selbstorganisation	84
2.6.1	Einfluss auf den Veranstaltungsablauf	85
2.6.2	Schlüsselfragen für Wirkfaktor: Selbstorganisation	86
2.7	Wirkfaktor 7: Virtualität	86
2.7.1	Echtzeit-Kommunikation (synchron)	88
2.7.2	Zeitversetzte Kommunikation (asynchron)	89
2.7.3	STT-Modell	91
2.7.4	Schlüsselfragen für Wirkfaktor: Virtualität	94
2.8	Kurzzusammenfassung der Wirkfaktoren	95
3	**Präsenzveranstaltungen – Standardformate**	**97**
3.1	Übersicht	97
3.1.1	Struktur der Darstellung	100
3.1.2	Unterstützung der Ziele durch die einzelnen Großgruppenformate	101
3.1.3	Bandbreite der Ausprägung der Wirkfaktoren	102
3.2	Die klassische »lineare« Tagung	103
3.3	Die moderne Tagung mit parallelen Vorträgen / Workshops	108
3.4	The World Café	113
3.5	Ganzheitlich tagen in Gruppen	120
3.6	Open Space Technology	128

3.7 Zukunftskonferenz 138
3.8 RTSC Real Time Strategic Change 149
3.9 Appreciative Inquiry Summit – Zukunftsgipfel 160
3.10 Appreciative Open Space 172
3.11 Weitere Methoden im Blitzlicht 179
3.11.1 Ancient Wisdom Council 179
3.11.2 The Conference Model® 180
3.11.3 Community Weaving 181
3.11.4 Collaborative Loops 181
3.11.5 Cycle of Resolution 182
3.11.6 Gemeinsinn-Werkstatt – Beteiligung übers Reden hinaus 183
3.11.7 Genuine Contact 183
3.11.8 Rapid Results 185
3.11.9 Rat der Weisen – Wisdom Council 185
3.11.10 SOAR® – Strengths, Opportunities, Aspirations, Results 186
3.11.11 WorkOut 188

4 Großgruppen mit virtueller Ausprägung 189
4.1 Virtuelle Kommunikation und ihre Schnittstellen 189
4.2 Einsatzbereiche und besonderer Wert 191
4.3 Präsenz-Großgruppe mit virtuellen Anteilen 195
4.3.1 Präsenz-Großgruppe mit Echtzeit Kommunikation 195
4.3.2 Präsenz-Großgruppe mit zeitversetzter Kommunikation 198
4.3.3 Präsenz-Großgruppe mit gemischter virtueller Kommunikation 199
4.4 Virtuelle Großgruppe bestehend aus Präsenz-Kleingruppen 199
4.5 Rein virtuelle Großgruppe – Online-Konferenz 200
4.5.1 Anwendungen und spezielle Möglichkeiten 201
4.5.2 Design und Vorbereitung 204
4.5.3 Auswahl der Plattform 205
4.5.4 Durchführung und Erfolgsfaktoren 207
4.5.5 Rein virtuelle Echtzeit-Konferenz 209
4.5.6 Beispiel OpenSpace-Online® Echtzeit-Konferenzmethode 209
4.5.7 Rein virtuelle zeitversetzte Kommunikation 217
4.5.8 Online-Konferenz mit gemischter virtueller Kommunikation 218
4.5.9 Beispiel: Virtuelles Appreciative Inquiry 220
4.5.10 Ausblick virtuelle Gemeinschaften 222

5 Praktischer maßgeschneiderter Einsatz 225
- 5.1 Lineare Verbandstagung 229
- 5.2 Unternehmer-Fachtagung 235
- 5.3 Start eines Veränderungsprozesses 241
- 5.4 Jahresauftaktveranstaltung für Führungskräfte 248
- 5.5 Ertragreiche Kundenbeziehungen 255
- 5.6 Weltweite strategische Planung 261
- 5.7 Teamentwicklung im Vertrieb 274
- 5.8 Ausweitung Mitarbeiter-Kapitalbeteiligung 281
- 5.9 Informationstag für Existenzgründer 288
- 5.10 Schub für die Unternehmenskultur und Produktivität 296
- 5.11 Schnelle Strategieplanung 310
- 5.12 Modernisierung und Harmonisierung der Unternehmenskultur 321

6 Design entwickeln 327
- 6.1 Ziele und Wirkfaktoren 328
  - *6.1.1 Zusammenhang Zielbereiche und Wirkfaktoren 328*
  - *6.1.2 Wirkfaktoren und Zielbereiche näher betrachten 330*
  - *6.1.3 Wirkfaktoren für die eigenen Ziele ermitteln 336*
- 6.2 Weitere grundsätzliche Designüberlegungen 338
  - *6.2.1 Informationsfluss 338*
  - *6.2.2 Dialog in der Großgruppe 339*
  - *6.2.3 Gruppenzusammensetzungen 339*
  - *6.2.4 Der Anfang und der Abschluss 340*
  - *6.2.5 Prozessbegleitung 341*
- 6.3 Dramaturgie und ideales Design 341
- 6.4 Vorgaben und Rahmenbedingungen beachten 343
  - *6.4.1 Einfluss der Rahmenbedingungen auf das Design 344*
  - *6.4.2 Umgang mit räumlichen Beschränkungen 345*
- 6.5 Entwicklung der endgültigen Form 346
- 6.6 Weitere Planung und Organisation 347
- 6.7 Designfestlegung am Beispiel »Schub für Unternehmenskultur und Produktivität« 348

7	**Werkzeugkasten** 357
7.1	Vorzugsweise Faktor Wohlfühlen 361
7.1.1	*Bewegungsübung – Sanfter Start mit Händereiben 361*
7.1.2	*Bewegungsübung – Energieaufbau und Sprung (Toller Hirsch) 363*
7.1.3	*Stellübungen mit Bewegung und Emotionen 365*
7.1.4	*Live-Visualisierung 368*
7.1.5	*Musik 371*
7.2	Schwerpunkt Ressourcen aktivieren 373
7.2.1	*Sich einstimmen in der Tischgruppe 374*
7.2.2	*Dialog mit Bildern – Visual Explorer 376*
7.2.3	*Dialogische Aufstellung 379*
7.2.4	*Fishbowl (Goldfischglas) 384*
7.3	Schwerpunkt Kleingruppenarbeit 387
7.3.1	*Wechselnde Rollen in den Gruppen 387*
7.3.2	*Komprimierte Gruppenanweisungen 389*
7.3.3	*Effektive Stammgruppen bei offenen Veranstaltungen 391*
7.4	Schwerpunkt Ergebnisorientierung 394
7.4.1	*ZAKK – Zielorientierte Aktive Kooperative Kleingruppenarbeit 394*
7.4.2	*Indikatoraufstellung 399*
7.4.3	*Mentale Schluss-Integration 402*
8	**Zusammenfassung und Ausblick** 407

Anhang 411

Glossar 411

Literatur und Quellen 415

Download 424

Index 426

Die Autoren 432

Kernelemente für die Großgruppenarbeit (Übersicht) 434

Vorwort

Seitdem im Jahre 1999 »Die erfolgreiche Tagung« mit dem GTG-Modell (Ganzheitlich tagen in Gruppen) von Dr. Rudolf Müller erschien, hat sich in der Großgruppenarbeit vieles weiterentwickelt. Großgruppenverfahren wie Open Space, Zukunftskonferenz, RTSC oder Appreciative Inquiry Summit, die bereits in den 80er-Jahren in Amerika Erfolg hatten, haben den deutschsprachigen Raum erreicht und in viele Veränderungsprozesse Eingang gefunden. Mittlerweile gibt es zahlreiche Bücher, die einzelne Methoden beschreiben oder einen Überblick über die verschiedenen Verfahren liefern.

Großgruppendesigns

In vielen Unternehmen und Non-Profit-Organisationen, aber auch in der Politik sind solche Veranstaltungsformen zum Einsatz gekommen. Doch die Anforderungen haben sich gewandelt. Es reicht nicht mehr, nur eine der Methoden auszuwählen und standardisiert anzuwenden. Heute ist eine übergreifende Sichtweise auf die Arbeit mit Großgruppen gefragt, die es erlaubt, ein individualisiertes, effektives Design für die speziellen Zielsetzungen einer solchen Veranstaltung zu entwickeln. Dieser Trend wird sich weiter verstärken. Aber: Wesentliche Ideen und Umsetzungselemente aus den Standardformaten werden auch in Zukunft in jedes Design einfließen. Denn: Die geleistete Pionierarbeit ist zu wertvoll, um darauf verzichten zu können.

Unsere Absicht ist es, hinter die einzelnen Standardgroßgruppenformate zu blicken und die tiefer gehenden Erfolgsgesetze und Wirkzusammenhänge aufzudecken. Unsere Offenheit für neue Möglichkeiten und Optimierungen hat uns immer wieder angespornt, Neues auszuprobieren und Bewährtes zu verbessern. In dem Versuch, diese methodenübergreifenden Wirkzusammenhänge besser zu erfassen, sie qualitativ und quantitativ zu

Erfolgsgesetze und Wirkzusammenhänge

beschreiben, machten wir selbst einen wichtigen Entwicklungsprozess des Verstehens durch. Wir sind gestartet mit der Grundidee, das GTG-Modell von zwei sichtbaren Wirkfaktoren um die Ressourcenaktivierung zu erweitern. Herausgekommen ist das WGG-Modell (Wirkfaktoren in Großen Gruppen) mit insgesamt sieben Wirkfaktoren. Sie bilden die Ausgangsbasis für dieses Buch.

Wir möchten unsere Leser dabei unterstützen, geeignete Methoden für unterschiedliche Einsatzzwecke und Ausgangssituationen harmonisch zusammenzuführen. Und: Wir würden uns freuen, einen weiterführenden Dialog über diese übergreifenden Wirkzusammenhänge anzustoßen.

In dieses Buch ist unsere ganze Erfahrung aus der langjährigen Begleitung von Veränderungsprozessen mit dem Schwerpunkt »Nutzung des menschlichen Potenzials« eingeflossen. Ganz speziell haben wir unsere Erkenntnisse in der Arbeit mit großen Gruppen einbezogen. Wir möchten Ihnen eine ganz konkrete Hilfe bei der Gestaltung von großen Veranstaltungen in Veränderungsprozessen, Tagungen, Kongressen und Konferenzen an die Hand geben, damit Sie und die Teilnehmer Ihre Ziele erreichen. Wir verraten Ihnen die Geheimnisse der Arbeit mit großen Gruppen und zeigen Ihnen Ideen und Möglichkeiten, Veranstaltungen lebendiger, effektiver und nachhaltiger durchzuführen.

Die Autoren Dr. Rudolf Müller beschäftigt sich seit 1977 mit Großgruppenveranstaltungen – zunächst in seinem Unternehmen, später auch im Bundesverband Junger Unternehmer (BJU). Aus diesem Engagement entstand das oben erwähnte GTG-Modell. Es handelt sich hierbei um eine rein deutsche Entwicklung, während die übrigen Standardformate wie Open Space und Zukunftskonferenz aus Amerika kamen. Dr. Müller legt den Fokus auf die psychologischen Aspekte solcher Veranstaltungen. Dazu gehört die Frage, wie Aufmerksamkeit und Interesse einer großen Zahl von Menschen für längere Dauer erhalten bleiben können. So sind denn auch seine fundierten Kenntnisse im Bereich Superlearning und NLP (Neuro-Linguistische Programmierung) ein wichtiger Ausgangspunkt für dieses Buch.

Walter Bruck zählt zu den Pionieren des Appreciative Inquiry und setzt dessen Grundprinzipien seit 1997 innovativ in vielen Anwendungsbereichen um. Seine Arbeit basiert auf dem Gedankengut des Appreciative Inquiry und äußert sich in der Arbeit mit Großgruppen konkret in neuen Werkzeugen wie Indikatoraufstellungen bis hin zu dem Großgruppenformat Appreciative Open Space. Der wertschätzende Umgang mit Menschen und die Aktivierung von Ressourcen sind das besondere Know-how, das in dieses Buch eingeflossen ist. Der Einsatz moderner Technologien ist für Bruck als Informatiker und Elektrotechniker nicht nur in der Arbeit mit Großgruppen ein anregendes Betätigungsfeld.

Mit diesem Buch wenden wir uns an Verantwortliche, die Großgruppenveranstaltungen planen, gestalten und durchführen. Dies sind Auftraggeber sowie Veranstalter, aber auch Moderatoren und Prozessbegleiter. **Zielgruppe**

Wir wünschen Ihnen mit der Lektüre dieses Buches ein tiefer gehendes Verständnis für die Wirkzusammenhänge von erfolgreichen Großveranstaltungen, interessante Informationen sowie wertvolle Anregungen für Ihre Arbeit.

Bad Homburg / Brannenburg
November 2006

Walter Bruck
Dr. Rudolf Müller

Einleitung

>> Die Stimmung im gesamten Unternehmen war über die letzten Jahre schlecht. Wir erfuhren nur wenig von der wirtschaftlichen Lage, und die Gewinnausschüttungen im Rahmen der Kapitalbeteiligungen der Mitarbeiter blieben aus. So waren wir sehr überrascht, als wir von der Geschäftsleitung die Einladung zu einer Veranstaltung erhielten. Fast alle 500 Mitarbeiter inklusive der Auslandstöchter sollten daran teilnehmen. Das Ganze sollte einen Workshopcharakter haben. Wie das funktionieren sollte, konnten wir uns nicht vorstellen.

Erfahrungen eines Teilnehmers

In einer großen leeren Lagerhalle waren über 50 kleine Stuhlkreise aufgestellt. Jeder von uns wurde einer bestimmten Kleingruppe zugeordnet. Die Kleingruppen bestanden aus acht Personen und waren hinsichtlich Alter, Herkunft, Geschlecht und sogar Hierarchie bunt gemischt. Das empfand ich persönlich als äußerst interessant und anregend. Da unserer Gruppe einiges auf dem Herzen lag, was wir hier loswerden wollten, gaben wir uns den Namen ›Wildschwein‹.

Mit einer kurzen Begrüßung durch die Geschäftsleitung und die Moderatoren ging es los. Als Erstes sollte ich mir in der Kleingruppe einen Partner suchen und mit ihm ein Wertschätzendes Interview führen. Das kam mir gelegen, denn ich hatte recht viel Frust abzulassen. Nachdem ich den losgeworden war, brachten mich die Fragen, die mir mein Interviewpartner mit Hilfe eines Leitfadens stellte, doch glatt dazu zu sehen, dass es noch immer sehr viel Wertvolles in unserem Unternehmen gab. Mir wurde bewusst, wie ich selbst zum Erfolg beitrug und was meine persönlichen Erfolgsfaktoren waren. Klar, die Situation war alles andere als rosig. Aber jetzt konnte ich sie mit Selbstachtung und Selbstwertgefühl aus einer anderen Perspektive betrachten. Eine erste Hoffnung keimte auf: Wir können uns da selbst aus dem Dreck ziehen und es kann wirklich gut werden, für mich selbst und das Unternehmen. Als ich dann anschließend meinen Partner interviewte, erkannte ich viele Gemeinsamkeiten und verstand seine Perspektive, obwohl es nicht die meine war. Aber, es war ein guter Start, der Lust darauf machte, hier etwas zu bewegen.

Nach diesem aufbauenden Start ging es darum, sich der Wirtschaftlichkeit und dem Wettbewerb zu stellen. Die Geschäftsleitung stellte in Form eines Märchens die Vision des wieder erfolgreichen Unternehmens vor, das jedoch noch einige Hindernisse zu bewältigen hatte. Anschließend hielten zwei Kunden einen Vortrag über ihre Herausforderungen, ihre Ziele, die »Best Practice« ihrer Lieferanten. Wir erkannten, wie gut wir da im Rennen liegen und wo wir uns noch deutlich verbessern können. Wir hatten aus den Interviews und aus der Präsentation der Geschäftsleitung nach wie vor die Zuversicht, das können wir schaffen. Aber zuvor galt es, Altes hinter uns zu lassen und neue Ideen und Konzepte zu realisieren. In unserer Gruppe tauschten wir uns ehrlich aus und brachten Dinge, die uns bewegten, in unseren Fragen an Geschäftsleitung und Kunden zum Ausdruck. Einige Gruppen hatten sogar teils ernste, teils lustige Sketche zur aktuellen Situation erarbeitet und präsentierten diese nach dem gemeinsamen Abendessen. Erfolgsgeschichten machten an den Tischen die Runde.

Mit einem Begrüßungssketch der Geschäftsleitung starteten wir am nächsten Morgen, anschließend wurde die Strategie vorgestellt. Erstaunlicherweise ging sie bereits auf unsere Anliegen ein. Wir ›Wildschweine‹ unterhielten uns über das Konzept und stellten Fragen. Dann konnte sich jeder entscheiden, ob er an den Themen ›zukunftsfähiger Kundenservice‹ oder ›Erfolgs-Unternehmenskultur‹ arbeiten wollte. Ich interessierte mich mehr für das zweite Thema und kam zu einer neuen Kleingruppe. Es galt die geheimen Spielregeln einer Erfolgskultur zu erarbeiten und in unseren Erfolgsbeispielen zu verankern.

Nach dem Mittagessen konnten wir die Arbeitsergebnisse über einen ›zukunftsfähigen Kundenservice‹ in Form einer Messe bewundern. Wir wanderten herum, um andere Gruppen zu besuchen und deren Ergebnisse zu sichten. Anschließend bestaunten wir die Ergebnisse zum Thema ›Erfolgs-Unternehmenskultur‹. Später fanden wir uns als ›Wildschweine‹ wieder zusammen. Wir überlegten, was die wichtigsten Maßnahmen sind und welche davon umgesetzt werden sollten. Sie wurden von allen mit Punkten markiert. So entstand ein aussagekräftiges Meinungsbild. Dass bei dieser Form von Zusammenarbeit die Themen Planung und Ehrlichkeit in der Kommunikation sowie Anerkennung durch Vorgesetzte und Kollegen hoch rangierten, gab mir ein sehr gutes Gefühl.

Am Abend gab es erneut einige interessante Inszenierungen der Kollegen zum Thema ›Zukunft des Unternehmens‹. Nach der Aufführung konnten wir dann bei einem Bier längere Gespräche führen. Voller Zuversicht in Hinblick auf eine rosige Zukunft, einen sicheren Arbeitsplatz und Gewinnausschüttungen gingen wir erst sehr spät zu Bett.

Die Geschäftsführung und einige Kollegen hatten sich bereit erklärt, noch am Abend die Ergebnisse aller Gruppen zum Thema ›Erfolgs-Unternehmenskultur‹ zusammenzuführen und zu verdichten. Zusätzlich flossen die wichtigsten der bisher vorgestellten Ergebnisse in eine von der Führung überarbeitete Strategie ein. Beides wurde uns komprimiert am Morgen des dritten Tages vorgestellt. Nun fanden sich die Kollegen einzelner Abteilungen und Teams in neuen Stuhlkreisen zusammen und wir diskutierten, wie wir unsere neue Unternehmenskultur praktizieren und unseren Beitrag zur neuen Strategie leisten könnten. Nach einer Pause gingen wir daran, aus den Ideen eine Auswahl zu treffen und für die sofortige Umsetzung einen ganz konkreten Punkt zu bearbeiten. Für unsere Idee schätzten wir in der Montageabteilung ein Einsparungspotenzial von 7000 Euro. Stolz präsentierten wir auf dem letzen Informationsmarkt den ›Besuchern‹ das Ergebnis.

Darüber hinaus überlegte jeder, wie er mit seiner Arbeit und dem Verhalten innerhalb seiner Abteilung zum Erfolg beitragen könnte Diese Erkenntnisse präsentierten wir als Selbstverpflichtung im Stehkreis. So endete nach 50 Stunden eine äußerst interessante Veranstaltung. Seitdem macht mir meine Arbeit wieder tierisch (Wildschweine) viel Spaß und ich komme morgens mit Freude und Elan in mein Unternehmen. Missstände nehme ich nun nicht mehr hin, sondern arbeite aktiv an ihrer Beseitigung mit und nehme die anderen beim Wort! «

Die Bedeutung von Veranstaltungen mit vielen Teilnehmern wächst. Durchschnittlich zweimal jährlich erlebt jeder Erwachsene eine Großgruppe, sei es in Form einer Tagung, eines Kongresses, eines Symposiums, einer Betriebsversammlung, einer Konferenz oder innerhalb eines Veränderungsprozesses. Im Jahr 2005 besuchten 88 Millionen Menschen in

Deutschland (bei ca. 38 Millionen Erwerbstätigen) 1,3 Millionen Tagungen und Kongresse, die im Durchschnitt knapp zwei Tage dauerten.[1]

Einsatzbereiche und Veranstalter von Tagungen

Wir unterscheiden dabei zwei grundsätzliche Einsatzbereiche solcher größeren Veranstaltungen:

- Öffentlich: Tagungen und Kongresse
- Innerbetrieblich: in Unternehmen und Organisationen als Konferenzen

Öffentliche Tagungen

Im Bereich von Tagungen und Kongressen dominieren die individuellen und oftmals unterschiedlichen Ziele jedes einzelnen Teilnehmers, denen es gerecht zu werden gilt. Veranstalter sind Wirtschaftsverbände und Berufsgruppen wie Ärzte, Unternehmer, Trainer oder Personalentwickler. Auf wissenschaftlichen Kongressen steht der Erfahrungsaustausch im Vordergrund. Des Weiteren veranstalten politische Parteien, kirchliche Organisationen, Vereine, Bürgerinitiativen und Umweltschützer Großgruppenveranstaltungen, um für bestimmte Themen zu sensibilisieren.

Innerbetriebliche Veränderungen

Bei Veranstaltungen im Unternehmensumfeld dominiert die Ausrichtung auf ein gemeinsames Ziel. Neben wiederkehrenden Jahres- und Vertriebstagungen entsteht durch den permanenten Wandel in Unternehmen und Organisationen ein Bedarf nach außerordentlichen Großgruppendialogen, um effektiv und von allen getragene Lösungen zu entwickeln. Beispiele hierfür sind eine strategische Neuausrichtung oder die Absicht, der Unternehmenskultur frischen Schwung zu geben. Diese Großgruppenveranstaltungen sind immer nur als Teil eines ganzheitlichen Veränderungsprozesses zu begreifen. Um die erarbeiteten Ergebnisse zu sichern und umzusetzen, bedarf es guter Strukturen, angemessener Freiräume und großer Achtsamkeit gegenüber den Motivatoren. Bisher wurden meist Standardformate für Großgruppen eingesetzt, allerdings liegen inzwischen speziell an die Situation angepasste Veranstaltungen stark im Trend.

Aufbau des Buches

Mit zusätzlichem Wissen, Erfahrung und Mut können diese Prozesse und Tagungen lebendiger und nachhaltiger gestaltet werden. Wir möchten mit unserem Buch dazu beitragen, die dahinter stehenden Grundprinzipien und Wirkzusammenhänge zu erkennen und für die jeweilgen Veranstaltungen sinnvoll zu nutzen.

---

1 Studie der ghh consult GmbH, Wiesbaden
(www.ghh-consult.de/cms/front_content.php?idcatart=209&lang=1&client=1)

Wir werden zunächst die relevanten Begriffe im Zusammenhang mit Großengruppenveranstaltungen systematisieren und die acht wesentlichen Zielbereiche für den Einsatz einer Großgruppe betrachten. Anschließend stellen wir grundsätzliche Elemente vor, die es in der Großgruppe gibt.

Die 8 Zielbereiche

Neben den unterschiedlichsten Anforderungen, Zielen und Bedürfnissen teilen alle Teilnehmer ein Urbedürfnis: »Mensch sein«. Das bedeutet in großen Gruppen: aufmerksam sein, selbst wählen dürfen, sich einbringen, hinhören, mit allen Sinnen wahrnehmen, sich austauschen, eigene Schlüsse ziehen, sich bewegen, Freiräume nutzen, Ideen beitragen, selbst Verantwortung übernehmen.

Veranstaltungsziele und menschliches Urbedürfnis

Mit ganzheitlichen Methoden und Techniken gelingt es, dieses vielfältig ausgeprägte Urbedürfnis mit den fachlichen und inhaltlichen Zielen der Veranstaltung zu verknüpfen. Dadurch steigt der Wert der Veranstaltung für Teilnehmer und Veranstalter.

Dafür ist es wichtig, die Wirkungsmechanismen und Wirkkräfte bei Großgruppen zu kennen. Für uns haben sich im Laufe unserer Arbeit sieben wesentliche Wirkfaktoren in Großgruppenveranstaltungen herauskristallisiert:

7 Wirkfaktoren

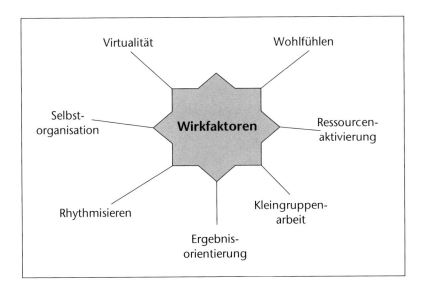

Jeder dieser Wirkfaktoren beinhaltet verschiedene Aspekte und kann unterschiedlich stark ausgeprägt sein. Ist etwa der Wirkfaktor »Ergebnisorientierung« schwach ausgeprägt, kann trotzdem ein gutes Ergebnis entstehen. Allerdings hängt in diesem Fall ein gutes Ergebnis von den Randbedingungen und dem Zufall ab. Durch eine starke Ausprägung dieses Wirkfaktors hingegen kann ein gutes Ergebnis gezielt gefördert werden.

Um diese Wirkfaktoren und ihr Verständnis geht es in Kapitel 2. Die 7 Wirkfaktoren widmen sich dem Thema, wie Menschen auf großen Veranstaltungen denken und fühlen, wie sie beim Lernen und Mitarbeiten unterstützt werden können und wie gezielt Einfluss auf die Gruppendynamik genommen werden kann. Denn letztlich ergibt sich der Charakter einer geplanten Großgruppenveranstaltung immer aus den Zielen, dem Thema, der Teilnehmerstruktur und über eine passende Dosierung der Wirkfaktoren.

Wirkfaktoren bei Standardformaten

In Kapitel 3 werden bekannte Standardformate für Präsenzveranstaltungen wie Open Space, RTSC, Zukunftskonferenz, Appreciative Inquiry beschrieben. Unter Präsenzveranstaltungen verstehen wir in diesem Zusammenhang, dass alle Teilnehmer physisch anwesend sind. Wir beschreiben die wichtigsten Methoden und Ansätze in ihrer Essenz und erläutern das jeweilige Profil der Wirkfaktoren.

Neue Möglichkeiten im virtuellen Raum

Im vierten Kapitel untersuchen wir das Thema der Virtualität und ihre Integration in die Arbeit mit Großgruppen. Die sich weiterentwickelnde Technologie und steigende Vernetzung macht auch vor Tagungen und Veranstaltungen nicht halt. Das Spektrum reicht über den Einsatz von Computern in Präsenzgroßgruppen bis hin zu reinen virtuellen Veranstaltungen, so genannten Online-Konferenzen. Mit dem Wirkfaktor der Virtualität bringen wir eine völlig neue Dimension in das Verständnis der Arbeit mit großen Gruppen ein. Dieser Wirkfaktor schafft neue Möglichkeiten wie z. B. eine Integration von Stakeholdern in ungeahnten Dimensionen. Der neue Wirkfaktor Virtualität entstand mit Ausbreitung des Internets und wir stehen hier erst am Anfang unserer Erkenntnisse.

Lernen aus Fallbeispielen

Im fünften Kapitel zeigen wir anhand konkreter Fallbeispiele, wie die Wirkfaktoren auf den jeweiligen Einsatzfall gezielt abgestimmt werden und welche Designüberlegungen dahinterstehen. In diesen Beispielen finden sich modifizierte Standardformate und neue Kombinationen von Wirkelementen. Ziel ist es, ein tieferes Verständnis von Großgruppenveranstaltungen und ihren Wirkfaktoren zu ermöglichen.

Das sechste Kapitel weist praxisnah den Weg von den Zielen einer Veranstaltung über die Wirkfaktoren zum konkreten Ablauf. Dabei dienen unsere bisherigen Erfahrungen für die Ausprägung der Wirkfaktoren in den unterschiedlichen Zielbereichen als erster Ausgangspunkt. Die Wirkfaktoren und die Ziele können ebenfalls zur Evaluation von Großgruppenveranstaltungen eingesetzt werden.

Design aus den Zielen entwickeln

Unser Werkzeugkasten in Kapitel 7 enthält eine Mischung aus weiterentwickelten Standards und ganz neuen Werkzeugen in der Arbeit mit Großgruppen. Auch diese Werkzeuge werden in ihrer Ausprägung der einzelnen Wirkfaktoren betrachtet.

Reichhaltiger Werkzeugkasten

Am Ende des Buches finden Sie einen ausgewählten Anhang mit Literaturverzeichnis und Glossar. Darüber hinaus bieten wir Ihnen auf unseren Homepages praktische Checklisten, Anwendungsbeispiele und weitere Werkzeuge als Download. All dies soll Ihnen helfen, Ihre Veranstaltungen in Zukunft lebendiger und effektiver zu gestalten.

1. Grundlagen von Großgruppenveranstaltungen

1.1 Begriffsbestimmungen

Wenn wir in diesem Buch über Großgruppen sprechen, ist es entscheidend, dass Sie wissen, wie wir bestimmte Begriffe in diesem Zusammenhang definieren. Die wichtigsten Begriffe wollen wir im Folgenden kurz erläutern. Weitere Begriffsklärungen haben wir in einem Glossar im Anhang zusammengestellt.

Teilnehmerzahl und Dauer sind bestimmend

Um die verschiedenen Arten von Veranstaltungen zu charakterisieren, sind zwei Dimensionen wichtig (s. Abb. 1.1.1 auf Seite 30):

- Anzahl der Teilnehmer
- Dauer der Veranstaltung

Wann sprechen wir von einer Großgruppenveranstaltung? Für dieses Buch und in Anlehnung an die Praxis definieren wir: Alle Veranstaltungen mit mehr als 30 Teilnehmern und einer längeren Dauer als drei Stunden sind eine Großgruppenveranstaltung. Bei einer Zeit unter drei Stunden handelt es sich in der Regel um einen normalen Vortrag oder eine kurze Informationsveranstaltung. Bei weniger Teilnehmern handelt es sich um eine Besprechung (Meeting) oder eine Klausur. Die Übergänge sind allerdings fließend.

Mehr als 30 Teilnehmer und über drei Stunden

Wir unterscheiden Großgruppenveranstaltungen grob nach ihrem Einsatzzweck in Events, Großseminare, Präsentationen, Tagungen und Konferenzen. Events, die in der Regel auf die Unterhaltung ihres Publikums abzielen, Großseminare, die spezielle Verhaltensweisen trainieren wollen,

Offene Tagungen und innerbetriebliche Konferenzen

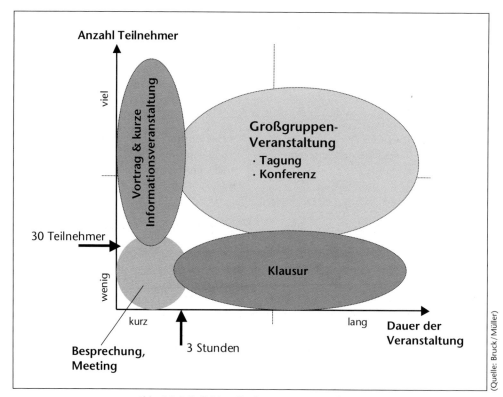

Abb. 1.1.1 Definition Großgruppenveranstaltung

und Präsentationen sind Themenbereiche, auf die wir nicht eingehen. Dennoch gelten viele unserer Überlegungen für diese Arten von Veranstaltungen.

Den Fokus unseres Buches bilden Tagungen und Konferenzen. Mit dem Begriff »Tagung« assoziieren wir frontale Aktion, Zuhören und Wissensvermittlung. Mit dem Wort »Konferenz« verbinden wir in der Regel Dialog und neue Lösungen.

Großgruppenveranstaltungen (kurz Veranstaltungen)	
Tagungen	**Konferenzen**
• Synonym für Kongress, Symposium • Eher Wissensvermittlung als Ziel • Eher öffentlicher Charakter • Teilnehmer tendenziell nur zuhörend	• Meist innerhalb von Unternehmen und Organisationen • Eher Einstellungs- und Verhaltensänderungen als Ziel • Eher geschlossener Teilnehmerkreis • Meist aktive Arbeit in Kleingruppen

Die fließenden Übergänge und gleichen grundlegenden Wirkfaktoren für Tagungen und Konferenzen machen eine Zusammenfassung sinnvoll. Bezüglich der Form der Großgruppe unterscheiden wir Präsenzgroßgruppe und virtuelle Großgruppe. Bei einer Präsenzgroßgruppe sind die Teilnehmer persönlich im Raum anwesend, eine virtuelle Großgruppe ist über moderne Technologien miteinander verbunden.

Für Tagungen und Konferenzen wurden in der Vergangenheit verschiedene Arten von Großgruppenformaten (typische Abläufe) wie z. B. Parallele Tagung, Open Space oder Zukunftskonferenz entwickelt.

Im Folgenden sprechen wir aus Gründen der Vereinfachung von Veranstaltungen und meinen damit Großgruppenveranstaltungen. Eine kleine Ausnahme zum Schluss: Bei dem Einsatzzweck von Großgruppen in Unternehmen wird im allgemeinen Sprachgebrauch oft von Vertriebstagungen oder Führungskräftetagungen gesprochen, obwohl wir eigentlich von Vertriebskonferenzen und Führungskräftekonferenzen sprechen müssten. Hier haben wir den allgemeinen Sprachgebrauch beibehalten.

1.2 Ziele und Nutzen

Die Vorbereitung und Planung großer Veranstaltungen kann aufwändig sein und erfordert ein hohes Maß an Koordination. Ein großes Budget ist alleine durch die Logistikkosten erforderlich. Deshalb ist es wichtig, sich im Vorfeld über die Ziele und den zu erzeugenden Nutzen klar zu werden.

Großgruppenveranstaltungen stellen eine höchst effektive Form des individuellen und kollektiven Lernens dar. Das beginnt bei der Informationsbeschaffung, geht über Ideenaustausch bis hin zur Entwicklung und Umsetzung neuer Lösungen. Werden Großgruppenveranstaltungen richtig durchgeführt, sind sie von einer starken Energie getragen. Sie können ein neues Bewusstsein schaffen und sehr motivierend wirken.

Die Herausforderung für eine erfolgreiche Großgruppenveranstaltung besteht darin, die Ziele von Veranstaltern und Teilnehmern in Einklang zu bringen.

1.2.1 Ziele aus Veranstaltersicht

Acht Hauptzielbereiche

Für ein gelungenes Essen sind die Zutaten, das Rezept, die Art der Zubereitung und die Atmosphäre entscheidend. Ähnliches gilt für eine Veranstaltung. Daher geht es zunächst darum herauszufinden, welche Bedürfnisse durch die Veranstaltung gestillt werden sollen. Aus Sicht des Veranstalters lassen sich die Hauptzielbereiche wie folgt unterteilen:

1. Informieren

Tagungen und Kongresse wollen über Neuigkeiten und Veränderungen informieren. Das können fachspezifische Entwicklungen im Bereich Medizin, Politik oder Fortbildung sein. Ziel der Veranstaltung ist Erkenntnisgewinn (nur Wissenserwerb). Eine Tagung ist somit eine Drehscheibe für Wissensmanagement.

In Unternehmen und Organisationen kann es darum gehen, über veränderte Situationen und getroffene Entscheidungen zu informieren, etwa über eine Unternehmenskrise mit Personalabbau oder über eine Umstrukturierung in Hinblick auf eine höhere Effektivität und stärkere Kundenausrichtung. Möglicherweise steht auch ein Wechsel innerhalb der Unternehmensspitze an.

2. Lernen

Über die reine Informationsvermittlung hinaus kann es Zielsetzung einer solchen Veranstaltung sein, neu erworbenes Wissen zu behalten und es im Alltag anzuwenden. Hier sind Erfahrungslernen und Wissensmanagement gefragt – etwa bei einem Ärztekongress, auf dem neue Operationsmethoden vorgestellt werden. Generell zielt dies mehr auf die Umsetzung der gewonnenen Informationen ab.

3. Motivieren

Bei Vertriebsveranstaltungen und in Veränderungsprozessen steht die Mitarbeitermotivation im Mittelpunkt. Mitarbeiter sollen nachhaltig angeregt werden, ein Vorhaben aktiv zu unterstützen. Sie sollen selbst tätig werden, Verantwortung übernehmen, sich engagieren und aktiv die Zukunft mitgestalten. Das kann bedeuten, die neue Vertriebsstruktur mit Leben zu füllen oder den Kunden in einer neuen Art zu begegnen.

Wir glauben, dass grundsätzlich alle Menschen motiviert sind, wenn man ihnen einen geeigneten Rahmen zur Verfügung stellt. Großgruppenveranstaltungen eignen sich hervorragend, ein Umfeld zu schaffen, in dem die Teilnehmer ihre Motivation wiederentdecken und ausleben können.

Veranstaltungen, in denen Kunden und Mitarbeitern neue Produkte vorgestellt werden, dienen nur vordergründig dem Informieren und Lernen. Meist ist es ebenso wichtig, die Teilnehmer zum Kauf des Produkts zu bewegen.

Ein gewisses Maß an Motivation ist für die Umsetzung von Information und Lernen notwendig.

4. Neue Lösungen finden (Innovation)

Komplexe Situationen können in der Regel schwerer von einer kleinen Gruppe alleine gelöst werden. Realitätsnahe Lösungen werden leichter gemeinsam mit den Betroffenen erreicht. Innovative Lösungen entstehen durch das Verbinden der unterschiedlichen, oft gegensätzlichen Sichtweisen. Die Aktivierung des Potenzials der Teilnehmer und die wertschätzende Sicht auf die anderen sind hierfür der Schlüssel.

5. Gemeinschaft erleben

Gemeinschaft erleben ist für jede Organisation wichtig. Sie stabilisiert das soziale System, indem sie eine Heimat für die Menschen schafft, die in der betreffenden Organisation tätig sind. Gleichzeitig erlebt sich jeder Teilnehmer als Teil eines größeren Ganzen, zu dem er sich zugehörig fühlt. Aus diesem Grund werden viele Jahrestagungen in Unternehmen, Verbänden und Vereinen veranstaltet.

Zu dieser Art von Zielsetzung zählt auch »Netzwerken«, das Knüpfen von Kontakten. Es wird nicht nur bei offenen Veranstaltungen, sondern auch innerhalb von Unternehmen ganz bewusst angestrebt.

6. Normen und Werte wandeln

Normen und Werte einer Organisation haben großen Einfluss auf die Arbeitsweise und damit letztlich auf den Erfolg. Um hier Veränderungen zu erreichen, ist es erforderlich, sich explizit mit dem jeweiligen Wertesystem auseinanderzusetzen. Dies beginnt damit, sich die Normen und Werte bewusst zu machen. Bei den Normen geht es meist um vorhandene Denkmuster, die als »geheime« Spielregeln wesentlichen Einfluss auf Kultur, Engagement, Leistungsfähigkeit und Innovation haben. Hier geht es verstärkt um eine Einstellungsänderung der Teilnehmer.

In diesem Zusammenhang wird oft von Kulturveränderung gesprochen. Insbesondere bei Umstrukturierungen, Fusionen und so genannten »Change Management«-Prozessen ist die Veränderung von Normen und Werten ein wichtiger Bestandteil.

7. Entscheiden

Das Umfeld, in dem sich Unternehmen und Organisationen bewegen, wird immer komplexer. Insbesondere strategische Weichenstellungen verlangen optimale Entscheidungen. Sie sollten daher gemeinsam mit den Schlüsselpersonen getroffen werden, die diese Entscheidungen umsetzen, täglich verantworten und davon betroffen sind. Qualität und Erfolgsaussichten der getroffenen Entscheidungen werden durch dieses Vorgehen erhöht. Denn: Es entsteht eine größere Transparenz und eine stärkere emotionale Bindung.

In der Veranstaltung werden Entscheidungen von allen Beteiligten durch die Wahl der Themen und andere Abstimmungen getroffen. Natürlich kann die Geschäftsleitung diese Ergebnisse als reine Vorentscheidungen ansehen und später darauf aufbauend Verdichtungen und Konkretisierungen vornehmen. Einzelne Entscheidungen mag sie gar zurücknehmen, was natürlich das Engagement aller Beteiligten mindern würde. Doch: Dies kommt in der Praxis eher selten vor.

8. Umsetzen

Gelerntes und erarbeitete Ergebnisse sollen im Alltag umgesetzt und von allen mitgetragen werden. Das aktive Einbeziehen der Teilnehmer in die Lösungsfindung erhöht die Aussichten auf eine erfolgreiche Umsetzung. Das gemeinsame Erarbeiten des Weges führt zu einem verstärkten »Commitment« der getroffenen Entscheidungen.

Eine wichtige Globalzielsetzung von Unternehmen ist die Veränderung der Unternehmenskultur. Auf der Basis unserer definierten Zielbereiche stellt sich das wie folgt dar: Im Mittelpunkt steht die Veränderung von Normen und Werten (6). Um das zu ermöglichen, kann es besonders wichtig sein, Gemeinschaft zu erleben (5). Um diese neue Unternehmenskultur im Alltag umzusetzen, gilt es, neue Lösungen (4) für die Gemeinschaft zu finden, neue Verhaltensweisen zu lernen (2) und motiviert (3) umzusetzen (8). Es kann durchaus sein, dass einzelne dieser Zielbereiche im speziellen Fall des betrachteten Unternehmens nicht angesprochen werden müssen.

Über diese acht Hauptziele hinaus gibt es für den Veranstalter ökonomische Ziele, nämlich:

Ökonomische Ziele

- ein optimales Kosten / Nutzen- und Aufwand / Nutzen-Verhältnis zu erreichen
- bei Tagungen und Kongressen eine Kostendeckung zu erzielen
- den zeitlichen Aufwand von Schlüsselpersonen zu minimieren

1.2.2 Ziele aus Teilnehmersicht

Aus Teilnehmersicht ergeben sich ergänzende oder teilweise auch ähnliche Ziele für den Besuch einer Großgruppenveranstaltung:

1. Gespräch und Kontakte
Wir leben, um uns auszutauschen, um unsere eigenen Gedanken und Erkenntnisse mit anderen zu teilen. Die Teilnehmer wollen interessanten Menschen begegnen, Bekannte treffen, neue Kontakte knüpfen und vertiefen. Dies geschieht im gemeinsamen Gespräch, in Form des Austausches von Gedanken, Fragen und Ideen (Netzwerken).

2. Mitwirkung
Wenn die Teilnehmer vom Anlass der Veranstaltung direkt betroffen sind, etwa bei Veränderungsprozessen, wollen sie meist auch daran mitwirken, gehört werden, Einfluss nehmen.

3. Aspekt der Neuigkeiten
Teilnehmer besuchen eine interessante Tagung mit neuen Informationen, um Anregungen, Methoden und Techniken für ihre eigene Arbeit kennenzulernen.

4. Nähe zu Referenten, Prominenten und Vorgesetzten

Die Teilnehmer möchten prominente Referenten oder verantwortliche Führungskräfte einmal aus der Nähe erleben. Sie wollen in die Aura der wichtigen Personen eintauchen und an deren Status teilhaben.

5. Sicherheit

Viele Menschen suchen Sicherheit. Ausreichende und zuverlässige Informationen tragen dazu bei, Vertrauen und damit Sicherheit aufzubauen.

6. Notwendige Arbeitsinformationen

Die Teilnehmer wünschen sich die nötigen Informationen, um ihre Arbeit gut und richtig zu erledigen.

Biologische Grundbedürfnisse

Zusätzlich gibt es essenzielle menschliche und biologische Bedürfnisse der Teilnehmer:

Pausen

Die Aufmerksamkeit beim Zuhören kann 45 Minuten, bei aktivem Mitarbeiten 90 Minuten gehalten werden. Danach sollte man eine kurze Pause ansetzen. Behalten Sie auch im Hinterkopf, dass ein Getränk etwa eine Stunde braucht, um durch den menschlichen Körper zu laufen.

Erfrischungen

Gesunde Erfrischungen – vor allem Wasser und Obst sind gut für die geistige Konzentration.

Luft

Sauerstoff fördert die geistige Frische. Lassen Sie deshalb den Veranstaltungsraum und die Gruppenräume in den Pausen immer gut durchlüften.

Bewegung

Bewegung ist Leben. Sie wirkt der Müdigkeit vom vielen Sitzen oder Zuhören entgegen und fördert neue Gedanken und Offenheit.

1.3 Grundsätzliches über Großgruppenveranstaltungen

Großgruppenveranstaltungen sollen lebendig sein. Sie bieten einen Rahmen, in dem Menschen miteinander sprechen, sich austauschen und die Vielfalt der Teilnehmenden erleben können. Um diesen Austausch anregend zu gestalten, ist es wichtig, einige Merkmale von Großgruppenveranstaltungen näher kennenzulernen.

Einen lebendigen Rahmen bieten

Die Großgruppe findet sich zu bestimmten Zeitpunkten in einem großen Raum, dem so genannten Plenum, zusammen oder hält sich über den gesamten Zeitraum der Veranstaltung dort auf. Die Bestuhlung im Plenum (Abb. 1.3.1) ist von zentraler Bedeutung. Denn: Sie hat großen Einfluss auf die Dynamik der Veranstaltung. Sie kann die zur Verfügung stehenden Möglichkeiten erweitern oder einschränken. Hier unterscheiden wir:

Bestuhlung als wichtiger Einflussfaktor

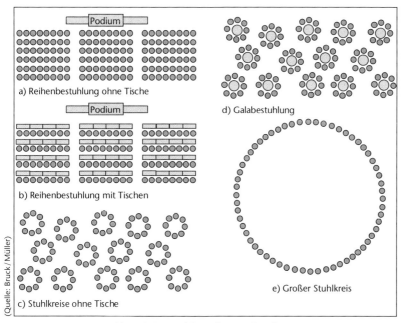

(Quelle: Bruck/Müller)

a) Reihenbestuhlung ohne Tische
b) Reihenbestuhlung mit Tischen
c) Stuhlkreise ohne Tische
d) Galabestuhlung
e) Großer Stuhlkreis

Abb. 1.3.1 Bestuhlungsformen im Plenum

Reihenbestuhlung ohne Tische
Wir alle kennen diese Bestuhlung von Vorträgen, Tagungen und Kongressen. Hier ist die Aufmerksamkeit meist nach vorne auf ein Podium gerichtet. Kontakt ist praktisch nur mit den unmittelbaren Sitznachbarn möglich. Wenn die Stühle fest miteinander verbunden sind, kann es

schwer oder gar unmöglich sein, durch Umdrehen und Rücken kleinere Gesprächsgruppen zu bilden.

Reihenbestuhlung mit Tischen
Diese Anordnung findet sich seltener als die Reihenbestuhlung ohne Tische, weist jedoch auch die eben genannten Nachteile auf. Zwar erleichtern die Tische das Mitschreiben, aber sie schaffen zusätzliche Kommunikationsbarrieren. Hier ist es noch schwieriger, kleine Gesprächsgruppen zu bilden.

Stuhlkreise ohne Tische
Im Plenum sind viele kleine Stuhlkreise ohne Tische angeordnet. Die Stuhlkreise bestehen typischerweise aus acht bis zehn, manchmal auch aus sechs oder zwölf Stühlen. Da keine Tische zwischen den Gruppenteilnehmern stehen, wird hier die höchste Kommunikationsintensität in der Kleingruppe erreicht. Das Gefühl der emotionalen Nähe ist spürbar. Zudem lassen sich problemlos andere Bestuhlungsformen für bestimmte Aufgaben schaffen. So können sich zwei oder mehrere Gruppen zu einem größeren Stuhlkreis vereinen. Meist werden Kisten für Gläser und Moderationsmaterial in die Mitte der Stuhlkreise oder daneben aufgestellt.

Gala-Bestuhlung
Hier besteht das Plenum aus vielen kleinen Stuhlkreisen, die um Tische herum gruppiert sind. Für eine optimale Kommunikation sollten diese eine runde Form haben. Die Tische können mit Moderations- und Kreativmaterialien bestückt werden. Sie erleichtern das Schreiben für die einzelnen Teilnehmer und können als Unterlage für Flipchart-Papier dienen.

Wenn die Tische klein sind und nur vier bis sechs Teilnehmer daran sitzen können, sprechen wir von einer Bistro- oder Kaffeehausbestuhlung. Eine Nutzung von Stehtischen ist ebenso möglich.

Großer Stuhlkreis
Die Stühle aller Teilnehmer bilden einen einzigen großen Stuhlkreis. Jeder kann jedem in die Augen sehen. Der Raum in der Mitte ist leer. Er genießt eine besondere Aufmerksamkeit und steht für »das Gemeinsame«. Dies kann für wichtige Aufgaben genutzt werden. Für die Kleingruppenarbeit stehen hier meist Gruppenräume mit – je nach Zielsetzung – unterschiedlicher Bestuhlung bereit. Möglich ist auch, dass ein Teil oder alle Gruppen für die Gruppenarbeiten in Stuhlkreise ohne Tische wechseln.

Bei sehr großen Gruppen kann es sinnvoll sein, mit konzentrischen, ineinander eingebetteten Stuhlkreisen zu arbeiten. Dadurch entfällt der direkte Blickkontakt zu jedem Teilnehmer.

Das Plenum selbst wird oft für die Information aller Teilnehmer, für Präsentationen und den Austausch in der großen Gruppe z. B. in Form von Infomärkten und Blitzlicht genutzt.

Jede Veranstaltung will vorbereitet und durchgeführt werden. In diesem Zusammenhang ist es wichtig, sich die verschiedenen Teams und beteiligten Menschen (Abb. 1.3.2) sowie deren Hauptaufgaben zu vergegenwärtigen:

Planungsgruppe und Logistikteam

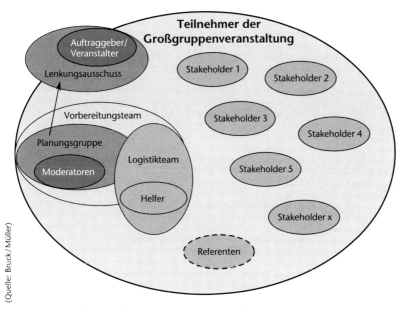

Abb. 1.3.2 Teams und Gruppen rund um die Großgruppe

(Quelle: Bruck/Müller)

Auftraggeber oder Veranstalter

Der Veranstalter ist meist Initiator des gesamten Prozesses und setzt die Ziele für die Veranstaltung oder den übergeordneten Prozess, in den diese eingebunden sind. Meist ist er Teil des Lenkungsausschusses, dem das Vorbereitungsteam berichtet und mit dem die geplanten Aktivitäten abgestimmt werden. Auftraggebern von Konferenzen ist zu empfehlen, selbst an der Veranstaltung teilzunehmen, um den gesamten Entstehungsprozess der Ergebnisse mitzuerleben und richtig einschätzen zu können. Und:

Natürlich wird die Wichtigkeit einer Veranstaltung durch die Teilnahme des Auftraggebers unterstrichen.

Teilnehmer und Stakeholder

Zu einer Großgruppenveranstaltung werden Menschen eingeladen, die mit dem Thema der Veranstaltung in einem engen Zusammenhang stehen. Bei Tagungen sind das alle am Thema Interessierte und die Referenten. Bei Konferenzen sind es Menschen, die einen wichtigen Einfluss auf die Zielerreichung und die Umsetzbarkeit der Ergebnisse haben, so genannte Interessengruppen (Stakeholder).

Möchte ein Automobilzulieferer z.B. mehr Kundennähe erreichen, sollte er folgende Schlüsselpersonen einladen: Auf der Seite des Automobilzulieferers: Geschäftsführung, Innendienst, Außendienst, Key Accounter, Vertriebsleiter, Entwicklung, Produktion, Marketing. Auf der Seite des Kunden, dem Automobilhersteller: Geschäftsführung, Vertrieb, Einkauf, Entwicklung. Ideal wäre es zudem, den Kunden des Kunden – den Autokäufer und den Händler – ebenfalls mit einzubeziehen.

In der Praxis schließen wir hier Kompromisse zwischen Aufwand und Machbarkeit einerseits und konkreten Mehrwert andererseits. Die Erfolgsaussichten der getroffenen Entscheidungen werden durch das Einbeziehen aller Interessengruppen erhöht. Es entsteht mehr Transparenz in den Abläufen und eine stärkere emotionale Bindung unter allen Beteiligten.

Vorbereitungsteam

Das Vorbereitungsteam übernimmt die Aufgabe der Planung, Durchführung und Nachbereitung der Großgruppenveranstaltung. Es besteht aus einer Planungsgruppe und einem Logistikteam. Oft bildet ein Teil der Planungsgruppe das Logistikteam und übernimmt seine Aufgaben.

Arbeitshilfen hierzu finden Sie im Downloadbereich.

- *Planungsgruppe*
  Ihre Hauptaufgabe ist es, das gesamte Projekt zu begleiten. Das Entwickeln eines konkreten Ablaufplanes, die Beteiligung an wichtigen Vorbereitungen und die Nachbereitung gehören in diesen Aufgabenbereich. Die Planungsgruppe besteht meist aus einem repräsentativen Querschnitt von Stakeholdern (Betroffenen), den Prozessbegleitern/Moderatoren und einem »Logistikchef«.

- *Logistikteam*
  Der »Logistikchef« ist zusammen mit seinem Logistikteam, das während der Veranstaltung um Helfer erweitert werden kann, für einen reibungslosen Ablauf der Veranstaltung verantwortlich. Dazu gehören: die Vervielfältigung der Teilnehmermappen, der Kontakt zur Veranstaltungsstätte, die Wahl der Bestuhlung, die Ausschilderung an der Veranstaltungsstätte, der Empfang der Teilnehmer, das Bereitstellen von Moderations- und Kreativitätsmaterialien zu bestimmten Zeitpunkten und die Dokumentation der Arbeitsergebnisse während und nach der Veranstaltung.

Die Teilnehmer einer Veranstaltung können sehr heterogene Interessen haben. Durch die Bildung von Kleingruppen ist es möglich, Teilnehmer mit ähnlichen Interessen zusammenzufassen oder aber gerade diese Interessengruppen (Stakeholder) gezielt zu durchmischen. So entstehen im letzteren Fall Max-Mix-Gruppen, auch Querschnittgruppen genannt. Die Kleingruppe ist ein wichtiges Element in der Arbeit mit großen Gruppen. Dabei spielen sich selbst steuernde Kleingruppen, die ohne externen Moderator effektiv arbeiten können, eine große Rolle. Mehr zu dem Thema unterschiedliche Zusammensetzungen, beispielsweise Stakeholdergruppe oder Stammgruppe, finden Sie in Kapitel 2.3.3.

Zusammensetzungen der Kleingruppen

Eine ausreichende Versorgung mit Getränken, sinnvolle Pausen und eine angemessene Verpflegung sind für das Gelingen einer Veranstaltung unabdingbar. Kaffeepausen sind ein ganz wichtiges Element im Ablauf. Getränke, insbesondere Wasser, sollten für die Teilnehmer immer zur Verfügung stehen.

Das leibliche Wohl der Teilnehmer

2. Wirkfaktoren in großen Gruppen

Welche Einflussmöglichkeiten in der Arbeit mit großen Gruppen bestehen, lässt sich am besten anhand unseres ganzheitlichen Modells nachvollziehen. Wir sind in unserer Entwicklung mit dem von Rudolf Müller 1999 vorgestellten GTG-Modell gestartet und haben schrittweise versucht, unsere Erfahrungen und Erkenntnisse in ein umfassendes Modell einzuarbeiten. Als Ergebnis stellen wir Ihnen hier das WGG-Modell (Wirkfaktoren in Großen Gruppen) mit insgesamt 7 Wirkfaktoren vor:

Die 7 Wirkfaktoren des WGG-Modells

1. Wohlfühlen
2. Ressourcenaktivierung
3. Kleingruppenarbeit
4. Ergebnisorientierung
5. Rhythmisieren
6. Selbstorganisation
7. Virtualität

Mit Hilfe dieser 7 Wirkfaktoren kann eine Veranstaltung der Herausforderung begegnen, bei einer großen Teilnehmerzahl über eine längerer Zeit hohe Aufmerksamkeit zu halten und ein konzentriertes Mitarbeiten zu ermöglichen. So können die anvisierten Ziele erreicht werden. Dabei gibt es spezielle Instrumente für die ersten vier Wirkfaktoren, die wiederum in zahlreiche Unterfaktoren zerfallen. Für das Rhythmisieren und die Selbstorganisation hingegen ist eher die spezielle Anordnung der Aktivitäten von Belang. Der Wirkfaktor Virtualität nimmt eine Sonderstellung ein und wirkt begrenzend oder fördernd auf die obigen Wirkfaktoren.

Bewertungsskala als Orientierungshilfe

Es ist schwierig, die Ausprägungen der Wirkfaktoren in eine Bewertungsskala zu bringen, denn diese setzen sich aus verschiedenen Aspekten und Unterfaktoren zusammen, deren einzelne Bewertung bereits schwierig ist. Wir möchten Ihnen dennoch eine Orientierung in Form einer Sterneskala geben, da dies für das Verständnis einzelner Großgruppenformate (Kapitel 4) und konkreter Anwendungsbeispiele (Kapitel 5) ebenso wichtig ist wie für das spätere Design (Kapitel 6).

 Wir verwenden eine Skala mit einem Bereich von 0 bis 5 Sternen, mit deren Hilfe wir bestimmte Bandbreiten ausdrücken. Je mehr Sterne markiert sind, umso höher ist die jeweilige Ausprägung. 0 bis 1 Stern steht dabei für eine niedrige Ausprägung, zwei bis drei Sterne stehen für eine mittlere Ausprägung und vier bis fünf Sterne für eine hohe Ausprägung.

Das Modell will nicht den Eindruck erwecken, es sei quantitativ abgesichert. Es beruht auf unseren persönlichen Einschätzungen und auf unterschiedlichen Gewichtungen einzelner Unterfaktoren.

Die von uns im folgenden Kapitel angegebenen Bewertungen dieser Wirkfaktoren sind deshalb

- subjektiv,
- eher qualitativ als quantitativ,
- und beziehen sich auf eine gewisse Bandbreite.

Die Bedeutung der Wirkfaktoren liegt darin, dass sie die Zielerreichung positiv beeinflussen und systematisch sicherstellen, unabhängig davon, ob vielleicht das Thema so spannend und faszinierend ist, dass dies alleine ausreichen würde, die Teilnehmer zu aktivieren. Extremes Beispiel dafür: Wenn das Thema einer Informationsveranstaltung der anstehende Arbeitsplatzabbau ist, braucht es keine speziellen Wirkfaktoren, manche wären sogar kontraproduktiv.

Insofern ist es wichtig anzumerken, dass es in unserem WGG-Modell nicht darauf ankommt, alle Wirkfaktoren zu maximieren. Zuweilen wäre eine Überdosis sogar schädlich. Mehr dazu im Designkapitel 6.

2.1 Wirkfaktor 1: Wohlfühlen

> »Sinnlich erfährt der Mensch seine Umwelt und sich selbst.«
> Walter Bruck

Der Wirkfaktor 1 »Wohlfühlen« beinhaltet die folgenden Aspekte:

- Sinne ansprechen
- Geborgenheit und Nähe schaffen
- sich bewegen
- Emotionalität wecken

Dieser Wirkfaktor fördert gleichzeitig alle Ziele, weil Aufmerksamkeit und Motivation unmittelbar erhöht werden. F. Vester hat bereits vor vielen Jahren diese Erkenntnis aus der Lernbiologie in seiner bekannten Publikation »Denken, lernen, vergessen« einer breiten Öffentlichkeit nahegebracht.

Empfohlene Dosierung des Wirkfaktors für die einzelnen Zielbereiche:

1. Informieren	★⯪☆☆☆	5. Gemeinschaft erleben	☆☆☆☆★
2. Lernen	☆★★☆☆	6. Normen und Werte wandeln	☆★★⯪☆
3. Motivieren	☆☆☆★★	7. Entscheiden	★⯪☆☆☆
4. Neue Lösungen finden	☆☆★★☆	8. Umsetzen	★☆☆☆☆

Wenn wir hier von den Sinnen sprechen, so sind alle Sinneskanäle gemeint: Visuell, auditiv, kinästhetisch, olfaktorisch und gustatorisch. Meistens gelingt es mit sehr geringem Aufwand, Sinne und Emotionalität anzusprechen.

Für jede Zielsetzung die spezielle Dosierung

Steril bis emotional Ist dieser Wirkfaktor *gering ausgeprägt*, bleibt die Veranstaltung eine relativ sterile Angelegenheit. Meist wird nur das Ohr und ein wenig das Auge angesprochen. Der Ablauf ist sehr strukturiert, die Inhalte werden sachlich vermittelt.

Ist der Wirkfaktor *stark ausgeprägt*, werden alle Sinne stimuliert. Das gleichzeitige Ansprechen der Emotionen fördert das Behalten von Wissen und Fakten und beeinflusst positiv die spätere Umsetzung von Zielen. Darüber hinaus entsteht ein stärkerer Gemeinschaftssinn. Bei Kick-off-Veranstaltungen und Events wird besonders viel Wert auf diesen Wirkfaktor gelegt. Generell erleichtert er Beginn und Verlauf jeder Veranstaltung.

Um das Wohlfühlen der Teilnehmer zu fördern, sind besonders folgende Dinge zu beachten:

- *der erste Eindruck der Teilnehmer beim Ankommen*
- *die Raumgestaltung und die Atmosphäre*
- *die Formen der Arbeitsmaterialien und der Dokumentation*
- *das Licht*
- *die Musik*
- *die Bewegungsmöglichkeiten, eventuell unter Anleitung*
- *den Einsatz von Sketchen und Geschichten, Unternehmenstheater*
- *die Infoboards*
- *die Verpflegung*

2.1.1 Der erste Eindruck der Teilnehmer beim Ankommen

Der erste Eindruck prägt Die Einladung zur Veranstaltung ist der erste Kontakt mit den Teilnehmern. Holen Sie Ihre Teilnehmer bei den Themen ab, die sie bewegen, mit denen sie bestimmte Hoffnungen verbinden. Seien Sie ruhig ein wenig emotional, aber bleiben Sie authentisch.

Für einen positiven ersten Eindruck haben Sie nur eine Chance. Und: Dieser Eindruck prägt den Charakter Ihrer Veranstaltung nachhaltig. Nehmen Sie sich Zeit für die Gestaltung der Einladung, planen Sie das Ankommen am Veranstaltungsort und die ersten 20 Minuten des Ablaufs besonders gründlich. Die Neuorientierung setzt sich dann nach jeder großen Pause und an den weiteren Tagen fort. Unterbrechungen bieten immer auch die Möglichkeit der Korrektur einer eingeschlagenen Richtung.

Ambiente des Veranstaltungsortes

Ihr Veranstaltungsort sollte nach Möglichkeit das ausstrahlen, was Sie vermitteln möchten. Der Ort selbst drückt bereits Grundwerte aus. Gehen Sie ins Kloster, signalisiert das Gemeinschaft und gemeinsame Ziel- und Sinnsuche. Finden Sie sich in einem Schloss zusammen, wird dadurch Führungsanspruch ausgedrückt. Die persönliche Note der Veranstaltungsorte kann förderlich oder hinderlich sein. Wählen Sie daher sehr bewusst aus.

Der Veranstaltungsraum sollte ausreichend groß sein, damit Ihre Teilnehmer atmen und kreativ sein können. Für die Freiheit im Kopf braucht man die Freiheit im Raum. Die Erfahrung bestätigt, dass der Raum mindestens zwei- bis dreimal so viele Quadratmeter haben sollte, wie Teilnehmer anwesend sind. Raumhöhen von vier bis fünf Metern sind sehr empfehlenswert, da sich hier leichter eine gute Energie aufbauen lässt. Oder sind Sie besonders kreativ, wenn Ihnen fast die Decke auf den Kopf fällt? Mehr zur Auswahl des Ortes finden Sie in Kapitel »Vorbereitung« im Download.

Persönlicher und herzlicher Empfang

Empfangen Sie die Teilnehmer am Anmeldetisch persönlich und herzlich. Teilnehmer wollen als Menschen begrüßt und als Individuum wahrgenommen werden.

Gestalten Sie die Wegweiser zu den Tagungsräumen klar und ansprechend. Versetzen Sie sich in einen neu ankommenden Teilnehmer: Gehen Sie aufmerksam seinen Weg vom Ankommen auf dem Parkplatz bis zum Hinsetzen im Raum. Nehmen Sie wahr, wie es dem Teilnehmer dabei geht. Stellen Sie sich ganz bewusst seine inneren Fragen:

Innere Fragen des Teilnehmers beim Ankommen

- Wo bin ich?
- Wo geht es weiter?
- Wie geht es mir?
- Was sollen mir die Eindrücke sagen?
- Was ist mir vertraut?
- Was ist neu?
- Wo finde ich den Seminarraum, die Toiletten, Hilfe?

Die Veranstaltung sollte kraftvoll starten und Wohlbefinden schaffen. Beginnen Sie mit Musik oder einem Sketch über die gegenwärtige Situation, der alle zum Lachen bringt. Erst dann folgen die möglichst kurzen Begrüßungsworte. Ein Dialog von zwei Personen vor dem Plenum erhöht die Aufmerksamkeit, vielleicht können Sie es mit einer kurzen persönlichen Darstellung verbinden, wie es zu der Veranstaltung kam. Das erhöht die

Lebendigkeit. Das Einbeziehen aller anderen wichtigen Beteiligten im Saal führt zu einer Ausweitung der Aufmerksamkeit. Erweitern Sie die Aufmerksamkeit der Anwesenden schrittweise auf den ganzen Raum, z.B. indem Sie als Begrüßender den Raum einmal ganz durchschreiten. Falls »prominente« Teilnehmer namentlich begrüßt werden, erhöht das Aufstehen dieser Personen und ihre nonverbale Begrüßung der Anwesenden durch Winken oder Verbeugen ebenfalls die Energie. Mehr zu einem kraftvollen Start finden Sie in unserem Werkzeugkasten in Kapitel 7, speziell 7.1.1, 7.1.3, 7.2.1 bis 7.2.3.

2.1.2 Raumgestaltung und Atmosphäre

Was prägt die Atmosphäre? Um eine angenehme Atmosphäre zu schaffen, steht Ihnen eine Vielzahl von Stilelementen zur Verfügung: Transparente, Blumen und Dekoration, einstimmende Bilder und Poster. Ausgewählte Gegenstände und Requisiten schaffen eine vertraute Atmosphäre und eine anregende Verbindung zum Thema.

Wenn Sie z.B. an der »Erhöhung der Qualität« arbeiten, könnten dies Gegenstände aus dem Unternehmen sein. Damit lenken Sie die Aufmerksamkeit in die von Ihnen gewünschte Richtung und sorgen so für eine unbewusste Auseinandersetzung mit dem Thema. Einen anregenden Impuls setzen Sie, wenn Sie die Teilnehmer Gegenstände mitbringen lassen, die in ihrem Leben für eine herausragende Qualität stehen.

Neben der Begrüßung erzeugt die liebevolle Raumgestaltung eine besondere Atmosphäre. Idealerweise fühlt sich der Teilnehmer wohl, sobald er den Veranstaltungsraum betritt, und seine Neugier wird beim Herumschauen angeregt. Entfernen Sie alles, was zu viel Aufmerksamkeit auf sich zieht und in keinem Zusammenhang zu Ihrem Thema steht. Ein Hotelinhaber war fast ein bisschen pikiert, weil wir sein schönes, großes Gemälde abgenommen haben. Es zog einfach zu viel Aufmerksamkeit auf sich. Denn: Weniger ist mehr!

Was sieht der Teilnehmer? Klarheit und Orientierung tragen wesentlich zum Wohlfühlen bei. Helfen Sie Ihren Teilnehmern, indem Sie sich folgende Fragen stellen.

- Wo wird der erste Blick des Teilnehmers hinfallen, wenn er durch die Tür kommt?

- Wohin fällt der zweite?
- Worauf fokussiert sich die Aufmerksamkeit im Plenum, wenn gesprochen wird?
- Ist unsere wichtigste Botschaft für alle Teilnehmer sichtbar?

»Vor dem Spiel ist bereits das Spiel« – diese Franz-Beckenbauer-Weisheit lässt sich auch auf eine Veranstaltung übertragen. Das Spiel beginnt mit dem Eintreffen. Laden Sie nonverbal den Teilnehmer zu einer Entdeckungsreise ein, die offensichtlichen und verborgenen Aussagen bereits vor der Veranstaltung zu entdecken.

2.1.3 Form der Arbeitsmaterialien und der Dokumentation

Die Form der Arbeitsmaterialien, die Ausgestaltung der Arbeitsaufgaben, die Moderationsanweisungen und die Art der Dokumentation der Ergebnisse können ebenfalls dazu beitragen, dass die Sinne und Emotionen angesprochen werden. Auch die Requisiten für Sketche, Visionsarbeit und szenische Darstellungen sollten möglichst anregend wirken.

Je nach Medieneinsatz bieten sich unterschiedliche Möglichkeiten. Stellen Sie sich für den Einsatz von Materialien und Medien folgende Fragen:

Sprechen Sie die Sinne und Emotionen an

- Wie können die Sinne der Teilnehmer optimal angesprochen werden? Ab welchem Grad ist die Anregung der Sinne zu massiv und dadurch kontraproduktiv?
- Wie kann ich meine Botschaft durch ein Bild, eine Anekdote, ein Zitat unterstreichen?
- Wie können wir mit Bildern, Musik oder sogar Videosequenzen unsere Botschaften verstärken?

Stellen Sie sich folgende Fragen in Bezug auf die schriftlichen Materialien:

- Wie können wir die Arbeitsmaterialien auflockern?
- Wie können wir ansprechende und lebendige Flipcharts gestalten?

Und für die Dokumentation der Ergebnisse gilt (ein Beispiel zeigt Abb. 2.1.1 auf Seite 50):

2. Wirkfaktoren in großen Gruppen

Die Situation:
- Schwieriger Kunde reklamiert
- Persönlicher Besuch vor Ort
- Fehler offen eingestanden
- Lösung aufgezeigt
- Zufall – Mithören eines Beratungsgespräches mit hoher Fachkompetenz

(Quelle: Bruck / Müller)

Abb. 2.1.1 Beispiel für eine lebendige Dokumentation

- Wie können wir die Dokumentation sinnlich gestalten, aber dennoch gut strukturiert, schnell erfassbar und leserlich halten?
- An welchen Stellen können wir analoge Verfahren wie Mindmaps oder Bilder einsetzen?
- Wann ist es hilfreich, digitale Verfahren einzusetzen, etwa Clustern nach Moderationstechnik oder feste Skalen zur Bewertung?
- Ist es sinnvoll visuelle Protokolle / Prozessbilder einzusetzen?

Visuelle Protokolle bringen Botschaften und Stimmungen in der Großgruppe auf den Punkt. Dies geschieht in Form eines Bildes und wird durch Schlagworte oder kurze präzise Aussagen ergänzt. Beispiele dazu finden Sie im Werkzeugkasten in Kapitel 7.1.4. und hier in Abbildung 2.1.2.

(Quelle: Visuelle Protokolle)

Abb. 2.1.2 Visuelle Protokolle

2.1.4 Sonstige Faktoren

Licht

und Beleuchtung wirken auf den Menschen sehr stark. Achten Sie daher auf möglichst viel Tageslicht. Glaspavillons sind sehr attraktiv; hier ist jedoch die Sonneneinstrahlung zu berücksichtigen. Wenn Sie besondere Effekte erzielen möchten, sprechen Sie vor der Raumauswahl mit den Spezialisten für die Beleuchtungsanlage.

Musik

kann eine gewünschte Atmosphäre schaffen und das Gehirn anregen. Es geht hier nicht um die Hintergrundmusik im Foyer, sondern um gezielte Musikeinspielungen in den einzelnen Phasen der Veranstaltung:

Musik wirkt unmittelbar auf Stimmung und Emotionen

- ein lebendiges Stück von Mozart beim Eintreffen der Teilnehmer morgens
- ein lauter »Tusch« vor den ersten Begrüßungsworten
- ein schnelles Stück für eine Bewegungsübung nach der Mittagspause
- eine entspannende Hintergrundmusik für mentale Phasen
- als dramaturgisches Element für die wesentlichen Punkte in einer Präsentation.

Mehr dazu finden Sie im Werkzeugkasten in Kapitel 7.1.5.

Bewegung

Bewegung ist Leben und auch bei Veranstaltungen enorm wichtig. Mit der Bewegung in der Großgruppenarbeit ist meistens ein Singen oder Klatschen gekoppelt. Durch die Bewegung wird der Kopf entspannt, mentale Energie freigesetzt und das Gehirn mit Sauerstoff belebt. Mit Übungen, die nur wenige Minuten erfordern, können Sie die Gruppe und die einzelnen Teilnehmer aktivieren. Dabei sollten die Übungen so gestaltet sein, dass auch untrainierte Teilnehmer spontan mitmachen können. Im Werkzeugkasten im Kapitel 7.1 und im Downloadbereich finden Sie hierzu eine ausführliche Darstellung.

Nutzen Sie Bewegung

Download

- »Beginn mit Händereiben« (siehe Werkzeugkasten in Kapitel 7.1.1): erhöht die Aufmerksamkeit und die Energie der Teilnehmer. Die Übung kann zu Beginn einer Veranstaltung, bei einem neuen Vortrag oder einer neuen Aktion erfolgen.
- Morgens oder nach dem Mittagessen bietet sich das »Abenteuer auf

Download

dem Speicher« an (siehe Download). Dabei werden sehr humorvoll alle Gliedmaßen des Körpers von unten nach oben angesprochen.
- Die Übung »Toller Hirsch« (siehe Werkzeugkasten in Kapitel 7.1.2) lässt sich blitzschnell einsetzen, wenn die Teilnehmer bereits einen großen Kreis bilden.
- Das »energetische Klatschen« kann spontan bei einem Beifall der Teilnehmer eingeführt und dann immer wieder zum Energieaufbau genutzt werden. Halten Sie hierzu eine passende Musik bereit und spielen diese jeweils als Anker ein. Eine wirksame Alternative ist das stille »indianische Klatschen«, dabei wird nur mit den Händen gewinkt, ohne Geräusche.

(Quelle: Müller 2003, Beltz-Verlag)

Abb. 2.1.3 Bewegungsübung: Phase nach energetischem Klatschen

Sketche, Geschichten, Unternehmenstheater

Events als Gesamtkomposition des Wirkfaktors Wohlfühlen

Bei Events werden viele dieser Einzelfaktoren zu einer Gesamtkomposition zusammengefügt, die in Richtung Performance geht. So werden Botschaften über ein neues Produkt, in Musik oder ein Theaterstück verpackt. Das erfordert professionelle Akteure, die entweder auf der Bühne stehen oder sich zunächst unerkannt unter die Teilnehmer mischen und diese mit einbeziehen. Werden diese Elemente von Teilnehmern in Großgruppenveranstaltungen aktiv aufgegriffen oder sogar involviert, sind sie dem Wirkfaktor »Ressourcenaktivierung« zuzurechnen.

Infoboard

Das Infoboard ist eine Pinnwand zum Austausch von Mitteilungen der Teilnehmer. Eine liebevolle optische Gestaltung, anhängendes Schreibzeug und eine erste »getürkte« Mitteilung laden verstärkt dazu ein, von diesem Hilfsmittel Gebrauch zu machen. Als Material haben sich farbige Post-its bewährt, die auf den Tischen der Teilnehmer bereitliegen. Idealerweise ist die Aufforderung »Mitteilungen für das Infoboard« bereits aufgedruckt.

Kommunikation und Kontakte der Teilnehmer untereinander

Sie können das Prinzip des Infoboards auch in Richtung Querinformationen ausbauen (Wirkfaktor 3 »Kleingruppenarbeit«), in dem Sie unterschiedliche Themen anbieten:

- mein wichtigstes Ziel für unsere gemeinsame Zeit
- die Veranstaltung ist für mich ein Erfolg, wenn ...
- konkrete Fragen an die Experten
- beste Ideen und wichtige Erkenntnisse
- Das hat mir am besten gefallen.
- Suche – biete
- organisatorische Highlights und Verbesserungsmöglichkeiten

Einmal konnten wir eine recht sterile betriebswirtschaftliche Tagung mit mehreren Infoboards beleben. Wir stellten den Teilnehmern vor jeder Pause eine Frage, welche die wichtigsten eigenen Erkenntnisse zu diesem Zeitpunkt betraf. Die Teilnehmer schrieben ihre Antworten auf Post-its und klebten diese auf ihrem Weg in die Pause an speziell markierte Pinnwände. So entwickelte sich an diesen Infoboards nach und nach der gemeinsame »Königsweg« zur Erreichung des Zieles. Die Infoboards machten den Erkenntniszugewinn der Teilnehmer sichtbar und brachten die Essenz auf den Punkt. Dies regte den Austausch in den Pausen enorm an.

Verpflegung

Die Verpflegung spielt bei jeder Veranstaltung eine wichtige Rolle. Eine leichte Küche von guter Qualität wirkt unterstützend auf die Arbeitsphasen. Die Teilnehmer bleiben fit und konzentriert und können sich weiterhin dem gemeinsamen Thema widmen. Erfrischungen und Obst wirken belebend und werden gerne angenommen.

Es sind also durchaus Kleinigkeiten, die die Atmosphäre und das Wohlbefinden der Teilnehmer beeinflussen können. Wählen Sie sich aus dieser Fülle von Möglichkeiten jene, die zu Ihrem Anlass passen und auch realisierbar sind. Entscheiden Sie sich für ein Hotel oder einen Cateringservice mit hoher Dienstleistungsorientierung.

Beim Einsatz des Wirkfaktors Virtualität ist dem Wohlbefinden der Teilnehmer besondere Aufmerksamkeit zu schenken.

2.1.5 Schlüsselfragen für Wirkfaktor: Wohlfühlen

Schlüsselfragen

- Inwieweit erfordert es das Ziel der Veranstaltung, die Teilnehmer besonders auf emotionaler Ebene anzusprechen?
- Welcher Veranstaltungsort unterstreicht den Charakter der Veranstaltung?
- Wie kann die Begrüßung der Teilnehmer persönlich gestaltet werden?
- Wie können erste Kennenlern-Kontakte unterstützt werden?
- In welcher Form ist eine Dekoration zur Raumgestaltung möglich und zielführend?
- Welche Musik kann zu welchem Zeitpunkt die Arbeitsphasen wirkungsvoll unterstützen? Welche Technik kann eingesetzt werden?
- Wie gut ist das Licht und wie sollte die Beleuchtung als Element eingesetzt werden?
- Wie kann die Form der Arbeitsmaterialien bis hin zur Dokumentation das Wohlbefinden der Teilnehmer unterstützen?
- Haben die Teilnehmer angesichts der Länge der Veranstaltung genügend Bewegung? Welche Übung kann in der jeweiligen Phase zum Einsatz kommen?
- Wie können Infoboards für Austausch und Kontakte eingesetzt werden?
- Wie kann die Verfügbarkeit von Getränken und Verpflegung optimiert werden? Was wird angeboten?
- Wie kann der Start der Veranstaltung, z. B. mit einem Sketch oder einer Geschichte, die Emotionen stärker ansprechen und so die Aufmerksamkeit fördern?

2.2 Wirkfaktor 2: Ressourcenaktivierung

»Die wahre Entdeckung besteht nicht im Finden von neuen Ufern, sondern im Sehen mit anderen Augen.«

Marcel Proust

Der Wirkfaktor 2 »Ressourcen aktivieren« fördert alle Zielbereiche, am stärksten jedoch die Zielbereiche 3–8: *Motivieren, Neue Lösungen finden, Gemeinschaft erleben und Werte verändern*. Die Stabilität und Effektivität der Veranstaltung wird durch diesen Wirkfaktor deutlich erhöht.

Empfohlene Dosierung des Wirkfaktors für die einzelnen Zielbereiche:

1. Informieren	★☆☆☆☆	5. Gemeinschaft erleben	☆☆★★★
2. Lernen	☆☆★★☆	6. Normen und Werte wandeln	☆☆☆★★
3. Motivieren	☆☆☆☆★	7. Entscheiden	☆☆★★☆
4. Neue Lösungen finden	☆☆☆★★	8. Umsetzen	☆★★★☆

Bei der Ressourcenaktivierung geht es darum, dass Menschen ihre Stärken, ihre Qualitäten, und ihre Einzigartigkeit wiederentdecken und nutzen können. Ziel ist es, ihnen die zur Verfügung stehenden Kräfte und Energien bewusst und sichtbar zu machen und sie für das Erreichen der gemeinsamen Ziele zu nutzen. Menschen und Ressourcen zu aktivieren, bedeutet Bewusstsein schaffen.

Ressourcenaktivierung fördert die meisten Ziele

Die Teilnehmer einer Großgruppenveranstaltung sind Menschen. Diese Tatsache klingt zunächst trivial. Die Menschen verfügen über einem reichen Schatz an Erfahrungen, Erlebnissen und inneren Bildern, Visionen und Phantasien. Ein riesiger Schatz, der zu einer lebendigen und hohen Ergebnisqualität führt, wenn man ihn zu Tage fördert. Um diesen Schatz zu heben, ist es wichtig, den Menschen mit Wertschätzung zu begegnen. Mit einer Mischung aus gezielten Fragen und genügend Freiraum geben wir den Teilnehmern eine Schatzkarte an die Hand, mit der sie ihre innewohnenden verborgenen Schätze selbst wiederentdecken können.

Erfahrungs-Schatz aktivieren

Das Erleben von eigenen, bisher unentdeckten Ressourcen ist wie das Wiederfinden eines verloren geglaubten Gegenstandes, an dem unser Herz hing. Können Sie sich vorstellen, wie sich das anfühlt? Vielleicht haben auch Sie einmal einen Gegenstand aus Ihrer Kindheit beim Aufräumen im Keller oder auf dem Speicher wiederentdeckt. Welche Bilder und Gedanken sind in Ihnen dabei durch den Kopf gegangen? Wie lebendig haben Sie die damit verbundenen Situationen nochmals im Schnelldurchlauf durchlebt?

Ressourcenaktivierung bedeutet, selbst in einer guten Energie zu sein und andere in eine gute Energie zu bringen. So lassen sich die anstehenden Aufgaben leichter erfüllen. Das bedeutet, für sich selbst und für die anderen gut zu sorgen. Wir sollten Menschen erlauben so zu sein, wie sie in ihrem tiefsten Inneren sind. Denn: Sie wollen Ihre gesamten Qualitäten für Sinnvolles einsetzen. Die Abbildung 2.2.1 der Ressourcenkreise veranschaulicht die verschiedenen Ebenen:

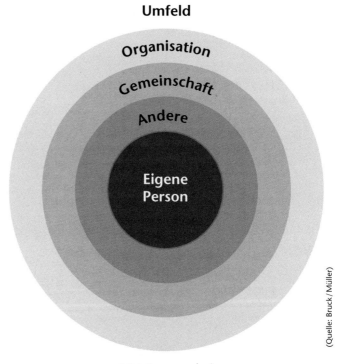

(Quelle: Bruck/Müller)

2.2.1 Ressourcenkreise

2.2 Wirkfaktor 2: Ressourcenaktivierung

Eigene Person

Dieser Kreis beinhaltet das, was in den Teilnehmern selbst vorhanden ist an Qualitäten, an Enthusiasmus, an Erfahrungen, an Wissen, an Weisheit, an Kraft, an Visionen, an Werten.

Andere Menschen

Das Beste im anderen zu sehen, ihn oder sie so anzunehmen, wie er oder sie ist. Mitfühlen, aber nicht mitleiden.

Ressourcen aktivieren über die Person hinaus

Gemeinschaft

Spüren, was zwischen den Menschen und in der Gemeinschaft bereits besteht an Miteinander, Unterstützung, Respekt, Wertschätzung und Beziehung.

Organisation

Begreifen, was den Mitarbeitern an ihrem Arbeitsplatz an Möglichkeiten und an Ressourcen zur Verfügung steht. Erkennen, wie viel Unterstützung durch die Organisation vorhanden ist. Das können Prozesse sein, Hilfsmittel usw.

Umfeld

Erfassen, was durch das Umfeld: Kunden, Märkte, Wettbewerber, Lieferanten und Dienstleister, aber auch durch Familie und Freunde, einflussreiche Persönlichkeiten, Politik und Gesellschaft an Chancen, Unterstützung, Loyalität und Entwicklungsmöglichkeiten angeboten wird.

> *Um die Ressourcenaktivierung verständlicher zu machen, haben wir sie in die folgenden wesentlichen Aspekte unterteilt:*
>
> - *Sinn erkennen – Bewusstsein schaffen*
> - *Grundhaltung des Hinwendens*
> - *Austausch und Dialog*
> - *Beziehung und Gemeinschaft*

Methodisch gibt es viele Elemente, die sich besonders zur Ressourcenaktivierung eignen, wie das Wertschätzende Interview, Storytelling, szenisches Arbeiten, Rituale, Aufstellungen und Dialog sowie mentale Methoden. Diese wirken meist über die verschiedenen Teilaspekte hinweg. (Mehr dazu finden Sie im Werkzeugkasten in Kapitel 7.) Der Ansatz des Appreciative Inquiry Summit ist eine Großgruppenform, die die Ressourcen in besonderer Weise aktiviert. Sie wird ausführlich in Kapitel 3.9 dargestellt.

Zufällige oder geplante Energiefreisetzung

Eine *niedrige Ausprägung* dieses Wirkfaktors bedeutet, dass es dem Zufall und der Tagesform der Teilnehmer überlassen bleibt, inwieweit Sie Zugang zu ihren innewohnenden Kräften und Fähigkeiten finden.

Eine *hohe Ausprägung* setzt in den Teilnehmern Energien frei, sich mit ihren ganzen Ressourcen einbringen und Verantwortung für sich selbst und ihre Aktivitäten zu übernehmen. Insgesamt wird eine lösungsorientierte Einstellung gefördert.

2.2.1 Sinn erkennen – Bewusstsein schaffen

Stellen Sie sich vor, auf einer Veranstaltung treffen Mitarbeiter und Kunden zusammen. Ein Kunde erzählt, wie sehr es ihm hilft, dass er vor dem Eintreffen des LKW eine Mail mit der Packliste erhält. Jetzt macht das, was bisher eher sinnlos erschien, plötzlich Sinn. Zu wissen, dass die eigene Tätigkeit einem anderen hilft, schafft eine innere Befriedigung und macht zuweilen sogar glücklich. In unserem Beispiel handelt es sich um einen bedeutenden Schritt in Richtung Verbesserung der Kundenzufriedenheit und Kundenbindung.

Sinn erfahrbar machen

Folgende Leitfragen helfen uns, mehr Bewusstsein für unser Tun zu entwickeln:

- Wozu kommen wir in dieser Großgruppenveranstaltung zusammen? Welche drei Hauptziele verfolgen wir damit?
- Wie können wir den Sinn der Veranstaltung mit allen fünf Sinnen erfahrbar machen? Welche Frage können wir den Teilnehmern stellen, um den Sinn selbst zu ergründen? Welche Situation kann den Teilnehmern helfen, den Sinn zu erfahren?
- Wie können wir die Teilnehmer den Sinn des eigenen Wirkens, der eigenen Arbeit entdecken und erkennen lassen?
- Was hält uns als Gemeinschaft zusammen?
- Wie können wir die inneren Bilder nach außen bringen und anderen verständlich machen?
- Wie können wir Bilder über den Sinn unseres Tuns entstehen lassen?
- Welche Konsequenzen ziehen wir aus den gewonnenen Erkenntnissen für unser weiteres Vorgehen?

Teilnehmer können auf der Basis neuer Erkenntnisse und durch das Verstehen von Wirkzusammenhängen die Sinnhaftigkeit des eigenen und des gemeinschaftlichen Handelns verstehen. So entsteht Akzeptanz, oft sogar Motivation, wo vorher Blockaden und Abwehr vorherrschten. Eine der wesentlichen Aufgaben für die Gestalter einer Großgruppenveranstaltung ist das »Helfen zu verstehen«.

Sinnhaftigkeit motiviert

In der Praxis möchte man das Gesamtbild, das die Zusammenhänge vermittelt, erfahrbar machen. Denn: Darüber entsteht Sinn. Das große Bild mit seinen zahlreichen Facetten und unterschiedlichen Blickwinkeln auf das Thema kann am besten entstehen, wenn alle Schlüsselpersonen mitwirken und sich einbringen. Schlüsselpersonen (Stakeholder) sind jene, die auf das Thema der Großgruppenveranstaltung entscheidend einwirken können. Bei einem Veränderungsprozess sind das z. B. die Geschäftsführung, Mitarbeiter aus allen Bereichen und Hierarchieebenen, die Kunden und Lieferanten, oder auch die Kunden der Kunden. Auf einer klassischen Tagung bedeutet das, dass Befürworter, Kritiker, Betroffene und Außenstehende ihre Sicht der Dinge einbringen können.

Die andere wichtige Komponente ist, die konkrete Wirkung spürbar zu machen. In einem Veränderungsprozess kann dies erreicht werden, indem ein Kunde seinen Alltag schildert und erzählt, wie es ihm persönlich mit bestimmten Abläufen ergeht. Was er gut findet, was ihn frustriert und was seine Hoffnungen, seine Wünsche, seine kraftvollen Bilder der Zukunft sind. Auf einer Tagung könnte ein solcher Beitrag auch mit einer praktischen Demonstration verbunden sein.

Lasst die Kunden erzählen!

Phantasiereisen sind eine weitere Möglichkeit der Ressourcenaktivierung, um dem Sinn des eigenen Handelns näherzukommen.

2.2.2 Grundhaltung des Hinwendens

> »Es gibt zwei Arten, sein Leben zu leben:
> entweder so, als wäre nichts ein Wunder,
> oder so, als wäre alles ein Wunder.«
> Albert Einstein

Begegnen sich die Teilnehmer untereinander in einer wertschätzenden Haltung und mit Respekt, baut dieses Verhalten schnell eine starke emotionale Beziehung zwischen ihnen auf.

Wertschätzung des Teilnehmers

Das Verhalten von Organisatoren, Veranstaltern, Führungskräften, Moderatoren und Begleitern einer Großgruppenveranstaltung wirkt dabei wie ein Katalysator auf den Umgang der Teilnehmer untereinander.

Eine herzliche, wertschätzende Grundhaltung spiegelt sich in vielen Kleinigkeiten einer Begegnung wider. Sie prägt die Atmosphäre und schafft eine Umgebung, die dazu beiträgt, sich in das Thema als ganzer Mensch mit allen Erfahrungen einzubringen. Drei wichtige Formen dieser Grundhaltung sind:

- Vorannahmen fallen lassen
- Verstehen und verstanden werden
- Hinhören, Aufmerksamkeit und Achtsamkeit

Wenn wir *Vorannahmen fallen lassen* und neugierig eintauchen in die Welt der anderen, ist dies vergleichbar mit der Lektüre eines spannenden Romans, bei der man mit den Beteiligten mitfiebert. Wenn Sie einen Dialog mit dieser unvoreingenommenen Haltung aufnehmen, können Sie sicher sein, dass Sie Interessantes über den oder die anderen lernen werden und Sie mit anregenden Ideen aus diesem Gespräch gehen. Sie lassen Spekulationen, Vorurteile und Bewertungen hinter sich und begeben sich in einen Zustand des Staunens. Das bedeutet, Menschen wirklich zu begegnen.

Verstehen und verstanden werden bedeutet, die Welt des anderen ehrlich zu erkunden und zu begreifen. Deshalb stellen wir neugierige Fragen, um Zusammenhänge zu erfassen, die Facetten der Gedankenwelt anderer zu verstehen und die Bedeutung der einzelnen Puzzleteile zu erkennen. Offene Fragen sind dabei sehr hilfreich. Da dürfen wir sogar ein staunendes »Warum?« von uns geben, und zwar auf dieselbe unvoreingenommene Art, wie Kinder ihren Eltern diese Frage stellen.

Hinhören heißt, sich dem Gehörten und dem Sender zuwenden, dabei aufmerksam und achtsam sein. *Aufmerksam sein* bedeutet, wach sein für den anderen und seine Situation und sein persönliches Befinden: Ist der andere traurig, wütend, freudig oder begeistert? Die Achtsamkeit zeigt dem anderen, dass wir alle Nuancen erfassen und ihm das angemessen mit kleinen Gesten vermitteln, auch wenn es nur ein ermunterndes zustimmendes Kopfnicken ist. Damit reagieren wir auf die Einblicke, die uns der andere gewährt, angemessen. Das Ergebnis einer solchen intensiven Hinwendung zum anderen ist eine verstärkte Beziehung zwischen diesen zwei Menschen.

Als Leitfragen zum Erreichen von Hinwendung dienen:

- Wie können wir immer wieder emotional sichere Räume schaffen, in denen Hinwendung ermöglicht wird?
- Wie können wir die Hinwendung der Moderatoren, des Organisationspersonals und der Führungskräfte erhöhen?
- Wie können wir Impulse für gegenseitige Hinwendung schaffen?
- Wie können wir die Grundhaltung des Hinwendens von Anfang an in der Großgruppenveranstaltung verankern? Was bedeutet das bereits für die Aktivitäten im Vorfeld, beispielsweise für die Vorgespräche und die Einladungen? Wie können wir die Teilnehmer direkt nach ihrer Ankunft unsere Hinwendung erfahren lassen? Wie gelingt uns dies in den ersten 20 Minuten der Veranstaltung?

Teilnehmer, die selbst starke Hinwendung erfahren, geben diese an andere weiter. Sie zeigen verstärkt Emotionen und öffnen sich leichter. In diesen sicheren Räumen kann eine Wandlung stattfinden und Glaubenssätze, die im Handeln einschränken, können leichter überwunden werden. Das gilt sowohl auf der individuellen Ebene als auf der Organisationsebene.

Entscheidend in der Praxis ist immer der Anfang einer Großgruppenveranstaltung. Ihre Prägung beeinflusst die Dynamik der gesamten Veranstaltung. Ungewollte Verläufe in der Startphase können nur mit viel Kraft- und Energieaufwand korrigiert werden.

Der Anfang prägt

Kurze Übungen zum Innehalten setzen und nutzen einen Anker für besondere mentale Zustände der Teilnehmer: eine Minute Stille oder das Denken an eine Situation, in der man besonders effektiv gearbeitet hat. Mentale Übungen helfen, die nachfolgenden Aufgaben in der Gruppe wirksamer anzugehen.

2.2.3 Austausch und Dialog

Austausch und Dialog sind wichtige Bestandteile einer Großgruppenveranstaltung. Dafür braucht es geeignete Räumlichkeiten.

Denken Sie einmal an klassische Tagungen und Kongresse, die Sie erlebt haben. Das Programm ist voll, ein Redner nach dem anderen. Der eine ist besonders rhetorisch begabt, ein anderer versteht es mit tollen Bildern zu begeistern und beim vierten oder fünften ist Konzentrieren kaum mehr möglich.

Auf die Frage: »*Was war denn das wertvollste Ergebnis, das Sie von der Tagung mitgenommen haben?*« antwortet oft eine überwiegende Mehrheit: »*die Gespräche in den Pausen*«. Hier zeigt sich ganz klar, wie groß das Bedürfnis nach Bedürfnis Austausch und Dialog mit anderen ist. Als Konsequenz einer solchen Befragung im Anschluss an eine Tagung entwickelte Harrison Owen den Open Space, den Sie in Kapitel 3.6 genauer beschrieben finden.

Austausch ermöglichen

Austausch und Dialog bedeutet »Räume schaffen«, in denen dieser leicht, sicher und befruchtend stattfinden kann. Auf dem Nährboden des Hinwendens gedeiht dieser am leichtesten. Wenn Menschen in einer großen Gruppe zusammenkommen, gibt es unterschiedliche Möglichkeiten, den Austausch und Dialog zu steuern:

Beziehungsintensität aufbauen, Vertrauen fördern

- *mit sich selbst in einem inneren Dialog*
  Diese Form des Dialogs ist eher selten, kann aber sehr gut genutzt werden, um Gedanken zu sammeln und zu reflektieren. Zudem können wir durch einen Perspektivenwechsel in die Welt anderer eintreten. Fragen wie »Wenn Sie Kunde wären, was würden Sie sich von diesem Unternehmen sehnlichst wünschen?« helfen dabei.

- *in einem Paardialog*
  Erfahrungsgemäß erfolgt hier der Austausch sehr intensiv, es kann sich eine sehr starke Beziehungsintensität aufbauen. In einer Zweiergruppe braucht man sich nur auf einen Menschen einzustellen. Da fällt das Öffnen und sich Hinwenden sehr viel leichter als in einer größeren Gruppe. Vertrauen kann schnell aufgebaut werden. Es gibt kein gruppendynamisches Störfeuer.

- *in einer Kleingruppe*
  Für eine Gruppe mit drei oder vier Personen gilt Ähnliches wie beim Paardialog. Der Aufbau von Vertrauen vollzieht sich hier jedoch langsamer und sollte durch geführte Dialoge unterstützt werden. Zudem ist eine klare Rollenverteilung für die Bearbeitung der Aufgaben sehr hilfreich.

In Kleingruppen aus fünf bis zwölf Teilnehmern erweist sich die Dynamik bereits als deutlich komplexer. Damit der Austausch und der Dialog erfolgreich verlaufen, sollten ein klare Rollenverteilung, zielführende Strukturen und Regeln eingesetzt werden.

- *in großen Gruppen und der gesamten Großgruppe*
  Diese Dialoge sind meist kürzer gehalten, da immer nur wenige aktiv beteiligt sind. Der Dialog ist nur dann fruchtbar, wenn nahezu alle am Thema interessiert sind.

Ein erfolgreicher Austausch und konstruktiver Dialog in einer großen Gruppe erfordert ein hohes Maß an Vertrauen in die anderen Teilnehmer – insbesondere, wenn es um wichtige Themen geht.

Wir arbeiteten für eine Organisation, in der es um den Start eines Veränderungsprozesses im Geschäftsbereich Finanzen mit rund 50 Mitarbeitern ging. In den Jahren zuvor hatte es bereits mehrere Ansätze gegeben, die jedoch alle abgebrochen wurden. Letztendlich hatten diese Maßnahmen zahlreiche Entlassungen zur Folge. Warum sollten die Mitarbeiter also jetzt der neuen Führungscrew vertrauen? Wieso sollte sich jetzt etwas ändern? Warum sollten sie sich jetzt auf diesen neuen Veränderungsprozess einlassen?

Die neue Führung meinte es allerdings ernst, wollte die Dinge substanziell verbessern und keine Mitarbeiter entlassen. Aus Mitarbeitersicht war das jedoch eher unglaubwürdig. Ziel einer 24-stündigen Kick-off-Veranstaltung mit allen Mitarbeitern war es daher, das verloren gegangene Vertrauen wieder herzustellen und einen erfolgreichen Projektstart mit dem entsprechenden Engagement zu ermöglichen. Zu Beginn verlief die Veranstaltung sehr ruhig, und selbst bei ganz einfachen und gefahrlosen Fragen wie »Wie haben Sie denn die letzte Übung erlebt?« zeigten sich die Teilnehmer äußerst zurückhaltend. Erst nach einiger Zeit konnten sich offene, lebhafte und konstruktive Dialoge entwickelten. Dies gelang letztlich im Rahmen eines World Café mit Hilfe von intensiven Dialogen in Wertschätzenden Interviews und mit einer offenen und engagierten Führung. So entstand eine Gemeinschaft, in der das Vertrauen herrschte, offen miteinander sprechen zu können. Dies zeigte sich in einem längeren konstruktiven Dialog in der großen Gruppe am Ende der Veranstaltung. Weitere Details über diesen Kick-off finden Sie in Kapitel 5.3.

Die vielfältigen Formen für den Austausch innerhalb von großen Gruppen im Plenum werden im Unterpunkt Querinformation des Wirkfaktors 3

»Kleingruppenarbeit« beschrieben. Die Möglichkeiten der Abstimmung finden Sie bei Wirkfaktor 4 »Ergebnisorientierung«.

2.2.4 Beziehung und Gemeinschaft

Wie entsteht Gemeinschaft? Beziehungsaufbau wird durch Vertrauen ermöglicht und Gemeinschaft entsteht, wenn wir sie erfahren, erleben und dann letztendlich erkennen. Das kollektive Erkennen ist oft der entscheidende Moment in einer Großgruppenveranstaltung. Keiner kann wirklich sagen, wann er stattfindet, und dennoch vollzieht er sich im Bruchteil einer Sekunde. Dieser Moment lässt sich vielleicht mit dem Gefühl vergleichen, wenn Sie einen Berg erstiegen haben und sich dann plötzlich das beeindruckende Panorama der anderen Gebirgsketten vor Ihnen ausbreitet. Wenn Sie später wieder unten im Tal sind, nehmen Sie dieses Bild, dieses besondere Gefühl überallhin mit. Zukünftig schauen Sie ganz anders auf den Berg. Erst wenn wir die Gemeinschaft erleben und erfahren, findet diese Eingang in unsere Realität, in unser Bewusstsein.

2.2.5 Schlüsselfragen für Wirkfaktor: Ressourcenaktivierung

Schlüsselfragen
- Wie viel Aktivierung ist gewünscht und mit welcher Nachhaltigkeit?
- Wie viel Ressourcenaktivierung ist mindestens notwendig, um eine deutliche Hebelwirkung zu erzielen?
- Wie viel Aktivierung verträgt die Situation und ist den Teilnehmern zuträglich?
- Wie können wir die Grundhaltung des Hinwendens selbst einbringen?
- Wie können wir diese fördern und institutionalisieren?
- Wie viel Zeit vom gesamten Ablauf wollen wir dafür einsetzen, z. B. für ein Wertschätzendes Interview?
- Welche Art von Austausch und Dialog brauchen wir? In welcher Form? In welchem Umfang? Zwischen welchen Gruppen?
- Wie können wir Beziehung und Gemeinschaft erfahrbar und erkennbar werden lassen? Welche Situationen und Themen sind dafür besonders geeignet?

2.3 Wirkfaktor 3: Kleingruppenarbeit

»*In der Gruppe lebt der Mensch auf, in der Masse geht er unter.*«
Rudolf Müller

Der Wirkfaktor 3 »Kleingruppenarbeit« unterstützt besonders die Zielbereiche 3–8. Nur beim Zielbereich Informieren ist dieser Wirkfaktor vordergründig kaum erforderlich. Doch reine Frontalpräsentationen sind ermüdend und führen dazu, dass sich die Teilnehmer zunehmend im Foyer oder den Pausenecken wiederfinden. Neben dem Einsatz in Veränderungsprozessen ist die Nutzung von Wirkfaktor 3 besonders bei großen Tagungen zu empfehlen.

Empfohlene Dosierung des Wirkfaktors für die einzelnen Zielbereiche:

1. Informieren	★☆☆☆☆	5. Gemeinschaft erleben	☆☆★⯪☆
2. Lernen	☆★★☆☆	6. Normen und Werte wandeln	☆☆☆★★
3. Motivieren	☆★★⯪☆	7. Entscheiden	☆☆☆⯪★
4. Neue Lösungen finden	☆☆★★★	8. Umsetzen	☆☆☆★⯪

Der Wirkfaktor setzt sich aus folgenden Einzelkomponenten zusammen:

- *Zeitanteil*
- *Gruppengröße*
- *Zusammensetzung und ggf. Konstanz der Kleingruppen*
- *vorgegebene Strukturierung der Arbeit*
- *Organisation der Querinformation, d. h. der Information darüber, was in den anderen Gruppen geschehen ist*

Kleingruppenarbeit fast immer förderlich

Eine *niedrige Ausprägung* dieses Wirkfaktors bedeutet, dass die Teilnehmer über lange Zeit oder auch permanent eine anonyme Masse darstellen und praktisch nur zuhören können.

Kleingruppenarbeit ist intensiv

Ein *hohe Ausprägung* dieses Wirkfaktors bedeutet, dass die Teilnehmer einen großen Anteil der verfügbaren Zeit in Kleingruppen sprechen, arbeiten und dadurch die Möglichkeit haben, ihre eigenen Gedanken zu artikulieren. Klare Planung und strukturierte Anleitung der Kleingruppenarbeit erhöht die Effizienz.

2.3.1 Zeitanteil

Atmosphäre und Ergebnisse sind stark abhängig davon, wie viel Zeit die Teilnehmer in Kleingruppen verbringen. Je höher der prozentuale Anteil – desto effektiver das Ergebnis. Natürlich spielt auch die Größe der Kleingruppen eine entscheidende Rolle: Kleingruppenarbeit beginnt bei Partnergesprächen und reicht bis zu 12 Personen.

2.3.2 Gruppenbildung und Gruppengröße

Bei der Anordnung der Gruppen bieten sich eine Fülle von Möglichkeiten und Situationen:

Ausbalancieren von Zeit und Effektivität

- Um ein Thema schnell voranzubringen, sind Gruppengrößen von zwei bis drei Teilnehmern besonders effektiv. Sie ermöglichen eine intensive Bearbeitung des Themas, da alle Gruppenmitglieder ständig einen aktiven Beitrag leisten. So kann emotionale Nähe leicht entstehen.
- Um sich intensiv auszutauschen und zu einem fundierten Ergebnis zu kommen, sind Gruppengrößen von vier bis sechs Personen besonders geeignet.
- Um neue kreative Ideen zu entwickeln, sind Gruppen von mehr als sechs Personen hilfreich.
- Eine Gruppengröße von acht bis zehn ist sinnvoll, wenn sich aus den Ideen gemeinsame Aktionen ergeben sollen.
- Eine Gruppengröße bis 20 Personen erlaubt gerade noch einen sinnvollen Informationsaustausch wie bei den Stammgruppen des GTG-Formats im Kapitel 3.5.
- Die Gruppengröße kann wie bei der Veranstaltungsform Open Space ganz offen bleiben. Sie ergibt sich dann dynamisch durch die am Thema interessierten und sich dafür engagierenden Teilnehmer.

2.3.3 Zusammensetzung und Konstanz der Kleingruppen

Ein weiteres Thema ist die Zusammensetzung der Kleingruppen. Sie reicht von der Zufallsauswahl über die Auswahl nach gemeinsamem Themeninteresse bis hin zur systematischen maximalen Durchmischung *(Max-Mix-Gruppe)* oder homogenen Zusammensetzung nach Interessengruppen (Stakeholdern). Eine Zusammensetzung nach Berufsgruppen ist ebenfalls möglich. Die jeweilige Zusammensetzung ist abhängig vom Veranstaltungsziel und den einzelnen Arbeitsaufträgen. Manchmal erfordern die sachlichen Gruppenaufgaben eine spezielle Zusammensetzung und führen zur Veränderung der Gruppen.

Vielfalt systematisch nutzen

Wenn ein hoher Zeitanteil der Veranstaltung in Gruppen gearbeitet wird, stellt sich die Frage, ob und wie die Zusammensetzung variieren sollte. Die Beibehaltung von Kleingruppen und der Wechsel der Teilnehmer von einer zur anderen Gruppe können gezielt eingesetzt werden.

Besonders wirkungsvoll ist es, alle Teilnehmer gleich zu Beginn einer Veranstaltung einer permanenten Gruppe, der so genannten Stammgruppe zuzuordnen. Die Stammgruppe ist eine Art Heimat für den Informationsaustausch zwischen den Teilnehmern, vor allem für Teilnehmer, die sich kaum kennen. Sinnvoll ist diese Gruppenbildung ebenfalls bei Teilnehmern verschiedener Muttersprachen. Je größer die Veranstaltung ist, desto wichtiger wird dieser Zusammenhang. Die Integration in eine kleine Gruppe schafft Identifikation und Nähe.

Stammgruppe als Heimat

Die folgende Tabelle fasst die verschiedenen Arten von Kleingruppen und ihre Auswirkungen zusammen:

Zusammensetzung	Auswirkungen
Stakeholdergruppe (Interessengruppe)	Bereicherung durch die Homogenität der Gruppenmitglieder
Max-Mix-Gruppe	Bereicherung durch maximale Vielfalt der Stakeholder
Stammgruppe	Bietet eine Heimat für die Veranstaltung
Themengruppe	Interesse am gemeinsamen Thema, Kraft der Selbstorganisation
Zufallsgruppe	Überraschungen sind möglich

Tabelle 2.3.1 Auswirkungen der Zusammensetzung von Kleingruppen

2.3.4 Arbeitsstruktur

Ein wichtiger Aspekt der Kleingruppenarbeit ist die Steuerung des Informations- und Energieflusses innerhalb der Gruppe. Hierfür wird manchmal eine Arbeitsweise oder Struktur vorgegeben oder angeboten, in der die Ergebnisse präsentiert werden sollen:

Möglichkeiten der Strukturierung

- Vorgabe eines groben Themas auf Zuruf
- Vorgabe eines klaren Themas oder einer klaren Fragestellung
- Vorgabe einer Themenagenda
- Vorgabe einer Organisationsform
- Vorgabe einer grundsätzlichen Arbeitsweise, z. B. Zielklärung, dann Maßnahmenklärung. Die Checkliste hierfür kann einfach oder sehr detailliert sein (Beispiele dazu finden Sie im Werkzeugkasten in Kapitel 7.3.2.)
- Vorgabe einer detaillierten Berichtsform an das Plenum

Die Effizienz einer Gruppe kann durch die Verteilung von Rollen, wie Moderator, Schriftführer, Verantwortlicher für Präsentation, Zielpate oder Zeitnehmer, deutlich erhöht werden (siehe Werkzeugkasten in Kapitel 7.2.3.4 Arbeitsstruktur 3.1).

Es hängt von der Zielsetzung der Veranstaltung ab, welche Strukturierung aus dem obigen Möglichkeiten vorgegeben oder nur angeregt wird. Bei einer Zukunftskonferenz mit minutiöser Strukturierung des gesamten Ablaufs kann dies zu einer detaillierten Mappe von Anleitungen für jeden Teilnehmer führen.

Solche Strukturierungen dienen dazu, Verlustzeiten und Klärungszeiten zu vermeiden. Es gibt jedoch auch Veranstaltungen, wo dies kontraproduktiv in Hinblick auf die Zielerreichung wäre, da hier die Themen spontan und ungeplant entstehen sollen.

2.3.5 Querinformation

Jeder Teilnehmer sollte mitbekommen, was in den anderen Gruppen passiert ist. Dies stillt die natürliche Neugier und führt zu einer Verbindung unter den Teilnehmern.

Es gibt viele Formen für den Austausch innerhalb von großen Gruppen im Plenum. Hilfreich sind hier klare Regeln, etwa ein so genannter »Redestein« oder der »Redestab«. Das kann auch das Mikro sein. Wer diesen Gegenstand in Händen hält, darf reden, und die anderen hören zu. Etwas flexibler im Einsatz als der »Redestein« oder »Redestab« ist ein »Koosh Mondo« – ein regenbogenfarbiger Ball aus Gummifäden, der quer durch den Saal geworfen wird. Er ist leicht zu fangen und kann niemanden beim Auftreffen verletzen. Zudem liegt er gut in der Hand und beruhigt denjenigen, der gerade spricht. Er eignet sich besonders für Blitzlicht-Runden.

Was läuft anderswo?

Beispiele für den Austausch in der großen Gruppe:

- Blitzlicht
  Ziel eines Blitzlichts ist es, Stimmungen und einzelne Meinungen einzufangen. Meist werden nur ein bis zwei Teilnehmer einer Gruppe befragt. Bei sehr großen Gruppen ist es sehr sinnvoll, nur um Beiträge zu bitten, Wichtiges zu dem bisher Gesagten zu ergänzen haben.

- Präsentationen
  von Ideen, Zwischen- oder Endergebnissen von Kleingruppen. Hier ist auf Visualisierung und Lautstärke zu achten.

- Fishbowl
  Bei dieser Methode diskutiert eine kleine Anzahl von Personen in der Mitte des Raumes in einem Stuhlkreis über ein wichtiges Thema. Die übrigen hören nur zu. Anders als bei einer Podiumsdiskussion wechseln die Diskussionsteilnehmer. Mehr dazu im Werkzeugkasten in Kapitel 7.2.4.

- Sekundärberichte
  Bei mehr als 100 Teilnehmern in der großen Gruppe würde es zu viel Zeit in Anspruch nehmen, wenn alle Gruppen ihre Ergebnisse vorstellen. Hier sind Informationsmärkte ideal, bei denen jede Gruppe ihren Part visualisiert und die Teilnehmer der Kleingruppe sich bei den anderen Gruppen umsehen. Ein anschließender Bericht über das Erlebte in der Kleingruppe ist bei diesem Vorgehen von großer Wichtigkeit.

- Verdichtungsgruppen
  Hier finden sich Delegierte jeder Kleingruppe als Verdichtungsgruppe zusammen, um die jeweiligen Ergebnisse auszutauschen oder um einen gemeinsamen Bericht für das Plenum oder für die Presse abzufassen.

Parallele Tagung Auch bei der verbreiteten Form der parallelen Tagung (siehe Kapitel 3.3) mit zeitgleichen Vorträgen oder Workshops, ist die Querinformation von großer Bedeutung. So bleibt es nicht mehr dem Zufall überlassen, was die Teilnehmer in den Pausen vom gesamten Geschehen erfahren.

Möglichkeiten hierfür sind:

- Auf Tagungen werden die Unterlagen zu den Vorträgen der Teilnehmermappe beigelegt. Das geschieht heute zunehmend auf CD statt in Papierform.
- Einzelpersonen geben als Vertreter der Kleingruppen bzw. Workshops im Plenum eine Zusammenfassung. Hier kommt es ganz entscheidend auf die Visualisierung und Akustik an, damit alle Teilnehmer der Präsentation gut folgen können.
- Für die Berichterstattung hat sich die Einrichtung von permanenten Stammgruppen bewährt. Die Präsentationen erfolgen in diesem Fall nicht mehr im Plenum, sondern nur in der festen Gruppe. Jeder Einzelne spricht über seine persönlichen Eindrücke. Das verstärkt die Verarbeitung des Erlebten beim jeweiligen

Berichterstatter und unterstützt gleichzeitig die Erreichung wichtiger Veranstaltungsziele. Das ist der Kern der GTG-Veranstaltungsform (siehe Kapitel 3.5).

Über die Querinformation hinaus geht es um die Zusammenfassung der Ergebnisse von Gruppenarbeit, um insgesamt mehr Klarheit und eine fundierte Entscheidungsgrundlage zu gewinnen. Hier empfiehlt sich ein mehrstufiger Ablauf: Aus den parallelen Kleingruppen werden Delegierte in eine neue Gruppe (Verdichtungsgruppe) entsandt. Während diese die Arbeitsergebnisse koordinieren, können die ursprünglichen Kleingruppen bereits ein neues Thema bearbeiten. In diesen Fällen kann ein Bericht der Gruppen für das Plenum sogar ganz entfallen.

Verdichtungsgruppen zur Zusammenfassung

2.3.6 Überlegungen zu Raumfragen

Die Nutzung von Kleingruppenarbeit bedingt völlig andere Ansprüche an die Räumlichkeiten. Die dabei entstehenden Kosten können die Raumgrößen beschränken und somit eine hohe Dynamik erschweren.

Alle in einem Raum erhöht Energie und Motivation

Wenn das Gemeinschaftsgefühl gestärkt und eine motivierende Arbeitsatmosphäre geschaffen werden soll, dann kann es sehr förderlich sein, wenn auch die Kleingruppenarbeit in dem Plenumssaal stattfindet. Dies funktioniert allerdings nur reibungslos bei Kleingruppenarbeit ohne Mikrophon.

Auf Veranstaltungen mit mehreren hundert Teilnehmern, die sich auf parallele Vorträge aufteilen, geht es nicht ohne Mikrophon. Hier bleibt nur die Möglichkeit, mehrere – möglichst nebeneinanderliegende – Räume oder Säle zu nutzen. Auch die so genannten Open Space Veranstaltungen bevorzugen diese Variante. Zusätzlich zum Plenum werden hier weitere Räume angemietet.

Für die Zeit- und Raumaufteilung ist zu beachten: Wenn Kleingruppenarbeit als wichtiges Element für die Erreichung der Veranstaltungsziele angesehen wird, sollte diese auch zu einem möglichst frühen Zeitpunkt eingeführt werden. Ansonsten besteht die Gefahr, dass die Teilnehmer durch lange frontale Präsentationen, bei denen sie passiv bleiben, in eine Konsumhaltung verfallen. Wir haben es leider häufiger erlebt, dass Veranstalter nach vielen Vorträgen »guten Willen« zeigten und dann am späten Nachmittag Kleingruppenarbeit anboten. Klar, dass diese Angebote nun nicht mehr genutzt wurden. Und die Veranstalter kamen daraufhin zu dem

Ergebnis, die Teilnehmer hätten grundsätzlich kein Interesse an Gruppenarbeit. Sie erkannten nicht, dass sie den entscheidenden Augenblick verpasst hatten, die Teilnehmer zu dieser aktiven Arbeitsform einzuladen.

2.3.7 Schlüsselfragen für Wirkfaktor: Kleingruppenarbeit

Schlüsselfragen

- Sind die Räumlichkeiten für Kleingruppenarbeit geeignet?
- Sollen diese Gruppenarbeiten in einem großen Saal oder dezentral stattfinden? Inwieweit ist dies den Zielen der Veranstaltung förderlich?
- Bei welchen Programmpunkten ist Gruppenarbeit vorzusehen? Wie weit stehen diese Gruppenaktivitäten im Vordergrund oder Hintergrund?
- Wie können die Gruppen ohne großen Zeitaufwand gebildet werden? Welche Übergangszeiten sind bei räumlicher Dezentralisierung zu berücksichtigen?
- Sollen die Gruppen wechseln oder bleiben die Teilnehmer in ihren Stammgruppen? Mit welchen Farben oder Symbolen werden die Gruppen gekennzeichnet?
- Welche Informationen zum Ablauf der Kleingruppenarbeit sollen gegeben werden? Wie soll das geschehen? Wie stark soll deren Arbeit strukturiert werden?
- Sollen die Ergebnisse eine Vergleichbarkeit erlauben? Wenn ja, wie können diese sichergestellt werden? Soll es Berichte geben und wenn ja, welche? Wie kann eine Querinformation erreicht werden?
- Zu welchem frühen Zeitpunkt der Veranstaltung kann mit der Kleingruppenarbeit begonnen werden?

2.4 Wirkfaktor 4: Ergebnisorientierung

»Wenn am Ende ein konkretes und fassbares Ergebnis entsteht, ist das zutiefst befriedigend.«

Walter Bruck

Der Wirkfaktor 4 »Ergebnisorientierung« unterstützt alle Zielbereiche. In der Regel wird er für das Ziel der Information und des Lernens am geringsten genutzt.

2.4 Wirkfaktor 4: Ergebnisorientierung

Empfohlene Dosierung des Wirkfaktors für die einzelnen Zielbereiche:

1. Informieren	★ ☆ ☆ ☆ ☆	5. Gemeinschaft erleben	★ ⯪ ☆ ☆ ☆
2. Lernen	☆ ★ ☆ ☆ ☆	6. Normen und Werte wandeln	☆ ☆ ☆ ☆ ★
3. Motivieren	☆ ☆ ☆ ★ ★	7. Entscheiden	☆ ☆ ☆ ★ ☆
4. Neue Lösungen finden	☆ ☆ ★ ★ ☆	8. Umsetzen	☆ ☆ ☆ ★ ⯪

Die Ergebnisorientierung unterteilen wir in die folgenden Aspekte:

- *Zielklärung*
  - *bewusste Klärung der durch die Veranstaltung angestrebten Ergebnisse*
  - *vorherige Analyse der Teilnehmerwünsche und -bedürfnisse, Rückkopplung mit den Referenten*
  - *bewusste Klärung der Ziele der einzelnen Teilaufgaben*
- *Ergebnisorientiertes Arbeiten*
  - *Einbeziehung der Teilnehmer, die Wichtiges beitragen können*
  - *zielorientierte Strukturen bereitstellen, z. B. Optimierung der Strukturierung der Kleingruppenarbeit (Wirkfaktor 3)*
  - *optimale Kombination der übrigen Wirkfaktoren für die angestrebte Zielsetzung*
  - *Wettbewerb für mehr Engagement von Teilnehmern und Referenten*
  - *Abstimmungen*
- *Ergebnisse sichern*
  - *Ergebnisse in weiterverwertbarer Dokumentation bereitstellen*
  - *Transfer- und Follow-up-Aktivitäten einleiten*
  - *Feedback und Ergebnismessung*

Ergebnisorientierung als eigener Wirkfaktor

Eine *geringe Ausprägung* bedeutet, dass nur das Thema oder ein Motto vorgegeben ist. Die Form des Ergebnisses bleibt offen und ganz der individuellen Motivation der Teilnehmer und den Referenten überlassen. Es gibt keine gezielte Unterstützung.

Ausprägungen des Wirkfaktors

Die *höchste Ausprägung* entspricht einem Ablauf, der die Erreichung der Ziele der Veranstaltung sicherstellt, beispielsweise das Treffen klarer Entscheidungen und die Entwicklung von Strategien. Auch die Entwicklung einer gemeinsamen Vision mit einem anschließenden Umsetzungsplan zählt hierzu. Ein weiteres Beispiel ist die Förderung der engagierten Umsetzung eines vorgelegten Konzepts im Rahmen einer Vertriebstagung oder einem Produkt-Kick-off sowie eine sichtbare Veränderung von Werten und Einstellungen.

2.4.1 Zielklärung

Vorsicht vor Missverständnissen

Für den Auftraggeber ist eine hohe Ergebnisorientierung immer wichtig. Sie kann natürlich selbst dann hoch ausfallen, wenn das Design der Veranstaltung dies nicht unterstützt. Erleichtert wird dies, wenn z. B. ein attraktives Thema gewählt wurde oder bereits eine hohe Ergebnisorientierung in der Unternehmenskultur verankert ist.

Deshalb ist es für das Design von Veranstaltungen nicht notwendig, alle Wirkfaktoren zu maximieren. Diese sollten insgesamt sinnvoll ausgewählt werden. Eine Überdosis kann manchmal kontraproduktiv wirken.

Bewusste Klärung der durch die Veranstaltung angestrebten Ergebnisse

Die Unterfaktoren »Klarheit über die angestrebten Ergebnisse« und »Optimale Kombination der Wirkfaktoren« sind zugleich Zielsetzungen dieses Buches. Für eine Klarheit über die angestrebten Ergebnisse muss man sich über die Qualität und die verschiedenen Aspekte des Ergebnisses im Klaren sein. Die Kunst besteht darin, die Form vorzugeben und die Inhalte offen zu lassen. Die zentralen Fragen lauten:

Schlüsselfragen der Ergebnisorientierung

- Welche Fragen können wir am Ende eindeutig beantworten?
- Welches Design der Wirkfaktoren wählen wir zu diesem Zweck?

In unserem Entscheidungsmodell (Kapitel 6) zur Auswahl des relevanten Veranstaltungsdesigns mit adäquater Ausprägung der Wirkungsfaktoren gehen wir darauf vertieft ein.

Teilnehmerbedürfnisse ermitteln und einbauen

Erkenntnisse über die Teilnehmerbedürfnisse lassen sich gewinnen

Wünsche der Teilnehmer erfassen

- aus der Analyse der Feedbackfragebögen früherer ähnlicher Veranstaltungen
- aus einer Befragung der Zielgruppe für die geplante Veranstaltung in schriftlicher Form oder in Interviews
- aus gezielten Fragen an die angemeldeten Teilnehmer bezüglich ihrer Themenwünsche und zum Ablauf der Veranstaltung. Dies kann das Ankreuzen von Auswahlentscheidungen beim Angebot verschiedener Themen beinhalten.

Die gewonnenen Informationen werden ausgewertet und an die Verantwortlichen und Referenten weitergeleitet. Oftmals erlebt man auf Tagungen, dass die Referenten weder wissen, wer vor ihnen sitzt, noch was ihr Publikum erwartet. Eine gezielte Information hierüber kann wesentlich zum Gelingen der Veranstaltung beitragen.

Auch während der laufenden Veranstaltung sollte man die Teilnehmerbedürfnisse im Blick haben. Bei flexibler Programmgestaltung – auch bei einer Tagung – können diese vielleicht noch eingebaut werden, etwa die Wiederholung eines Referenten.

Bewusste Klärung der Ziele der einzelnen Teilaufgaben

Die bewusste Klärung der Ziele für die einzelnen Teilaufgaben impliziert im Wesentlichen, die bisherigen Ausführungen auf die einzelnen Teilaufgaben anzuwenden. Vor der operativen Bearbeitung der Aufgabe ist klar oder wird geklärt, was ein gutes Ergebnis ausmacht, welche Kriterien es erfüllt und welche Fragen damit beantwortet werden.

2.4.2 Ergebnisorientiertes Arbeiten

Folgende Punkte sind in diesem Zusammenhang besonders wichtig:

- Bereitstellung zielorientierter Strukturen, d. h. Optimierung der Strukturierung der Kleingruppenarbeit (Wirkfaktor 3). Ideal hierfür: ZAKK – die Zielorientierte Aktive Kooperative Kleingruppenarbeit – aus unserem Werkzeugkasten in Kapitel 7.4.1.

- Optimale Kombination der übrigen Wirkfaktoren für die angestrebte Zielsetzung. Wie kann das produktive Aktivitätsniveau hoch gehalten werden?

Auswahl der Teilnehmer

Das systemische Prinzip der Teilnehmerauswahl

Bei der Auswahl der Teilnehmer sind jene einzubeziehen,

- die das Thema betrifft,
- die zu dem Thema Wichtiges beitragen können,
- die für das Umsetzen der Ergebnisse entscheidend sind.

Erst wenn die Teilnehmer die unterschiedlichen Sichtweisen auf das Thema verstehen, kann bei ihnen Einsicht entstehen und damit ein verändertes Handeln. Neue Lösungen werden damit oft erst möglich (Wirkfaktor 3).

Umsetzung hängt von Teilnehmern ab

Vor dem Hintergrund dieser Überlegungen ist die Auswahl der Teilnehmer sorgsam zu treffen. Für eine erfolgreiche Umsetzung der Ergebnisse ist es erforderlich, dass die relevanten Personen einbezogen wurden. Ansonsten kann die Aufbruchsenergie einer großen Gruppe in der Organisation kippen. Gerade bei innerbetrieblichen Veranstaltungen ist es wichtig, das ganze System in einen Raum zu holen, um nachhaltige Ergebnisse zu erzielen.

Zu Beginn des Veranstaltungsprojektes wird eine Planungsgruppe eingerichtet. Diese spiegelt ein Miniabbild des Systems wider und sorgt von Anfang an für die Einbeziehung der verschiedensten Interessen und Sichtweisen.

Generell gilt: Je besser das Gesamtsystem für das gewählte Thema in der Großgruppenveranstaltung abgebildet wird, desto qualitativ hochwertiger und nachhaltiger sind die Ergebnisse. Zudem hat dies eine stabilisierende Wirkung auf die Veranstaltung.

Diese Grundsätze sind ebenfalls für Tagungen bei der Auswahl der Referenten zu beherzigen. Die Bedürfnisse der Teilnehmer können per Befragung oder in den Anmeldungen ermittelt werden und sind sowohl den Referenten zu kommunizieren als auch den Organisatoren.

Wettbewerbsorientierung

Wettbewerbsorientierung ist den Zielen einer Veranstaltung förderlich, da sich Referenten oder Teilnehmer anstrengen, die Besten zu sein.

Eine niedrige Ausprägung dieses Unterfaktors bedeutet, dass sich die Referenten nicht um eine Optimierung ihres Beitrags oder um eine Abstimmung mit anderen Referenten bemühen. Sie glauben sich der Aufmerksamkeit aller Teilnehmer scheinbar sicher zu sein. In einer niedrigen Ausprägung wird bewusst auf Wettbewerb verzichtet. Die Ergebnisqualität wird hier mit anderen Maßnahmen gesichert.

Wettbewerb fördert Leistung

Eine *hohe Ausprägung* des Faktors Wettbewerb bedeutet maximalen Einsatz aller Beteiligten. Die Kleingruppen bemühen sich intensiv um Ergebnisse, um parallele Konkurrenzgruppen nicht vorbeiziehen zu lassen.

Wettbewerb kann in einer Veranstaltung in vielfältiger Form eingeführt werden, um die Beteiligung und Aufmerksamkeit zu erhöhen.

Parallele Vorträge

Bereits das Angebot paralleler Vorträge führt zwischen den Referenten zu einem Wettbewerb um die Teilnehmer und: zwangsläufig zu einer Abstimmung mit den Füßen. Auch während der Veranstaltung können Teilnehmer meist zirkulieren. Oft ist für jeden der parallelen Referenten die Möglichkeit für eine Kurzdarstellung im Plenum gegeben. Diese erfolgen sequenziell, beispielsweise im Zweiminuten-Takt. Es empfiehlt sich, die Teilnehmer auf diesen Aspekt vorher explizit aufmerksam zu machen. Beim Veranstaltungsformat Open Space werden die Themen von den Teilnehmern generiert, die ihren Vorschlag im Plenum vorstellen und dabei um Interessenten werben.

Parallele Gruppenarbeiten

Eine Wettbewerbs-Konstellation ergibt sich, wenn das gleiche zu bearbeitende Thema an mehrere Kleingruppen parallel verteilt wird und diese bei der Präsentation und bezüglich des Ergebnisses im Wettbewerb stehen. Das kann zu kreativen Prozessen und innovativen Ideen führen. Bei den Visionsvorstellungen, z. B. der Zukunftskonferenz, können wir das oft beobachten. Alternativ kann den parallelen Gruppen eine jeweils andere Vorgehensweise zur Lösung der Aufgabe vorgegeben werden. Bei einer Vision können das unterschiedliche Kreativitätstechniken und -materialien sein.

Die Qualität der Ergebnisse wird deutlich erhöht, wenn vorab klar ist, dass diese im Anschluss im Plenum präsentiert oder dem Vorstand zugeleitet werden. Werden die Arbeitsergebnisse lediglich ausgehängt oder nur in die Dokumentation aufgenommen, sinkt die Qualität meist deutlich.

Abstimmungen

Häufig kann es in einer großen Gruppe wichtig sein, Entscheidungen zu treffen. Dafür stehen uns etliche Alternativen zur Verfügung. Die wohl eleganteste Methode hierfür ist – unabhängig von der Gruppengröße – die Lautstärke. Je nach Charakter der Veranstaltung kann das von »Dalli-Dalli«-Atmosphäre »Sie meinen, das war spitze?« bis zur ganz sanften Bewertung durch ein Summen der Teilnehmer geschehen.

Klarheit der Ergebnisse um jeden Preis

Sie können mit Punkten arbeiten wie in der klassischen Moderation oder durch Handzeichen abstimmen lassen. Auch elektronische Hilfen wie bei der Publikumsbefragung in »Wer wird Millionär?« sind möglich. Die Abstimmung mit den Füßen im Rahmen von verschiedenen Aufstellungsvarianten ist sehr konstruktiv. Diese Methode eignet sich auch, um einen ins Stocken geratenen Entscheidungsprozess wieder in Gang zu bringen. Beim Einsatz von PCs in der Gruppenarbeit (Wirkfaktor 7) erfolgt die Abstimmung mit Hilfe einer speziellen Software.

2.4.3 Ergebnisse sichern

Ergebnisstrukturen anbieten

Es ist wichtig, die einzelnen Gruppen anzuregen, ihre Ergebnisse in ansprechender Form darzustellen. Das beinhaltet: gute Lesbarkeit, Vergleichbarkeit, Auswertbarkeit und teilweise auch Nachprüfbarkeit. Hilfreich ist es, entsprechende Standards und passende Ergebnisstrukturen anzubieten. Zusätzlich sind die beiden im Folgenden beschriebenen Punkte zu beachten.

Transfer und Follow-up

Die Umsetzung beginnt bereits vor und in der Veranstaltung

Bei ergebnisorientierten Veranstaltungen kümmert sich die Planungsgruppe im Vorfeld um die spätere Umsetzung. Dort werden klare Verantwortlichkeiten für den Transfer der Veranstaltungsergebnisse festgelegt. Das kann beispielsweise die Installation von Projektgruppen beinhalten, für die Ressourcen oder Budgets bereitgestellt werden.

Eine weitere Steigerung besteht darin, dass die Teilnehmer bereits in der Veranstaltung die ersten Schritte gemeinsam tun. Dies ist bei einigen Großgruppenformaten systematisch der Fall, etwa AI-Summit, Zukunftskonferenz oder RTSC.

Für rein individuelle Ergebnisziele kann in der Veranstaltung vorgesorgt werden, etwa durch das Schreiben von Briefen an sich selbst oder durch Follow-up-Briefe der Veranstalter. Während der Veranstaltung können mentale Phasen und mentale Anker solche individuellen Ergebnisse verstärken.

Feedback und Ergebnismessung

Eine Ergebnisorientierung wird in der Regel dazu führen, mit einem Feedbackformular nachträglich die Meinung der Teilnehmer zu der Veranstaltung einzuholen. Eine wertschätzende Analyse der Planungsgruppe oder der Verantwortlichen mit sämtlichen Helfern empfiehlt sich ebenfalls.

Feedback für Lernen und Ergebnistransparenz

Beides zusammen wird bei wiederholten Veranstaltungen, beispielsweise jährlichen Kongressen, laufende Verbesserungen bewirken. Ein positives Ergebnis führt dann zu einer häufigen Wiederholung.

Handelt es sich bei der Veranstaltung um ein Kick-off für ein freiwilliges Programm, etwa mit Kunden als Teilnehmern, kann man das Ergebnis an der Zahl der Buchungen messen. Ein hartes Kriterium, das allerdings erst in Zukunft, also für spätere Veranstaltungen, Bedeutung gewinnt.

2.4.4 Schlüsselfragen für Wirkfaktor: Ergebnisorientierung

- Wie ist die optimale Zusammensetzung der Planungsgruppe für die Veranstaltung?
- Welches Ergebnis strebt der Veranstalter an?
- Wie kann das Ergebnis genau beschrieben und gemessen werden (Feedback-Bogen und darüber hinaus)?
- Wie kann der Transfer nach der Veranstaltung sichergestellt werden? Was sollte dafür bereits während der Veranstaltung getan werden? Was sind geeignete Follow-up-Maßnahmen?
- Sind alle eingeladen, die wichtige Beiträge liefern können?
- Soll und wenn ja, wie kann die »Produktivität« der Veranstal-

Schlüsselfragen

tung durch Wettbewerb gefördert werden? Sollen sich auch die Referenten dem Wettbewerb stellen und warum?
- Welcher Zugang könnte es den Teilnehmern erleichtern, den Sinn und das gewünschte Ergebnis klar zu erkennen?
- Wann und wie setzt sich die Planungsgruppe zu einer wertschätzenden Analyse der Veranstaltung zusammen? Wer nimmt noch daran teil?

2.5 Wirkfaktor 5: Rhythmisieren

»Rhythmus und steter Wandel prägen unser Leben.
Auf Sonne folgt Regen, auf den Tag die Nacht,
kein Einatmen ohne Ausatmen,
Wachphasen lösen Schlafphasen ab.«
　　　　　　　　　Rolf Ackermann (SKILL-Autor)

Der Wirkfaktor 5 »Rhythmisieren« fördert alle Veranstaltungsziele, indem Aufnahmefähigkeit, Konzentration und Kreativität angeregt werden. Je geringer der Freiraum bei der Veranstaltung für die Teilnehmer ist, desto wichtiger wird das gezielte Rhythmisieren. Je länger die Veranstaltung dauert, umso mehr Gewicht sollte auf das Rhythmisieren gelegt werden. Für Mitarbeiter beispielsweise aus der Produktion, die es nicht gewohnt sind, lange zuzuhören und rein intellektuell zu arbeiten, ist es wichtig, Pausen einzuplanen.

Empfohlene Dosierung des Wirkfaktors für die einzelnen Zielbereiche:

1. Informieren	☆☆★⯪☆	5. Gemeinschaft erleben	☆★⯪☆☆
2. Lernen	☆☆★★★	6. Normen und Werte wandeln	☆☆★☆☆
3. Motivieren	☆☆☆★★	7. Entscheiden	☆★⯪☆☆
4. Neue Lösungen finden	☆☆★⯪☆	8. Umsetzen	☆★⯪☆☆

Die Abwechslung im Ablauf kann in unterschiedlichen Dimensionen erfolgen:

- Wechsel zwischen Aktivität, Spannung und Konzentration auf der einen Seite und Passivität, Entspannung und Ruhe sowie Pausen auf der anderen Seite
- Wechsel in der Ansprache der Sinneskanäle
- Wechsel der Arbeitsformen (Reden, Zuhören, Zuschauen oder Eingabe am PC)
- Wechsel der Sozialform (Einzelarbeit, Partnerdialog, Kleingruppe, Großgruppe)
- Wechsel des Ortes (innerhalb eines Raumes oder Nutzung anderer Räume)

Rhythmisierung immer wichtig

Bei einer *niedrigen Ausprägung* dieses Wirkfaktors bleiben die Teilnehmer die ganze Zeit auf ihrem Platz, die Sozial- und Arbeitsformen werden kaum variiert. Die Aufmerksamkeit lässt nach einiger Zeit deutlich nach, die Mitarbeit nimmt ab.

Nutzen Sie die Bandbreite der Möglichkeiten

Bei einer *hohen Ausprägung* gibt es einen systematischen oder spontanen Wechsel von Frontalvortrag, Entspannung und Teilnehmeraktivitäten. Sozialformen, Präsentationsformen und eingesetzte Technik werden variiert. Pausen lockern auf und tragen zu einem guten Wechsel bei.

Die vorstehend genannten Möglichkeiten des Rhythmisierens lassen sich aus drei praktischen Perspektiven betrachten:

- Wechsel der Sinneskanäle
- Pausenregelung
- Eigenaktivität und Austausch

2.5.1 Wechsel der Sinneskanäle

Im akustischen Bereich lassen sich Wechsel von Stille über Geräusche bis hin zur musikalischen Untermalung eines Vortrages einbauen.

Sinneskanäle im Wechsel ansprechen

Der visuelle Lernkanal kann mit Textfolien, Bildern und Video ganz unterschiedlich angesprochen werden. Die Verdunkelung des Raumes – wenn auch nur für kurze Zeit – kann ebenfalls eine willkommene Abwechslung darstellen.

Bewegung (Kinästhesie) und Tastsinn sind ebenfalls sehr wichtig. Mit einer Bewegungsübung kann zwischendurch der kinästhetische Sinneskanal angesprochen werden.

Um alle Sinneskanäle im richtigen Maß ansprechen zu können, hilft Ihnen ein Koordinatensystem. Tragen Sie auf der vertikalen Achse die Sinneskanäle und auf der horizontalen Achse den Zeitverlauf ein. So erhalten Sie einen guten Überblick über die Ausgewogenheit und den Abwechslungsgrad der Rhythmisierung.

Bedenken Sie, dass jeder Teilnehmer in seinen Sinneskanälen anders strukturiert ist. Bringen Sie Abwechslung in Ihre Abläufe; so wird jeder erreicht!

2.5.2 Die Pausenregelung

Eine Pausenregelung, die menschliche Bedürfnisse beachtet, ist unerlässlich. Jenseits von kulturellen Unterschieden sind Pausen von 15 bis 30 Minuten Dauer in einem Abstand von 90 Minuten sinnvoll.

Pausen sinnvoll nutzen
Verbinden Sie Pausen mit Gruppenarbeiten: Teilen Sie in der Anmoderation einer Gruppenarbeit die Gesamtdauer von Gruppenarbeit und Pause mit. Verbindlich ist nur die Anfangszeit des nächsten Schrittes nach der Pause. Dies gibt Gruppen einen Zeitpuffer, die schneller fertig sind; Gruppen, die langsamer arbeiten, geraten nicht unter Druck. Es kann sinnvoll sein, die Teilnehmer selbst entscheiden zu lassen, wann sie sich eine Pause gönnen. Beispiele hierfür sind das Wertschätzende Interview und Workshops im OpenSpace Format. Am letzten Tag einer Veranstaltung können Sie mit dieser Pausenregelung das Auschecken der Teilnehmer entsprechend verteilen.

Wertvolle Pausengespräche
Pausen sind sehr wichtig und leider oft zu kurz bemessen. Dabei erhalten die Teilnehmer in den Pausengesprächen oft »ganz zufällig« die besten Tipps oder tauschen die wertvollsten Erfahrungen aus. Auf einem Bierdeckel werden oft gemeinsam die besten Ideen entwickelt. Für interessierte Teilnehmer gibt es nichts Besseres als eine Pause, um sich auszutauschen, insbesondere, wenn für das leibliche Wohl gut gesorgt ist.

2.5.3 Eigenaktivität und Austausch

Der natürliche Rhythmus des Menschen und sein Wunsch nach Abwechslung fördern seine Aufmerksamkeit und wirken Ermüdungserscheinungen entgegen. Dabei spielt das Bedürfnis, eigene Gedanken auszudrücken und mit anderen teilen zu können, eine wichtige Rolle. Gelegenheit hierfür bietet sich:

Jeder Mensch möchte sich gerne ausdrücken

- in organisierten oder spontanen Kleingruppen
- im Plenum
- während der Pausen

Durch den Austausch der Teilnehmer untereinander kommt es zu einer Reflexion über den Veranstaltungsinhalt. Dies führt zu besserem Verständnis und besseren Lerneffekten.

Des Weiteren ist ein Wechsel vom Sitzen zum Stehen möglich. Ein Angebot von kreativen und lustigen Bewegungsübungen ist hier hilfreich.

Die Teilnehmer können anstatt nur zuzuhören oder mitzureden auch mitschreiben oder Eingaben am PC machen. Virtuelles Arbeiten eröffnet die Möglichkeit, synchron beteiligt zu sein oder sich asynchron im Netz zu informieren und Nachrichten zu übermitteln.

2.5.4 Schlüsselfragen für Wirkfaktor: Rhythmisieren

- Wie lange sitzt der Teilnehmer fest auf einem Platz bzw. wie oft wechselt er diesen?
- Hört er nur zu oder kann er sich mit anderen austauschen?
- Welche Sinne werden besonders angesprochen – welche gar nicht (visuell, akustisch, kinästhetisch)? Wie kann für mehr Abwechslung gesorgt werden?
- Wie ist der Wechsel zwischen konzentrierten Arbeitsphasen und Entspannung?
- Welche Abwechslung bietet der Veranstaltungsablauf insgesamt?
- Wie ist der dramaturgische Handlungsbogen im Ablauf gestaltet?

Schlüsselfragen

2.6 Wirkfaktor 6: Selbstorganisation

»Endlich selbstbestimmt meinen Bedürfnissen folgen und meinen Beitrag leisten.«
Rudolf Müller

Selbstorganisation beinhaltet die selbstverantwortliche Entscheidung: Was ist gut für mich und für die Gemeinschaft. Der Wirkfaktor 6 fördert zunächst die Zielbereiche 3–8. Die Zielbereiche 1 *(Informieren)* und 2 *(Lernen)* können ebenfalls unterstützt werden.

Empfohlene Dosierung des Wirkfaktors für die einzelnen Zielbereiche:

1. Informieren	★☆☆☆☆	5. Gemeinschaft erleben	☆★⯪☆☆
2. Lernen	☆★★★☆	6. Normen und Werte wandeln	☆★★★⯪
3. Motivieren	☆☆⯪★★	7. Entscheiden	★⯪☆☆☆
4. Neue Lösungen finden	☆☆★★☆	8. Umsetzen	☆☆★⯪☆

Der Freiraum der Teilnehmer bezieht sich auf folgende Aspekte:

- Themenfreiheit
  Die Teilnehmer bestimmen, was auf der Veranstaltung thematisch und vom Ablauf her passiert. Sie beschäftigen sich intensiv mit den Themen, die für sie aktuell wichtig sind oder bei denen sie mitarbeiten möchten. Eine Gruppenzusammensetzung ergibt sich aus den Präferenzen der einzelnen Teilnehmer. Klassisches Beispiel hierfür ist der Open Space.

- Themenauswahl
  Der Teilnehmer hat die Möglichkeit, sich sein eigenes »Menü« zusammenzustellen. Er entscheidet, was er von der Veranstaltung mitnehmen möchte.

- Personenkontakt
  Der Teilnehmer kann selbst entscheiden, welchen Menschen er begegnet, mit welchem er sich austauscht oder zusammenarbeitet.

- Ausklinken
  Falls dem Teilnehmer das aktuelle Angebot nicht zusagt, kann er selbst entscheiden, welche anderen Angebote er nutzen möchte (z. B. Spaziergang, Gespräche in der Pausenecke).

Das Thema Freiraum betrifft auch die Kleingruppenarbeit mit ihren Strukturvorgaben. Falls inhaltlich verschiedene Themen parallel angeboten werden und alle Teilnehmer gleichmäßig informiert werden sollen, ist eine ausreichende Querinformation sicherzustellen.

Bei einer *niedrigen Ausprägung* dieses Wirkfaktors können die Teilnehmer praktisch keine Wahlentscheidungen treffen. Es ist wie bei einem festlichen Essen, wo jeder das gleiche Essen serviert bekommt und fest – möglicherweise »eingeklemmt«– auf seinem Platz sitzt. Links und rechts befinden sich während der ganzen Veranstaltung unverändert dieselben Gesprächspartner. *(Möglichkeiten für Freiraum)*

Bei einer *hohen Ausprägung* entscheidet der Teilnehmer weitgehend über seinen ganz persönlichen Ablauf der Veranstaltung. Er kann sich seine eigene individuelle Veranstaltung innerhalb der Großgruppenveranstaltung zusammenstellen oder sich auch mal von dort verabschieden. Innerhalb vorgegebener Gruppenthemen kann die Arbeit frei gestaltbar oder vorstrukturiert sein.

2.6.1 Einfluss auf den Veranstaltungsablauf

Meinungen oder Beiträge der Teilnehmer zu den einzelnen Themen sind mit Hilfe von geeigneten Medien wie dem Infoboard schriftlich festzuhalten. Eine Artikulation der Teilnehmer zu Prioritäten und Inhalten kann z. B. mittels Moderations-Klebepunkten und über elektronische Abstimmungen erreicht werden. Eine andere Möglichkeit ist die Abstimmung über Lautstärke, etwa in Form eines Summens oder Polterns, wie wir es von Dalli-Dalli »Das ist spitze!« noch kennen. *(Meinungsäußerung erlauben)*

Diese Rückkoppelungen mit den Teilnehmern ermöglichen den Prozessbegleitern oder Moderatoren, besser auf deren jeweilige Stimmung und Prioritäten einzugehen. Weitere Möglichkeiten finden Sie bei dem Wirkfaktor 4 »Ergebnisorientierung« unter dem Punkt Abstimmungen beschrieben.

Beim Angebot von parallelen Themen ergeben sich sichtbare Wahlmöglichkeiten. Eine interessante Variante besteht darin, nach jedem Plenumssprecher ein Vertiefungsgespräch mit Interessenten parallel zum nächsten Programmpunkt anzubieten.

Als extreme Beispiele der Ausprägung von Freiraum findet sich die Lineare Tagung auf der einen Seite und Open Space auf der anderen Seite. Die Lineare Tagung hat eine feststehende Agenda für alle Teilnehmer und bietet keine individuelle Wahlmöglichkeit. Bei Open Space wird die Agenda erst entwickelt, und alle Teilnehmer haben zu jeder Zeit die Möglichkeit, sich für oder gegen bestimmte Aktivitäten zu entscheiden.

2.6.2 Schlüsselfragen für Wirkfaktor: Selbstorganisation

Schlüsselfragen

- Welche Freiräume in Bezug auf Inhalt und Ablauf der Veranstaltung sollen die Teilnehmer erhalten und aus welchem Grund?
- Sollen die Teilnehmer Einfluss auf den Ablauf der Veranstaltung nehmen können und wie kann dies z. B. in Form von Abfragen und Abstimmungen geschehen?
- Welcher Freiraum macht bei der Gruppenbildung Sinn?
- Wie kann die parallele Arbeit durch die Moderatoren und die Räumlichkeiten organisiert werden?
- In welchem Maße soll das Veranstaltungsprogramm Freiräume vorsehen, in denen jeder seine Aktivitäten ganz alleine bestimmt?

2.7 Wirkfaktor 7: Virtualität

»*Virtualität kann große Gemeinschaften verbinden und erlaubt, sich auf die Botschaften der Menschen einzulassen.*«

Walter Bruck

Einfache Nutzung neuer Technologien

Die Virtualität hat in letzter Zeit durch den Einsatz neuer Technologien wie Internet, E-Mail oder Videokonferenz Eingang in Großgruppenprozesse gefunden. Und: Sie wird zunehmend an Bedeutung gewinnen. Was bedeutet das für die Arbeit mit großen Gruppen?

2.7 Wirkfaktor 7: Virtualität

Der Wirkfaktor 7 »Virtualität« kann zur Förderung aller Veranstaltungsziele eingesetzt werden. Wie kaum ein anderer Wirkfaktor kann er Verstärker oder Bremser der übrigen Wirkfaktoren sein. Und er kann auch völlig neue Möglichkeiten eröffnen, etwa die Einbeziehung nicht anwesender Personen. Aufgrund der vielfältigen Zusammenhänge, die wir in Kapitel 4 darstellen, können wir keine Empfehlung einer Dosierung für einzelne Zielbereiche geben. Der Wirkfaktor Virtualität nimmt hier eine Sonderstellung ein. Wir wollen die Überlegungen, wie sich die Virtualität in der Großgruppe ausbreiten kann, schrittweise entwickeln.

In der einfachen Form bedeutet Virtualität, dass es an den Tischen PCs gibt, die miteinander vernetzt sind und für Abstimmungen oder den Austausch von Ergebnissen genutzt werden. In einem weiteren Schritt können Teilnehmer weltweit vernetzt werden. Denkbar ist auch, dass es sich um keine Präsenzveranstaltung handelt, sondern jeder Teilnehmer virtuell in eine Großgruppe eingebunden ist. Letzteres setzt besonders hohe Anforderungen an das Veranstaltungsdesign, da hier das Verlassen der Kommunikationsplattform nur einen Mausklick entfernt ist.

Einfache Form: ein PC pro Gruppe

Der Wirkfaktor »Virtualität« bezieht sich auf die unterschiedlichen Arten virtueller Kommunikation. Sie kann stattfinden:

- *in Echtzeit (synchron)*
- *zeitversetzt (asynchron)*

Die weiteren Dimensionen des Wirkfaktors beziehen sich auf die Prinzipien, die eine Zusammenarbeit in Online-Gemeinschaften ermöglichen. Wir beschreiben diese mit dem STT-Modell ausführlich unter Punkt 2.7.3.

Eine *gering ausgeprägte* Virtualität bedeutet, dass es für die Teilnehmer kaum möglich ist, die eben beschriebenen Arten virtueller Kommunikation auszuführen.

Ausprägung

Eine *stark ausgeprägte* Virtualität bedeutet, dass die gesamte Kommunikation zwischen und mit den Teilnehmern über die neuen Technologien stattfindet. In der höchsten Ausprägung befinden sich alle Teilnehmer an unterschiedlichen Orten. Es findet sowohl Kommunikation in Echtzeit als auch zeitversetzt statt. Es steht den Teilnehmern ein sehr breites Spektrum an Kommunikationsmöglichkeiten zur Verfügung, welche optimal für die jeweilige Aufgabe sind.

Das ist erst der Anfang Der Wirkfaktor der Virtualität erschließt eine ganz neue Dimension in der Arbeit mit großen Gruppen. Wir stehen heute erst am Anfang der Möglichkeiten und unseres Verständnisses der damit verbundenen Prozesse. Virtuell ist vieles möglich, was in der realen Welt nicht existiert. Hierin liegt der ganz besondere der Reiz und das Aktivierungspotenzial dieses Wirkfaktors.

Natürlich entsteht durch die physische Abwesenheit der Gesprächspartner zunächst ein gewisser Verlust an Intimität.

»Mal eben an den Nachbartisch gehen, denn da sitzt doch Frau – na, wie war denn gleich noch mal der Name?«, das ist in der realen Welt ganz einfach. In der virtuellen Welt ist das deutlich schwieriger, obwohl technisch möglich. Der Verlust der gewohnten Art von Intimität in Form eines Gespräches von Angesicht zu Angesicht will erst durch neue Formen ersetzt werden. Auf der anderen Seite erlaubt gerade die Anonymität einen hohen Grad an Intimität, wie wir aus den Chaträumen im Internet wissen.

2.7.1 Echtzeit-Kommunikation (synchron)

Werkzeuge für Echtzeit-Kommunikation ermöglichen eine ganz besonders hohe Intensität an Interaktion in der virtuellen Welt. In diesen Fällen können virtuelle Veranstaltungen als Pendant zur Präsenzveranstaltung gelten. Als Nachteil muss in Kauf genommen werden, dass alle Beteiligten gleichzeitig anwesend sein müssen. Tabelle 2.7.1 zeigt die nach Kaplan (2006) gebräuchlichsten Technologien.

Werkzeug	Anwendung	Begrenzungen
Audiokonferenz z. B. als Telefonkonferenz	Diskussion und Dialog	Beachtung der Zeitzonen, speziell bei internationaler Beteiligung; fehlende Möglichkeit, Körpersprache zu sehen
Webkonferenz	Austausch von Präsentationen und Informationen	Übertragungskapazität; eine Audiokonferenz kann als sinnvolle Ergänzung erforderlich sein

Videokonferenz	Vertiefte Diskussion mit zahlreichen Interaktionsmöglichkeiten	Hohe Kosten; derzeit limitierte Verfügbarkeit von Videokonferenzsystemen
Chat	Austausch bei wenig komplexen Themen	Erfordert üblicherweise das Tippen; kann den Teilnehmern »langsam« erscheinen
Instant Messaging	Schnelle spontane Kommunikation	Alle Teilnehmer müssen ein kompatibles System verwenden.
White Boarding	Gemeinsame Entwicklung von Ideen	Übertragungskapazität; eine Audiokonferenz kann als sinnvolle Ergänzung erforderlich sein
Application Sharing (Mehrbenutzeranwendungen)	Gemeinsame Nutzung von Dokumenten	Übertragungskapazität; eine Audiokonferenz kann als sinnvolle Ergänzung erforderlich sein

(Quelle: iCohere)

Tabelle 2.7.1 Werkzeuge für Echtzeit-Kommunikation

2.7.2 Zeitversetzte Kommunikation (asynchron)

Heute werden in der Wirtschaft die Gestaltungsmöglichkeiten der asynchronen Kommunikation bereits an anderer Stelle genutzt. Ein Beispiel dafür ist das Parallel Engineering bei Volkswagen: Die Ingenieure in Wolfsburg arbeiten tagsüber an der Konstruktion, und ihre Kollegen in Südamerika verarbeiten diese Ergebnisse weiter, während bei uns Nacht ist. Am nächsten Morgen ist wieder Schichtübergabe. Durch dieses Prinzip lassen sich Entwicklungszeiten halbieren. Parallel Engineering ist ein Beispiel für eine Form der asynchronen Kommunikation mit festen Regeln.

Ein uns allen bekanntes Beispiel asynchroner Kommunikation sind Diskussionsforen oder auch Wikis im Internet. Jeder kann jederzeit mitdiskutieren, und der aktuelle Stand ist immer verfügbar und nachvollziehbar. Das erleichtert Quereinsteigern die Beteiligung.

Kaplan (2006) nennt solche Tools und Technologien asynchron, die eine Kommunikation über längere Zeitperioden ermöglichen (Tabelle 2.7.2).

Der Vorteil liegt darin, dass sich Menschen relativ problemlos über verschiedene Zeitzonen und mit individuellen Zugriffszeiten austauschen können. Sie eignen sich besonders gut für den Austausch von Wissen, haben allerdings den Nachteil, dass sie eine größere Disziplin oder wiederholte Einladungen erfordern.

Werkzeug	Anwendung	Begrenzungen
Diskussionsforen (z.B. Online-Delphi)	Dialog, der über einen längeren Zeitraum stattfindet	Kann länger dauern, um zu einer Entscheidung oder zu einem Ergebnis zu kommen.
Web Logs (Blogs)	Ideen und Kommentare austauschen	Kann länger dauern, um zu einer Entscheidung oder zu einem Ergebnis zu kommen.
Messaging (E-Mail)	Kommunikation 1 zu 1 oder 1 zu vielen	Kann als Werkzeug zur Zusammenarbeit missbraucht werden und wirkt dann erdrückend.
Audio Streaming	Kommunikation oder Lehren	Statisch; es gibt typischerweise keine Möglichkeit, Fragen zu stellen oder Ideen zu entwickeln.
Video Streaming	Kommunikation oder Lehren	Statisch; es gibt typischerweise keine Möglichkeit, Fragen zu stellen oder Ideen zu entwickeln.
Kommentierte Folienpräsentationen	Kommunikation oder Lehren	Statisch; es gibt typischerweise keine Möglichkeit, Fragen zu stellen oder Ideen zu entwickeln.
»Lernobjekte« (webbasiertes Training)	Lehren und Training	Es gibt typischerweise keine Möglichkeit, Fragen zu stellen oder Ideen im Detail zu entwickeln.
Dokumenten-Bibliotheken	Verwalten von Dokumenten	Versionskontrolle kann ein Thema sein.

Datenbanken	Wissensmanagement	Erfordert klare Definition und eine sorgfältige Verwaltung.
Internetbücher (e-books)	Lehren und Training	Nicht dynamisch; deshalb kann der Leser schnell das Interesse verlieren.
Umfragen und Befragungen	Daten und Informationen sammeln	Erfordert klare Definition und laufende Koordination.
Gemeinsamer Kalender	Koordinationsaktivitäten	Kompatibilität des Systems
Links auf Webseiten	Ressourcen und Referenzen zur Verfügung stellen	Kann unaktuell werden oder defekt sein.

(Quelle: iCohere)

Tabelle 2.7.2 Werkzeuge für zeitversetzte Kommunikation

2.7.3 STT-Modell

Das STT-Modell (Social Transluence of Technology) von Erickson und Kellogg (2000) wurde von Godwin und Rennecker (2005) erweitert und besteht aus 7 Prinzipien. Das Modell fasst die Voraussetzungen zusammen, unter denen Zusammenarbeit in Online-Gemeinschaften erfolgreich verläuft. Die Prinzipien dieses Modells lassen sich sowohl auf die eingesetzte Plattform oder Technologie als auch auf die Prozessbegleitung anwenden.

Kooperation in Online-Gemeinschaften

Sichtbarkeit (Visibility)

Veränderungen und Bewegungen von Teilnehmern und Dokumenten sind sichtbar. Diese Vorgänge können verwendet werden, um einen Austausch durchzuführen und/oder miteinander zu interagieren. So sind z. B. neue Beiträge auf Anhieb erkennbar oder die Teilnehmer können selbst Einstellungen vornehmen, um sich bereits gelesene Beiträge nicht mehr anzeigen zu lassen. Zu sehen, wer im Moment an der Online-Konferenz teilnimmt, wer kommt oder geht, verweist bereits auf das folgende Prinzip.

Bewusst sein (Awareness)

Jeder Teilnehmer weiß, wer für die Kommunikation zur Verfügung steht. Hieraus können Dialoge initiiert werden. Mittels eines dynamischen Teilnehmerverzeichnisses ist zum Beispiel einsehbar, wer gerade online ist und eine Echtzeit-Kommunikation führen möchte. Die Teilnehmer können selbst definieren, ob sie für einen Chat (Gespräch) zur Verfügung stehen wollen oder nicht. Ein besonders wichtiges Element in Gruppen-Chats ist, dass sichtbar ist, wer kommt und geht.

Verantwortlich sein (Accountability)
Die Öffentlichkeit innerhalb der Online-Gemeinschaft bewirkt, dass die Teilnehmer Verantwortung für das eigene Verhalten übernehmen. Dies geschieht dadurch, dass wir von jedem Teilnehmer die Beiträge zusammen mit seinem Profil einsehen können. Oder umgekehrt: Man kann von jedem Beitrag direkt zu seinem Profil und den weiteren Beiträgen kommen.

Aktivitäten unterstützen (Activity Support)
Auch in der virtuellen Welt kann das Schaffen sozialer Kontakte und länger andauernder Dialoge unterstützt werden. In diesem Zusammenhang ist zu entscheiden, wie viel Raum für Echtzeit-Kommunikation und wie viel für zeitversetzte Kommunikation zur Verfügung gestellt werden soll. Es ist hilfreich, diese Kommunikationsräume bereits vor Start der Veranstaltung mit Inhalten und einigen Diskussionsbeiträgen zu füllen. Das gibt den Teilnehmern das Gefühl, hier passiert bereits etwas. Darüber hinaus gilt es Elemente, wie das später beschriebene Zusammenarbeits-Café, einzubinden oder durch eine besondere Willkommenseite zu aktivieren.In diesem Prinzip sehen wir eine enge Verbindung zu unserem Wirkfaktor »Selbstorganisation«.

Dialoge visualisieren und strukturieren
(Conversation Visualization and Restructuring)
Die Visualisierung und Strukturierung der Dialoge erlaubt jedem Teilnehmer, das in den Dialogen enthaltene Wissen wiederzuverwenden, um darauf innerhalb seines eigenen Beitrags aufzubauen und Verbindungen herzustellen. Ein Beispiel zeigt die folgende Abbildung:

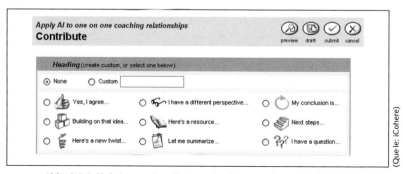

Abb. 2.7.1 Einbringen eines Beitrags in eine asynchrone Diskussion

Symbole markieren die unterschiedlichen Arten von Beiträgen, wie:

Ich stimme dem zu ...
Ich habe eine andere Perspektive ...
Aufbauend auf dieser Idee ...
Meine Schlussfolgerung ist ...
Nächste Schritte ...
Lassen Sie mich zusammenfassen ...
Hier ist eine ganz neue Entwicklung ...
Ich habe eine Frage ...
Hier ist eine Ressource ...

Zusätzlich spielen besonders Icons neben der Strukturierung des Inhalts durch vorgegebene Formate eine Rolle. Ein Format für eine Diskussion kann folgende vorgegebene Felder enthalten:

- Thema der Diskussion als Titel
- Sinn und Zweck der Diskussion (in 1–2 Sätzen)
- Gewünschte Ergebnisse
- Schlüsselfragen
- Einführung in das Thema

Die Prozessbegleiter zeigen zudem Verbindungen zwischen verschiedenen laufenden Aktivitäten auf und machen diese den Teilnehmern zugänglich. Dieses Prinzip erleichtert die Zielorientierung in den Dialogen und in der Aufnahme des geteilten Wissens.

Wissensräume bewusst gestalten
(Organizational Knowledge Spaces)
Ziel dieses Prinzips ist es, Teilgemeinschaften – auch privaten – die Kontrolle über die Art und Weise des Austauschs ihres Wissens mit größeren Organisationseinheiten bis hin zur gesamten Organisation zu geben. Ist ein privater Austausch innerhalb der Online-Konferenz in Zweiergesprächen oder in privaten Chats möglich? Die Prozessbegleiter und das technische Support Team benötigen einen solchen Bereich in jedem Fall für sich selbst. Es ist sinnvoll, diesen allen Teilnehmergruppen zur Verfügung zu stellen. Dieses Prinzip weist wieder eine enge Verbindung zum vorher erläuterten Prinzip der Selbstorganisation auf. Wichtig ist hier allerdings: Es gibt auch geschlossene Gruppen.

Sinnesvielfalt (Sensory Flexibility)
Gelungene virtuelle Kommunikation spricht mehrere Sinne an. Es kann mit reinem Text, mit Grafiken, aber auch mit Video und Audio gearbeitet werden. Die enge Verbindung zu unserem Wirkfaktor Wohlfühlen ist klar ersichtlich.

Die Software-Plattform von iCohere unterstützt obige Prinzipien in hohem Maße.

2.7.4 Schlüsselfragen für Wirkfaktor: Virtualität

Schlüsselfragen

- Welche Ergebnisse können in einer virtuellen Veranstaltung effektiv erreicht werden?
- Welche Möglichkeiten bietet die Technologie des Anbieters?
- Wie erfahren sind die virtuellen Teilnehmer mit dem neuen Medium?
- Wie sicher sind die Prozessbegleiter und Moderatoren im Umgang mit den neuen Medien?
- Wie können wir die Akzeptanz erhöhen, Orientierung schaffen und Vertrauen bilden?
- Wie kann uns ein kraftvoller Start gelingen, beispielsweise mit einem attraktiven »Teaser«?
- Für welche Aufgaben innerhalb der Veranstaltung eignen sich die einzelnen Kommunikationsformen am besten?
- Welche Möglichkeiten der Rückkopplung helfen uns, den Prozess der virtuellen Gruppe zu begreifen und zu sehen, wo sie im Kommunikationsgeschehen steht?
- Wie kann Virtualität und Präsenz verbunden werden?

Weiter Informationen den vielfältigen Einsatzmöglichkeiten des Wirkfaktors Virtualität finden Sie in Kapitel 4.

2.8 Kurzzusammenfassung der Wirkfaktoren

*»Die Verbindung der einzelnen Wirkfaktoren ist
mehr als die Summe der einzelnen Wirkfaktoren.«*
Walter Bruck

Wirkfaktor 1: Wohlfühlen	Wirkfaktor 2: Ressourcenaktivierung:
Sinne ansprechen	Sinn erkennen – Bewusstsein schaffen
Geborgenheit und Nähe schaffen	Grundhaltung des Hinwendens
Sich bewegen	Austausch und Dialog
Emotionalität wecken	Beziehung und Gemeinschaft
Wirkfaktor 3: Kleingruppenarbeit:	**Wirkfaktor 4: Ergebnisorientierung:**
Zeitanteil und Gruppengröße	Zielklärung
Zusammensetzung und Konstanz der Kleingruppen	Ergebnisorientiertes Arbeiten
Strukturierung der Kleingruppenarbeit	Ergebnisse sichern und lernen
Organisation der Querinformation	
Wirkfaktor 5: Rhythmisieren	**Wirkfaktor 6: Selbstorganisation:**
Aktivität und Passivität	Themenfreiheit
Ansprache der Sinneskanäle	Themenauswahl
Arbeitsformen und Sozialform	Personenkontakt
Ort	Ausklinken
Wirkfaktor 7: Virtualität	
Echtzeit	Zeitversetzt
Sichtbarkeit	Bewusst sein
Verantwortlich sein	Aktivitäten unterstützen
Dialoge visualisieren und strukturieren	Wissensräume gestalten
Sinnesvielfalt	

Tabelle 2.8.1 Übersicht über die Wirkfaktoren

3. Präsenzveranstaltungen – Standardformate

Schwerpunkt dieses Kapitels ist der genaue Ablauf verbreiteter Formen für Präsenz-Großgruppenveranstaltungen. Auf den Wirkfaktor Virtualität integrierende Formen gehen wir in Kapitel 4 näher ein.

3.1 Übersicht

Die Darstellung der klassisch-linearen und der modern-parallelen Veranstaltungsformen ist eher kurz gehalten, wenngleich sie zusammen sicher 90 Prozent der durchgeführten Veranstaltungen ausmachen. Grund hierfür ist, dass diese Veranstaltungstypen meist wenig Gebrauch von den Möglichkeiten der Wirkfaktoren machen und selten gründlich konzipiert sind. Besonderes Augenmerk legen wir jedoch auf die Erweiterungsmöglichkeiten dieser Veranstaltungstypen, die sich aus unserem WGG-Modell ableiten lassen.

Auf Seite 98 folgt eine Übersicht über die beschriebenen Veranstaltungsformate:

Format	Anzahl Teilnehmer	Typische Dauer	Schwerpunkte (Zielbereiche)
Klassisch-lineare Tagung (Kapitel 3.2)	unbegrenzt	0,5–3 Tage	1, 2
Modern-parallele Tagung (Kapitel 3.3)	unbegrenzt	0,5–3 Tage	1, 2, (5)
The World Café (TWC) (Kapitel 3.4)	12–1200	0,5 Tage	1–5
Ganzheitlich tagen in Gruppen (GTG) (Kapitel 3.5)	unbegrenzt	1–2 Tage	1, 2, (3,4)
Open Space Technology (OST) (Kapitel 3.6)	10–1000	1,5–2,5 Tage	2–6
Zukunftskonferenz (Kapitel 3.7)	50–100	über 3 Tage verteilt	3, (4), 5–8
RTSC-Konferenz (Kapitel 3.8)	50 bis über 1000	über 3 Tage verteilt	1–3, 5–8
Appreciative Inquiry Summit – Zukunftsgipfel (Kapitel 3.9)	bis 2000	2–4 Tage	2–8
Appreciative Open Space (AOS) (Kapitel 3.10)	10–1000	0,5–2,5 Tage	2–6, 8

Die Gestaltungsfreiheit ist beim GTG-System, Appreciative Inquiry Summit (Zukunftsgipfel) und bei RTSC besonders hoch.

Wenn wir von den beiden klassischen Tagungsformen absehen, können wir auf der Basis einer Befragung aus den Jahren 2000–2002 (Weber, 2005) erkennen, dass Open Space Veranstaltungen die überwiegende Mehrheit unter den Veranstaltungen ausmachen. Direkt danach folgen die gemischten Verfahren, d.h. individuelle Designs, wie wir sie schwerpunktmäßig in unserem Buch behandeln. Bisherige Tagungen werden teilweise durch Open Space Veranstaltungen ersetzt, was einen Teil des Übergewichts dieser Standardformats erklären könnte.

3.1 Übersicht

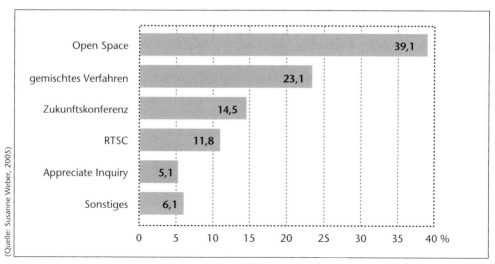

Abb. 3.1.1 Verteilung der verschiedenen Großgruppenverfahren

Interessant ist in diesem Zusammenhang auch die Verteilung der Dauer der einzelnen Veranstaltungsformen aus derselben Untersuchung. Hier führen Open Space und Appreciative Inquiry die Liste an.

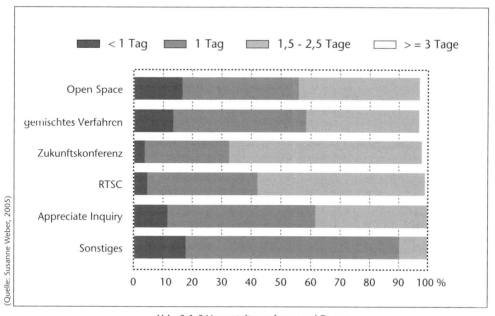

Abb. 3.1.2 Veranstaltungsform und Dauer

Nach der Darstellung der wichtigsten Standardformate werden wir uns in Kapitel 3.11 ausgewählten speziellen Großgruppenformaten und Ansätzen widmen und diese in knappen Übersichten beschreiben. Es handelt sich um Ancient Wisdom Council, The Conference Model®, Community Weaving, Collaborative Loops, Cycle of Resolution, Gemeinsinn-Werkstatt, Genuine Contact, Rapid Results, Rat der Weisen – Wisdom Council, SOAR – Strenghts, Opportunities, Aspirations, Results und Workout.

3.1.1 Struktur der Darstellung

Ziel des Kapitels 3 ist es, Ihnen einen Überblick über die Besonderheiten der wichtigen Großgruppenformate zu geben. Sie sollen ein Bild über den prinzipiellen Ablauf, die wichtigen Grundelemente, die Ausprägung der Wirkfaktoren und weitere wichtige Details erhalten. Wir beginnen diese Beschreibung jeweils mit der Grundidee und einem kurzen Überblick, der die Historie der Veranstaltungsform mit einbezieht. Die weiteren Details werden in folgender Struktur beschrieben:

Einsatzbereiche und Zielsetzung
Welche Einsatzmöglichkeiten gibt es und welche der in Kapitel 1 vorgestellten Zielbereiche werden unterstützt?

Grundelemente und Phasen
Welche Phasen werden typischerweise durchlaufen und welche einzigartigen Elemente prägen dieses spezielle Großgruppenformat?

Zeitplan
Wie sieht ein grober Zeitplan für einen typischen Ablauf aus?

Ablauf
Wie sieht der Ablauf konkret in der Praxis aus?

Organisation und Raum
Welche organisatorischen Details sind zu beachten?

Vorbereitung
Welche Vorbereitungen sind im Vorfeld der Veranstaltung zu erledigen?

Querinformation der Teilnehmer
Wie wird erreicht, dass die Teilnehmer die relevanten Querinformationen erhalten?

Erfolgsfaktoren und Grenzen
Was sind besondere Erfolgsfaktoren für die Anwendung und wo stößt man an Grenzen?

Ausprägung der Wirkfaktoren
Wie sind die Wirkfaktoren innerhalb des Standardformats ausgeprägt bzw. kombiniert? Welche einfachen Möglichkeiten bestehen, um innerhalb dieses »Standardformats« die Wirkfaktoren weiter zu erhöhen? Ganz wichtig: Es geht um den angemessenen Einsatz!

Varianten und Erweiterungen
Welche Varianten für unterschiedliche Anwendungsfelder oder stärkere Nutzung der Wirkfaktoren gibt es konkret?

Empfohlene Literatur und Ressourcen
Hier erhalten Sie einen Überblick darüber, welche wichtigen Quellen es für vertiefende Informationen gibt, falls Sie dieses Großgruppenformat konkret anwenden möchten.

3.1.2 Unterstützung der Ziele durch die einzelnen Großgruppenformate

Mit Ausnahme der beiden ersten Standardformate erheben alle übrigen prinzipiell den Anspruch, sämtliche Zielbereiche unserer Auflistung aus Kapitel 1 abzudecken. Es gibt jedoch Schwerpunkte, die wir aus unserer subjektiven Sicht setzen sollten. Wir stellen deshalb alle Formate in einem zweidimensionalen Koordinatensystem mit jeweils zwei Zielbereichen grafisch dar (siehe Seite 102). Pro Format ergibt sich ein Kreis oder eine Ellipse, je nach unserer subjektiven Einschätzung der notwendigen Ausprägung dieses Wirkfaktors für die beiden Zielbereiche.

3. Präsenzveranstaltungen – Standardformate

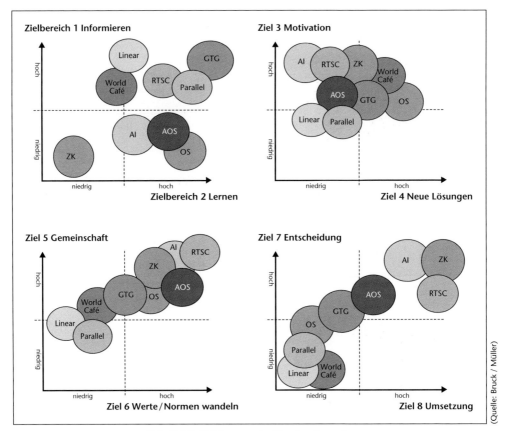

Abb. 3.1.3 Zieleignung der Standardformate

3.1.3 Bandbreite der Ausprägung der Wirkfaktoren

Im Folgenden möchten wir Ihnen einen Überblick über die Bandbreite der Anwendungsmöglichkeiten der Wirkfaktoren im Hinblick auf die einzelnen Formate geben. Uns geht es dabei nicht um eine quantitative Bewertung, sondern um die Visualisierung der Relationen zwischen den Formaten. So erhalten Sie ein besseres Gefühl für diese Formate und ihre Wirkungsweisen.

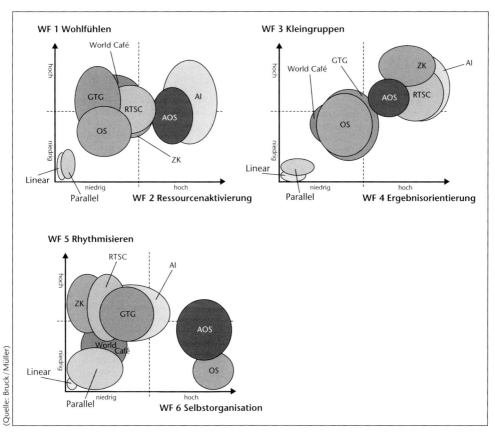

Abb. 3.1.4 Bandbreite der Wirkfaktoren der Standardformate

3.2 Die klassische »lineare« Tagung

Bei der klassischen Tagung sitzen alle Teilnehmer in Stuhlreihen in einem großen Raum oder Saal. Vorne steht der Referent hinter einem Rednerpult mit einem großen Blumengesteck an seiner Seite und hält einen Vortrag. Meist folgen ohne Pause mehrere Referenten hintereinander. Diese Form der Veranstaltung bezeichnen wir als lineare Tagung. Alles findet zeitlich hintereinander in einem großen Raum statt und wird von allen Anwesenden gleichzeitig gehört und gesehen.

Lineare Tagung

> Die Grundidee dieser Veranstaltungsform ist: »*Wir haben ein Angebot für Sie, machen Sie selbst was draus.*«

Dieser Veranstaltungstyp ist die älteste und am stärksten verbreitete Form und bedarf der geringsten konzeptionellen Vorbereitung.

Einsatzbereiche und Zielsetzung

Derartige Veranstaltungen werden Kongress, Symposium, Tagung oder Versammlung genannt. Oft mit dem Zusatz »Jahres-«. Auch die Hauptversammlung einer Aktiengesellschaft folgt im Prinzip diesem Ablauf.

Veranstalter ist ein Wirtschaftsunternehmen oder ein Verband. Er will auf sich aufmerksam machen oder seine Mitglieder und Interessenten mit Neuigkeiten versorgen.

Frage der Effizienz

Solche linearen Tagungen setzen sich meist zum Ziel, ihre Teilnehmer zu informieren, und haben selten die Absicht, die Teilnehmer stärker einzubeziehen oder die Verarbeitung der neuen Informationen zu erleichtern. Die Teilnehmer selbst wollen einfach »dabei sein« oder Bekannte treffen. Die Frage nach der Effizienz der Veranstaltung wird selten gestellt. Es handelt sich lediglich um ein Informationsangebot. Die Teilnehmer können es annehmen, indem sie auf ihrem Platz bleiben, oder auch ablehnen, indem sie es vorziehen, sich im Foyer mit Bekannten zu treffen.

Grundelemente und Phasen

Eine lineare Tagung unterteilt sich in zwei bis drei Phasen:

- Begrüßung und eventuell Grußworte von Prominenten
- Reden und Präsentationen
- Fragen aus dem Publikum am Ende eines Vortrags oder am Ende der gesamten Veranstaltung

Polemik erhöht Aufmerksamkeit

Eine Abweichung von diesem Schema stellt die häufig genutzte Podiumsdiskussion dar. Dabei ist die Aufmerksamkeit der Teilnehmer umso niedriger, je nüchterner und rationaler die Diskussionsrunde auf dem erhöhten Podium agiert. Umgekehrt erhöhen polemische Auftritte sofort die Aufmerksamkeit der Zuhörerschaft. Eine Variante des Podiums ist das »Goldfisch-Glas« (Fishbowl), das im Werkzeugkasten (Kapitel 7.2.4) näher beschrieben wird. Hier können Teilnehmer aus dem Publikum einen freien Stuhl für eine kurze Zeit besetzen und mitdiskutieren.

Bei Jahresversammlungen von Vereinen und Verbänden sowie Hauptversammlungen von Unternehmen gibt es eine zusätzliche Phase: Wahlen und Abstimmungen. Diese rahmen oft Berichte und Ansprachen ein.

Ablauf

Vom Aufwand her ist diese Form der Veranstaltung am einfachsten: Sie benötigt einen Raum, der hinsichtlich Größe und Bestuhlung auf die geplante Teilnehmeranzahl abgestimmt ist. Diese Teilnehmerzahl ist theoretisch unbeschränkt. Notfalls werden Stimme und Bild des Referenten via Bildschirm in einen Nachbarraum übertragen.

Die Teilnehmer sitzen parlamentarisch in Reihen, oft sind es Tische in Reihen. Bei kürzeren Veranstaltungen trifft man auch auf eine Gala-Bestuhlung, bei der die Teilnehmer in einer Gruppe an Tischen platziert sind.

Vorbereitung

Diese Veranstaltungsform hat den großen Vorteil, dass sie sich mit relativ geringem Aufwand vorbereiten lässt. Die Organisation besteht aus der Buchung des Raumes und der Gewinnung von Referenten. Vortragsthemen und Referenten wurden meist in einem Team festgelegt. Ansonsten kann sich die Betreuung der Referenten auf die Abfrage der notwendigen Technik beschränken. Ein Coaching der Referenten und eine enge Abstimmung der Beiträge schafft jedoch zusätzlich Qualität. Ein weiterer Punkt ist die Regelung der Verpflegung.

Organisationsaufwand gering

Aufwändiger hingegen sind Marketing und Werbung für die Veranstaltung sowie die Administration insbesondere der Anmeldungen. Eine Tagungsdokumentation für die Teilnehmer, heute oft auf CD-ROM, gehört zum Standard. Diese Form der Dokumentation wird zunehmend durch den eigenen Download von der Homepage des Veranstalters abgelöst.

Ausprägung der Wirkfaktoren
Noch viel Potenzial bei den Wirkfaktoren

Wirkfaktor 1: Wohlfühlen
Bei klassischen Tagungen oder ähnlichen Veranstaltungstypen werden kaum mehr als ein Podium, ein Rednerpult, ein Blumengesteck und ein großes Transparent mit dem Motto der Veranstaltung eingesetzt. Aber auch bei einer einfachen linearen Tagung sind Ergänzungen denkbar, z. B.

eine persönlichere Begrüßung bei Ankunft der Teilnehmer und Aktionen zum besseren Kennenlernen im kleinen Kreis. Verbesserungen können besonders unter Einbezug dieses Wirkfaktors erzielt werden, wenn aufgrund räumlicher Bedingungen am grundsätzlich linearen Ablauf festgehalten werden muss. Musik und Dekoration können ganz gezielt eingesetzt werden. Nach unserer Erfahrung kann dieses Veranstaltungsformat vor allem durch den ersten Wirkfaktor belebt werden. Ein Angebot an Bewegungsübungen zumindest nach den Pausen kann zur Auflockerung beitragen. Eine Aerobic-Trainerin, die nach dem Mittagessen den Kreislauf der Teilnehmer in Schwung bringt, kann bereits Wunder bewirken. Zur Auflockerung kann statt eines Redners auch mal ein Künstler oder Kabarettist auftreten. Ein Beispiel hierfür finden Sie in Kapitel 5.1.

Wirkfaktor 2: Ressourcenaktivierung

Dieser Wirkfaktor fehlt in der Regel völlig. Aber schon mit kleinen Aktionen könnte einiges erreicht werden: So sind Wertschätzende Interviews auch ohne zusätzlichen Platzbedarf und Organisation jederzeit möglich. Schwieriger gestalten sich die oben beschriebenen Aktivitäten zum Kennenlernen in kleinen Gruppen.

Wirkfaktor 3: Kleingruppenarbeit

Diese wird ebenfalls in der Regel nicht genutzt. Eine Anordnung der Teilnehmer an Tischen (Gala) und die Organisation kleinerer Aussprachen über das Gehörte kann jedoch schon gute Wirkungen erzeugen. Wenn die Stühle nicht in festen Reihen angeordnet sind, können nach jedem Vortrag beispielsweise für 15 Minuten spontane Aussprachekreise der Zuhörer untereinander gebildet werden.

Wirkfaktor 4: Ergebnisorientierung

Meist sind keine besonderen oder sichtbaren Ergebnisse angestrebt. Wenn keine Feedbackbögen eingesetzt werden, ist die einzige Messzahl für eine Beurteilung die Zahl der Anmeldungen für die nächste Veranstaltung.

Wirkfaktor 5: Rhythmisieren

Diese ist gering und findet meist nur in den Vorträgen statt. Die Teilnehmer bleiben auf ihren Plätzen und können nur zuhören. Eine räumliche Veränderung und damit Gruppengespräche finden allenfalls in den Pausen statt. Die Pausen selbst bilden ein wichtiges Element bei diesem Veranstaltungsformat.

Wirkfaktor 6: Selbstorganisation

Der Teilnehmer muss dem vorgegebenen Programm folgen. In der Lobby wird man die Teilnehmer beobachten, die sich selbst Freiraum verschaffen. Sobald Präsentationen laufen, finden sich dort kleinere Grüppchen zum informellen Austausch.

Wirkfaktor 7: Virtualität

Für den Wirkfaktor 7 »Virtualität« gilt: Alles bezieht seine Wirkung aus der Präsenz in einem Raum. Es gibt jedoch auch Zuschaltungen von Referenten per Videoeinwand. Inzwischen zeichnet sich ein Trend ab, lineare Tagungen online durchzuführen. Detaillierte Informationen dazu finden Sie in Kapitel 4.

Varianten und Erweiterungen

Bei einer linearen Tagung kann die Aufmerksamkeit und Konzentration der Teilnehmer gefördert werden, selbst wenn nur ein Saal zur Verfügung steht. Hierzu einige Vorschläge:

Mehr Aufmerksamkeit und Konzentration bei linearen Tagungen

A – Kraftvoller Start

Besser als Reihenbestuhlung ist in jedem Fall die Gala-Bestuhlung, so ergeben sich Tischgruppen. Mini-Interviews am Tisch (siehe Werkzeugkasten in Kapitel 7.2.1) auf der Grundlage von Appreciative Inquiry direkt im Anschluss an die Begrüßungsworte des Veranstalters fördern das gegenseitige Kennenlernen und schaffen eine aktive Arbeitsatmosphäre. Sie sollten etwa 10–15 Minuten dauern. Während des Tages können zwei bis drei kurze Arbeitsaufgaben von der Gruppe gelöst werden. Eine verbale Rückmeldung ans Plenum ist nicht notwendig. Es reicht, wenn Post-its auf Pinnwände geklebt werden, an denen die Teilnehmer vorbeikommen.

B – Persönliche Vertiefung – Austausch

Die Bestuhlung wird gestaltet wie eben beschrieben. Nach jedem Vortrag findet jedoch für etwa 15 Minuten ein Austausch in der Gruppe statt. Dieser Austausch ist auch bei Reihen machbar: Es werden nur die Stühle ein wenig gedreht, damit sich eine Gruppe formieren kann.

C – Lockerer Austausch in der Pause

Die Teilnehmer tauschen sich wie beim World-Café (Kapitel 3.4) locker an Bistrotischen aus. Das kann regelmäßig mit den Pausen verbunden werden. Hier ist es wichtig, den Gruppen konkrete Fragen vorzugeben.

D – Feste Stammgruppe
Sinnvoll ist es, eine permanente so genannte »Stamm«-gruppe zu konstituieren, die sich mehrfach in einem speziellen Raum oder einer festen Ecke trifft. Dort findet eine persönliche Vorstellung statt. Dies ist schon ein Übergang zum weiter unten dargestellten GTG-Format (Kapitel 3.5).

E – Vertiefung parallel
Eine Sonderform stellt die Vertiefung des jeweils vorhergehenden Themas mit dem Referenten in einem Nachbarraum dar. Nach unseren Erfahrungen schmälert ein solches paralleles Angebot das Plenum höchstens um fünf Prozent und ist für spezielle Interessenten besonders nützlich. Auch von den Referenten wird diese Form der Vertiefung meist geschätzt.

3.3 Die moderne Tagung mit parallelen Vorträgen / Workshops

Mehrere parallele Vorträge
Es finden zunehmend Tagungen statt, bei denen sich die Teilnehmer zeitweise auf mehrere Gruppen und auf verschiedene Räume verteilen. Dort finden im kleineren Kreis Vorträge, Workshops oder Arbeitskreise statt. Dadurch steigt die Nähe der Teilnehmer zu den Referenten, Rückfragen und Diskussion sind leichter möglich. Manchmal werden die Referenten von einem eigenen Moderator begleitet.

Es bietet sich an, einige Referenten als Keynote-Speaker vor dem gesamten Plenum sprechen zu lassen. Ansonsten finden gleichzeitig parallele Vorträge statt. Hier finden die Referenten dann nur einen Teil des Publikums vor.

 Die Grundidee ist weiterhin: »Wir haben ein Angebot für Sie, machen Sie selbst was draus. Sie haben jedoch eine begrenzte Wahlmöglichkeit.«

Einsatzbereiche und Zielsetzung

Breitere Themenwahl – höhere Zugkraft der Veranstaltung
Ziel paralleler Tagungen ist primär die Information – ansatzweise auch das Lernen. Unterschiedliche Interessen der Teilnehmer werden berücksichtigt, und es können mehr Themen abgedeckt werden als bei einer linearen Abfolge. Das erweiterte Angebot verstärkt insgesamt die Zugkraft der Veranstaltung. Selten werden auch die Zielbereiche 3–8 berücksichtigt. Beispiele für parallele Tagungen sind Mediziner-Kongresse, das Jah-

res-Symposium eines Verbandes oder eine Fachtagung. Parallele Tagungen liegen derzeit klar im Trend und setzen sich als Format gegenüber den klassischen linearen Formen immer stärker durch.

Zeitplan / Phasen

Typischer Zeitplan für diese Form der Veranstaltung:

Zeit	Plenum A – Plenum	Raum B	Raum C
9.00 Uhr	Grußworte Hauptreferent 1		
10.40 Uhr	Pause		
11.00 Uhr	Referent 2 Vortrag	Referent 3 Workshop	Referent 4 Workshop
12.45 Uhr	Mittagspause		
14.00 Uhr	Referent 1 Workshop	Referent 5 Vortrag	Referent 6 Vortrag
16.00 Uhr	Pause		
16.20 Uhr	Podiumsdiskussion mit den Referenten		
17.30 Uhr	Abschlussworte des Veranstalters		

In diesem Beispiel werden zweimal je drei parallele Veranstaltungen angeboten. Denkbar sind weitere Angebote in dieser Form, auch über mehrere Tage hinweg. Es gibt Veranstaltungen, die bis auf eine kurze Eröffnung im Plenum ausschließlich aus parallelen Teilen bestehen. Oft werden bestimmte Vorträge oder Workshops wiederholt angeboten. Oder manche benötigen die doppelte Zeit. Eine Podiumsdiskussion dient mitunter dazu, die Arbeitsphasen im Plenum aufzulockern.

Ablauf

Raumfragen und Raumaufteilung

Der Ablauf ist in den beschriebenen Punkten anders als bei der linearen Tagung. Räumlich gestaltet sich diese Form aufwändiger, weil zusätzliche Tagungssäle angemietet werden müssen. Das Thema mit dem voraussichtlich größten Zulauf wird im Plenum abgehalten. Oftmals überrascht jedoch der Ansturm auf ein bestimmtes Thema. Dann passen Teilnehmerzahl und Raumgröße nicht mehr zusammen.

Zu beachten ist die Einplanung von Übergangszeiten durch den Raumwechsel der Teilnehmer. Dies fordert von den Referenten Disziplin im Umgang mit der Zeit. Um die Orientierung von Teilnehmern und Referenten zu erleichtern, ist eine klare Beschilderung der Räumlichkeiten unerlässlich.

Vorbereitung

Für parallele Tagungen werden mehr Räume und Referenten gebucht, was den Vorbereitungsaufwand gegenüber der linearen Tagung erhöht. Manchmal wird bei den Anmeldungen ein Rücklauf für die Themenwünsche erbeten. Dann kann die jeweilige Raumgröße besser auf die Teilnehmerzahl der parallelen Veranstaltungen abgestimmt werden.

Mehr Vorbereitungsaufwand

Im Tagungsprogramm sollten die Themen detailliert beschrieben sein, damit sich die Teilnehmer bei ihrer Wahl orientieren können. Allein diese Anforderung macht Arbeit, denn der Rücklauf der Referenten will überwacht werden. Darüber hinaus ist die Dokumentation für die vorgesehene Teilnehmermappe bzw. CD-ROM mit Arbeit verbunden.

Wichtig ist die Betreuung der Referenten. Es reicht nicht, sie im Vorfeld mit allen relevanten organisatorischen Informationen zu versorgen.

Wenn die parallelen Veranstaltungen als Workshop oder Arbeitskreis angegeben werden, kann der Referent in der verfügbaren Zeit nicht einfach einen Vortrag halten. Vielmehr sollte eine intensive Abstimmung mit ihm erfolgen, wie er seinen Vortrag gestaltet und z. B. den Wirkfaktor Wohlfühlen bewusster einsetzen kann. Weitere Informationen finden Sie im Downloadbereich. Oft sollen mehrere Referenten bzw. Experten von einem Moderator begleitet werden. Dieser Moderator hat sich im Vorfeld um seine Referenten zu kümmern und die einzelnen Auftritte abzustimmen.

Querinformation der Teilnehmer und Auswahlentscheidung

Schon in der Einladung und im Programm können Information zu den Referenten gegeben werden, die dann die Wahl eines der parallelen Themen beeinflussen. Wird eine schriftliche Tagungsmappe ausgegeben, enthält diese bei guter Organisation Informationen zu allen Vorträgen und Referenten. Möglich ist zu Beginn der Veranstaltung eine kurze Präsentation jedes Referenten (1-Minute-Schaufenster-Aktion).

Informationen über die anderen Vorträge

Für Veranstaltungen mit Zielen aus den Bereichen 3–8 ist eine Querinformation der parallelen Gruppen zwingend erforderlich. Diese erfolgt durch mündliche Berichte im Plenum. Bei ausgefeilten Organisationsformen werden Ergebnisprotokolle noch vor Ort auf einem Laptop abgefasst, dann ausgedruckt und verteilt.

Erfolgsfaktoren und Grenzen

Dieses Veranstaltungsformat ist zunächst nur durch die verfügbaren Räumlichkeiten begrenzt. Die Wege für die Teilnehmer sollten nicht zu lang sein. Trotzdem kommt es immer wieder vor, dass Teilnehmer innerhalb einer Stadt oder eines Campus beachtliche Strecken zurücklegen müssen. Die Gründe dafür liegen in zu geringen Budgets, die keine Veranstaltung in einem speziellen Seminarzentrum erlauben. Auch Exkursionen einiger Gruppen zu getrennten Besichtigungen, beispielsweise eines Unternehmens, fallen in diese Rubrik. Durch diese örtlichen Trennungen wird das Gemeinschaftserlebnis verringert.

Wegezeiten

Ein weiteres Manko ist eine unvollständige oder völlig ausbleibende Querinformation. Das Informationsbedürfnis der Teilnehmer ist ja nicht nur rein sachlicher Natur, sondern bezieht sich auch darauf, wie andere das Erlebte bewerten. Denn: Menschen wollen gerne wissen, was andere besonders angesprochen hat.

Unvollständige Quer-information

Ausprägung der Wirkfaktoren

Wirkfaktor 1–2: Wohlfühlen und Ressourcenaktivierung
Hier gelten die Aussagen für eine lineare Tagung. In Kapitel 5.1 findet sich ein Anwendungsbeispiel, das sich mit diesen Wirkfaktoren auseinandersetzt.

Wirkfaktor 3: Kleingruppenarbeit

Durch die Aufteilungen auf parallele Veranstaltungen verkleinert sich der Zuhörerkreis und es steht mehr Nähe unter den Teilnehmern. Darüber hinaus gibt es vielfältige Möglichkeiten für Fragen und Diskussionen.

Wirkfaktor 4: Ergebnisorientierung

Für die Referenten entsteht eine Wettbewerbssituation, die sich für die Ergebnisorientierung als förderlich erweisen kann.

Wirkfaktor 5: Rhythmisieren

Hier schafft der Raumwechsel einen Fortschritt im Vergleich zur linearen Tagung. Der neue Rahmen ist kleiner von der Personenzahl und ermöglicht so mehr Interaktionen der Teilnehmer.

Wirkfaktor 6: Selbstorganisation

Der Ablauf bietet hierfür mehr Möglichkeiten. Die einmal zirkulierenden Teilnehmer entscheiden sich leichter dafür, einen Vortrag ausfallen zu lassen, um andere Kontaktgespräche zu führen. Vielleicht inspiriert das dazu, im Plenum genau diese Wahlmöglichkeiten vorzustellen.

Wirkfaktor 7: Virtualität

Auch hier gelten die Aussagen für eine lineare Tagung.

Varianten und Erweiterungen

Hier verweisen wir zunächst auf die Varianten der klassischen Veranstaltung. Die Möglichkeiten, die Auswahlentscheidung für die parallelen Vorträge zu verbessern, wurden bereits angesprochen. Es bieten sich darüber hinaus folgende Erweiterungen:

A – Generierung der Themen durch die Teilnehmer

Und es geht noch besser
Die Themen entstehen aus den Beiträgen der Teilnehmer. Dieses Element des Open-Space-Formats (mehr dazu in Kapitel 3.6) kann in einfachster Form integriert werden, indem man die Teilnehmer im Vorfeld der Veranstaltung befragt, welche Themen sie besonders interessieren. Natürlich bedarf es dazu passender Referenten.

B – Querinformationen intensiv

Für eine systematisch organisierte Querinformation bietet sich das GTG-Modell an. Es ermöglicht den Teilnehmern, sachliche und auch emotionale Aspekte über den Ablauf der anderen Workshops auszutauschen.

C – Querinformation locker
Elemente aus dem World Café (Kapitel 3.4) lassen sich zur besseren Querinformation einsetzen. In diesem Fall werden gezielte Fragen an den Stehtischen diskutiert.

3.4 The World Café

Es werden kleine runde Tische aufgestellt, die wie Caféhaus-Tische eingedeckt sind. Die Teilnehmer bilden an den Tischen Kleingruppen von vier bis sechs Personen und unterhalten sich über ein vorgegebenes Thema. Nach einer gewissen Zeit wechseln die Teilnehmer an einen anderen Tisch. Größere Personengruppen können auf diese Weise miteinander ins Gespräch kommen. Dabei geht es weniger um die Erarbeitung von Problemlösungen und vor allem nicht darum, die Teilnehmer zu bestimmten Handlungen zu verpflichten.

(Quelle: Bruck / Müller)

Abb. 3.4.1 World Café

Raum für die besten Gespräche

Das World Café wurde erstmals 1995 von Juanita Brown und David Isaacs in der Praxis getestet und der Öffentlichkeit vorgestellt.

Das Motto lautet: »*Hier ist ein Raum für die besten Gespräche – wie die Küche bei einer Party. Es gibt viel Interessantes, was meinen Sie dazu?*«

Dieses Format heißt im Original »The World Café« – wir nennen es hier kurz »World Café«.

Einsatzbereiche und Zielsetzung

Ziel des World Café ist primär, dass die Teilnehmer einer Veranstaltung in entspannter Atmosphäre miteinander ins Gespräch kommen und sich über ein für die Organisation relevantes Thema austauschen.

Miteinander ins Gespräch kommen

Es können Hunderte von Teilnehmern gleichzeitig mitmachen. Die gestellten Fragen und ihr Motivationspotenzial sind sehr wichtig. Sie sollten vorher getestet werden. Ideen, Themen und weitere Fragen werden sich dann fast automatisch ergeben. Ein World Café kann eine einzige Frage untersuchen, die dann zu einer Entdeckungsreise führt. Das Spektrum dieser Fragestellungen ist dabei sehr weit gesteckt. Mit dem World Café können die Zielsetzungen aller von uns beschriebenen Bereiche mit Ausnahme der Umsetzung verfolgt werden. Allerdings kann dies nicht in einer einzigen Veranstaltung geschehen.

Als Anwendungsfelder bieten sich an:

- Ideen generieren, Wissen teilen, innovatives Denken stimulieren und Aktionsmöglichkeiten erforschen.
- Strategische Herausforderungen einer tieferen Analyse unterziehen.
- Beziehungen und gemeinsame Ergebnisverantwortung in einer Gruppe vertiefen.
- Bedeutsame Interaktion zwischen Sprecher und Publikum schaffen.
- Gruppen von 12 bis 1200 Personen in einen authentischen Dialog bringen.

In Kapitel 5.3.3 finden Sie ein Beispiel für den Einsatz von Elementen des World Café.

Grundelemente und Phasen

Die Methode basiert auf den folgenden Prinzipien:

- *Kontext klären (Sinn und Zweck)*
  Was ist das eigentliche Ziel oder Thema? Wer soll dabei mitwirken? Wie ist der Zeitrahmen? Was ist die Vision?

  Kommunikation fördern

- *Gastfreundlichen Raum und Atmosphäre schaffen*
  Schon die Einladung kann einladend wirken und Interesse wecken. Im World Café spielt der Wirkfaktor 1 »Wohlfühlen« eine besondere Rolle.

- *Fragen von Wichtigkeit nachspüren*
  Es kann sich um eine einzige Frage handeln, die in mehreren Gesprächsrunden verfolgt wird, oder um eine Abfolge immer tiefer gehender Fragen. Der Schwerpunkt liegt dabei mehr im Verstehen anderer Perspektiven als in der Suche nach einer einzigen Wahrheit. In den Cafés geht es um Entdeckungen und das Finden von Lösungen.

> Eine machtvolle Frage hat folgende Eigenschaften:
> - sie ist klar
> - sie löst Denken und Energie aus
> - sie verleitet zum Nachfragen
> - sie führt über Vorurteile hinaus
> - sie öffnet neue Räume
> - sie lädt zu vertiefter Reflexion ein
> - sie sucht nach Nutzen.

- *Jeden Teilnehmer zum Mitmachen ermutigen*
  In den Kleingruppen wird die Gruppenintelligenz aktiviert. Manche Menschen wollen einfach nur teilnehmen, andere wollen etwas bewirken. Es ist wichtig, jeden zu ermutigen, sich aktiv zu beteiligen. Ein »Redestein« oder »Redestab« kann dabei hilfreich sein.

- *Aktives Zuhören und vertieftes Fragen*
  Unter Jazzmusikern sagt man, der beste ihrer Zuhörer trage am meisten zur Musik bei. Genauso verhält es sich beim aktiven Zu-

hören. Den Nutzen hat immer der Zuhörer selbst, der dadurch Persönlichkeiten und Zusammenhänge besser versteht.

- *Gemeinsam Neues entdecken*
  Die Teilnehmer tragen Schlüsselideen zu neuen Tischen und tauschen sich dort aus. So entstehen neue Erkenntnisse, und ein ganzheitlicher Lernprozess wird angestoßen. Durch die Wiederholungen kristallisieren sich Muster und eine Quintessenz heraus.

Für ein gelungenes World Café ist es entscheidend, die richtigen Fragen zu stellen. Diese beeinflussen die Dynamik des Handlungsgeschehens und das Ergebnis. Für einen optimalen Prozess werden deshalb die vorbereiteten Fragen immer wieder auf den Prüfstand gestellt und innerhalb des Prozesses spontan adaptiert.

World Café Elemente lassen sich hervorragend in andere Großgruppenformate einbauen, beispielsweise für den Austausch nach Vorträgen oder zur Anreicherung von Pausen.

Zeitplan

Gewöhnlich wird eine Frage in jeweils drei Gesprächsrunden von 20–30 Minuten Dauer bearbeitet. Eine neue oder vertiefende Frage kann weitere Runden einläuten. Im Anschluss ist eine Phase einzuplanen, in der die einzelnen Erkenntnisse im Plenum mitgeteilt werden. Gerade dann werden wiederkehrende Muster identifiziert und das kollektive Bewusstsein wächst.

Kein fester Zeitplan Darüber hinaus gibt es jedoch keinen festen Zeitplan für einen Veranstaltungsablauf über einen ganzen Tag oder länger. Dies unterscheidet es von den anderen Großgruppenmethoden. Insofern liegt das reine World Café an der unteren Grenze unserer Begriffsbestimmung der Großgruppenveranstaltung.

Ablauf

Oft werden Stehtische verwendet. Das Eindecken der Tische wie in einem Café wird empfohlen. Das Thema kann als Menükarte auf dem Tisch liegen. Der oder die Moderatoren gehen als Kellner gekleidet zu den Tischen, klären Fragen oder geben Impulse. Die Gruppen halten ihre Gedanken auf den Papiertischdecken fest oder nutzen bereitliegende Moderationskarten und Post-its. Nach etwa 20–30 Minuten ist die erste Gesprächsrunde zu Ende. Nun begeben sich alle Teilnehmer an andere Tische und formen neue Gruppen – sie werden zu »Reisenden«.

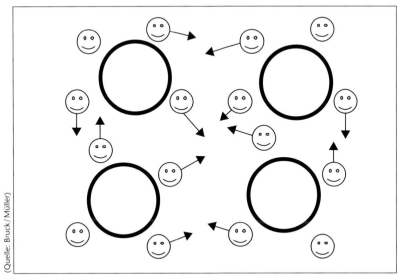

Abb. 3.4.2 Tischwechsel im World Café

(Quelle: Bruck / Müller)

Eine Reise von Tisch zu Tisch

Zurück an jedem Tisch bleibt nur ein so genannter »Gastgeber«. Er schildert den Mitgliedern der neuen Gruppe, die sich an seinem Tisch formieren, den Gesprächsverlauf und die Ergebnisse der vorherigen Runde. Dann diskutiert die Gruppe über dasselbe Thema weiter. Nach 20–30 Minuten ist diese Runde ebenfalls beendet. Für ein Thema oder eine Fragestellung sind in der Regel drei Gesprächsrunden sinnvoll. Die Gruppen formieren sich anschließend neu und bearbeiten ein weiterführendes Thema oder eine neue Frage. Dazwischen kann im Plenum ein kurzer Austausch erfolgen.

Nach der letzten Gesprächsrunde kommen alle Teilnehmer zum Plenargespräch zusammen. Wenn das Café nur mit Stehtischen ausgestattet war, wird nun ein eigener großer Raum mit Stühlen benötigt. Ansonsten findet die Plenarrunde im Café selbst statt. Anschließend kann sich dieser Zyklus bei Bedarf wiederholen.

Raum und Vorbereitung

Die einladende Atmosphäre erfordert einen großen Raum mit Tageslicht für die Steh- oder Kaffeehaustische. Bei der Variante mit Stehtischen im

Foyer sollte ein Kaffeebuffet an der Seite platziert werden, allerdings ohne Stehtische davor. Denn sonst treffen sich dort Teilnehmer, die nicht in die Fragen auf den eingedeckten Tischen integriert sind.

Das Café erhält einen Namen nach dem Hauptthema der Veranstaltung: z. B. »Kooperations-Café«, »Entdecker-Café« oder »Innovations-Café«.

Für eine gelungene Veranstaltung wird eine Planungsgruppe benötigt, die sich insbesondere um die richtigen Fragestellungen kümmert und diese im Vorfeld testet.

Querinformation

Durch das Wandern von Tisch zu Tisch ist die Weitergabe von Querinformation zwischen den Teilnehmern gut möglich. Es hängt von der Anzahl der Teilnehmer ab, inwieweit jeder Einzelne einen kompletten Überblick erhält. Versammelt man 36 Personen jeweils an 6er-Tischen oder 16 Teilnehmer an 4er-Tischen, kann sich nicht jeder einen Gesamtüberblick verschaffen.

Die Plenumsrunden können hier allerdings kompensierend wirken. Die Moderatoren nehmen die an den Tischen beschriebenen Karten und stellen die Ergebnisse mehr oder weniger systematisch im Plenum vor.

Ergebnisse dokumentieren Die Ergebnisse in den Gruppen können auch in Form visueller Protokolle oder einer Galerie mit Papierbögen und Post-its festgehalten und verbreitet werden. Manche World Cafés kreieren mit ihren Ergebnissen eine Zeitung oder ein Geschichten-Buch, um diese einem größeren Publikum zugänglich zu machen.

Erfolgsfaktoren und Grenzen

Erfolgsfaktoren sind die bereits oben erwähnten, sorgfältig entwickelten Fragen. Damit steht und fällt das Ergebnis des World Cafés. In folgenden Situationen sollte ein World Café nicht eingesetzt werden:

- Die Lösung oder Antwort steht bereits fest.
- Nur Einweg-Information soll gegeben werden.
- Eine Feinplanung der Umsetzung soll erfolgen.
- Sie haben weniger als 90 Minuten Zeit.
- Die Situation ist voller Konflikte.

Ausprägung der Wirkfaktoren

Hohe Ausprägung der Wirkfaktoren mit einfachen Mitteln

Wirkfaktor 1: Wohlfühlen

Die Schaffung einer guten Atmosphäre ist ein Kernelement dieser Methode. Farben, Blumen, Snacks und natürlich die Getränke spielen dabei eine wichtige Rolle. Passend zum Thema erhält das Café einen Namen. Kunstdrucke und Poster mit Sprüchen an den Wänden gehören ebenso dazu wie Musik.

Wirkfaktor 2: Ressourcenaktivierung

Hier steht ein intensiver Kleingruppendialog im Fokus. Die Café-Atmosphäre kommt den menschlichen Kommunikationsbedürfnissen entgegen, aber es werden nicht gezielt die stärksten Ressourcen des einzelnen Teilnehmers aktiviert. Möglich wäre dies allerdings innerhalb der ersten Runde oder davor. Insgesamt hängt alles von der Tiefe der Fragen ab.

Wirkfaktor 3: Kleingruppenarbeit

Fast alles geschieht in Kleingruppen. Die Aufgaben werden in lockerer Atmosphäre gestellt. Daraus entsteht die Gefahr, dass die Disziplin für richtige »Diskussionsarbeit« abnimmt. Die Zeitbeschränkung wirkt dem allerdings entgegen.

Wirkfaktor 4: Ergebnisorientierung

Sie wird durch vorgegebene Themen und Fragestellungen gesteuert. Hauptzweck ist es, miteinander ins Gespräch zu kommen. Das kann man jedoch schlecht konkret »messen«. Eine Zeitlimitierung erhöht die Selbstdisziplin der Teilnehmer. Die Methode wurde schon eingesetzt, um zu testen, welche Innovationsideen mehrere Gesprächsrunden überstehen.

Wirkfaktor 5: Rhythmisieren

Der Wechsel zwischen persönlichen Diskussionsmöglichkeiten in Gruppen sowie Plenarsitzungen stellt eine gute Form des Rhythmisierens dar.

Wirkfaktor 6: Selbstorganisation

Bei der Aufteilung zur nächsten Runde besteht großer Freiraum. Das Thema bleibt jedoch vorgegeben.

Wirkfaktor 7: Virtualität

Er ist bei dieser Methode nicht existent. Denkbar ist jedoch eine reine Online-Version.

Varianten und Erweiterungen

World Café als lockere Zwischenform

Bei konventionellen Veranstaltungen – linear oder mit parallelen Vorträgen – können die Pausen mit Elementen aus dem World Café an Stehtischen verbunden werden. Wenn dies mehrfach geschieht, kann die Disziplin nachlassen. Anders verhält es sich mit den festen Stammgruppen des GTG-Systems, die eine Gruppenidentifikation aufbauen. Insofern ist das World Café hier eine Zwischenform, die Sinn macht,

- wenn die Dauer der Veranstaltung kurz ist,
- wenn die Ergebnisorientierung gering ist, aber Raum für Kommunikation und neue Ideen geöffnet werden soll, ohne gleich an den direkten Nutzen zu denken,
- wenn der Organisationsaufwand klein gehalten werden soll.

Empfohlene Literatur und Ressourcen

Brown, Juanita / Isaacs, David: The World Café. Shaping Our Futures Through Conversations That Matter, San Francisco: Berrett-Koehler 2005.
www.theworldcafe.com
www.theworldcafe.com/Germancafetogo.pdf (Deutsche Darstellung)

3.5 Ganzheitlich tagen in Gruppen

Ein frühes deutsches Großgruppenformat

In seinem 1999 erschienenen Buch stellt Rudolf Müller den in über 20 Jahren entwickelten Ansatz »Ganzheitlich tagen in Gruppen« (GTG-Modell) vor. Kernelement ist die »Stammgruppe«, eine während der Veranstaltung mehrfach wiederkehrende Gruppe in gleich bleibender »diagonaler« Zusammensetzung (Max-Mix). Darin berichtet jeder Teilnehmer, was er in der Veranstaltung erlebt hat.

Das Format ist darüber hinaus stark auf den Wirkfaktor 1 »Wohlfühlen« ausgerichtet und enthält implizit die Wirkfaktoren 5 »Rhythmisieren« und 6 »Selbstorganisation«. Damit ist es der Vorläufer unseres Wirkfaktoren-Modells.

3.5 Ganzheitlich tagen in Gruppen

Einsatzbereiche und Zielsetzung

Diese Veranstaltungsform ist für alle Zielsetzungen (von 1–8) geeignet. Besonders sinnvoll ist sie für Informations- und Lerntagungen (Zielbereiche 1 und 2), wenn eine stärkere Auseinandersetzung und Identifikation mit bestimmten Themen von Seiten der Teilnehmer gewünscht wird. Auch die Zielbereiche 3 und 4 lassen sich damit gut erreichen. Die Zeitdauer der Veranstaltung spielt keine Rolle, jedoch wird die Kraft der GTG-Form erst spürbar, wenn sich die permanente Stammgruppe mehr als einmal in gleicher Zusammensetzung trifft. Das ist an einem halben Tag kaum zu erreichen. Aber bei einer ganztägigen Veranstaltung ist es sehr gut machbar. Die Anzahl der Teilnehmer kann sehr groß sein und wird eher durch die verfügbaren Räumlichkeiten begrenzt als durch das Format.

Alle Zielsetzungen

Die Kernidee der GTG lautet: »Menschen haben das Bedürfnis, sich über Erlebtes auszutauschen.«

Inhaltlich werden dabei in diesem Format keine Vorgaben gemacht. Damit unterscheidet es sich von der Zukunftskonferenz und RTSC. Wenn allerdings bestimmte Inhalte zu bearbeiten sind, können diese problemlos aus diesen Großgruppenformen adaptiert werden.

Grundelemente und Phasen

Es gibt in einer GTG-Veranstaltung 3 Ebenen:

- die Plenarbeiträge (Begrüßung, Hauptreferenten)
- die Aufteilung in parallele Gruppen, Vorträge und Workshops
- das Treffen in den festen Stammgruppen

Diese Ebenen entsprechen den verschiedenen Phasen der Veranstaltung. In der Reinform wird angestrebt, dass nach jeder Phase der Informationsaufnahme ein Austausch in den Stammgruppen erfolgt. Dabei ist es wichtig, die erste Stammgruppensitzung möglichst schnell zu Beginn der Veranstaltung abzuhalten. Kann sich der Teilnehmer erst am Ende des Tages nach einer Fülle von Eindrücken austauschen, wird er sich nicht mehr mit seiner Gruppe identifizieren können.

Die Stammgruppen sind das charakterisierende Element im GTG-Modell.

3. Präsenzveranstaltungen – Standardformate

Identifikation der Teilnehmer mit ihren Stammgruppen

Idealerweise identifizieren sich die Teilnehmer mit ihren Stammgruppen. Unterstützen kann man dies durch Abzeichen oder Symbole auf den Namensschildern.

Zeitplan

Bei rund 80 Teilnehmern und einem Angebot von drei parallelen Themeninputs kann eine eintägige Veranstaltung folgendermaßen aussehen. Für Übergangszeiten sind jeweils mindestens 15 Minuten einzuplanen.

Zeit	Plenum A	Raum B	Raum C
9.00 Uhr	Begrüßung Hauptreferent 1		
10.00 Uhr	Pause und Übergangszeit		
10.30 Uhr	Konstituierung Stammgruppe α, Austausch über Referent 1	Konstituierung Stammgruppe β, Austausch über Referent 1	Konstituierung Stammgruppe γ, Austausch über Referent 1
11.15 Uhr	Übergangszeit		
11.30 Uhr	Referent 2	Referent 3	Referent 4
13.00 Uhr	Mittagessen am Tisch für Stammgruppe α, Austausch über Referenten 2–4	Mittagessen am Tisch für Stammgruppe β, Austausch über Referenten 2–4	Mittagessen am Tisch für Stammgruppe γ, Austausch über Referenten 2–4
14.00 Uhr	Referent 5	Referent 6	Referent 7
15.15 Uhr	Pause/Übergangszeit		
15.45 Uhr	Stammgruppe α, Austausch über Referenten 5–7	Stammgruppe β, Austausch über Referenten 5–7	Stammgruppe γ, Austausch über Referenten 5–7
16.30 Uhr	Übergangszeit		

16.45 Uhr	Hauptreferent 8		
17.45 Uhr	Letztes Treffen der Stammgruppe α	Letztes Treffen der Stammgruppe β	Letztes Treffen der Stammgruppe γ
17.50 Uhr	Schlussworte der Tagung		

Ablauf

Bei großen Gruppen hat sich die Zahl von maximal 20 Personen pro Stammgruppe als äußerste Grenze erwiesen. Dies bedingt eine entsprechende Anzahl von Räumen. Wenn die gesamte Veranstaltung weniger als 100 Teilnehmer aufweist, kann die Gruppengröße reduziert werden.

Einzelheiten der Stammgruppenbildung

Die Teilnehmer werden beim Einchecken einer Stammgruppe zugeordnet. Dies geschieht möglichst mit Hilfe eines Symbols, das sichtbar auf dem Namensschild getragen wird. Spätestens nach dem ersten Vortrag treffen sich die Gruppenmitglieder an einem festen Platz, möglichst in einem eigenen Raum. Sie stellen sich einander vor und tauschen sich über das bereits Erlebte aus.

Diese Stammgruppe trifft sich während der Veranstaltung mehrfach zum Austausch über das Gehörte. Jeder berichtet über seine persönlichen Eindrücke. Besonders wirksam ist dies, wenn durch parallele Vorträge die Teilnehmer Unterschiedliches erlebt haben. So erfolgt die Querinformation der Teilnehmer, da niemand alle Themen verfolgen kann. Mehr Informationen zur Gestaltung dieser Methode finden Sie im Werkzeugkasten in Kapitel 7.3.3.

In der Zukunftskonferenz und beim RTSC-Format ist eine solche Stammgruppe ebenfalls integriert. Sie lässt sich mit allen anderen klassischen und modernen Tagungs- und Großgruppenformen wie z. B. Open Space kombinieren. Hierzu finden Sie Informationen in den Beispielen in Kapitel 5.

Stammgruppen – integriert oder kombinierbar

Über die Stammgruppe hinaus wird beim GTG-Modell großer Wert auf das Ansprechen aller Sinne und Emotionen gelegt. Das gesamte Spektrum des Wirkfaktors 1 »Wohlfühlen« spielte bei der Entwicklung von GTG eine enorme Rolle.

Bei offenen Veranstaltungen konnte beim GTG-Modell festgestellt werden, dass am Schluss noch 75 Prozent der Teilnehmer anwesend waren. Bei konventionellen Abläufen hingegen waren es nur noch 50 Prozent. Das spricht für die Wirkfaktoren, die im GTG-Modell großteils automatisch verwirklicht werden.

Wegen der Dynamik, die durch den mehrfachen Raum- und somit Platzwechsel entsteht, ist die Zeitdisziplin von großer Wichtigkeit.

Organisation und Raum

Eigener Gruppenraum wichtig für die Identifikation

Die Anzahl notwendiger Räume ergibt sich aus der Größe der Stammgruppe. Diese sollte eine Anzahl von 20 Teilnehmern nicht überschreiten; im Idealfall sind es weniger als 12 Teilnehmer. Ein eigener Gruppenraum ermöglicht eine höhere Identifikation. Die Gruppe kann ihre Berichte visualisieren, sich dafür einen Kriterienkatalog anlegen, diesen und die Berichte im Raum platzieren.

Es ist wichtig, im Vorfeld im Raum einen Stuhlkreis zu arrangieren. Da die meisten Menschen nicht an das Arbeiten in einem Stuhlkreis gewöhnt sind, ist nicht davon auszugehen, dass die Teilnehmer diesen eigenständig bilden. Es empfiehlt sich, Moderationsmaterial bereitzustellen.

Die Identifikation mit der Stammgruppe fällt geringer aus, wenn diese nur aus einem spontanen Stuhlkreis im Plenum oder in der Lobby besteht. Bei beschränktem Platz ist dies jedoch erforderlich. Man kann wie bei der Zukunftskonferenz das Plenum mit runden Gruppentischen oder Stuhlkreisen bestücken und jedem Tisch eine Zuordnung mit Symbolen geben. Das reduziert die notwendigen Übergangszeiten deutlich auf wenige und vernachlässigbare Minuten.

Vorbereitung

Die Vorbereitung einer Veranstaltung nach dem GTG-Format kann ähnlich wie bei einer Tagung mit geringem Aufwand durchgeführt werden, wenn deren Zielsetzung nur in den beiden ersten Bereichen Information und Lernen liegt. Der Anspruch für die professionelle Nutzung des Wirkfaktors 1 »Wohlfühlen« ist jedoch etwas höher. Dieser Aufwand steigt weiter bei den übrigen Zielsetzungen und erfordert dann ebenfalls eine Planungsgruppe.

Querinformation der Teilnehmer

Die Stammgruppe zur Querinformation ist konstituierendes Element des GTG-Modells. Sie soll einen systematischen Überblick geben, damit sich der Eindruck über eine Tagung nicht durch zufällige Pausengespräche bildet. Es ist immer wieder interessant zu erleben, dass Personen mit unterschiedlichen Vorkenntnissen und Einstellungen ein und denselben Referenten unterschiedlich erleben. Dieser Austausch fördert die Entwicklung der individuellen Toleranz gegenüber anderen Sichtweisen.

Einfache Querinformation durch Stammgruppen

Das ist besonders dann von Vorteil, wenn die Referenten ihre Workshops ein zweites Mal anbieten. Bei seiner Entscheidung kann man sich dann anhand der Berichte der Übrigen orientieren.

Wenn eine Zusammenführung der unterschiedlichen Eindrücke erwünscht ist, lässt sich das durch eine so genannte Verdichtungsgruppe lösen, die im Plenum in einem oder mehreren Berichten die Erkenntnisse aller Beteiligten zusammenfasst. Jede Stammgruppe stellt einen Vertreter in dieser Gruppe – für einen Austausch und den späteren Bericht im Plenum. Die Einführung einer solchen Verdichtungsgruppe bietet sich für sehr große Gruppen an.

Eine Checkliste zur Stammgruppe finden Sie im Werkzeugkasten (Kapitel 7.3.3), weitere Informationen im Download-Bereich.

Erfolgsfaktoren und Grenzen

Im Gegensatz zu den meisten modernen Großgruppenformaten gibt die GTG-Form keine thematischen oder inhaltlichen Anforderungen vor. Es ist aber ohne Weiteres möglich, einen Rahmen vorzugeben oder alles ganz offen zu lassen.

Inhaltliche Vorgaben der Gruppenaufgaben

Durch die Übertragung von Arbeitsaufgaben auf Stammgruppensitzungen kann die Ergebnisorientierung der Veranstaltung stärker betont werden. Das ist aber nicht zwingend notwendig und hängt vom Charakter und der Zielsetzung der Veranstaltung ab. Es ist jedoch eine wichtige Voraussetzung für das Erreichen der Zielbereiche 4–8. Dafür sind passende thematische Ideen zu formulieren. Das ist zugleich Erfolgsfaktor und Grenze des Modells, welches hierfür keine Vorschläge zu bieten hat.

Ausprägung der Wirkfaktoren
Ein deutsches Großgruppenformat

Wirkfaktor 1: Wohlfühlen

Das GTG-Modell betont die Wichtigkeit dieses Wirkfaktors. Es werden fast alle in diesem Buch vorgestellten Elemente eingesetzt, um von Anfang an die Emotionen der Teilnehmer und deren Sinne anzusprechen: vom persönlichen Empfang über Dekoration, Startsketche und Musik bis hin zum Einsatz mentaler Übungen und Bewegung.

Wirkfaktor 2: Ressourcenaktivierung

Dieses Element wird nur indirekt durch die Gruppenidentifikation und das Ansprechen der Sinne und der Emotionen gefördert. Durch eine Ergänzung des ersten Treffens mit einem verkürzten Wertschätzenden Interview kann dieser Wirkfaktor verstärkt werden.

Wirkfaktor 3: Kleingruppenarbeit

Über die ganze Veranstaltung hinweg sind die Teilnehmer in eine permanente Gruppe integriert, die durch das frühzeitige erste Treffen und durch Symbole schnell eine Identifikation entwickelt. Es ist zu empfehlen, dass der Veranstalter für jede Stammgruppe einen Verantwortlichen bestimmt, der die Diskussion zumindest am Anfang vorsichtig moderiert. Aufgabenblätter für die einzelnen Treffen sind hilfreich. Gute Erfahrungen wurden damit gemacht, der Gruppe beim letzten Treffen die Aufgabe einer kurzen Plenarpräsentation stellen. Solche Gruppenpräsentationen runden die gesamte Veranstaltung ab.

Wirkfaktor 4: Ergebnisorientierung

Generell hängt dies vom genauen Veranstaltungsziel ab, aus dem das Design abgeleitet wird. Für die Zielbereiche 4–8 (neue Lösungen finden bis Umsetzung) spielen permanente Stammgruppen eine wichtige Rolle. Diesen kann dann eine spezielle Arbeitsaufgabe zugewiesen werden. Es wird durch die Stammgruppenorganisation generell Druck ausgeübt, Ergebnisse konsequent erreichen zu wollen und die Arbeitsdisziplin auf einem hohen Niveau zu halten.

Wirkfaktor 5: Rhythmisieren

Der Wechsel in den Gruppen und persönliche Diskussionsmöglichkeiten im Wechsel mit Plenarsitzungen stellen eine gute Form des Rhythmisierens dar. Weitere Elemente sind jedoch nicht explizit vorgegeben.

Wirkfaktor 6: Selbstorganisation

In aller Regel wird das GTG-Modell parallele Arbeitsveranstaltungen vorsehen, die der Teilnehmer frei auswählen kann. Und über seine Erlebnisse berichtet er dann in den Stammgruppen. Je mehr er sich mit dieser identifiziert, umso mehr wird er sich verpflichtet fühlen, an den Zusammenkünften teilzunehmen. So wird er möglicherweise von einer verfrühten Abreise abgehalten. Das ist positiv, aber führt zu einer Verminderung des individuellen »Freiraums«.

Wirkfaktor 7: Virtualität

Dieser ist nicht vorhanden, könnte aber problemlos integriert werden, beispielsweise durch einen PC, in den während der Stammgruppensitzungen Eingaben gemacht werden.

Varianten und Erweiterungen

A – Spontane Stammgruppen

Gute Erfahrungen wurden mit Zwischenformen gesammelt. Sogar in linearen Tagungen war es möglich, nach jedem Vortrag kleine Stuhlkreise im Plenum zu bilden, in dem die Teilnehmer ihre Eindrücke austauschten. So entsteht eine Ähnlichkeit mit dem Großgruppenformat World Café.

B – Stammgruppen mit Arbeitsaufgaben

Auch wenn die GTG-Form ursprünglich für offene Tagungen entwickelt wurde, können den Stammgruppen Arbeitsaufgaben übertragen werden. Bei diesem Verfahren ergeben sich Ähnlichkeiten zur Zukunftskonferenz, RTSC und Appreciative Inquiry.

C – Ergänzung von Open Space

Stammgruppen bei Open Space Veranstaltungen erleichtern die Querinformation und können die Arbeitsdisziplin fördern.

Empfohlene Literatur und Ressourcen

Blake, Robert R. / Mouton, Jane S.: Instrumented Team Learning. A Behavioral Approach to Student-Centered Learning, Austin, Texas: Scientific Methods 1975, Deutsch: Instrumentiertes Lernen in Gruppen, Vogel Verlag 1978.

Müller, Rudolf: Die erfolgreiche Tagung, Köln: Wirtschaftsverlag Bachem 1999.

SKILL Autorenteam (Hrsg.): Seminare lebendig gestalten, Kreativ lehren und lernen, Offenbach: GABAL Verlag, 3. Auflage 1997.

3.6 Open Space Technology

Die Freiheit der Kaffeepause

Open Space Technology (OST), kurz Open Space genannt, ist das am meisten verbreitete Großgruppenformat. Es wurde 1985 von Harrison Owen begründet. Die Evaluation einer Tagung, die er und sein Team ein Jahr lang vorbereitet hatten und die ein voller Erfolg gewesen war, brachte Erstaunliches zu Tage. Die Pausen und dabei die Pausengespräche waren für die Teilnehmer das Wertvollste der ganzen Tagung. Aus dieser Erkenntnis heraus begründete er die Open Space Philosophie.

Harrison Owen fragte sich: *»Wie lässt sich mit der Spontaneität, Offenheit und Freiheit einer Kaffeepause effektiv arbeiten und auch noch gute Ergebnisse erzielen?«*

Open Space ist die konsequente Umsetzung des Prinzips der Selbstorganisation. Basierend auf der Grundidee der organisierten Kaffeepause werden jedem Teilnehmer die Möglichkeit und die Erlaubnis gegeben, seinem Interesse und Engagement folgen zu können. Man wird nicht schief angeschaut, wenn man eine Arbeitsgruppe verlässt, bevor das offizielle Ende gekommen ist, oder einfach noch ein »wichtiges« Schwätzchen hält.

Einsatzbereiche und Zielsetzung

Großgruppenformat mit universellen Anwendungsfeldern

Open Space ist heute die am meisten eingesetzte moderne Großgruppenform und besonders geeignet für die Zielsetzungen in Veränderungsprozessen, also: Neue Lösungen finden (Zielbereich 4), Gemeinschaft erleben (Zielbereich 5), Wandel von Werten und Einstellungen (Zielbereich 6). Eng damit verbunden ist das Motivieren (Zielbereich 3) und Umsetzen (Zielbereich 8).

Beispielhafte Anlässe können sein:

- neue Vertriebsstruktur mit Leben füllen
- Verbesserung der Zusammenarbeit mit Lieferanten oder von Abteilungen
- Entwicklung neuer Produkte oder Finden neuer Marketingideen
- Optimierung von Abläufen und Prozessen

Der große Nutzen liegt in der schnellen Erarbeitung von konkreten Lösungen. Bei offenen Tagungen trägt Open Space zu mehr Vielfalt und aktiverer Einbindung der Teilnehmer bei.

Open Space beginnt bereits bei Kleingruppen ab zehn Teilnehmern und ist auch mit bis zu 1000 Teilnehmern denkbar. Die klassische Dauer ist zweieinhalb Tage, in der Praxis finden sich aber meistens ein- bis zweitägige Veranstaltungen. Aufgrund der Zeitknappheit in Unternehmen steht manchmal nur ein halber Tag zur Verfügung.

Grundelemente

Der Charakter eines Open Space wird durch das Gesetz der zwei Füße und durch seine vier Leitlinien anschaulich. Der Teilnehmer kann sich so leichter mit den Spielregeln vertraut machen.

Das Gesetz der zwei Füße

Das Gesetz der zwei Füße besagt, dass wir unserem Interesse und unserem Engagement folgen sollen. Wir sollten so lange an einem Ort innerhalb oder außerhalb der Workshops bleiben, solange wir entweder etwas Wichtiges beitragen oder selbst etwas lernen können. Kurzum: solange es für uns als Teilnehmer Sinn macht. Dies bedeutet eine höchst fokussierte Arbeitsweise und fördert die Eigenverantwortung. Aus dieser Regel ergeben sich zwei Typen von Teilnehmern:

- *Hummeln*
  sind Teilnehmer, die viele Interessen haben und zwischen mehreren Workshops wechseln und damit Ideen, Anregungen und Gedanken zwischen den Workshops verbinden und einbringen. Sie sind wie die Hummeln, die Pollen von einer Blüte zur nächsten tragen und damit befruchtend wirken.

Abb. 3.6.1 Gesetz der zwei Füße

- *Schmetterlinge*
  sind etwas unentschlossen und verweilen oft in der Nähe des Buffets, das immer gut bestückt ist. Oder: Sie finden sich an anderen Ruheplätzen wie beispielsweise dem Garten wieder. Sie scheinen auf den ersten Blick nutzlos. Doch oft ergibt sich mit einem Vorbeieilenden ein Gespräch, in dem ganz neue Ideen entwickelt werden.

Abb. 3.6.2 Schmetterlinge

(Quelle: Bruck / Müller)

Die vier Leitlinien in etwas vom Original abweichender Formulierung sind:

Wer auch immer kommt, ist richtig

Bereits bei der Einladung zum Open Space gilt das Prinzip der Freiwilligkeit. Wer etwas beitragen will, ist herzlich willkommen. Das Gleiche gilt für die Workshops. Das Thema ist wichtig für alle, die kommen, egal ob sie Experten sind oder nicht. Sie verbindet das Thema, und jeder hat etwas Wichtiges beizutragen.

Für den Workshop-Initiator ist Folgendes wichtig: Sollte keiner zu seinem Workshop kommen, so kann dies dennoch wertvoll sein und er kann den Workshop mit sich selbst durchführen. Wann hatte er das letzte Mal die Gelegenheit, sich mit einem für ihn wichtigen Thema zwei Stunden lang zu beschäftigen? Vielleicht hat der Initiator als Einziger etwas Bedeutsames erkannt, was die anderen noch nicht erkannt haben. Oder er kommt darauf, dass es doch keine so gute Idee war. In diesem Fall hat er ebenfalls etwas gelernt. Oder die Zeit ist noch nicht reif, auch dann hat ist er um eine Erkenntnis reicher und für den richtigen Zeitpunkt bereits besser vorbereitet.

Leitlinien
- Wer auch immer kommt ist richtig
- Wir sind offen für das, was geschieht
- Es beginnt, wenn die Zeit reif ist
- Vorbei ist vorbei

Wir sind offen für das, was geschieht

Alle sollten bereit sein, sich auf Unvorhergesehenes einzulassen und die eigenen Erwartungen zurückzunehmen. Dadurch wird Freiraum geschaffen, in dem neue Ideen und überraschende Lösungen entstehen können.

Es beginnt, wenn die Zeit reif ist

Wenn die Zeit reif ist, dann lässt sich am besten arbeiten. Das heißt konkret, dass Workshops später als geplant anfangen, wenn die Teilnehmer zuerst eine Tasse Kaffee oder Tee trinken möchten. Vielleicht wollen sie sich aber auch nur die Füße vertreten oder haben ein Bedürfnis nach Smalltalk, bevor es richtig losgehen kann.

Vorbei ist vorbei

Das Pendant zur vorherigen Leitlinie sagt aus, man soll aufhören, wenn es am schönsten ist. Also: Wenn die wichtigsten Ergebnisse erreicht sind. Dies kann manchmal bereits nach 20 Minuten der Fall sein. Dann sollte man lieber die Gruppe auflösen, als durch zwanghaftes Verlängern die Energie und Lust der Teilnehmer zerstören. Genauso gilt, dass die aktuelle Workshoprunde verlängert wird, wenn Energie vorhanden ist, am Thema weiterzuarbeiten und ein gutes Ergebnis zu erreichen.

Zeitplan

Das Standardformat eines typischen Open Space dauert zweieinhalb Tage:

1. Tag	2. Tag	3. Tag
9.00 Uhr Begrüßung und Einstieg	9.00– 9.30 Uhr Morgennachrichten	8.30–9.00 Uhr Morgennachrichten
Open Space Einführung, Themen sammeln und Agenda erstellen	9.30–11.00 Uhr 4. Workshoprunde	9.00–10.00 Uhr Gemeinsames Lesen des Ergebnisbandes
10.15–12.15 Uhr 1. Workshoprunde	11.00–12.30 Uhr 5. Workshoprunde	10.00–12.30 Uhr Gewichten der Ergebnisse, Erarbeiten der Konsequenzen aus den Ergebnissen
12.15–14.00 Uhr Mittagspause	12.30–14.00 Uhr Mittagspause	12.30–13.00 Uhr Abschlussrunde
14.00–15.30 Uhr 2. Workshoprunde	14.00–15.30 Uhr 6. Workshoprunde	
15.30–17.00 Uhr 3. Workshoprunde	15.30– 17.00 Uhr 7. Workshoprunde	
17.00 Uhr Abendnachrichten	17.00 Abendnachrichten	
Ende gegen 18 Uhr	Ende gegen 18 Uhr	
	Redaktionsschluss	

Phasen und Ablauf

Beim Open Space gibt es kein festes Phasenmodell. Ein typischer Ablauf lässt sich mit folgenden Phasen am ehesten beschreiben:

Kein festes Phasenmodell

- *Intensiver Einstieg ins Thema*
  In einer kurzen Übung erfolgt eine Verbindung mit dem Thema, mit dem Ziel, Vertrauen und Gemeinschaft aufzubauen. Das Maß der Energie und des Engagements, das mit diesem Einstieg geweckt wird, hat entscheidenden Einfluss auf den Erfolg eines Open Space. Aus diesem Grund ist die Variante des Appreciative Open Space so wirksam.

- *Agenda kreieren*
  Die Agenda eines Open Space ist am Anfang ganz leer. In zwei Schritten wird diese aus den Anliegen und Impulsen der Teilnehmer erstellt. Im ersten Schritt, der Themensammlung, kommen alle Teilnehmer in einem großen offenen Stuhlkreis zusammen. In der Mitte liegen Flipchartstifte und A3/A4-Blätter. Wenn jemand ein Thema auf die Agenda setzen möchte, geht er in die Mitte und schreibt sein Thema in einem Halbsatz mit seinem Namen auf ein Blatt Papier. Anschließend erläutert er in zwei bis drei Sätzen sein Anliegen oder seine Frage, auf die er gerne gemeinsam mit den anderen eine Antwort finden möchte. Besonders diese offenen Fragen tragen sehr zur Ergebniseffektivität bei. Dann geht er an die Raum-Zeit-Tafel und belegt dort mit seinem Thema einen freien Platz. Die Raum-Zeit-Tafel bildet die Agenda ab.

1. Tag						2. Tag				
Zeit \ Raum	A	B	C	D	E	Zeit \ Raum	A	B	C	D	E
						9.30– 11.00 Uhr					
10.15– 12.15 Uhr						11.00– 12.30 Uhr					
14.00– 15.30 Uhr						14.00– 15.30 Uhr					
15.30– 17.00 Uhr						15.30– 17.00 Uhr					

(Quelle: Bruck/Müller)

Abb. 3.6.3. Agenda – Räume und Zeiten

Thema vorschlagen und Verantwortung übernehmen

Als Initiator übernimmt er die Verantwortung für das Thema und den Workshop. Das heißt, er behält das Ziel eines guten Ergebnisses im Auge und stellt sicher, dass die wichtigsten Ergebnisse dokumentiert werden. Jeder kann ein oder mehrere Themen einbringen, maximal so viele, wie Workshoprunden vorhanden sind. Denn: Der Initiator wird an seinem eigenen Workshop teilneh-

men. Die Themensammlung dauert 15 bis 30 Minuten, je nach
Gruppengröße.

Im zweiten Schritt wird der Marktplatz eröffnet, und alle Teilnehmer versammeln sich vor der Agenda (Raum-Zeit-Tafel), um sich einen Überblick über die Themen zu verschaffen. Anschließend können Workshops zusammengelegt werden, weil sie gleiche Ziele und Inhalte haben, oder auch aufgeteilt werden, weil sie nicht in einer einzigen Workshoprunde bearbeitet werden können. Ein Verschieben der Workshops ist ebenfalls möglich, um Interessenkonflikte zu lösen oder Verbindungen zu berücksichtigen. Der Marktplatz dauert meist 15 bis 20 Minuten. Danach steht ein erster Entwurf der Agenda, und die Workshops können beginnen.

- *Erste Workshoprunden*
  Die Workshoprunden dauern zwischen 60 und 120 Minuten. Eine Workshoprunde besteht aus parallel stattfindenden Workshops. Zwischen den Workshops gibt es keine offiziellen Kaffeepausen, denn die Teilnehmer entscheiden selbst, ob und wie lange sie an den Workshops teilnehmen. Es ist quasi »immer Kaffeepause«. Es gilt das Gesetz der zwei Füße. Am Ende des Workshops sind die Ergebnisse zu dokumentieren. Hierbei helfen Standards für die Ergebnisdokumentation. Beispiele hierzu finden Sie im Downloadbereich.

- *Abend- und Morgennachrichten*
  Diese bieten den Rahmen für gemeinschaftliches Erleben. Hier werden Eindrücke ausgetauscht, wichtige Ideen und Erkenntnisse eingebracht. Zusätzlich können neue Workshopthemen und Änderungen bekannt gegeben werden.

- *Vertiefende Workshoprunden*
  Am zweiten Tag haben sich die Teilnehmer mit dem Format des Open Space angefreundet und es kommt zu einem noch intensiveren Arbeiten. Am Ende des zweiten Tages sollten alle Ergebnisse dokumentiert vorliegen.

- *Ergebnisse sichern*
  In der klassischen Variante werden die Ergebnisse über Nacht zu einem Ergebnisband gebunden und für jeden Teilnehmer kopiert. Der dritte Tag beginnt mit einem gemeinsamen Lesen des Ergeb-

nisbandes – für etwa eine Stunde. Danach folgt ein Gewichten der Ergebnisse und unter Umständen die Bildung erster Umsetzungsgruppen.

Organisation und Raum

Bei der Organisation eines Open Space bedarf es einiger organisatorischer Vorbereitungen. In den Tagesraum sollte viel Tageslicht fallen und für jeden Teilnehmer zwei bis drei Quadratmeter Platz bieten. Für 100 Teilnehmer werden zwei konzentrische Kreise mit jeweils 50 Stühlen gebildet. Die Anordnung der Stühle ist immer ein Stuhlkreis. Je nach Akustik ist eine Mikrophonanlage notwendig.

Raumanforderungen an Tagungsstätte

Zusätzlich werden etliche Gruppenräume oder Möglichkeiten für Gruppenarbeiten in der Nähe des Plenums benötigt. Die Gruppenräume sollten für 8 bis 15 Teilnehmer geeignet sein. Die Wege zu den Gruppenräumen sind gut auszuschildern. Die Räume sollten außerdem über eine angemessene und gut gepflegte Moderationsausstattung verfügen.

Für 20 Teilnehmer werden drei Räume benötigt, für 30 Teilnehmer vier, für 40 Teilnehmer sechs, für bis zu 60 Teilnehmer sieben, für bis zu 90 Teilnehmer acht, ab 100 Teilnehmer teilt man die Teilnehmeranzahl durch 12, ab 400 Teilnehmern durch 15. Manchmal erfordert es die Situation, den Plenumsraum für die Gruppenarbeiten zu nutzen und in entsprechende Bereiche offen aufzuteilen. Der Nachteil ist, dass es durch lautstarke Gespräche zu gegenseitigen Störungen kommt. Andererseits kann dieses Gemeinschaftserlebnis auch als Vorteil genutzt werden.

Soll die Dokumentation der Ergebnisse elektronisch erfolgen, ist auf eine ausreichende Anzahl von Notebooks zu achten. Es empfehlen sich folgende Richtwerte für die Bereitstellung der Dokumentations-Notebooks: für 20 Teilnehmer (TN) zwei, für 50 TN vier, für 100 TN sieben, für 200 TN zehn, für 300 TN 15 und für 500 TN 20.

Open Space lässt sich als eine große organisierte Kaffeepause verstehen. Das heißt, es gibt immer Getränke, Kaffee, Tee, Gebäcke und Obst. Mit der Umsetzung tun sich leider etliche Tagungshotels nach wie vor schwer. Deshalb sollten Sie nicht nur im Vorfeld das Thema der dauerhaften Verpflegung betonen, sondern während der Durchführung ein achtsames Auge darauf werfen. Die ständige Kaffeepause ist im Idealfall direkt im Plenum aufgebaut.

Vorbereitung

Wie bei allen systemisch orientierten Großgruppenverfahren ist der Einsatz einer Planungsgruppe aus dem Querschnitt der Betroffenen sehr zu empfehlen. Hier gilt es die Ausgangssituation gemeinsam zu betrachten, die Veranstaltungsziele festzulegen, das Leitthema konkret zu formulieren, die logistischen Herausforderungen zu lösen und die Nachbereitung sicherzustellen.

Planungsgruppe einsetzen

Querinformation der Teilnehmer

In den gemeinsamen Zusammenkünften der Morgen- und Abendnachrichten findet ein Austausch zwischen den Teilnehmer der unterschiedlichen Workshops statt. Dieser wird allerdings kurz gehalten. Er fokussiert das Erlebte oder ganz konkrete Erkenntnisse, weniger gewichtet werden hier die Ergebnisse.

Die inhaltliche Querinformation erfolgt durch die Hummeln, die Schmetterlinge und durch die eher langen Mittagspausen auf informelle Art. Der gesteuerte Austausch geschieht nur über eine Pinnwand, an der die Ergebnisse der einzelnen Workshops aushängen.

Spontane Querinformation

Am Ende wird allen Teilnehmern ein Ergebnisband zur Verfügung gestellt. Auf dieser Grundlage können aus den Ergebnissen der Workshops Konsequenzen für weitere Aktivitäten gezogen werden. Die Erstellung dieses Bandes erfordert einiges an Organisation, um dies zeitnah zu ermöglichen.

Erfolgsfaktoren und Grenzen

Neben den allgemeinen Voraussetzungen, die für jede systemische Großgruppenarbeit gelten, gibt es spezifische Erfolgsvoraussetzungen für den Open Space: der dringende Handlungsbedarf und vor allem die Freiwilligkeit der Teilnahme. Zudem ist es wichtig, dass es sich um ein komplexes Thema handelt, damit in den Workshops unterschiedliche Lösungsansätze entwickelt werden können. Bei innerbetrieblichen Veranstaltungen sind die Offenheit und das Vertrauen der Geschäftsleitung für die Umsetzung sehr förderlich.

Dringender Handlungsbedarf und freiwillige Teilnahme

Die Grenzen des Open Space zeigen sich bei größeren Konflikten, für deren Bearbeitung er sich nicht eignet. Wie bei den meisten anderen Großgrup-

Nicht auf Konfliktlösungen ausgerichtet	penverfahren sollte vom Open Space Abstand genommen werden, wenn die Ergebnisse keine Chance auf Umsetzung haben. Um die Mitarbeiter für fertige Strategien zu begeistern, ist Open Space ebenfalls nicht geeignet. In diesem Fall wären eher die Konzepte des RTSC und teilweise des Appreciative Inquiry empfehlenswert.

Ausprägung der Wirkfaktoren
Viele Möglichkeiten für die Ausprägung der Wirkfaktoren

Wirkfaktor 1: Wohlfühlen

Durch das Buffet im Raum und die lebendigen Bilder von den Hummeln, Schmetterlingen sowie den zwei Füßen wird Atmosphäre geschaffen und die Sinne werden gezielt angesprochen. Der kurze intensive Einstieg bietet hierzu ebenfalls Möglichkeiten. Zusätzliche kleine Übungen lassen sich begrenzt in die Morgen- und Abendnachrichten einbauen. Eine weitere gezielte Aktivierung während des Tages ist sorgsam zu prüfen, denn der Charakter des offenen Raumes sollte erhalten bleiben.

Wirkfaktor 2: Ressourcenaktivierung

Sie findet nur in einer kurzen Einstiegssequenz und dann in den Morgen- und Abendnachrichten statt. Hier bietet sich Raum für den Austausch von Bewegendem. Natürlich kann dies ebenfalls spontan am Buffet erfolgen.

Wirkfaktor 3: Kleingruppenarbeit

Die meiste Zeit wird nicht im Plenum gearbeitet. Eine Struktur für die Arbeit in den Gruppen wird dabei nicht vorgegeben und es gibt keine Gruppeneinteilung. Einzelne Workshops können auch recht groß ausfallen.

Wirkfaktor 4: Ergebnisorientierung

Diese hängt von der Ausgangssituation, den Rahmenbedingungen und dem Thema ab. Die Struktur für die Dokumentation der Ergebnisse unterstützt den Wirkfaktor. Um die Ergebnisorientierung weiter zu erhöhen, sind Varianten des Open Space hilfreich. Herrscht in einem Unternehmen bereits eine hohe Ergebnisorientierung, kann das hohe Maß an Selbstorganisation die Ergebnisorientierung weiter verstärken.

Wirkfaktor 5: Rhythmisieren

Der Wechsel der Gruppen geschieht häufig und auch spontan. Die methodischen Elemente bieten keine weiteren Variationsmöglichkeiten, was nach einigen Workshoprunden zu Ermüdungserscheinungen führen kann. Ohne den Charakter eines Open Space zu sehr zu verändern, können wir entsprechende Pausenzeiten einplanen und es den Gruppen überlassen, wann sie eine solche in Anspruch nehmen. Meist verlaufen die Workshops in ihrer Rhythmisierung relativ monoton.

Wirkfaktor 6: Selbstorganisation

Diese ist großgeschrieben durch das Gesetz der zwei Füße und die Leitlinien. Die Teilnehmer können inneren Impulsen folgen und das erarbeiten, was ihnen persönlich am Herzen liegt. Jeder beteiligt sich immer nur so lange aktiv, wie es für ihn sinnvoll ist. Die Agenda entsteht durch die Teilnehmer und kann sich immer wieder verändern. Das ist Selbstorganisation in Reinkultur. Diese offene Arbeitsweise kann natürlich mit sich bringen, letztlich nur Kaffeegespräche zu führen.

Wirkfaktor 7: Virtualität

Er lässt sich schlecht mit einem Open Space als »organisierte Kaffeepause« verbinden. Es gibt jedoch eine reine Online-Version als eigenständiges Format, die wir Ihnen in Kapitel 4.5.6 vorstellen.

Varianten und Erweiterungen

Die Varianten des Open Space nutzen ebenfalls das Kerngesetz der zwei Füße. Sie setzen an den »Schwächen« vom Open Space an.

A – Stärkere Ressourcennutzung – Appreciative Open Space
Mit Hilfe eines Wertschätzenden Interviews (siehe Downloadbereich) gelingt ein intensiverer Einstieg ins Thema. Dies bietet viele Vorteile: Zum einen wird das Thema bereits von den Interviewpaaren intensiv beleuchtet, zum anderen können bereits an dieser Stelle neue Einsichten und Ideen entstehen. Am Ende herrscht Klarheit bezüglich des besten eigenen Workshopthemas. Das Vertrauen in die Großgruppe ist sehr schnell auf einem hohen Niveau. Durch die investierte Zeit beginnt die erste Workshoprunde erst nach dem Mittagessen. Die Leitlinien sind dem veränderten Charakter entsprechend angepasst. Diese Mischform der Appreciative Open Space ist in Kapitel 3.10 beschrieben.

Verbesserungen an den Schwächen ansetzen

B – Bessere Unterstützung der Ergebnisorientierung
Durch eine stärkere Unterstützung der Workshopgruppen mit hilfreichen Strukturen, wie der Verteilung der Rollen, kann deren Effektivität und Ergebnisorientierung deutlich gesteigert werden. Die Kombination mit anderen Methoden wie Reteaming führt zu deutlichen Verbesserungen. Beides wird im Werkzeugkasten (Kapitel 7.3.1 und 7.4.1) erläutert.

C – Die Querinformation
Die unmittelbare Querinformation kann durch die Einführung von Stammgruppen stark verbessert werden.

D – Mehr Gemeinschaftserleben durch eigene Musik
Als Einstiegsübung werden die Teilnehmer mit verschiedenen Musikinstrumenten, beispielsweise Trommeln, Mundharmonika oder Schellen vertraut gemacht. Jeder trägt mit seinen eigenen Tönen zum Orchester der Teilnehmer bei. Später beim Einbringen der Themen spielt wieder das ganze Orchester: Wenn jemand jetzt bereit ist, sein Thema einzubringen, dann schlägt er ganz fest auf ein Schlagzeug oder ein anderes Instrument, das es nur einmal gibt und einen markanten Klang besitzt. Dann sind alle sofort still und er kann sein Thema einbringen. Wenn er fertig ist, stimmt wieder das ganze Orchester an. Durch diese Variante entsteht eine hohe Dynamik und ein starkes Gemeinschaftsgefühl. Die Themen entspringen auf sehr dynamische Art und Weise.

Empfohlene Literatur und Ressourcen

Maleh, Carole: Open Space: Effektiv arbeiten mit großen Gruppen, Weinheim: Beltz 2001.
Owen, Harrison: Open Space Technology. Ein Leitfaden für die Praxis, Stuttgart: Klett-Cotta 2001.

3.7 Zukunftskonferenz

Standardisierter Ablauf und minutiöser Zeitplan

Bei einer Zukunftskonferenz handelt es sich um eine Veranstaltung mit 50–100 Teilnehmern, die in der Regel gezielt ausgesucht und eingeladen werden. Hauptziel ist meist die Erarbeitung einer gemeinsamen neuen Strategie oder Vision oder die Auseinandersetzung mit einem speziellen Projekt.

Die Grundidee ist: »Alle sind in einem Raum versammelt. Das erzeugt Gemeinschaft und Energie. Systematisch wird der Konsens für eine gemeinsame Zukunft gesucht.«

Der gesamte Ablauf dieses von Marvin Weisbord und Sandra Janoff entwickelten und im Jahre 1995 publizierten Systems ist standardisiert. Grundlage bildet ein minutiöser Zeitplan. Die Teilnehmer arbeiten über zwei Drittel der Zeit in Kleingruppen an Tischen. Die Wirkung einer solchen Veranstaltung auf die Teilnehmer ist beeindruckend. Viele erzählen oft noch nach Jahren begeistert, was sie dabei gelernt und bewirkt haben.

Einsatzbereiche und Zielsetzung

Die Zielsetzung einer Zukunftskonferenz konzentriert sich auf den Bereich 3–8 (von der Motivation über Neue Lösungen finden bis zur Umsetzung), und oft wird dabei sogar ein »Durchbruch« angestrebt. Dann ist es besonders wichtig, externe Teilnehmer für die Zukunftskonferenz zu gewinnen, also z. B. Kunden und Lieferanten. Es gibt keine Vorgaben oder Restriktionen für die Arbeit der Teilnehmer – außer der Methode. Das Ergebnis ist ganz offen, aber die Ergebnisorientierung äußerst stark.

Hohe Zielansprüche bis zum Durchbruch

Beispiel für den Einsatz von Zukunftskonferenzen ist die Entwicklung einer neuen Strategie für ein Unternehmen, einen Verband oder auch eine Kommune. Je mehr Leidensdruck dahintersteht, umso stärker wird der erzielte Fortschritt sein.

Grundelemente und Phasen

Es gelten mehrere Leitlinien:

Das ganze System in einem Raum – ein Pioniergedanke

- *Das ganze System in einen Raum bringen*
  Es werden alle Betroffenen und auch externe Partnern eingeladen. Die Veranstaltung findet grundsätzlich in einem einzigen großen Raum statt.

- *Fokus auf die Zukunft (Vision) statt auf die Probleme*
  Die Probleme werden insbesondere durch die umfangreiche Analyse Umfeldtrends aufgezeigt. Die Energie wird jedoch sofort auf die nötigen Aktivitäten gelenkt.

- *Gemeinsamkeiten finden statt Konflikte bearbeiten*
  Kontroverse Themen werden beiseitegelegt. Nach der Ideen- und Konsensphase werden nur diejenigen Ideen und Ziele einer Umsetzungsplanung unterzogen, für die sich Konsens findet.

- *In selbst steuernden Gruppen arbeiten, um Abhängigkeiten und Verweigerungen zu vermeiden*
  Die Autonomie der Teilnehmer wird in jeder Phase gefördert. Sie sollen ihre eigene Vorgehensweise im Rahmen der Aufgabenstellung entwickeln. Zur Aktivierung werden in den Tischgruppen die Rollen (Schreiber, Moderator, Zeitnehmer, Sprecher) gewechselt.

- *Maßnahmen erst planen, wenn Konsens über die gewünschte Zukunft erzielt ist:*

  Eine Achterbahn der Gefühle
  Mit zunehmendem Fortgang der Zukunftskonferenz geraten die Teilnehmer aufgrund der Fülle der Informationen leicht in Verwirrung. Zu Beginn der Veranstaltung sollten sie deshalb auf die Achterbahn der Gefühle bzw. die Vier-Zimmer-Wohnung vorbereitet werden. Sie erhalten die Botschaft: »Am Schluss herrscht wieder Klarheit und Zufriedenheit.«

Abb. 3.7.1
Die 4-Zimmer-Wohnung

Zeitplan

Die Begründer der Zukunftskonferenz empfehlen eine Dauer von 48 Stunden über drei Tage verteilt. Wichtig ist, dass zwei Mal übernachtet wird.

1. Tag	2. Tag	3. Tag
	08.30 Uhr Fortsetzung Gegenwart (1): Externe Trends	08.30 Uhr Gemeinsamkeiten bestätigen (4)
	Gegenwart (2): Stolz und Bedauern	Maßnahmen planen (5)
	Entwurf der Zukunft (3)	Präsentation der Projektgruppen (5) und Schluss
	13.00 Uhr: Mittagspause	Ca.14.00 Uhr: Ende der Veranstaltung
14.00 Uhr: Eröffnung, Einführung, Vorstellung	14.15 Uhr: Fortsetzung Entwurf der Zukunft (3)	
Rückblick in die Vergangenheit	Präsentation der Visionen (meist Sketche)	
Gegenwart (1): Externe Trends	Gemeinsamkeiten herausarbeiten (4)	
Ende ca. 19.15 Uhr	Ende ca. 18.00 Uhr	
Abendessen	Abendessen	

Ablauf

Die Teilnehmer sitzen die meiste Zeit über in einer festen Gruppe, die in detaillierter Planung aus allen Gruppierungen gemischt ist. Idealerweise sind es 64 Teilnehmer, die sich auf 8 Tische zu je 8 Personen aufteilen. Wie auf einem Schachbrett sind die Teilnehmer doppelt zugeordnet und die Tische entsprechend doppelt gekennzeichnet:

Unterschiedliche Gruppenzusammensetzung

- In eine Gruppe möglichst verschiedene Zusammensetzung (Max-Mix). Diese Sitzordnung hat den größten Zeitanteil. Hierfür kann ein passendes Symbol beim Einchecken vergeben werden, und die

141

Tische sind entsprechend gekennzeichnet, z. B. als Tiere oder Produkte eines Unternehmens.

- In eine Gruppe der größten Ähnlichkeit (Homogenität), z. B. eine Abteilung eines Unternehmens oder eine Interessengruppe (Stakeholder), bei einer Kommune (Gewerbetreibende, Privatleute, Kommunalangestellte etc.). Hierfür gibt es eine Farbe.

Führung	Müller	Huber	Maier	Schulz	Wenner	Damm	Kohler	Banner
Außendienst	Seeger	Meyer	Singvogel	Pfalz	Woller	Kneifel	Schhatz	Kunsch
Export	Davis	Laurant	Hove	Laurent	Ducht	Peters	Hanf	J. Huber
Innendienst 1	Kainz	Adamitz	Koller	Kocher	Lamm	Nano	Scholz	Zorn
Innendienst 2	Wittig	Roth	Hethy	Bock	Jung	Danzer	Kossaye	Schütz
Entwicklung	Muhr	Lejeune	Haller	Disch	Berger	Kellermann	Detter	Anklum
Produktion	Koll	Ertl	Decker	Kröller	Gagel	Gafron	Krebs	Brack
Verwaltung	Stigl	Kappenberger	Klug	Maran	Werner	Töller	Schlauch	A. Müller

Abb. 3.7.2 Doppelte Gruppenzuordnung

3.7 Zukunftskonferenz

In einer Zukunftskonferenz werden fünf Phasen durchlaufen: Die erste Phase »Vergangenheit« dient dem gegenseitigen Kennenlernen und einer ersten Bestandsaufnahme der Situation. Jeder Teilnehmer schreibt persönliche Ereignisse und solche aus dem Leben der Organisation auf große Pinnwände, die einen Zeitstrahl abbilden. Die Gruppen analysieren das Geschriebene und stellen viele Gemeinsamkeiten fest. So bildet sich ein Gefühl der Gemeinschaft.

Phase Vergangenheit – Bestandsaufnahme

In der zweiten Phase »Gegenwart« wechseln die Teilnehmer den Tisch und finden sich mit Kollegen aus ihrer Abteilung oder mit ähnlicher Gruppenherkunft zusammen. Bei der Aufgabe »Trends« entsteht ein riesiges Mindmap mit allen Umfeldveränderungen, die auf die Organisation einwirken. Jede homogene Gruppe betrachtet einige wichtige Trends in ihren Auswirkungen auf die Organisation und prüft, wie man damit proaktiv umgehen könnte.

Phase der Gegenwart – Trends als riesige Mindmap

Abb. 3.7.3 Trends für die Gruppe

Danach befasst sich die Gruppe mit der Aufgabe »Stolz und Bedauern«. Die Gruppenmitglieder überlegen, in welcher Hinsicht sie auf sich und das Unternehmen stolz sein können, und sammeln anschließend auch alle Aspekte, die aus ihrer Sicht zu bedauern sind. Dies ist eine Form von Stärken- und Schwächenanalyse. Es geht darum, Verantwortung zu übernehmen und in der großen Gruppe vorzustellen. Im Downloadbereich finden Sie hierfür eine Anleitung.

Stolz und Bedauern

In der dritten Phase »Zukunft« wird wieder in der heterogenen Anordnung gearbeitet. Sie ist mit lustigen und tiefgehenden szenischen Präsentationen ein Höhepunkt der Zukunftskonferenz. Die Gruppen haben ausreichend Zeit für die Ausarbeitungen und werden mit entsprechenden Requisiten ausgestattet. Die Darbietungen können bis zu einer Stunde dauern. Sie werden als sehr kurzweilig empfunden und verankern sich tief.

Auf in die Zukunft

Nach der Präsentation der Zukunft finden sich in Phase 4 zunächst zwei Gruppen zusammen und einigen sich auf Gemeinsamkeiten in den vor-

Konsens für Visionen, Ziele und Projekte

geschlagenen Visionen, Strategien, Zielen und Projekten. Aus acht Gruppen entstehen somit vier unterschiedliche Beschreibungen der Zukunft. Diese werden am Morgen des dritten Tages im Plenum vorgestellt. Alle Ziele und Strategien, die Gegenstimmen hervorrufen, werden zur Seite gelegt. Ziel der Veranstaltung ist die Konzentration auf Gemeinsamkeiten, nicht die Diskussion über Verschiedenheiten. Es geht um den Fokus auf die gemeinsame stärkste Energie. Diese Phase erfordert oftmals eine sehr intensive Moderation.

Umsetzungsplanung – Engagement in Projekten

In der letzten und fünften Phase wählt sich jeder Teilnehmer das Projekt aus, an dem er persönlich mitarbeiten will. Die Ergebnisse werden anschließend präsentiert. Im Anschluss werden Freiwillige gesucht, die sich um den Fortgang des Projektes kümmern. Spätestens jetzt ist aus der Fülle der im Laufe des Prozesses erzeugten Informationen Klarheit entstanden.

Organisation und Raum

Eine wichtige Anforderung ist die ausreichende Raumgröße. Die Erstellung zahlreicher Flipchartblätter bedingt einen hohen Organisationsaufwand. Die Moderatoren sorgen dafür, dass diese großen Blätter schnell aufgehängt werden, damit die bereits erledigte Arbeit für den weiteren Fortgang der Veranstaltung übersichtlich zur Verfügung steht.

Raumanforderungen

Bei 64 Teilnehmern ist ein möglichst quadratischer Raum von etwa 16 x 16 Quadratmetern optimal. Bei acht Gruppen wird zum Aufhängen der Flipchartblätter eine Wandlänge von etwa 70 laufenden Metern benötigt. Hängt man zwei Stück übereinander, benötigt man immer noch zwei komplette Seiten des Raumes ohne Fenster und Türen! Notfalls kann man eine Wäscheleine spannen.

Die Teilnehmer erhalten eine umfassende Teilnehmermappe, in der die Aufgaben der jeweiligen Phase genau erläutert sind.

Vorbereitung

Detaillierte Planung der Gruppenzusammensetzung

Ein ausgefeiltes System steuert den gesamten Ablauf. In der Regel ist eine detaillierte Vorbereitung durch eine Planungsgruppe erforderlich. In diesem Team sollten alle Gruppen von Teilnehmern vertreten sein. Die Gesamtfragestellung und die Teilnehmerzusammensetzung werden gemeinsam festgelegt. Nach Möglichkeit sollten bis zu 30 Prozent externe Teilnehmer eingeladen werden. Die genaue Zusammensetzung jeder

Kleingruppe wird detailliert geplant. Die Einladung und der Anspruch der Veranstaltung werden gemeinsam entworfen. Speziell geschulte Moderatoren unterstützen die Veranstaltung.

Neben der aufwändigen Vorbereitung hat die Planungsgruppe dafür zu sorgen, dass die begonnenen Projekte nach der Veranstaltung weitergeführt und umgesetzt werden. Diese Nacharbeit ist bei der Konstituierung nicht zu vergessen, da das Vorhaben nicht nur die Durchführung der Veranstaltung bezweckt, sondern vielmehr die spätere Umsetzung der gewonnenen Ergebnisse.

Querinformationen der Teilnehmer

Ein erster Baustein für die notwendige Querinformation besteht in der erwähnten Teilnehmermappe.

Am Ende jeder Arbeitsphase präsentiert jede Gruppe in knapper Form ihre Arbeitsergebnisse. Da alles in einem Raum stattfindet, ist eine optimale Querinformation gegeben. Die Dokumentation der Veranstaltung ist ebenfalls sehr wichtig. Hierfür muss ausreichend Platz an den Wänden vorhanden sein. Die Moderatoren haben alle Hände voll zu tun, die entstehenden Flipchartblätter übersichtlich anzubringen. Nach der Veranstaltung sollte jeder Teilnehmer zumindest ein Fotoprotokoll erhalten. Besser wäre die saubere Abschrift der wichtigsten Ergebnisse und der vereinbarten Maßnahmen.

Jeder erfährt alles aus jeder Gruppe

Erfolgsfaktoren und Grenzen

Eine Verteilung der fünf Phasen über drei Tage mit zwei Übernachtungen ermöglicht eine bessere Bewältigung der entstehenden »Achterbahn der Gefühle«. Dies und die gesteuerte Zusammensetzung der Teilnehmer sind wichtig, wenn ein Durchbruch erzielt werden soll.

Fokus auf den Gemeinsamkeiten

Der große Vorteil der Zukunftskonferenz besteht darin, die gesamte Energie auf die Gemeinsamkeiten zu richten und sich nicht in der Diskussion über verschiedene Wege und Konflikte zu verlieren. Erstaunlicherweise finden 80 Prozent der Ziele einen hundertprozentigen Konsens! Die Ziele ohne Konsens werden beiseitegelegt und auf der Veranstaltung nicht weiter besprochen. Darunter können sich innovative Schätze von Querdenkern befinden, die nicht vergessen werden sollten. Im Follow-up ist dafür eine Auswertung von Seiten der Planungsgruppe vorzusehen.

Keine Chance für Querdenker? Insofern liegen die Grenzen der Methode sicher dort, wo beispielsweise aufgrund von Marktgegebenheiten unterschiedliche Strategien denkbar sind. Alternative Ideen kommen möglicherweise erst zum Vorschein, wenn in den entstehenden Projektgruppen die konkrete Strategie zur Zielerreichung geplant wird. Oder diese innovativen Möglichkeiten wurden bereits in der Konsensphase abgeschnitten. In beiden Fällen ist die reine Form der Zukunftskonferenz nicht optimal.

Zukunftskonferenz ohne explizite Strategievorgaben Eine weitere Grenze entsteht, wenn der Rahmen für die zu entwickelnde Strategie vorgegeben wird. Wenn ein solcher Rahmen, beispielsweise eine vorgegebene Gesamtstrategie, schon existiert, ist auf das RTSC-Format überzugehen.

Die nächste Grenze wird durch die Anzahl der Teilnehmer vorgegeben. Bei einer reinen Zukunftskonferenz sollen alle mitwirken und alles mitbekommen. Die Begrenzung auf 100 Teilnehmer ist die praktische Grenze, die es gerade noch erlaubt, alle gleichermaßen einzubeziehen und an den Ergebnissen teilhaben zu lassen. Es ist auch schon mit der Abhaltung von drei Zukunftskonferenzen am selben Ort in verschiedenen Räumen experimentiert worden. In solchen Anordnungen können die Möglichkeiten des Wirkfaktors Virtualität zur Vernetzung genutzt werden.

Ausprägung der Wirkfaktoren
Hohe Ausprägungen in allen Bereichen

Wirkfaktor 1: Wohlfühlen

Dieser Wirkfaktor entfaltet sich durch die Fülle der Moderationselemente an jedem Tisch, die Symbole und weitere Hinweisschilder für das Anordnen der später produzierten Charts in den Gruppen. In der Phase der Zukunftsskizze werden die Sinne und die Emotionen ganz explizit angesprochen. Moderne Zukunftskonferenzen setzen mentale Phasen und Bewegung systematisch ein.

Wirkfaktor 2: Ressourcenaktivierung

Zu Beginn haben die Teilnehmer Gelegenheit, persönliche Lebensstationen auf eine große Pinnwand entlang eines Zeitstrahls zu schreiben. Anschließend analysieren sie in ihren Gruppen diese Texte. Auch mit dem Element »Stolz und Bedauern« in Phase 2 erfolgt eine Aktivierung der Ressourcen.

Wirkfaktor 3: Kleingruppenarbeit

Über die gesamte Veranstaltung hinweg sind die Teilnehmer in Kleingruppen integriert. Kurze Plenarphasen dienen der Querinformation. Es gibt zunächst die Max-Mix-Gruppen, die eine Heimat für die Teilnehmer bilden. Ein anderes Mal werden die Teilnehmer nach Interessengruppen (Stakeholdern) zusammengesetzt. In den Teilnehmerunterlagen sind für die Gruppenarbeit detaillierte Aufgabenstellungen und Arbeitsanweisungen enthalten.

Wirkfaktor 4: Ergebnisorientierung

Diese ist ausgesprochen hoch. Die Teilnehmer werden gezielt eingeladen und in die Gruppen verteilt. Aus den Umsetzungsgruppen entwickeln sich die Umsetzungsprojekte. Von allen Standardformaten moderner Großgruppenveranstaltungen zeichnet sich die Zukunftskonferenz zusammen mit dem Zukunftsgipfel durch eine sehr hohe Ergebnisorientierung aus. Dafür sorgt von Anfang an die begleitende Planungsgruppe. Dabei werden alle Zielbereiche von 3–8 im normalen Programm angesprochen, vielleicht der Wandel von Normen und Werten (6) nicht explizit genug.

Wirkfaktor 5: Rhythmisieren

Der Wechsel in den Gruppen, persönliche Diskussionsmöglichkeiten, Plenarsitzungen und Sketche stellen eine hohe Form des Rhythmisierens dar. Die verschiedenen Sinneskanäle werden jedoch nicht systematisch angesprochen.

Wirkfaktor 6: Selbstorganisation

Hier muss der Teilnehmer dem vorgegebenen Programm folgen. Lediglich in der letzten Phase der Umsetzung kann er sich für ein Thema entscheiden, das ihm persönlich am Herzen liegt. Zudem ist der Zeitplan sehr gedrängt.

Wirkfaktor 7: Virtualität

Er ist dabei nicht existent. Alles bezieht seine Wirkung aus der Präsenz in einem Raum. Eine direkte Eingabe der Arbeitsergebnisse am Tisch in einen PC wäre möglich und würde das rasche Erstellen der Dokumentation erleichtern. Die Bedienung des PCs steht allerdings im Widerspruch zum Ziel der Veranstaltung, größtmögliche Spontaneität mit Filzschreiber und Flipchart zu gewähren.

Varianten und Erweiterungen

Variationsmöglichkeiten

A – Ressourcenaktivierung verstärken
Mit einem Wertschätzenden Interview (Appreciative Inquiry) kann die Ressourcenaktivierung verstärkt werden. Eine weitere Möglichkeit bietet die Gruppenarbeit »Wall of Wonder« statt der Phase »Stolz und Bedauern«, wie sie in der Originalversion der Zukunftskonferenz vorgesehen ist. Mehr Informationen finden Sie in unserem Downloadbereich.

B – Verkürzung
Es wird oft die Frage der Verkürzung gestellt. Das senkt naturgemäß die Effizienz und Wirkung. Eine Dauer von zwölf Stunden ist möglich, wobei vor allem die ersten Phasen verkürzt werden. Dafür sind dann Abstriche in der Effizienz in Kauf zu nehmen.

C – Einbeziehung von Werten
Im amerikanischen Original werden die Werte zwar angesprochen, aber nicht explizit herausgearbeitet. Man kann in Wertschätzenden Interviews am Anfang und während der Phase »Stolz und Bedauern« einen Fokus auf diesen Aspekt legen. Dann ist in der Phase der Festlegung der Konsens-Ziele eine eigene Pinnwand für die Werte sinnvoll, und eine Arbeitsgruppe kann sich später diesen Werten widmen.

D – Zusatzphase für persönliche Umsetzung
Die klassische Zukunftskonferenz verpflichtet jeden Teilnehmer nur zur Mitarbeit an Projekten, für die er sich persönlich entscheidet. Bei firmeninternen Abläufen kann es sinnvoll sein, am Schluss die Teilnehmer zu weitergehenden persönlichen Vorsätzen aufzufordern. »Was können und wollen Sie beitragen, damit wir diese von allen gewünschte Zukunft erreichen?«, lautet dann die Frage. Die Teilnehmer werden im Stehkreis aufgefordert, zu dieser Frage Stellung zu nehmen. Diese Aktivität wirkt als Abschlussaktion sehr kraftvoll.

E – Stärkerer Einsatz der Sinne
Ein stärkeres Ansprechen der Sinne, etwa mit Bewegungsübungen und dem Einsatz mentaler Phasen (Wirkfaktor 1), ist bei der Zukunftskonferenz durchaus möglich.

F – Verbindung mit Outdoor-Elementen
Veränderungen und Zukunft im Gehen zu entwickeln, kann sehr interessant sein. Daraus entsteht eine Art Wanderrallye mit dem Ziel der

Visionsfindung. Ein Beispiel für eine solche Wanderrallye finden Sie im Downloadbereich.

Empfohlene Literatur und Ressourcen

Weisbord, Marvin / Janoff, Sandra / Trunk, Christoph, Future Search –
 die Zukunftskonferenz, Stuttgart: Klett-Cotta 2001.
www.futuresearch.net

3.8 RTSC Real Time Strategic Change

Unternehmen setzen die Großgruppenmethode RTSC in der Regel dann ein, wenn Mitarbeiter für Veränderungen gewonnen werden sollen und dabei zumindest die grobe Richtung feststeht. Wie der Name sagt, geht es um synchronen Wandel im gesamten System. Dieser Wandel findet dabei zunächst im Kopf der Beteiligten statt.

Veränderung in Echtzeit

> Die Methode wurde von Kathleen Dannemiller entwickelt und 1994 publiziert. Ihre Grundidee ist: *»Veränderung wird nicht nur geplant, sie passiert zeitgleich im Kopf und im Herzen der Beteiligten.«*

Bei dieser Methode entsteht viel Energie und Aufbruchsstimmung. Dabei wird auf unterschiedlichen Ebenen gleichzeitig gearbeitet:

- Unternehmenszweck und Nutzen für Stakeholder
- Identität der Organisation
- Werte und Normen
- Denkmuster und Wahrnehmungen – über Ziele, Beziehungen und vor allem den Markt
- Zusammenarbeit
- Maßnahmen und Aktivitäten für angestrebte Ergebnisse

Einsatzbereiche und Zielsetzung

Dieser auf die Umsetzung strategischer Veränderungen ausgerichtete Veranstaltungstyp weist Ähnlichkeiten mit der Zukunftskonferenz auf, jedoch gibt es einen wesentlichen Unterschied, der den Ablauf stark beeinflusst: Es wird nicht gemeinsam ohne jede Vorgabe nach einer neuen

Ran an die Umsetzung

Vision gesucht, sondern die Geschäftsleitung gibt eine neue strategische Ausrichtung klar vor. Es gilt, die Teilnehmer für diese Strategie zu gewinnen und die Umsetzung gemeinsam zu planen.

Weitere Anwendungen sind:

- Mitarbeiter für ein Leitbild, eine Vision, eine neue Kultur gewinnen
- Zusammenarbeit fördern, z. B. nach einer Fusion
- Prozesse optimieren und Organisationsstrukturen verändern
- Projekte revitalisieren

Die Zielsetzung der RTSC-Konferenz betrifft die Zielbereiche 3–8. Der Zielbereich 1 »Information« spielt ebenfalls eine Rolle, da eine einheitliche Wahrnehmung des Geschäfts, des Unternehmens und des Marktes aufgebaut werden soll. Der Zielbereich 6 »Wandel von Normen und Werten« ist sicherlich der wichtigste für diese Art von Veranstaltung.

RTSC-Veranstaltungen liegt das Prinzip zugrunde, ein hohes Maß an Selbstbeteiligung und Begegnung auf allen hierarchischen Ebenen zu erzeugen. Hierfür werden notwendige Veränderungen und Neuausrichtungen in der Unternehmenskultur und der Unternehmensstrategie dringlich gemacht und eine große Bereitschaft für einen Veränderungsprozess erzeugt. So kann sich bereits während der Großgruppenveranstaltung ein Wandel im gesamten System der Betroffenen vollziehen.

Die Teilnehmerzahl beginnt bei 50 und ist nach oben offen. RTSC funktioniert auch bei über 1000 Personen. Aufgrund ihrer weniger komplexen Abläufe ist sie für große Teilnehmerzahlen ausgerichtet. Insofern stellt RTSC die Zusammenführung wirksamer Methoden und Abläufe dar, die eine Teilnahme vieler Menschen ermöglichen und diese weitgehend einbeziehen.

Eine große Krankenversicherung sieht die Notwendigkeit, nicht mehr allein auf die eigene Verkaufsorganisation zu setzen, sondern Versicherungsmakler als gleichberechtigte Partner intensiver zu umwerben, weil die Endkunden sich von diesen lieber beraten lassen (Umfeldtrend). Nun muss der gesamte Verkaufsaußen- und Innendienst für die neue Strategie gewonnen werden. Die Geschäftsleitung ist bereit, über das Thema zu diskutieren und Änderungsvorschläge zu berücksichtigen. Gemeinsam wird die Umsetzung geplant.

Grundelemente und Phasen

Der prinzipielle Ablauf folgt den nachfolgenden drei Phasen. Darin ist auch die Verbesserung der Zusammenarbeit eingebettet.

Drei Grundphasen

Aufrütteln	Mit Zielen identifizieren	Umsetzung erarbeiten
Unzufriedenheit mit der Realität äußern; gleichen Informationsstand für alle erzeugen	Identifikation mit den Zielen (Werte, Schlüsselprojekte, Strategien) herstellen, oft aus Best Practices abgeleitet	Nahziele setzen, Maßnahmen planen, Selbstverpflichtung der Teilnehmer fördern

**Zusammenarbeit verbessern
Neue Arbeitsweisen**

Die entscheidende Einstimmung erfolgt am Anfang durch die Vorstellung verschiedener Sichtweisen, in denen die Notwendigkeit des Wandels des Unternehmens deutlich wird. Diese Einstimmung wird als Aufrüttelungsphase bezeichnet, sie zeigt die Sicht der Mitarbeiter, der Führung, eines Branchenexperten und/oder des Kunden.

Aufrütteln

Aus diesen Notwendigkeiten und Sichtweisen leiten sich neue Arbeitsabläufe ab, die in der »Best Practice-Phase« skizziert werden. Dann erst erfolgt eine »Visionierungsphase« in gemischten Kleingruppen, wobei meist zwischen Zielen und Arbeitsweisen unterschieden wird. Mit den neuen Arbeitsweisen sind Verhaltensgrundsätze und die Zusammenarbeit im Unternehmen gemeint. Diese richten sich an Vorgesetzte und Mitarbeiter. Dabei werden Werte der Unternehmenskultur explizit angesprochen.

Best Practices

Thematisch werden oft die Grundsätze der innerbetrieblichen Zusammenarbeit einschließlich der »geheimen Spielregeln« (Denkmuster) explizit angesprochen und formalisiert bearbeitet. Durch das Aussprechen dieser Denkmuster entsteht in der großen Gruppe eine Atmosphäre, die gewissermaßen »in Echtzeit« einen deutlichen Fortschritt erzeugt.

Geheime Spielregeln offen legen

Danach beschäftigen sich die Führungskräfte den ganzen Abend und möglicherweise eine lange Nacht lang mit der Auswertung der Zwischenergebnisse. Sie erstellen jeweils für die Ziele und die Arbeitsweisen getrennte Arbeitspapiere, die jeder Teilnehmer am nächsten Tag erhält. Es kann passieren, dass sich bereits zu diesem Zeitpunkt die ursprünglichen Zielsetzungen und Prioritäten der Führung modifiziert und verändert haben.

Adaptation der Strategie an Sichtweise der Teilnehmer

Maßnahmen planen Nach der Präsentation der Führung erstellt jede Abteilung einen Maßnahmenplan. Hierbei gilt es Abschied zu nehmen von lieb gewonnenen Gewohnheiten, denn es geht darum, die neu vereinbarten Verhaltensgrundsätze zu etablieren. Die letzte Phase ist einer Selbstverpflichtung für individuelle Maßnahmen gewidmet. Jeder schreibt auf, was er persönlich zum Wandel beitragen will, und stellt seine Ideen in der Kleingruppe vor.

Jeder Teilnehmer einer oft sehr heterogenen Großgruppe soll das komplette Bild der notwendigen Veränderung erkennen und als Botschafter weiter in sich tragen. Mit diesem Ansatz können wirklich alle Beteiligten an den nötigen Veränderungen mitwirken und so ihr Wissen und ihre Intelligenz einbringen, um die Unternehmensstrategie und die Unternehmenskultur fortzuentwickeln. Eine kleine Gruppe entwickelt im Vorfeld eine Strategie, die von allen Teilnehmern so weiterentwickelt wird, dass sie von allen mitgetragen und umgesetzt werden kann.

Magie großer Gruppen Das im Verlauf der Veranstaltung entstehende Gemeinschaftsgefühl wird oft als das Maximum an »Magie« innerhalb großer Gruppen beschrieben. Die Teilnehmer erleben sich als Teil einer Gemeinschaft, jedoch ohne Unterordnung, vielmehr durch Einordnung. Das wird als äußerst angenehm empfunden. Grund hierfür ist der Spirit der Organisation (Bonsen 2003), unter dem mehr als die Unternehmenskultur mit ihren Werten und Normen zu verstehen ist. Es geht um den aufrechten Gang und die leuchtenden Augen der Teilnehmer. Diese sichtbare stärkere Energie, durch die plötzlich alle Beteiligten getragen werden, entsteht durch die Fokussierung in den Köpfen.

Eine Erfolgsursache und zugleich Zielsetzung von RTSC ist die zunehmende Verantwortung, die alle Teilnehmer empfinden, weil sie einen Blick aufs Ganze bekommen. Die Methode ist wirksam, weil sie die Organisation und ihr Umfeld aus verschiedenen Perspektiven betrachtet und damit die Dringlichkeit von Veränderungen nachvollziehbar werden lässt.

Zeitplan

Wie bei der Zukunftskonferenz wird empfohlen, dass die Veranstaltung sich mit zweimaliger Übernachtung über drei Tage erstreckt und somit 48 Stunden dauert. Die vielfältigen Situationen in den Organisationen erfordern unterschiedliche Designs von RTSC-Konferenzen. Hier ein typischer Zeit- und Ablaufplan:

1. Tag	2. Tag	3. Tag
	08.30 Uhr: Von den Besten lernen (Best Practices)	08.30 Uhr: Vorstellung der überarbeiteten Ziele und Abläufe
	Ziele der Führung vorstellen Frage-/Antwortrunde	Maßnahmen planen in Abteilungsgruppen
	Neue Grundsätze vorstellen	Planung persönlicher Beiträge
	13.30 Uhr: Mittagspause	Feedback und Verabschiedung
14.00 Uhr: Eröffnung, Einführung, Vorstellung	14.45 Uhr: Die Zukunft entwerfen	Ca.13.30 Uhr: Ende der Veranstaltung
Gruppenarbeit: Die Sicht der Mitarbeiter	Infomarkt: Galerie der Zukunft	
Kurze Vorträge mit Frage-runde: Führung, externe Branchenexperten, Kunden	Zusätzliche Ideen zu den vorgestellten Zielen	
Sketche und Diskussion der derzeitigen Abläufe durch die Gruppen	Zusätzliche Ideen zu den vorgestellten Abläufen	
Ende ca 19.00 Uhr	Ende ca. 19.00 Uhr	
Abendessen	Auswertungsarbeit der Führung, während die anderen essen und Freizeit haben. Es ist möglich, einige Zukunfts-Sketche am Abend im Plenum vorzustellen.	

Ablauf

Der Ablauf ist nicht als unabänderliches Modell zu begreifen. RTSC-Veranstaltungen laufen nach grundlegenden Prinzipien, aber nicht immer nach dem gleichen Schema ab.

Die Teilnehmer sitzen nicht an Tischen, sondern in Stuhlkreisen zu je acht Personen, organisatorisch und hierarchisch gemischt.

Emotional aufrütteln

Der erste Nachmittag ist zwar stark auf Präsentationen ausgerichtet, die sich mit der Notwendigkeit des Wandels beschäftigen, beinhaltet jedoch auch Beteiligungselemente der Mitarbeiter: Diese erarbeiten nach einer kurzen Begrüßung zunächst die eigene Sicht auf die Notwendigkeit des Wandels. Nach den Präsentationen und kurzen Vorträgen wird darüber jeweils in den Kleingruppen diskutiert. Durch diese Auseinandersetzung wird ein erster – emotionaler – Prozess in Gang gebracht, über den die Teilnehmer aktiviert werden. Ziel der Kleingruppenarbeit ist es, Fragen zum Wandel zu formulieren. Zum Schluss dieser Aufrüttelungsphase können von den Mitarbeitern einige emotionale Sketche über ihre Sichtweise der derzeitigen – meist unbefriedigenden – Situation vorgeführt werden. Diese gehen oft unter die Haut, verletzen aber aufgrund der Komik nicht.

Best Practice – das bestehende Positive

In der Phase »Best Practice« gilt es, das bestehende Positive zu betonen. Die Mitarbeiter in den Stuhlkreisen überlegen, wo es bereits neue Lösungen gibt, die in eine gute Richtung gehen. Die besten Lösungen werden mit Text und Zeichnungen auf Pinnwänden festgehalten. Damit wird eine Galerie der »Best Practices« eröffnet. Die Teilnehmer gehen von Stand zu Stand und lassen sich die vorbildlichen Beispiele von anderen erklären. Geschichten über Positives werden erzählt und Erfahrungen ausgetauscht. Erfahrungsgemäß berührt diese kommunikative Phase die Teilnehmer emotional. Oftmals kreisen die Gespräche weniger um die konkreten Arbeitsweisen als vielmehr um die »geheimen« Spielregeln. So werden die Denkmuster ersichtlich, welche die Organisation an höherer Effizienz hindern.

Im Anschluss werden die bereits im Vorfeld erarbeiteten Ziele der Führung vorgestellt. Die Kleingruppen tauschen sich darüber aus und stellen viele – oft auch unbequeme – Fragen.

Lust auf Zukunft entstehen lassen

In der Visionierungsphase am Nachmittag sollen alle Schwierigkeiten des Alltags hinter sich gelassen werden. Die Kleingruppen bearbeiten die gewünschte Zukunft. Daraus entsteht die Galerie der Zukunft. Im Anschluss findet ein Informationsmarkt statt. Erneut gehen die Teilnehmer von Stand zu Stand und erklären sich gegenseitig die Zukunft. Dabei entsteht »Lust auf Zukunft«. Einige freiwillige Gruppen präsentieren Sketche im Plenum. Das allmählich entstehende Bild von der Zukunft kann mit den Zielen der Leitung verglichen werden. Beides zusammen wird von den Kleingruppen kritisch untersucht, Verbesserungs- und Ergänzungsvorschläge werden auf Charts geschrieben. Der Tag endet für die Teilnehmer mit dem Priorisieren von Verbesserungsvorschlägen mit Hilfe von Klebepunkten.

Die Führung wertet die Ergebnisse des Tages bis spät in die Nacht aus und gießt diese in klare Arbeitspapiere für Ziele und Arbeitsabläufe. Bisherige Abläufe und Arbeitsweisen werden durch die »Best Practices« angereichert. Diese Überarbeitung wird am nächsten Morgen im Plenum vorgestellt. Darauf folgt der Endspurt für die Umsetzungsplanung: Gruppen, die nach Abteilungen oder Regionen eingeteilt werden, besprechen die neuen Arbeitsweisen und Spielregeln im Hinblick auf ihre konkrete Anwendung.

Nach der kurzen Phase der individuellen Selbstverpflichtung gibt es zum Abschluss die übliche Feedbackphase, bei der ein Mikrophon von Kleingruppe zu Kleingruppe gereicht wird.

Organisation und Raum

Die Anzahl der Stuhlkreise der Kleingruppen kann schnell sehr groß werden: Bei 200 Teilnehmern ergeben sich bereits 25 Kreise. Das erfordert einen großen Saal von mindestens drei Quadratmetern pro Person, also 600 Quadratmeter in diesem Beispiel. Nur wenige Hotels und Bildungsstätten können das bieten. Leere Werks- oder Messehallen sind jedoch glücklicherweise ebenfalls geeignet. Durch Flipchartständer, Pinnwände, Stoffbehang und die ersten beschriebenen Charts wird auch in diesen Räumlichkeiten eine ausreichende Atmosphäre aufgebaut. — **Großer Raum absolut notwendig**

Am dritten Tag werden die Gruppen für die Maßnahmenplanung nach Abteilungen zusammengesetzt. Die Anzahl der Gruppen wird kleiner, die einzelne Gruppe größer. Es kann zu Konzentrationsproblemen aufgrund des Geräuschpegels kommen. Sie werden jedoch durch das Prinzip »Alle Energie in einem Raum« wieder aufgewogen. Die Größe der Veranstaltung erfordert über die Flipcharts hinaus auch den Einsatz von Beamern und großen Leinwänden.

Vorbereitung

Die Planungsgruppe hat bei RTSC-Veranstaltungen mit einem noch höheren Arbeitsaufwand als bei der Zukunftskonferenz zu rechnen. Die Führung ist gefordert, überzeugende Präsentationen vorzubereiten. Außerdem — **Intensive Vorbereitung** werden Kunden und am besten noch ein externer Branchenkenner für ein kurzes Referat in der Aufrüttelungsphase gewonnen.

Entsprechend der späteren Größe der RTSC-Veranstaltung kann die Planungsgruppe aus einer Vielzahl von Personen bestehen, die selbst ein Abbild der späteren Teilnehmergruppe bilden. Oft ist die Vorbereitungsphase dann schon selbst eine Art Großgruppenveranstaltung, etwa in Form einer Zukunftskonferenz.

Wie schon bei anderen internen Großgruppenveranstaltungen tragen die Follow-up-Aktivitäten maßgeblich zum Ergebnis einer solchen Veranstaltung bei. Hier ist wieder die Planungsgruppe gefordert. Insgesamt ist die Vor- und Nacharbeit umfangreicher als bei den bisher beschriebenen Großgruppenformaten. Durch die breitere Anlage im Ablauf mit vielen parallelen Themen entstehen zahlreiche Projekte zur Fortführung.

Querinformation der Teilnehmer

Im Unterschied zur Zukunftskonferenz werden die Gruppenergebnisse kaum im Plenum präsentiert. Die Präsentationen beschränken sich im Wesentlichen auf die Vorträge während der Aufrüttelungsphase und auf den Beitrag der Führung bezüglich der überarbeiteten Strategien am Morgen des letzten Tages.

Kaum Präsentationen im Plenum

Mit zunehmender Teilnehmeranzahl werden die Ergebnispräsentationen der Gruppen nicht mehr vollständig vorgetragen: Ab der zweiten oder dritten Gruppe werden lediglich zusätzliche Aspekte abgefragt. Bei bis zu 100 Gruppen ist das die einzige Möglichkeit, die Energie der Teilnehmer nicht durch permanente Wiederholungen zu lähmen.

Bei einer sehr großen RTSC-Konferenz kann sich ein Einzelner nicht mehr über alle Erklärungen der Galerie »Best Practice« und der Galerie der Zukunft informieren. Es ist unmöglich für ihn, alle Geschichten zu hören, die erzählt werden. Aber das ist auch nicht beabsichtigt. Der Austausch in der eigenen Kleingruppe bleibt immer Dreh- und Angelpunkt. Diese wird damit zu einer »Stamm«gruppe, was im Anwendungsbeispiel (Kapitel 5.10) deutlich wird.

Es ist Aufgabe der Führung, am Abend des zweiten Tages alle Ideen zusammenzuführen. Jeder Teilnehmer erhält am nächsten Tag einen kompletten Text mit den ausgearbeiteten Ergebnissen.

Erfolgsfaktoren und Grenzen

Ausgangslage im Veranstaltungsformat RTSC sind große Personenzahlen und die bereits existierende neue Strategie. Um diese Herausforderungen zu bewältigen, sind folgende Erfolgsfaktoren zu beachten:

Grenzen in Führung und Management

- Die Aufrüttelungsphase, also die emotionale Aktivierung der Teilnehmer zu Beginn, ist entscheidend.
- Das Management muss die Überarbeitung der Strategie und der Spielregeln durch die Mitarbeiter ernst nehmen und deren Vorschläge integrieren. Fragen der Glaubwürdigkeit sind wichtig.

Grenzen können darüber hinaus im Unternehmen selbst liegen, wenn Strategie und Ziele unklar bleiben. Oder wenn die Organisation gar durch Widersprüche oder schwankende Strategien gekennzeichnet ist. Dies wäre bei einem Unternehmen der Fall, das zwar die Dezentralisation der Verantwortlichkeiten propagiert, aber die Kontrollen verstärkt.

Von einer einzigen Veranstaltung alleine dürfen auch keine Wunder erwartet werden, vor allem im Hinblick auf einen anhaltenden Wandel der Unternehmenskultur. Es ist wichtig, dass die Führung selbst ihren eigenen Entwicklungsprozess voranbringt, da sie der Motor der in Gang gesetzten Veränderung bleibt. Hier hat oft speziell die Führung einen weiteren Lernprozess zu durchlaufen – dann meist in kleinen Gruppen.

Des Weiteren kann man nicht erwarten, dass gemeinsam gefundene Globalziele für die gesamte Organisation sofort in Bereichs- und Abteilungsziele heruntergebrochen werden können. Dies bedarf weiterer Nacharbeit.

Ausprägung der Wirkfaktoren
Hohe Ausprägungen, Schwachpunkt Selbstorganisation

Wirkfaktor 1: Wohlfühlen

Dieser Faktor wird vor allem durch die Sketche am ersten Tag sowie die Galerie »Best Practice« und die Zukunftsgalerie am zweiten Tag realisiert. Hier werden die Sinne und die Emotionen ganz explizit angesprochen. Kreative Materialien unterstützen diesen Prozess. Moderne Veranstaltungen setzen mentale Phasen und Bewegung systematisch ein. Bei RTSC fällt dies leichter – und ist auch notwendiger – als bei der Zukunftskonferenz, die mehr die Autonomie in den Gruppen betont. Oft wird der ganze Raum passend dekoriert. Hier ist Kreativität erforderlich!

Wirkfaktor 2: Ressourcenaktivierung

Die Sicht der Mitarbeiter für die notwendigen Veränderungen wird zwar an den Anfang der Veranstaltung gestellt, aber das Element der persönlichen Stimulierung, beispielsweise durch ein Wertschätzendes Interview, fehlt im amerikanischen Original. Die deutschen Vorreiter nutzen diese Möglichkeit. Ganz bewusst werden mit Metaphern, Geschichten, Ritualen und Symbolen die Emotionen stimuliert. Auch Unternehmenstheater wird eingesetzt. Die RTSC-Veranstaltung bekommt so einen stark rituellen Charakter.

Wirkfaktor 3: Kleingruppenarbeit

Während der gesamten Veranstaltung sind die Teilnehmer in einer Gruppe integriert. Sie können dort eigene Redebeiträge leisten, müssen aber auch viel zuhören, mehr als bei einer Zukunftskonferenz. Es gibt die Max-Mix-Gruppen, die eine Heimat für die Teilnehmer bilden. Angesichts der hohen Teilnehmerzahl ist dies von besonderer Wichtigkeit.

Wirkfaktor 4: Ergebnisorientierung

Die Führung bereitet vor, was sie sich vorstellt, und ist bereit, über Ergänzungen und Änderungen zu diskutieren. Die Teilnehmer werden gezielt eingeladen und gezielt in die Gruppen verteilt. Aus den Umsetzungsgruppen entwickeln sich die Umsetzungsprojekte. Von allen Standardformen moderner Großgruppenveranstaltungen zeichnet sich damit RTSC wie schon die Zukunftskonferenz und Appreciative Inquiry Summit durch eine hohe Ergebnisorientierung aus.

Wirkfaktor 5: Rhythmisieren

Der Wechsel in den Gruppen, persönliche Diskussionsmöglichkeiten, Zuhören im Plenum, Sketche und das Begutachten der Galerien stellen eine gute Form des Rhythmisierens dar.

Wirkfaktor 6: Selbstorganisation

In einer RTSC-Veranstaltung muss der Teilnehmer dem vorgegebenen Programm folgen. Der Zeitplan ist sehr gedrängt und stellt den Teilnehmern permanent neue Aufgaben. Bei der Gruppeneinteilung kann der Teilnehmer selbst nicht wählen, weder bei den Max-Mix-Gruppen noch bei den Stakeholdergruppen in der Umsetzungsphase.

Wirkfaktor 7: Virtualität

Dieser Wirkfaktor ist nicht vorhanden. Alles bezieht seine Wirkung aus der Präsenz in einem Raum.

Varianten und Erweiterungen

A – Stärkere individuelle Ressourcenaktivierung
Zu Beginn würde eine kurze Phase mit Appreciative Inquiry gut tun, bevor der Aufrüttelungsprozess beginnt. Über diese Methode kann bereits das Bewusstsein geweckt werden, selbst schon Änderungen in der Arbeitsweise erfolgreich bewältigt zu haben. Ein Anwendungsbeispiel hierfür findet sich in Kapitel 5.10.

B – Querinformation über die Zukunft
Wenn die gesamte Gruppengröße im Bereich von 100 Personen liegt, können die Zukunftssketche aller Kleingruppen noch im Plenum dargeboten werden, damit alle Teilnehmer die Darbietungen sehen können.

C – Deutlichere Arbeit an den Werten
Die Arbeitsweisen und die Zusammenarbeit werden zwar explizit intensiv angesprochen, die tiefere Ebene der »Werte«, die dahinter liegt, könnte jedoch noch stärker herausgearbeitet werden.

D – Einbeziehung des Faktors Virtualität
Derzeit bestehen Vorbehalte gegen die Nutzung von zu viel Technik bei einer Großveranstaltung, die primär der gemeinsamen Wahrnehmung und persönlichen Begegnung dient. Bei RTSC ist ein Einsatz von virtuellen Komponenten durchaus denkbar, wenn die Technik im Hintergrund bleibt. Eine direkte Eingabe der Arbeitsergebnisse am Tisch in einen PC ist möglich. Auf diesem Wege kann die Querinformation der Teilnehmer verbessert werden. Ein Anwendungsbeispiel für die Einbindung virtueller Komponenten finden Sie in Kapitel 5.10.

Empfohlene Literatur und Ressourcen

Bonsen, Matthias zur: Real Time Strategic Change. Schneller Wandel mit großen Gruppen, Stuttgart: Klett-Cotta 2003.
Jacobs, Robert W.: Real-Time Strategic Change, San Francisco: Berrett-Koehler Verlag 1997.
Jacobs, Robert W. / McKeown, Frank: Collaborating for Change. Real Time Strategic Change, San Francisco, Berrett-Koehler Publishers 2000.

3.9 Appreciative Inquiry Summit – Zukunftsgipfel

Zukunftsgipfel als Philosophie

Der Appreciative Inquiry Summit – Zukunftsgipfel – ist eine Umsetzung des Ansatzes Appreciative Inquiry (AI) für die Anwendung in großen Gruppen. Appreciative Inquiry stammt aus den USA und wurde von Dr. David Cooperrider und Suresh Srivastra in den 80er-Jahren entwickelt. Seitdem hat sich diese Form laufend weiterentwickelt. Im deutschen Sprachraum werden als Synonym die deutschen Begriffe Wertschätzende Unternehmensentwicklung, Wertschätzendes Erkunden, Wertschätzendes Lernen oder einfach nur die Abkürzung AI verwendet. Appreciative Inquiry ist mehr eine Philosophie als eine spezielle Methode. Aus diesem Grund sprechen wir lieber vom Gedankengut des Appreciative Inquiry.

Die Grundidee von Appreciative Inquiry ist, auf der Basis besonderer unternehmerischer Erfolge der Vergangenheit die Zukunft zu gestalten. Diese Fokussierung der Erfolge im Appreciative Inquiry erklärt sich aus der Annahme, dass Organisationen und Menschen zu dem werden, worauf sie ständig ihre Aufmerksamkeit richten.

AI lernt aus den Erfolgen der Vergangenheit

Anhand herausragender Erfolgsbeispiele wird aufgezeigt, wie der besondere Erfolg entstanden ist und welche Wirkmechanismen sich dahinter verbergen. Die freigelegten Erkenntnisse und Energien werden dazu genutzt, den Erfolgen und allem, was den betroffenen Personen wichtig ist, mehr Möglichkeit zur Entfaltung zu geben.

Kulturelle Tiefe bringt hohe Nachhaltigkeit

Mit dem Wertschätzenden Interview (mehr dazu in einem späteren Abschnitt in diesem Kapitel) wird eine gewisse lohnende Tiefe erreicht. Dies bedarf einer guten Vorbereitung und einer hohen Bereitschaft von Seiten der Teilnehmer, sich zu öffnen und über innere Werte und Einstellungen zu sprechen.

Elemente und Grundgedanken des Appreciative Inquiry selbst lassen sich in viele der bestehenden Großgruppenformate integrieren. Anregungen hierfür haben wir in der Beschreibung der Wirkfaktoren und den Varianten in den anderen Großgruppenformaten gegeben. Konkrete Umsetzungsbeispiele finden Sie in Kapitel 5.3, 5.4 und 5.6 und im Werkzeugkasten in Kapitel 7. In diesem Kapitel wollen wir uns auf den Zukunftsgipfel und die wichtigen Grundlagen von Appreciative Inquiry konzentrieren.

Diana Whitney, eine der führenden Persönlichkeiten in Bezug auf Appreciative Inquiry, meint zur speziellen Ausprägung von AI als Großgruppenformat:

Fokus liegt auf den Beziehungen

»*Appreciative Inquiry unterscheidet sich von anderen Großgruppenformaten in zwei wichtigen Aspekten. Erstens fokussiert es sich auf ein Vertiefen der Beziehungen zwischen Menschen mit unterschiedlichen Interessen und Herkünften. Zweitens befähigt es Menschen, sich weise um den »Wertvollen Kern« zu organisieren.*

Es werden jene Themen für die Erkundigung ausgewählt, welche die Menschen schätzen und was sie wachsen und gedeihen sehen möchten in ihrer Organisation oder Gemeinschaft. Appreciative Inquiry setzt eine Agenda für Lernen, Dialog, Aktivität und Wandel.«

Einsatzbereiche und Zielsetzung

Der Zukunftsgipfel ist besonders für den Start und die Revitalisierung von Veränderungsprozessen geeignet. Die unterstützten Zielsetzungen sind: Motivieren (3), Gemeinschaft erleben (5), Neue Lösungen finden (4) sowie Normen und Werte wandeln (6). Gezielte Anpassungen im Design ermöglichen eine gute Zielerreichung für Lernen (2), Umsetzen (4) und Entscheiden (7).

Zukunftsgipfel vielseitig einsetzbar

Aufgrund der Unterstützung fast aller Zielbereiche sind die Einsatzmöglichkeiten sehr vielfältig. Hier einige konkrete Anwendungsfelder:

- Mitarbeiter für einen Veränderungsprozess gewinnen
- Entwickeln eines Leitbildes für das Unternehmen, die Mitarbeiter und die Führungskräfte
- Bilden einer neuen gemeinsamen Unternehmenskultur nach einer Fusion (Post-Merger-Integration)
- Jahresauftaktveranstaltung für die obersten Führungsebenen oder für den Vertrieb
- Entwicklung oder Anpassung einer Unternehmensstrategie (siehe auch SOAR im Kapitel 3.10)
- Effektive und vertrauensvolle Zusammenarbeit mit den Lieferanten
- Optimierung der Abläufe zwischen den verschiedenen Geschäftsbereichen eines Konzerns
- Benchmarking

Das Beleben von vorgegebenen Leitbildern oder Visionen ist nicht im Sinne des ursprünglichen AI-Gedankens. Eine solche Zielsetzung ist aus unserer Sicht durchaus denkbar, wenn genügend Freiraum besteht.

2000 Teilnehmer Der Zukunftsgipfel kann mit allen Gruppengrößen bis zu 2000 Teilnehmern durchgeführt werden. Bei sehr großen Gruppen sind aufwändige logistische Herausforderungen wie im RTSC-Format zu meistern. In der Praxis finden sich meist ein- bis dreitägige Zukunftsgipfel. Das »ideale« Design besteht allerdings aus vier Tagen, bei dem jeweils ein Tag für jede Phase vorgesehen ist.

Anwendungsbeispiele für einen Zukunftsgipfel sind eine eintägige Jahresauftaktveranstaltung für Führungskräfte (Kapitel 5.4) oder eine weltweite Strategieentwicklung (Kapitel 5.6).

Grundelemente und Phasen

Appreciative Inquiry setzt sich zusammen aus den wesentlichen Komponenten:

- Wertschätzende Haltung
- AI-Prozess
- Methode

Diese drei Komponenten gelten für alle AI-Anwendungen. In unserer Beschreibung hier gehen wir nur auf die spezielle Ausprägung des Großgruppenformats von AI dem Zukunftsgipfel ein.

Über die Welt staunen
- Wertschätzende Haltung
»*Es gibt nur zwei Arten die Welt zu sehen,*
so als ob nichts ein Wunder ist
oder als ob alles ein Wunder ist.«
　　　　　　　　　　Albert Einstein

Eine grundsätzlich wertschätzende Haltung durchzieht das gesamte Design bis in seinen letzten Winkel. Die Teilnehmer erleben diese gegenseitige Wertschätzung und einen ressourcenorientierten Blick auf die Welt als sehr belebend. Wir wissen, dass bereits die Würdigung von Erfolgen große Energien freisetzen kann. In AI-Formaten ruht die Aufmerksamkeit auf all dem Wertvollen, das vorhanden ist, an Erfolgen, Fähigkeiten und Möglichkeiten. Es ist das Anliegen von Appreciative Inquiry, diese wertvollen Aspekte erlebbar zu machen.

- AI-Prozess
 Ein Prozess, der sich konsequent an dem »Wertvollen Kern« und an den Ressourcen ausrichtet, erhält eine ganz eigene Dynamik. Unter dem »Wertvollen Kern« sind alle Stärken, Fähigkeiten, Kompetenzen, Ressourcen, Hoffnungen und Gefühle, Beziehungen der Organisation zu verstehen.

Am »Wertvollen Kern« bleiben

Wenn dieser Blickwinkel im Verlaufe eines Prozesses verloren geht, gilt es sanft wieder zur wertschätzenden Haltung zurückzukehren, ohne jede »Störung« explizit zu lösen.

Von der konzeptionellen Seite besteht der AI-Prozess aus den vier Phasen: Verstehen, Visionieren, Gestalten und Verwirklichen. Wir erwähnen in der nachfolgenden Tabelle die in der angelsächsischen Literatur oft verwendeten Bezeichnungen in Klammern:

Phase	Fokus und Schlüsselfragen
Verstehen (Discovery)	Systemübergreifender Prozess zur Entdeckung des »Wertvollen Kerns« und der Wirkungsmechanismen hinter den Erfolgen anhand eigener Erfolgsbeispiele »*Was ist das Beste, was wir sind?*«
Visionieren (Dream)	Visionsentwicklung für ein erreichbares Ideal, das in dem »Wertvollen Kern« bzw. in den Erfolgsbeispielen verankert ist. »*Was könnte sich daraus alles entwickeln?*«
Gestalten (Design)	Konkretisierung der Vision für das Leben im Alltag in Form von Strukturen, Prozessen, Systemen, benötigten Fähigkeiten. »*Wie leben wir konkret das Ideal?*«
Verwirklichen (Destiny)	Motivation aufrechterhalten und Maßnahmeninitiierung »*Wie pflegen wir unsere Motivation und wie improvisieren wir?*«

**Wert-
schätzendes
Interview als
Herzstück**

- Methode

Das Herzstück von Appreciative Inquiry ist das Wertschätzende Interview, das weiter unten beschrieben wird. Die weiteren methodischen Elemente im AI können jederzeit ausgetauscht oder spezifisch angepasst werden. Der Zukunftsgipfel orientiert sich in seinem Aufbau stark an der Zukunftskonferenz. Es wird versucht, in den einzelnen Phasen »die besten Elemente« der anderen Großgruppenformate zu nutzen und an die Grundphilosophie des AI anzupassen. Aus der Zukunftskonferenz wurde die Arbeit mit persönlichen, organisationsbezogenen und globalen Zeitlinien übernommen. Aus dem Verfahren RTSC stammt die Kombination von teilautonomen Kleingruppen und Großgruppe. Die Kleingruppen steuern sich selbst, indem sie über einen Moderator, einen Schreiber, einen »Zeithüter« und einen Präsentator verfügen. Wir ergänzen dieses Modell um den Zielpaten (siehe Werkzeugkasten 7.3.1). Mit Open Space Elementen vor allem in der letzten Phase (Verwirklichen) erhält die persönliche Entscheidung und die öffentliche Verpflichtung, am sich entfaltenden Wandel aktiv mitzuwirken, hohe Schubkraft.

Wertschätzendes Interview

Neues Lernen Das Wertschätzende Interview ist das Herzstück des *Appreciative Inquiry*. In Unternehmen wird es gerne als Wertschöpfendes Interview bezeichnet.

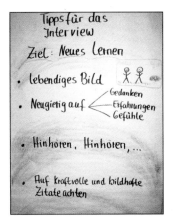

Abb. 3.9.1
Tipps für das AI-Interview

Ziel dieses Interviews ist es, neue Einsichten zu gewinnen, längst vergessene Erkenntnisse wieder ans Tageslicht zu holen und Gemeinschaft zu erzeugen.

Es wird gezielt für die Aufgabenstellung, die Zielsetzung und die Kultur der Teilnehmer entwickelt. Es fungiert als Schlüssel zu den besonders starken Ressourcen in den Menschen. Deshalb ist es wichtig, dass der Schlüssel genau passt.

Mit Hilfe des Wertschätzenden Interviews wird es möglich, den Prozess, der in den folgenden Tagen in der Großgruppe angestoßen wird, bereits im Interview im kleinen Kreis ablaufen zu lassen.

Ein Wertschätzendes Interview wird in der Regel zwischen zwei Interviewpartnern geführt. Die typische Dauer liegt bei zweimal 45 Minuten zuzüglich einer Pause von 20 Minuten.

Typische Reaktionen der Teilnehmer nach den Wertschätzenden Interviews sind:

- »Wir haben viel Neues entdeckt.«
- »Ich habe so viel gelernt, jetzt brauche ich lange Zeit, um das alles umzusetzen.«
- »Es war so intensiv, als hätten wir ein Wochenende gemeinsam auf einer Berghütte verbracht.«

Mehr zum spezifischen Aufbau und zur konkreten Ausprägung des Wertschätzenden Interviews finden Sie im Downloadbereich des Werkzeugkastens in Kapitel 7.

Zeitplan

Ein Zukunftsgipfel (Appreciative Inquiry Summit) über zweieinhalb Tage kann typisch wie folgt aussehen:

1. Tag: Verstehen	2. Tag: Visionieren und Gestalten	3. Tag: Verwirklichen
Begrüßung und »Öffnen« der Teilnehmer Wertschätzende Interviews führen & herausragende Erfolgserlebnisse sammeln Blitzlicht aus den Interviews	Morgenrunde Entwickeln einer Vision basierend auf den Erfolgen und »Träumen« aus den Interviews Kreative Präsentationen der Visionen, z. B. Sketche oder Collagen	Morgenrunde Arbeitsgruppen finden sich, planen und gehen erste Schritte Entwicklung einer wertschätzenden Umsetzungskultur Präsentationen der Umsetzung Feiern der Erfolge
Mittagspause Austausch & Erfolgsfaktoren finden (Zeitlinienarbeit möglich) »Wertvollen Kern« erstellen, oder Best Practices-Infomarkt erarbeiten Schlussrunde	*Mittagspause* Konkretisierung der Vision und ihrer Elemente in mündlicher Form oder ein Erleben des »neuen« Verhaltens im Alltag Infomarkt oder Präsentationen Schlussrunde	

Im Vergleich zu den anderen Großgruppenverfahren gibt es bei AI keinen Standard, sondern eine große Bandbreite von Designmöglichkeiten. Jedes Design richtet sich dabei speziell an den Zielen aus.

Ablauf

Zukunftsgipfel erleben

Wir laden Sie zu einer Reise auf einen Zukunftsgipfel ein. Stellen Sie sich vor, 200 Menschen oder mehr sind aus einem Unternehmen auf einem Zukunftsgipfel zusammengekommen. Wirklich alle sind anwesend: die gesamte Geschäftsleitung, Mitarbeiter aus dem Vertrieb, der Produktion, der Verwaltung, Lagerarbeiter, der Hausmeister und die Telefonistin. Aus dem Umfeld kommen Lieferanten und Partner, Kunden und vielleicht sogar Politiker. Sie alle können einen wichtigen Beitrag für die Zukunft des Unternehmens leisten. Wie bei anderen Großgruppenformaten ist ein repräsentativer Querschnitt des gesamten Systems eingeladen. Um eine »kritische Masse« für einen starken Veränderungsimpuls zu erreichen, sollten 10 bis 20 Prozent des Personals des Unternehmens vertreten sein. 100 Prozent sind heute immer noch die Ausnahme. Für das AI ist es wichtig, dass wenigstens drei Generationen vertreten sein sollten, damit es zu einem Lernen zwischen den Generationen kommen kann.

1. Tag: Verstehen unserer Erfolge

Ressourcenaktivierung von Anfang an

Nach einer kurzen Begrüßung, bei der die Geschäftsleitung Sinn, Zweck und Ziele des Zukunftsgipfels klärt, startet die Veranstaltung mit einer Übung zum besseren Kennenlernen (beispielsweise mit Dialogischen Aufstellungen, siehe Werkzeugkasten in Kapitel 7.2.3). Anschließend werden Wertschätzende Dialoge über bestimmte Fragestellungen initiiert: »*Für welche Bereiche des Unternehmens bestehen aussichtsreiche Möglichkeiten für Innovation?*« Fragen wie diese zeigen Gemeinsamkeiten und Unterschiede in den Ansichten der Teilnehmer auf und lassen sofort die wertvolle Vielfalt erkennen. Meist wird in dieser Phase viel gelacht.

Wertschätzende Interviews in Paaren

Die Neugierde wird weiter geweckt: Alle Teilnehmer führen mit jeweils einem Gesprächspartner ein Wertschätzendes Interview über herausragende Leistungen des Unternehmens. Sie berichten von den bisherigen Erfolgserlebnissen. Mit Hilfe eines Interviewleitfadens versuchen sie die Gründe für diese Erfolge zu finden. Daraufhin entwickeln sie bereits erste Visionen und Umsetzungsmöglichkeiten, um in Zukunft erfolgreich zu arbeiten. Der Geräuschpegel ist hoch, Energie breitet sich spürbar im ganzen Raum aus und ein Gemeinschaftsgefühl entsteht. In einem anschließenden Blitzlicht erzählen sie, was sie in den Interviews bewegt hat.

Während der Mittagspause werden runde Tische für die Kleingruppenarbeit aufgebaut. In selbst gesteuerten Gruppen von sechs bis zehn Personen tauschen die Teilnehmer ihre wichtigsten Geschichten aus. Wie bei Zukunftskonferenzen und RTSC werden Rollen wie Moderator oder Zeitnehmer verteilt. Eine sinnvolle Erweiterung dieses Rollenmodells finden wir in unserem Werkzeugkasten in Kapitel 7.3.1. Während dieser Arbeitsphase berichten die Teilnehmer über herausragende Erfolgserlebnisse, benennen deren Voraussetzungen und tauschen ihre neu gewonnen Erkenntnisse aus. Daraus entwickeln sich die Erfolgsthemen. Der »Wertvolle Kern« des Unternehmens wird in Form eines riesigen Mindmap unter Mitwirkung aller Teilnehmer entwickelt. In der Schlussrunde besteht nochmals die Möglichkeit, das ein oder andere Erfolgserlebnis im Plenum zu erzählen.

Erfolgsfaktoren erarbeiten

2. Tag: Visionieren und Gestalten der Vision

Am zweiten Tag entwickeln die Kleingruppen Visionen für das Unternehmen und sein Umfeld. Die Visionen haben je nach Branche und Zielsetzung einen Zeithorizont von 5 bis 25 Jahren. Diese Visionen werden aus den Erfolgen und den »Träumen« aus den Interviews und dem anschließend entwickelten »Wertvollen Kern« des Unternehmens abgeleitet. Da alle spüren, dass ihre Visionen durchaus Realität werden können, entsteht Aufbruchstimmung und Zuversicht. Die Teilnehmer drücken ihre Wünsche und Sehnsüchte lebendig in Form von Collagen, Bildern oder Sketchen aus. Alle Möglichkeiten der Visionsarbeit können mit Hilfe kreativer Materialen ausgeschöpft werden.

Visionen verankern

Nach dem Mittagessen gilt es, die Visionen weiter zu konkretisieren und eine Vorstellung davon zu gewinnen, wie diese im Alltag konkret wirken. Die Teilnehmer bilden je nach Interesse Gruppen, um das Unternehmen neu zu entwerfen. Für diese Arbeitsphase bieten sich Ganzheitliche Modelle an, beispielsweise EFQM (European Foundation for Quality Management). Das Formulieren von Zukunftsaussagen erweist sich immer wieder als besonders inspirierende Methode. Diese Aussagen sind persönlich formuliert (»wir«) und in der Gegenwartsform ausgedrückt, als wären alle Visionen bereits Realität. Die präzise Formulierung der Zukunftsaussagen nimmt viel Zeit in Anspruch. Zur Beschreibung einer Vision können andere Methoden dienen, etwa die Beschreibung mittels »7 Eigenschaftswörtern«.

Zukunft konkretisieren

3. Tag: Verwirklichen und Umsetzen der Vision

Umsetzung in Projektgruppen

Am Beginn des dritten Tages rufen sich die Teilnehmer die Bilder ihrer konkreten Visionen in Erinnerung. Anschließend finden sie sich ihrem Interesse oder ihrer Kompetenz entsprechend in Gruppen zusammen, um diese Bilder zu verwirklichen. Es kann sich als sinnvoll erweisen, die Gruppenformation vom Vortag beizubehalten. Jetzt erarbeitet jede Gruppe erste Schritte für die Umsetzung und plant die Ressourcen ein. Das von uns entwickelte Werkzeug ZAKK (Zielorientierte Aktive Kooperative Kleingruppenarbeit, Kapitel 7.4.1) leistet in dieser Phase hervorragende Arbeit.

Wertschätzende Umsetzungskultur entwickeln

Ein zweiter wichtiger Schritt ist die Entwicklung einer wertschätzenden Umsetzungskultur. Die Projektgruppen stellen sich zu diesem Zweck Fragen: »*Wie kommunizieren und feiern wir unsere Teilerfolge?, Woraus schöpfen wir Kraft, um schwierige Phasen zu meistern und dranzubleiben?, Wie können wir unseren Fortschritt messen?, Welche Unterstützung benötigen wir und welche Hilfestellung können wir anderen geben?*« Die für die Umsetzung erforderlichen Ressourcen können dann in Form einer Börse getauscht werden.

Feiern der Erfolge

Zum Schluss überlegen die Projektgruppen oder alle Teilnehmer gemeinsam, wie sie die Ergebnisse und die Energie des Zukunftsgipfels an all jene weitertragen können, die leider nicht dabei sein konnten. Und zu guter Letzt können die Teilnehmer sich für ihren Einsatz der letzten Tage belohnen und ihre guten Ergebnisse feiern.

Organisation und Raum

Logistisch hohe Anforderungen

Nur mit Hilfe eines Logistikteams mit eigenem Chef ist die Herausforderung eines gut funktionierenden Ablaufs bei größeren Gruppen gewährleistet. Bei einer optimalen Vorbereitung können sich die Begleiter ganz auf den Prozess konzentrieren. Die Anforderungen entsprechen denen der Formate RTSC und Zukunftskonferenz. Der Raum sollte jedem Teilnehmer ungefähr drei bis vier Quadratmeter zur Verfügung stellen, mindestens 3,50 Meter hoch sein und von viel Tageslicht durchflutet werden. Wie immer benötigt man eine angemessene Technikausstattung. Bei über 100 Teilnehmern empfehlen wir zwei Begleiter, bei über 500 Teilnehmern drei Begleiter.

Vorbereitung

Zunächst geht es um die Auswahl des Schwerpunktthemas für die Veranstaltung. Dieses Thema sollte kraftvoll für die Teilnehmer besetzt sein und bereits im Titel eine Zukunftsperspektive beinhalten, etwa: »Exzellenten Kundenservice stärken«.

Wahl des Schwerpunktthemas

Ähnlich wie bei der Zukunftskonferenz gibt es eine Planungsgruppe, die sich im Idealfall aus den Repräsentanten des gesamten Systems zusammensetzt. Im Gegensatz zur Zukunftskonferenz wird für jeden Zukunftsgipfel ein neues, maßgeschneidertes Design entwickelt. Die Themen der Wertschätzenden Interviews werden von der Planungsgruppe entwickelt und getestet. So stellt man sicher, dass sie ihre Wirkung erzielen und den kulturellen Besonderheiten der Organisation entsprechen.

Querinformation der Teilnehmer

Die Querinformation der Teilnehmer findet wie bei der Zukunftskonferenz durch Ergebnispräsentationen oder Ergebnisgalerien statt. Idealerweise arbeiten die einzelnen Gruppen alle im Plenum, so dass schnelles Rückfragen oder die Einbeziehung einzelner Experten gut funktioniert. Durch die Möglichkeit, die Gruppenzusammensetzungen für die einzelnen Aufgabenstellungen zu variieren, lässt sich der Austausch gezielt steuern. Es kann mit homogenen, durchmischten oder nach anderen Kriterien zusammengestellten Gruppen gearbeitet werden.

Erfolgsfaktoren und Grenzen

Entscheidend für den Erfolg eines Zukunftsgipfels ist neben dem richtigen Thema eine präzise Auftragsklärung. Der Gestaltungsrahmen ist genau festzulegen. Diese Einschränkung darf nicht negativ verstanden werden: Wenn schlafende Hunde geweckt werden, wollen sie laufen und »das Neue« Wirklichkeit werden lassen. Gibt es dann ein Zurückpfeifen, wirkt sich das schlecht auf die Motivation aus.

Exzellente Vorbereitung

> *Es ist wichtig, dass die Führung hinter der AI-Philosophie steht und Wertschätzende Anerkennung vorlebt.*

Generell gilt es sich vom Problemdenken zu verabschieden und den Fokus auf die erreichten Erfolge und die jetzt bestehenden Chancen zu legen. Dafür kann es wichtig sein, mit der obersten Führung vorher intensiv in

Management trägt AI-Philosophie

Workshops daran zu arbeiten. Im angelsächsischen Raum wird das Training aller Teilnehmer (!) in der Philosophie des Appreciative Inquiry im Vorfeld eines Zukunftsgipfels sehr betont. Wenn die Interviews sehr gut an die Situation und Kultur angepasst sind und eine große Sorgfalt auf das Design des Ablaufs gelegt wurde, kann auf dieses Vorabtraining allerdings verzichtet werden. Im Prozess selbst bedarf es der Erfahrung, AI-Dynamiken gezielt zu steuern.

Für das Design und während des Prozesses ist es wichtig, dass die Übergänge zwischen den einzelnen Phasen zu einem Zeitpunkt passieren, wenn die Ressourcen der Teilnehmer aktiviert sind.

Das Staunen fördern Die zu Beginn geweckte Neugierde der Teilnehmer, Neues zu lernen, will während des gesamten Prozesses aufrechterhalten werden. Die Teilnehmer und die Prozessbegleiter sollen immer wieder in Staunen darüber geraten, was derzeit existiert und was möglich ist.

Ausprägung der Wirkfaktoren
Insgesamt hohe Ausprägung der Wirkfaktoren

Wirkfaktor 1: Wohlfühlen

Der Raum sollte dem Thema entsprechend gestaltet werden. Er kann zu einer kleinen Erlebniswelt ausgebaut werden. Durch das lebendige Erzählen über Erfolge entstehen innere Bilder. Bei den Sketchen oder Zukunftsvisionen werden die Sinne und die Emotionen ganz explizit geweckt. Das Auslegen der kreativen Materialien zu Beginn der Phase des Visionierens lädt zu einem sensorischen Erfassen ein und regt die Kreativität an. Bewegungsübungen können ganz gezielt eingebaut werden.

Wirkfaktor 2: Ressourcenaktivierung

Das Wertschätzende Interview schafft Außerordentliches. Es entsteht ein ganz besonderer Dialog. Die Erfolgsgeschichten als natürlicher Träger von Wissen, Erfahrungen und Weisheit wirken belebend. Dies ermöglicht einen Dialog, der auf dem »Wertvollen Kern« aufbaut und chancenorientiert ist. Dialogische Aufstellungen verankern von Beginn an die Ressourcenaktivierung in den Teilnehmern.

Wirkfaktor 3: Kleingruppenarbeit

Die Teilnehmer sind die meiste Zeit in Kleingruppen. Am Anfang gibt es die Zweiergruppe, welche ein Wertschätzendes Interview führt. Diese gehen anschließend in größeren Gruppen mit sechs, acht oder zehn Teilnehmern auf. Wie bei der Zukunftskonferenz gibt es Max-Mix-Gruppen und Stakeholder-Gruppen.

Wirkfaktor 4: Ergebnisorientierung

Der Zukunftsgipfel ermöglicht eine hohe Ergebnisorientierung. Dazu gehören die gezielte Einladung der Teilnehmer und die bewusst gestalteten Gruppenzusammensetzungen. Wichtigster Punkt für die Ergebnisorientierung ist die Ausrichtung an den Erfolgen und die konsequente Umsetzung im gesamten Design für die Zielerreichung. Im Plenum kann Außenseiterideen eine Chance gegeben werden. Damit wird der Wettbewerb der besten Ideen weiter erhöht. Die Ergebnisse sind immer sehr konkret. Mit der ersten Umsetzung wird meist in der Veranstaltung begonnen. Der Grad der Selbstorganisation und die Gruppenzusammensetzung werden dem Ziel der Effektivität untergeordnet.

Wirkfaktor 5: Rhythmisieren

Der methodische Wechsel erfolgt in allen Phasen. Der Wechsel zwischen den unterschiedlichen Arten der Gruppenarbeiten und den Aktivitäten im Plenum schafft eine gute Form des Rhythmisierens.

Wirkfaktor 6: Selbstorganisation

Der Teilnehmer muss zwar dem vorgegebenen Ablauf folgen, ist jedoch in der Wahl seiner Gruppen meist frei. So sucht er sich einen Partner für das Wertschätzende Interview aus. Die Teilnehmer formieren sich selbständig zu größeren Gruppen. Innerhalb der Gestaltensphase besteht die Möglichkeit, sich für einen Schwerpunkt zu entscheiden. In der Phase des Verwirklichens können sich die Teilnehmer ausschließlich für jene Themen engagieren, die ihnen am Herzen liegen.

Wirkfaktor 7: Virtualität

Dieser Wirkfaktor wird derzeit selten eingesetzt. Durch Integration von Teilnehmern über das Internet oder durch Konferenzschaltungen ist ein gewisses Maß an Virtualität möglich. Dies ist ähnlich wie bei anderen Großgruppenverfahren. Es sind prinzipiell sogar reine virtuelle AI-Großgruppen möglich. Mehr Informationen zu den Möglichkeiten für die Umsetzung des Wirkfaktors Virtualität finden Sie in Kapitel 4 und ganz speziell in einem herausragenden Anwendungsbeispiel »Weltweite strategische Planung« dieses Wirkfaktors in Kapitel 5.10 beschrieben.

Varianten und Erweiterungen

Jedes Design eines Zukunftsgipfels stellt gewissermaßen bereits eine Variante dieses Formats dar. Lassen wir die Phase des Visionierens und Gestaltens weg, so ähnelt die Veranstaltung dem Appreciative Open Space (Kapitel 3.10).

Der in Kapitel 3.11.10 beschriebene SOAR®-Ansatz bildet eine Ausgestaltung für einen strategischen Planungsprozess.

Elemente aus dem World Café können eingesetzt werden, um Ideen für die Umsetzung zu generieren. Sie dienen auch zur Unterstützung der Phase des Visionierens.

Alle Elemente werden im Einzelfall auf ihren Beitrag zum Ergebnis und ihre spezifische Wirkung hin getestet. Unsere Wirkfaktoren helfen dabei.

Empfohlene Literatur und Ressourcen

Bonsen, Mattias zur / Maleh, Carole: Appreciative Inquiry (AI). Der Weg zu Spitzenleistungen, Weinheim: Beltz 2001.
Bruck, Walter / Weber, Susanne: Der Zukunftsgipfel – Appreciative Inquiry Summit – ist der nächste Schritt der Evolution in der Arbeit mit großen Gruppen, in: Königswieser / Keil (Hrsg.): Das Feuer großer Gruppen, Stuttgart: Klett-Cotta 2000.
Ludema, James / Whitney, Diana / Mohr, Bernard: The Appreciative Inquiry Summit. A Practitioner's Guide for Leading Large-Group Change, San Francisco: Berrett-Koehler Verlag 2003.
Weitere umfangreiche Informationen finden Sie auf den Internetseiten: http://www.appreciative-inquiry.de. sowie unter Appreciative Inquiry Commons http://appreciativeinquiry.cwru.edu/

3.10 Appreciative Open Space

Deutschlandpremiere im Jahr 2000

Im Herbst 2000 fand im hessischen Kirchheim die Premiere des Appreciative Open Space (AOS) statt. Dabei wurden Ansätze von Appreciative Inquiry (AI) und Open Space Technology verbunden. Dieser erste erfolgreiche Versuch wurde von Wolfgang Sutterlüti und Walter Bruck gemeinsam unternommen.

Die Initiatoren wollten einerseits die hohe Ressourcenaktivierung des Appreciative Inquiry nutzen und die dabei frei werdenden Kräfte im Freiraum eines Open Space mit AI-Prägung zur Entfaltung bringen.

In der Folgezeit wurde diese Grundidee in ihren Ausprägungen weiter verfeinert. Unsere Beschreibung des Appreciative Open Space hebt nur jene Aspekte hervor, die sich bei »normalen« Open Space Veranstaltungen nicht finden. Das Grundgerüst stellt ein Open Space Format (vgl. Kapitel 3.6) dar, das jedoch an etlichen Stellen abgeändert wurde.

Einsatzbereiche und Zielsetzung

Über die Einsatzmöglichkeiten des Open Space Formats hinaus, kann der Appreciative Open Space (AOS) für folgende Zielbereiche eingesetzt werden:

Verstärkung der Open Space-Ziele

- Gemeinschaftsgefühl stärken (Zielbereich 5)
- Aufbrechen alter Denkmuster (Zielbereich 6)
- Neue kreative und umsetzbare Ideen entwickeln (Zielbereiche 4 und 8)
- Nachhaltige Motivation (Ziel Zielbereich 3)

Der große Nutzen des Appreciative Open Space Designs liegt in der schnellen effektiven Erarbeitung von konkreten und nachhaltigen Lösungen für das gemeinsame Thema.

Für die Gruppengrößen im Einsatz des Appreciative Open Space gelten dieselben Regeln wie für eine Open Space Veranstaltung. Man kann bei Kleingruppen von acht Teilnehmern beginnen, bei 1000 Teilnehmern kommt man an seine Grenzen.

Liegt der Schwerpunkt der Veranstaltung auf konkreten Arbeitsergebnissen und individuellen Motivationsimpulsen, reicht ein halber oder ganzer Tag bereits aus. Geht es verstärkt um die Gemeinschaftsbildung, sind anderthalb bis zu zweieinhalb Tage zu empfehlen.

Grundelemente

Das Wertschätzende Interview bildet den zentralen Baustein des AOS. Es hat das Ziel, die Teilnehmer zu aktivieren. Die Eigenschaft des Wertschätzenden Interviews, sich der eigenen Erfolge und Qualitäten bewusst zu

Wertschätzende Interviews als zentraler Baustein

Download

werden, ist sehr förderlich für die Ressourcenaktivierung von Menschen und im weiteren Sinne einer Organisation. Wenn die Teilnehmer mit ihrem inneren wertvollen Kern verbunden sind, entsteht mit dem Blick auf die gegenwärtige Situation und ihre Herausforderungen Klarheit. Vor allem Klarheit in Bezug auf die Frage, welches Thema jetzt wichtig ist, um den bewusst oder unbewusst gesetzten Zielen einen entscheidenden Schritt näher zu kommen. Weitere Details über das Wertschätzende Interview finden Sie in Kapitel 3.9.2 und im Downloadbereich im Werkzeugkasten in Kapitel 7.

Drei neue Leitgedanken

Das Gesetz der zwei Füße und die vier Leitlinien beinhalten die Spielregeln für ein Open Space Format. Wenn wir das Gesetz der zwei Füße ernst nehmen, folgen wir unseren Interessen, unserer Neugierde und unserem Engagement. Dies gilt im Appreciative Open Space unverändert. Um den AI-Charakter zu verstärken, werden die Leitlinien und das Gesetz der zwei Füße in drei Leitgedanken umgewandelt:

> **Leitgedanken:**
> - Wir folgen unseren inneren Bewegungsimpulsen
> - Wir begrüßen die Einzigartigkeit eines jeden und nutzen sie
> - Jetzt ist genau richtig

- *Wir folgen unseren inneren Bewegungsimpulsen*
  Beinhaltet das Gesetz der zwei Füße und betont dabei den achtsamen Umgang mit sich selbst.

- *Wir begrüßen die Einzigartigkeit eines jeden und nutzen sie*
  Beinhaltet die beiden bekannten Leitlinien »*Wer auch immer kommt ist richtig*« und »*Wir sind offen für das, was geschieht*«. Zusätzlich wird der aus den Wertschätzenden Interviews gewonnene ressourcenorientierte Blick für die restliche Veranstaltung aufrechterhalten. Man orientiert sich also an dem, was vorhanden ist, und hält gezielt danach Ausschau.

- *Jetzt ist genau richtig*
  Vereint die beiden Leitlinien »*Es beginnt, wenn die Zeit reif ist*« und »*Vorbei ist vorbei*«. Dieser Gedanke ermuntert zu einer verstärkten Übernahme von Selbstverantwortung sowie einer erhöhten Aktivität und Achtsamkeit.

Zeitplan

Der Appreciative Open Space unterscheidet sich vor allem durch seinen Einstieg vom klassischen Open Space Format. So sieht das Standardformat eines zweieinhalbtägigen Appreciative Open Space aus. Der dritte Tag kann komplett entfallen oder durch einen Marktplatz am Ende ersetzt werden:

1. Tag	2. Tag	3. Tag
9.00–9.45 Uhr Begrüßung und Ressourcen aktivierendes Kennenlernen (z. B. Dialogische Aufstellungen)	9.00–9.30 Uhr Morgennachrichten	8.30–9.00 Uhr Morgennachrichten
9.45–12.15 Uhr AI-Einführung und Wertschätzende Interviews, Blitzlicht	9.30–11.00 Uhr 3. Workshoprunde	9.00–10.00 Uhr Gemeinsames Lesen des Ergebnisbandes
12.15–13.00 Uhr Einführung in den Appreciative Open Space, Themen sammeln und Agenda erstellen	11.00–12.30 Uhr 4. Workshoprunde	10.00–12.30 Uhr Gewichten der Ergebnisse Erarbeiten der Konsequenzen aus den Ergebnissen
13.00–14.30 Uhr Mittagspause	12.30–14.00 Uhr Mittagspause	12.30–13.00 Uhr Abschlussrunde, z. B. Zielpunktaufstellung
14.30–16.00 Uhr 1. Workshoprunde	14.00–15.30 Uhr 5. Workshoprunde	
16.00–17.30 Uhr 2. Workshoprunde	15.30–17.00 Uhr 6. Workshoprunde	
17.30 Uhr Abendnachrichten mit herausragenden Erlebnissen	17.00 Uhr Abendnachrichten mit herausragenden Erlebnissen	
Ende gegen 18.30 Uhr	Ende gegen 18 Uhr	
	Redaktionsschluss	

Phasen und Ablauf

Ressourcen aktivierender Beginn

Der grundsätzliche Ablauf eines Open Space bleibt erhalten. Es gibt jedoch einige Besonderheiten und Erweiterungen:

- *Intensiver Einstieg ins Thema*
  Es beginnt mit einem ressourcenaktivierenden Einstieg ins Thema – dialogische Aufstellungen unterstützen das Kennenlernen der Teilnehmer untereinander. Anschließend setzen sich jeweils zwei Teilnehmer in Wertschätzenden Interviews intensiv mit dem Thema auseinander. Neue Sichtweisen und konkrete Ideen werden gewonnen. Ein hohes Maß an Vertrauen, Energie und Engagement entsteht.

Entwicklung der Agenda

- *Agenda entwickeln*
  Die Agenda wird wie im Open Space Format generiert; dieser Prozess wird jedoch durch das Wertschätzende Interview deutlich beschleunigt. Eine der letzten Fragen in dem Wertschätzenden Interview führt bereits zum Thema hin: »*An welchem konkreten Thema möchte Sie heute gerne gemeinsam mit Ihren Kollegen arbeiten, um Ihrer Vision einen entscheidenden Schritt näher zu kommen?*« Das persönliche Thema eines jeden Teilnehmers ist am Ende des Interviews vollständig ausformuliert. Auch die klassische Anmoderation des Open Space fällt deutlich kürzer aus, da durch die Wertschätzenden Interviews bereits ein großes Vertrauen in der Gruppe aufgebaut wurde.

- *Workshoprunden*
  In den Räumen der Workshops wird mit Ankern für den Wertschätzenden Ansatz gearbeitet. Je nach Unternehmenskultur kann es angebracht sein, mit bildhaften Darstellungen oder mit einer strukturierten Darstellung der einzelnen Phasen eines AI-Prozesses zu arbeiten. Eine weitere Möglichkeit besteht darin, Strukturen anzubieten, die eine Ressourcen- und Ergebnisorientierung unterstützen. Als Beispiel sei das ZAKK aus dem Werkzeugkasten in Kapitel 7.4.1 genannt.

- *Abend- und Morgennachrichten*
  Die Morgen- und Abendrunden werden besonders lebendig gestaltet, da hier Raum für die herausragenden Erlebnisse besteht. Mehr dazu unter: »Querinformation der Teilnehmer«.

- *Vertiefende Workshoprunden*
  Die Workshoprunden verlaufen wie im Open Space Format.

- *Ergebnisse sichern*
  Die Ergebnissicherung erfolgt wie im Open Space Format.

Vorbereitung

Für die Vorbereitungen gilt das bereits beim Open Space Angemerkte. Zusätzlich entwickeln die Prozessbegleiter oder die Planungsgruppe ein Wertschätzendes Interview. Es ist sehr zu empfehlen, dieses unter realitätsnahen Bedingungen im Vorfeld auf seine Wirkung zu prüfen.

Querinformation der Teilnehmer

Im Gegensatz zum Open Space Format werden die Morgen- und Abendnachrichten um herausragende Erlebnisse des Tages und wichtige Informationen aus den Wertschätzenden Interviews erweitert. Oft sind die Interviewer vom Erfolgsbeispiel ihres Interviewpartners so beeindruckt, dass sie anderen davon berichten wollen. Oder sie fordern den Interviewten auf, dies selbst zu tun. Durch diesen Austausch bewegender Erlebnisse entsteht eine starke Dynamik.

Lebendiger Austausch im Plenum

Erfolgsfaktoren und Grenzen

Wesentlicher Erfolgsfaktor ist neben einem attraktiven Thema ein zur Unternehmenskultur passendes Wertschätzendes Interview. Dieses sollte unbedingt vorher auf seine Wirkung getestet werden. Das AI-Gedankengut sollte sich durch die gesamte Veranstaltung wie ein roter Faden ziehen.

Wertschätzende Interviews an die Kultur anpassen

Ausprägung der Wirkfaktoren
Wirkfaktoren auf hohem Niveau

Wirkfaktor 1: Wohlfühlen:
Hier bieten sich ähnliche Möglichkeiten wie im Open Space Format. Besonderes Augenmerk ist auf die Örtlichkeiten zu legen. Es kann sehr förderlich sein, wenn sich die Teilnehmer für die Wertschätzenden Interviews in gemütliche Ecken zurückziehen können. So fühlen sich die Teilnehmer am Veranstaltungsort schneller wohl. Dialogische Aufstellungen zu Beginn und eine Zielpunktaufstellung am Ende sorgen für Bewegung und räumliches Erfassen von Zusammenhängen.

Wirkfaktor 2: Ressourcenaktivierung

Am Anfang steht ein ressourcenaktivierendes Kennenlernen. Durch die Wertschätzenden Interviews wird diese Aktivierung verstärkt und fest in den Teilnehmern verankert. Durch die Anker in den Workshopräumen und die bewegenden Erlebnisse bleibt die Aktivierung auf einem hohen Niveau. Strukturen wie ZAKK tragen ebenfalls dazu bei.

Wirkfaktor 3: Kleingruppenarbeit

Der Anteil an Kleingruppenarbeit ist höher als im Open Space Format. Das Arbeiten in den Zweiergruppen während der Wertschätzenden Interviews ermöglicht besonders intensives Arbeiten.

Wirkfaktor 4: Ergebnisorientierung

Der Startschuss für eine starke Ergebnisorientierung wird durch ein klar definiertes Thema gegeben. Dialogische Aufstellungen dienen dem gleichen Ziel. Die Wertschätzenden Interviews weisen auf der Basis von Schlüsselfragen eine klare Ergebnisorientierung auf. Weitere Strukturen wie ZAKK oder der Gruppenaktionsplan (siehe Werkzeugkasten in Kapitel 7.4.1) können ebenfalls für eine klare Zielorientierung eingesetzt werden.

Wirkfaktor 5: Rhythmisieren

Das Angebot an unterschiedlichen aktivierenden Strukturen trägt zum Rhythmisieren in den Workshoprunden bei. Dieses Vorgehen ist im klassischen Open Space Format ebenfalls möglich.

Wirkfaktor 6: Selbstorganisation

Wie beim Open Space Format ist der Freiraum für jeden Einzelnen sehr stark ausgeprägt. Durch die freie Wahl des Interviewpartners wird der Faktor Selbstorganisation weiter unterstützt.

Wirkfaktor 7: Virtualität

Er findet bisher keine Anwendung. Einige Ansätze finden Sie in Kapitel 4 beschrieben.

3.11 Weitere Methoden im Blitzlicht

Neben den bisher beschriebenen Großgruppenansätzen gibt es noch viele weitere. Methodisch umfassend werden diese in der zweiten Auflage des »Change Handbook« von Holman (2006) beschrieben. Um Ihnen einen Einblick in die Vielfalt zu geben, seien im Folgenden einige weitere ausgewählte Ansätze und Ideen für die Arbeit mit großen Gruppen in Form von Steckbriefen dargestellt.

3.11.1 Ancient Wisdom Council

Entwickelt von WindEagle und RainbowHawk – tief verwurzelt in der Kultur der amerikanischen Ureinwohner

Gruppengröße: 1 bis 500

Kernidee
»Das Ancient Wisdom Council (Rat der Weisen) befähigt seine Teilnehmer, sich über den Druck und die Notwendigkeiten einer Situation zu erheben. Dabei werden Geist und Herz für das Zuhören geöffnet. Mit Hilfe ausführlicher Reflexionen wird aus der Quelle der Weisheit geschöpft. Der Zweck des Rates ist, ein Problem anzupacken oder einen tiefen Konflikt zu lösen. Dies erlaubt der Gruppe, ihre ganze Energie in die neue Lösung zu stecken.« (WindEagle und RainbowHawk)

Umsetzung
Der Rat beginnt mit einer Frage, die eine Person, die Gruppe oder die Gemeinschaft bewegt und die das Wohlergehen des Ganzen beeinflusst. Der Rat der Weisen öffnet den Geist für neues Denken, indem er zweimal durch acht verschiedene Perspektiven blickt:

Durch **8 Perspektiven** blicken

- Schöpfungsintelligenz – Freiheit und Kreativität
- Wahrnehmungsintelligenz – aktuelle Verfassung und Wertschätzung
- Emotionale Intelligenz – Macht und Gefahr
- Wegfindungsintelligenz – Zweck und Richtung
- Nachhaltige Intelligenz – Erhaltung und Gleichgewicht
- Prognoseintelligenz – Zusammenhänge und Zeitpunkt
- Entscheidungsintelligenz – Klarheit und Aktion
- Energieintelligenz – Integrität und Lebenskraft

Jede Perspektive im Rat wird durch eine Frau und einen Mann repräsentiert. Die Empfehlungen des Rates werden an Umsetzungsgruppen übermittelt.

Weiterführende Informationen: www.ehama.org

3.11.2 The Conference Model®

Entwickelt von Dick und Emily Axelrod

Gruppengröße: 50 bis 300

Kernidee

»The Conference Model® basiert auf der Überzeugung, dass große Dinge dann erreicht werden können, wenn die Menschen darin gestärkt werden, die Organisationen und Prozesse selbst zu entwickeln, in denen sie arbeiten.« (Dick Axelrod)

Umsetzung

Systemweiter Wandel

The Conference Model® engagiert Menschen in einen systemweiten Wandel durch eine Serie integrierter Konferenzen und Informationsveranstaltungen, so genannten Walkthrus. Es gibt drei unterschiedliche Typen von Konferenzen: In der Visionskonferenz klären die Teilnehmer, wie die Zukunft aus ihrer Sicht aussehen sollte. In der Technik-Konferenz identifizieren sie schlecht funktionierende Schnittstellen in der Organisation, aber auch Überzeugungen und Verhaltensweisen, die den Organisationserfolg unterstützen. In der Design-Konferenz nutzen die Teilnehmer die zuvor entwickelten Visionsthemen, Schnittstellen, Überzeugungen und Verhaltensweisen als Basis für die Schaffung eines neuen Prozesses oder für eine neue Organisationsstruktur.

»Walkthrus« sind spezielle Informationsveranstaltungen, um die Menschen zu integrieren, denen es nicht möglich war, an der Konferenz des Veränderungsprozesses teilzunehmen. Sie werden über das informiert, was in der Konferenz geschehen ist, und um ihr Feedback gebeten. Die Kombination von »Walkthrus« und Konferenzen schafft eine wirkungsvolle Plattform für Veränderungen, um Verantwortung aufzubauen und die Innovationsfähigkeit zu erhöhen.

Weiterführende Informationen: www.axelrodgroup.com

3.11.3 Community Weaving

Entwickelt von Cheryl Honey

Gruppengröße: 5 bis 2500

Kernidee
»*Je mehr wir in unserer Kraft stehen, umso wertvoller sind wir für unsere Familie, unsere Gemeinschaft und unsere Welt. Community Weaving baut und erweitert »Sozialkapital«, indem menschliche und handfeste Ressourcen der Basis unter Nutzung webbasierter Technologie mit dem Wissen und den Fähigkeiten von Systemen verbunden werden. Der Prozess schafft eine mehr sorgende, gerechte und bürgerliche Gesellschaft, indem Menschen darin gestärkt werden, Verantwortung zu übernehmen.*«
(Cheryl Honey)

Umsetzung
Schlüsselpersonen aus allen Bereichen der Gemeinschaft (Schulen, Kirchen, Organisationen, Nachbarschaften und Wirtschaft) werden als Community-Weavers trainiert. Diese werben »gute Nachbarn« an, die ebenfalls ihre Ressourcen zur Verfügung stellen und mittels webbasierter Technologie kooperieren. Partnerschaften mit Institutionen werden aufgebaut, die Ressourcen für Community-Weaver zur Verfügung stellen. Partner verweisen »Kunden« an das Basisnetzwerk, bei dem sie Unterstützung erhalten.

Starke Vernetzung über das Internet

Weiterführende Informationen: www.familynetwork.org und www.communityweaving.org

3.11.4 Collaborative Loops

Entwickelt von Dick und Emily Axelrod

Gruppengröße: 50 bis 150

Kernidee
»*Organisations- und Gemeinschaftsfähigkeiten entwickeln sich, wenn die Menschen Prinzipien statt Methoden lernen. Collaborative Loops (Zusammenarbeitsschleifen) lehrt Menschen, wie sie ihre eigene Gruppen-Methode entwickeln, indem ihnen eine Ansammlung von Design-Prinzipien zur Verfügung gestellt wird.*« (Dick Axelrod)

Umsetzung

Gegenseitig Feedback geben und koordinieren

Organisationen und Gemeinschaften führen heute viele Veränderungen gleichzeitig durch. Collaborative Loops bringt die verschiedenen Planungsgruppen, die für die Umsetzung der Veränderungen verantwortlich sind, in einer einzigen Veranstaltung zusammen. Die Teams durchlaufen wiederholt Arbeitszyklen und geben sich gegenseitig Feedback über ihre Erfahrungen. Dabei erschaffen sie ein mitreißendes Ziel für ihre Arbeit, suchen sich weitere Mitwirkende und entwerfen so genannte Schlüsselveranstaltungen zur Umsetzung ihrer Veränderungsstrategie. Die Teams lernen, Strukturrahmen und Prinzipien für Kooperationen zu entwickeln, und planen anschließend ihr erstes Treffen.

Weiterführende Informationen: www.axelrodgroup.com

3.11.5. Cycle of Resolution

Entwickelt von Stewart Levine

Gruppengröße: 10 bis unbegrenzt

Kernidee

»*Die Qualität von Vereinbarungen entspricht der Qualität von Beziehungen. Deshalb strebt der Cycle of Resolution (Zyklus der Beschlussfassung) eine Vereinbarung über Ergebnisse an, die zur Orientierung und als Projekttreiber für die gewünschten Resultate dient. Diese stellt eine Landkarte für schwierige Gespräche dar, die Menschen gerne vermeiden. Sie tun dies, weil die Gruppen meist nicht wissen, wie sie in solche Gespräche hinein-, hindurch- und wieder heil aus ihnen herauskommen.*« (Stewart Levine)

Umsetzung

Schwierige Gespräche führen

Eine Sammlung von Prinzipien und Gesprächsstrukturen dient als Leitfaden für die Gespräche. Das Ziel der Interventionen ist eine »Kultur der Vereinbarung und Entscheidung«. Insgesamt gibt es drei Phasen. Die erste Phase ist eine Trainingsphase. Jeder erlernt dabei Sprache und Abfolge von Dialogschritten. Die nächste Phase besteht aus der Moderation schwieriger Gespräche. Die Schlussphase beinhaltet operative Vereinbarungen. Die einzelnen Phasen sind in 7 konkrete Schritte eingeteilt.

Weiterführende Informationen: www.resolutionworks.com

3.11.6 Gemeinsinn-Werkstatt – Beteiligung übers Reden hinaus

Entwickelt von Wolfgang Fänderl

Gruppengröße: 27 bis über 2000

Kernidee
»Ziel ist die freiwillige Beteiligung, selbst organisierte Vernetzung und eigenverantwortliche Umsetzung parallel laufender Aktionen unterschiedlicher Menschen und Institutionen zu einem gemeinsamen brennenden Anliegen.« (Wolfgang Fänderl)

Umsetzung
Als Projektverfahren für Großgruppenprozesse bietet die Gemeinsinn-Werkstatt klare und flexible Orientierungshilfen auf wissenschaftlicher Grundlage. Diese werden durch praktische methodische Werkzeuge im Rahmen eines professionellen Begleitnetzwerks ergänzt. Besonderheiten sind ein 9-Schritteplan innerhalb eines Projektrahmens mit Aktivierungs-, Realisierungs- und Integrationsphase und eingebundene Aktionskreise. Ergänzt wird dies durch gut strukturierte und freiwillig zu wählende Aufgabenbereiche und auf Nachhaltigkeit angelegte Qualifizierungselemente. Der Fokus liegt auf Wertschätzung und Freiwilligkeit im gesamten Prozess.

Projektverfahren mit Begleitnetzwerk

Weiterführende Informationen: www.netzwerk-gemeinsinn.net
mit über 200 Dateien im Open-Source-Baukasten.

3.11.7 Genuine Contact

Entwickelt von Birgitt Williams

Gruppengröße: 6 bis über 1000

Kernidee
»Die Fähigkeit, in Zeiten von Veränderungen aufzublühen, ist das beste Ergebnis dieser Methode. Die befreiende Struktur und partizipative Architektur schaffen einen Raum für die Teilnehmer, Verantwortung zu übernehmen, höchst kreativ, innovativ, lösungsorientiert und produktiv zu sein.« (Birgitt Williams)

Umsetzung

Das Medizinrad durchlaufen

Bei der Nutzung des Medicine Wheel Tools® (Medizinrad-Werkzeug) erzeugen partizipative Methoden die benötigten Informationen und das nötige Engagement. Die Teilnehmer wählen in Abhängigkeit von den wirtschaftlichen Erfordernissen aus einem Menü die passende Methode aus. Die hauptsächlichen Methoden und Werkzeuge sind: Open Space Technology (OST), Whole Person Process Facilitation (WPPF), The World Café (TWC), Appreciative Inquiry (AI) und OpenSpace-Online® und Software für Echtzeitkonferenzen.

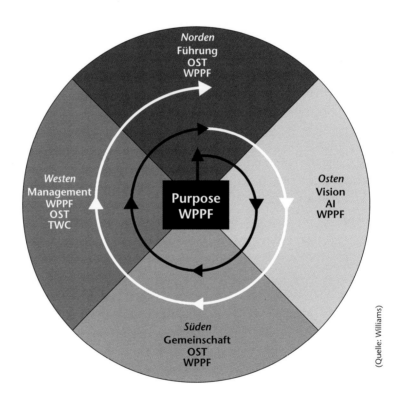

Abb. 3.11.1 Das Medizinrad-Werkzeug

Weiterführende Information: www.genuinecontact.net

3.11.8 Rapid Results

Entwickelt von Robert H. Schaffer und Kollegen

Gruppengröße: Bis zu einigen hundert Personen

Kernidee
Die Fähigkeit für Veränderungen im großen Maßstab kann durch kurzfristige Projekte geschaffen werden. Der mächtigste Treiber für bessere Leistung ist bessere Leistung selbst. Wenn Sie einer Organisation helfen wollen, ihre Leistungsfähigkeit zu stärken, so ist dabei nichts effektiver, als sie einen greifbaren Erfolg erleben zu lassen, der jene Faktoren enthält, die gestärkt werden sollen.

Erfolge ziehen Erfolge nach sich

Umsetzung
Rapid-Result-Projekte werden über zwei Wochen oder länger angesetzt. Im Zentrum steht ein Dialog mit Führungskräften über eine herausfordernde Leistungssteigerung. Eines oder mehrere Rapid-Result-Projekte können innerhalb einer Tagesveranstaltung gestartet werden, wobei das Team die Ziele und das Arbeitsprogramm selbst festlegt. Die Umsetzung bis zur messbaren Zielerreichung kann 30–100 Tage dauern. Die Erkenntnisse aus den Rapid-Result-Projekten werden durch zusätzliche Projekte auf ihre Richtigkeit überprüft und ausgeweitet.

Weiterführende Informationen: www.rhsa.com

3.11.9 Rat der Weisen – Wisdom Council

Entwickelt von Jim Rough

Gruppengröße: 50 bis über 1000

Kernidee
»Eine Gruppe von 12 Personen (Rat der Weisen), die einen Querschnitt der Organisation darstellt, trifft sich einen Tag vor der Großgruppenveranstaltung, wählt sich ein oder zwei wichtige und gerne auch schwierige, unlösbar erscheinende Themen, die die ganze Organisation betreffen, und entwickelt hierzu Thesen und Lösungen. Diese werden am Folgetag der Großgruppe präsentiert und von dieser reflektiert. In der Großgruppe wird so ein sehr wirksamer Impuls gesetzt.« (Matthias zur Bonsen)

Lösungen für schwierige Themen

Umsetzung

Der Rat der Weisen wird aus allen Mitgliedern der Organisation ausgelost. Er nutzt am Vortag der Konferenz die Moderationsmethode Dynamic Facilitation, die es ermöglicht, nicht-linear und kreativ zu arbeiten, Durchbrüche selbst bei schwierigen und emotional besetzten Themen zu erzielen und zu einmütig getragenen Lösungen zu gelangen. Der Rat der Weisen wählt sich genau solche »großen« Themen aus und erarbeitet dafür innovative Lösungen. Der Großgruppe werden nicht nur die Thesen und Lösungen, sondern auch der Prozess der Lösungsfindung und die dabei entstandene Atmosphäre geschildert. Damit wird die Großgruppe angeregt, ebenfalls in einem kreativen Modus die Ergebnisse zu verarbeiten. Der Rat der Weisen hat keine formelle Macht, kann jedoch viel bewirken, da er ein großes Forum erhält. Nur zwei Stunden mit der Großgruppe können wichtige Veränderungen auslösen.

Weiterführende Informationen: www.tobe.net und www.all-in-one-spirit.de

3.11.10 SOAR® – Strengths, Opportunities, Aspirations, Results

Entwickelt von Jackie Stavros, David Cooperrider and Lynn Kelley

Gruppengröße: 10 bis 400

Kernidee

»SOAR® stellt einen Entwicklungsrahmen für die Gestaltung der Zukunft der Organisation bereit, der auf einer Fokussierung der Stärken und einem Beziehungsprozess beruht. Dieser Rahmen erlaubt einer Organisation, das ganze System aller Stakeholder in einen strategischen Planungsprozess einzubeziehen.« (Jackie Stavros)

Fokussierung auf Stärken und Chancen

Umsetzung

Das klassische Planungsmodell SWOT (Strenghts, Weaknesses, Opportunities, Threats – Stärken, Schwächen, Chancen und Risiken) verwandelt sich in SOAR (Strengths, Opportunities, Aspirations, Results – Stärken, Chancen, Ambitionen, Ergebnisse). Die strategische Planung und Umsetzung wird durch ein Fokussieren auf jene Elemente beschleunigt, die Lebensenergie spenden.

SOAR integriert Appreciative Inquiry (AI), den Dialog- und den Whole Sytems Ansatz in einen Entwicklungsrahmen, der auf dem »Wertvollen

Kern« der Organisation aufbaut und sich zu den Ergebnissen hocharbeitet (SOAR). Durch den Fokus auf Stärken (Strenghts) und Chancen (Opportunities) können Organisationen ihre gewünschten Ergebnisse (Aspirations) mit messbaren Resultaten (Results) erreichen, indem sie

- *Fragen* nach Stärken und Chancen stellen *(Inquiry)*
- den besten Weg zu nachhaltigen Wachstumszielen *imaginieren* (Imagine)
- bei Initiativen, Strategien, Strukturen, Systemen und Planungen *innovativ* denken *(Innovate)*
- zielorientierte Aktivitäten für die Erreichung messbarer Resultate ermöglichen *(Inspire)*

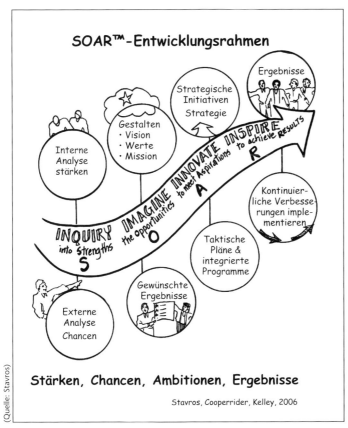

Abb. 3.11.2 Der SOAR-Entwicklungsrahmen

Dieser SOAR-Entwicklungsrahmen gibt der Organisation die Möglichkeit, ihre Chancen zu nutzen, hohe Ziele anzustreben und messbare Ergebnisse zu erreichen. Damit entsteht ein klarer Trend nach oben. Das kann das gesamte »lernende System« einer Organisation auf ein höheres Innovations- und Leistungsniveau führen.

Weiterführende Informationen: www.dynamic-relationships.com und www.aicommons.com

3.11.11 WorkOut

Entwickelt von einem Team aus Wissenschaftlern und Beratern bei General Electric, basierend auf Ideen von Jack Welch

Gruppengröße: 20–100

Kernidee
WorkOut ist ein Prozess für schnelle und konzentrierte Entscheidungen sowie Empowerment. Über umsetzbare Ideen wird sofort vor Ort durch einen Managementvertreter entschieden. Dieser ermächtigt die Teilnehmer, ihre Ideen in den nächsten 100 Tagen umzusetzen.

Umsetzung
Ein WorkOut kann in zwei bis vier Wochen auf die Beine gestellt werden und beinhaltet typischerweise eine Großgruppenveranstaltung mit einer Dauer von einem bis zu drei Tagen. WorkOut nutzt bereichs- und hierarchieübergreifende Teams in einer gezielten Veranstaltung, um umsetzbare Empfehlungen zu entwickeln. Die Empfehlungen, die beim WorkOut genehmigt wurden, werden anschließend von den Verfechtern dieser Idee umgesetzt.

Weiterführende Informationen: www.rhsa.com

4. Großgruppen mit virtueller Ausprägung

Moderne Kommunikationstechnologien halten vermehrt Einzug in Veranstaltungen, die sich an unseren acht Zielbereichen orientieren.

Wenn wir hier von Technologien sprechen, beschäftigen wir uns primär mit ihrer Funktion als Werkzeug für Kommunikation und Zusammenarbeit. Gute Technologien zeichnen sich dadurch aus, dass sie stark in den Hintergrund treten und es dem Benutzer dadurch ermöglichen, sie intuitiv zu bedienen. So passt sich Technologie dem Menschen an und erleichtert ihm die Arbeit – in unserem speziellen Falle die Kommunikation.

Technologie für Kommunikation und Zusammenarbeit

Technologien als Kommunikationsplattform erleichtern es den Menschen, auf die Ressourcen, das Wissen, die Erfahrungen und die kollektive Weisheit in der Organisation zuzugreifen.

4.1 Virtuelle Kommunikation und ihre Schnittstellen

Bevor wir uns die verschiedenen Ausprägungen des Wirkfaktors Virtualität in Großgruppen ansehen, wollen wir uns einen Überblick über die unterschiedlichen Kommunikationsformen und ihre Schnittstellen verschaffen:

Vier Kommunikationsformen und ihre Schnittstellen

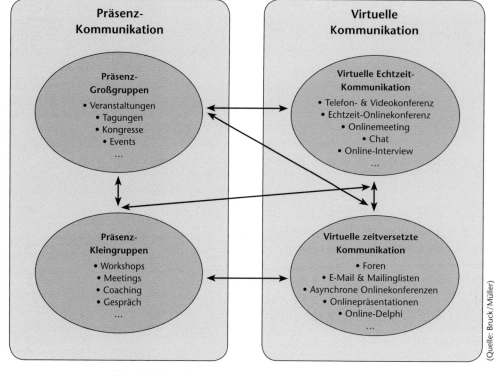

Abb. 4.1.1 Virtuelle Kommunikation und ihre Schnittstellen

Drei Formen der Echtzeit-Kommunikation

Wir haben es mit drei Formen der Echtzeit-Kommunikation zu tun. Echtzeit heißt: Die Interaktionen erfolgen ohne Zeitverzögerung. Veranstaltungen dieses Typs sind:

- Präsenz-Kleingruppen mit einzelnen Workshops oder Meetings
- Präsenz-Großgruppen
- Virtuelle Echtzeit-Kommunikation, wie Telefonkonferenzen oder Chats

Zeitversetzte virtuelle Kommunkation

Daneben gibt es Veranstaltungsformate, bei denen die Kommunikation zeitversetzt erfolgt, beispielsweise bei Diskussionen in Foren oder über E-Mail. Dies eröffnet völlig neue Möglichkeiten in der Arbeit mit Großgruppen.

Schnittstellen zwischen Virtualität und Präsenz

Besonders effektiv sind Prozesse, die fließende Übergänge zwischen persönlicher Präsenz-Kommunikation einerseits und virtueller Echtzeit- und virtueller zeitversetzter Kommunikation andererseits ermöglichen.

Bei einer ausgewogenen Mischung dieser Kommunikationsformen ergeben sich unterschiedliche Anwendungsszenarien in Großgruppen. Beispielsweise:

Anwendungsmöglichkeiten

- *Präsenz-Großgruppe mit virtuellen Anteilen*
    - Präsenz-Großgruppe mit Echtzeit-Kommunikation
    - Präsenz-Großgruppe mit zeitversetzter Kommunikation
    - Präsenz-Großgruppe mit gemischter virtueller Kommunikation

- *Virtuelle Großgruppe* bestehend aus Präsenz-Kleingruppen

- *Rein virtuelle Großgruppe – Online-Konferenz*
    - Rein Virtuelle Echtzeit-Konferenz
    - Rein Virtuelle zeitversetzte Kommunikation
    - Gemischt – Online-Konferenz und virtuelle Gemeinschaften

Die einzelnen Anwendungsszenarien beleuchten wir nach einer Übersicht über die allgemeinen Einsatzbereiche und den besonderen Wert virtueller Kommunikation in den folgenden Kapiteln.

4.2 Einsatzbereiche und besonderer Wert

Moderne Technologien ermöglichen es, soziale Prozesse in Teams und Organisationen völlig neu zu gestalten und zu steuern. Diese Möglichkeiten bergen große Potenziale für das Lernen innerhalb der Organisation, die Zusammenarbeit und das Teilen von Wissen. Entwickler von Großgruppenveranstaltungen beschäftigen sich heute mit Fragen wie: *Welche Lern- und Veränderungsprozesse können in Großgruppen durch Technologie besonders unterstützt und vereinfacht werden?*

Neue Einsatzmöglichkeiten durch Technologie

- Welche Möglichkeiten ergeben sich speziell für den Transfer nach der Großgruppenveranstaltung?
- Was wird durch moderne Technologien in Großgruppenveranstaltungen ermöglicht, was vorher unmöglich war?
- Welche besonderen Anwendungsmöglichkeiten bieten moderne Technologien speziell im Zusammenhang mit Großgruppen?

Nehmen wir als Beispiel eine internationale Organisation, die ihre Strategie überarbeiten und möglichst alle betroffenen Mitarbeiter, Kunden,

Lieferanten und Partner weltweit in diesen Prozess einbeziehen möchte. Das hört sich unrealistisch an oder klingt zumindest nach einem extrem hohen Aufwand. Unter dem Einsatz des Wirkfaktors Virtualität ist dies jedoch möglich. Im virtuellen Raum sind aufgrund der zeitversetzten Kommunikation alle zeitlichen Beschränkungen aufgehoben; Zeitzonen oder physische Verfügbarkeit spielen keine Rolle mehr. Zudem gibt es keine Limitierungen der Reisemöglichkeiten oder -budgets mehr. Virtuelle Kommunikation überwindet all diese Grenzen.

Erweiterung durch phasenweise Teilnehmer
Durch die Möglichkeiten der neuen Technologien ist es – im Vergleich zu Präsenzveranstaltungen – sogar leichter, dass manche Teilnehmer nur phasenweise teilnehmen. Ein fester Kern, der die ganze Zeit dabei ist, bleibt allerdings unverzichtbar. Dieser kann jedoch von einem virtuellen Kern umgeben sein, der sich nur zu bestimmten Zeiten einbringt.

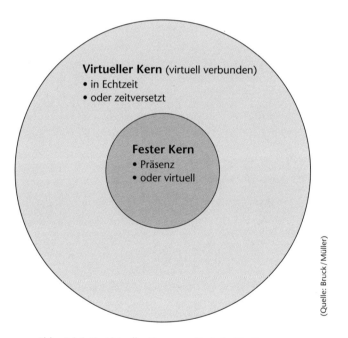

Abb. 4.2.1 Ein Virtueller Kern erweitert die Großgruppe

Ein Beispiel einer Präsenz-Großgruppenveranstaltung, die in einen virtuellen Rahmen eingebettet ist und 4000 Stakeholder weltweit integriert, ist in Kapitel 5.6 »Weltweite strategische Planung« beschrieben.

Aus dem bisher Ausgeführten ergeben sich ganz besondere Einsatzmöglichkeiten: **Neue Einsatzmöglichkeiten**

- Die Integration der Stakeholder nimmt neue Dimensionen an:
  - Das ganze System – alle wichtigen Stakeholder – in den virtuellen Raum holen.
  - Eine besonders hohe Anzahl an Stakeholdern integrieren.
  - Stakeholder nur für bestimmte Teilaufgaben über den virtuellen Raum einbinden.
- Konferenzen mit globaler Beteiligung werden erleichtert.
- Hoher Vernetzungsgrad erleichtert das Finden neuer Lösungen.
- Teilen von Wissen, Erfahrungen und das Erkennen ihrer Verbindungen wird ermöglicht.
- Ideen können über weit verteilte Stakeholdergruppen entwickelt werden, die schwierig an einem Ort zusammenzubringen sind.
- Vielfalt von Tagungsteilnehmern wird erhöht.
- Gemeinschaften und Gruppendialoge können dauerhaft aufgebaut werden.

Virtuelle Großgruppen erschließen neue Einsatzbereiche, die es vorher nicht gab oder die bisher zu unwirtschaftlich waren. Ein Einsatz ist in allen acht Zielbereichen möglich. Nach entsprechender Gewöhnung kann sich auch bei virtuellen Formen schnell ein Gemeinschaftserleben (Zielbereich 5) einstellen.

Moderne Technologien bieten hervorragende Möglichkeiten zur Unterstützung folgender Bereiche: **Vielfältige Unterstützung durch Vernetzung**

- Sie verbinden Menschen innerhalb von Gemeinschaften, Organisationen miteinander und darüber hinaus.
- Neue Gruppen können miteinander in Kontakt treten und sind nur einen Mausklick voneinander entfernt. Ein globaler Dialog über Zeitzonen und Kulturen hinweg ist möglich.
- Austausch- und Dialogmöglichkeiten entstehen, die vorher nicht vorhanden waren. Menschen können Informationen, Wissen und Erfahrungen austauschen. So kann Verständnis und Respekt für unterschiedliche Ansichten und Kulturen entstehen.
- Wo bestehende Strukturen und Abläufe den freien Fluss von Ideen und Meinungen behindern, werden neue Möglichkeiten der Zusammenarbeit, des gemeinsamen Lernens eröffnet.

- Menschen können sinnvolle und zielorientierte Projekte einfacher organisieren, koordinieren und abstimmen.
- Prozessbegleiter, Moderatoren und Veranstalter gewinnen neue Möglichkeiten für ihre Arbeit in Veranstaltungen. Da die Kommunikation vollständig dokumentiert wird, ist eine anschließende Auswertung leicht möglich.

Alle genannten Möglichkeiten tragen dazu bei, die Ergebnisse von Veranstaltungen deutlich zu verbessern. Für Organisationen bringt dies wesentlich größere Innovations- und Leistungsfähigkeit mit sich.

Individuelle Vorteile für die Teilnehmer

Die Vorteile für den einzelnen Teilnehmer sind:

- Jeder Teilnehmer hat praktisch die gleichen Möglichkeiten, sich einzubringen. Die Hemmschwellen für zurückhaltende Menschen werden abgebaut.
- Die Kontaktaufnahme mit anderen Teilnehmern ist teilweise einfacher als in Präsenzveranstaltungen.
- Die negativen Effekte der Gruppendynamik werden abgeschwächt. Jeder Teilnehmer kann seine persönliche Meinung unabhängig von anderen formulieren und einbringen.
- Die räumliche und zeitliche Distanz, die zwischen den Teilnehmern liegt, erlaubt diesen, Abstand zum Geschehen aufzubauen. Dadurch wird impulsives Verhalten zugunsten eines reflektierten Agierens verringert. Jeder Teilnehmer kann sich Zeit nehmen, um andere Standpunkte zu betrachten und neue Beiträge zu entwickeln. Dies erhöht die Qualität der Dialoge nachhaltig.
- Ein Vorteil im interkulturellen Kontext besteht darin, dass es leichter ist, dokumentierte fremdsprachige Beiträge noch einmal in Ruhe lesen zu können. Dies gilt vor allem für textbasierte Systeme.

Weitere interessante Möglichkeiten haben wir in Kapitel 4.5. »Rein virtuelle Großgruppe« beschrieben.

Technologieaffinität vorteilhaft

Der spezielle Wert von Großgruppen mit virtuellem Charakter oder virtuellem Anteil hängt natürlich auch von der Erfahrung der Teilnehmer ab. Eine gewisse Technologieaffinität sollte schon sein. Da jedoch für die meisten von uns der Umgang mit Computer und E-Mail inzwischen alltäglich ist, sind Eingangshürden mit gut entwickelten Plattformen leicht zu meistern.

Präsenzveranstaltungen behalten auch weiterhin ihren Wert. Sie werden durch virtuelle Kommunikation sinnvoll ergänzt. Gerade in der Kombination entfalten sie eine besonders starke Wirkung.

Herkömmliche Großgruppenveranstaltungen sind meist mit hohem Aufwand und Kosten verbunden, sei es aufgrund der speziellen Vorbereitung, der Logistik vor Ort oder der Reiseaktivitäten. Auch die meisten Online-Konferenzen erfordern einen speziellen Vorbereitungsaufwand, er wird jedoch weniger von der Anzahl der Teilnehmer beeinflusst. Ein Beispiel für ein Online-Konferenzsystem, das praktisch ganz ohne Vorbereitung auskommt, finden Sie in Kapitel 4.5.6 »Beispiel: OpenSpace-Online® Echtzeit-Konferenzmethode« beschrieben.

Kaum Kosten für Logistik

4.3 Präsenz-Großgruppe mit virtuellen Anteilen

4.3.1 Präsenz-Großgruppe mit Echtzeit-Kommunikation

Bei der Präsenz-Großgruppe mit Echtzeit-Kommunikation handelt es sich um eine klassische Großgruppe, die an einem Ort agiert. Hier wird mittels moderner Technologie eine Vernetzung zwischen den Kleingruppen oder sogar zwischen allen Teilnehmern in Echtzeit ermöglicht. Lassen Sie uns im Folgenden diese Möglichkeiten schrittweise entwickeln: Einfachstes Beispiel ist das klassische Voting (TED-Abfrage) mittels elektronischer Geräte, die wir aus Fernsehsendungen wie »Wer wird Millionär« (Zuschauerfrage) her kennen. Solche Anwendungen lohnen sich jedoch vom Aufwand nur, wenn es auf ganz exakte Zahlen ankommt. Ansonsten sind Handaufzeigen, Summen oder Wahlurnen wesentlich einfacher und führen zum gleichen Ergebnis.

Wenn wir jede Kleingruppe mit einem Laptop ausstatten, kann eine virtuelle Vernetzung zwischen den Kleingruppen erfolgen. Die unmittelbaren Ergebnisse der Diskussion können direkt eingegeben und dann frontal im Plenum projiziert werden oder als Rückmeldung dienen. Beispiel für ein computergestütztes Moderationsverfahren ist *nextmoderator*. Hier werden nicht nur einfach klassische Moderationsverfahren abgebildet, sondern es kommen sehr komplexe Modelle für die Meinungsbildung zum Einsatz. Das eröffnet ganz neue Möglichkeiten, nach welchen Regeln Beiträge verwendet werden. Eine Anwendung haben wir in Kapitel 5.11 »Schnelle Strategieplanung« beschrieben.

Vernetzung durch Laptops in jeder Kleingruppe

Dynamische Vorträge auf Tagungen

CoVision's Council geht in eine ähnliche Richtung und ist besonders für schnelles Feedback bei Kongressen und bei Tagungen ausgelegt. Das Feedback mit Hunderten von Kommentaren kann durch ein Team im Hintergrund bearbeitet werden, das die wichtigsten Punkte herausfiltert. In der einfachen Form kann bei Tagungen die Erwartungshaltung an den Vortrag abgefragt werden. Am Ende können die Teilnehmer gezielt danach gefragt werden, was sie gelernt haben und was sie mitnehmen werden. Für sehr versierte Referenten kann die normale Vortragszeit in etwa halbiert werden. Anschließend erhalten die Teilnehmer zusätzlich 5 bis 10 Minuten Zeit für ein Feedback, was ihnen aber auch während des Vortrags möglich ist. In der folgenden Phase geht der Referent ganz gezielt auf die Anliegen der Teilnehmer ein. So können die Teilnehmer aktiv auf den Vortrag Einfluss nehmen. Hierfür braucht man natürlich Referenten, die entsprechend flexibel reagieren können. Ein Einsatz für ähnliche Aufgabenstellungen innerhalb von Unternehmenskonferenzen ist möglich.

Das digitale Erfassen von Gruppenergebnissen kann auch nur für bestimmte Teilschritte erfolgen. Bei der Visionsarbeit wird dies weniger hilfreich sein als bei der Analyse oder wenn es in die Phase der ganz konkreten Umsetzung, mit Zielen, Schritten etc., geht.

Ideenflut schneller verdichten

Auch die unabhängige Eingabe jedes Teilnehmers – Einzelmeinung – ist möglich und nur eine Frage der Software. So kann gezielt auf die Gruppendynamik Einfluss genommen werden. Wenn die Teilnehmerzahl über 100 liegt, ist es ohnehin nicht mehr möglich, alle Vorschläge papierbasiert aufzunehmen, wie es derzeit bei RTSC und AI hingenommen wird.

Hier kommen die Vorteile des Computers schnell ins Spiel. Es gilt, bei größeren Gruppen der Informationsflut Herr zu werden. Denn: Wie kann man den Überblick über 200 Ideen halten und passend bewerten, wenn sich sechs Köpfe über einen Laptop beugen und verschieden schnell lesen. Auch ein zweiter Bildschirm pro Gruppe schafft kaum Abhilfe. Hier bietet sich der Einsatz von vorgefertigten Clustermodellen an. Zudem sind bei einer hohen Nutzung des Computers innerhalb einer Präsenzveranstaltung Gruppengrößen von vier bis sechs Teilnehmern zu empfehlen, da es zu eng wird um den Bildschirm herum. Die Projektion der Ergebnisse im Plenum sollte für mehrere Bildschirmseiten möglich sein, um einen guten Überblick über die Informationen zu gewinnen. Und: Schnelle Drucker im Hintergrund können notwendig sein, bevor es an wichtige Entscheidungen geht.

4.3 Präsenz-Großgruppen mit virtuellen Anteilen

Auch ohne spezielle Software – nur mit Standardsoftware und den Bordmitteln eines PCs – bieten sich sinnvolle Möglichkeiten, die Kommunikation in einer Großgruppe zu erleichtern. Dies zeigt unser Beispiel in Kapitel 5.10 »Schub für die Unternehmenskultur und Produktivität«. Oft genügt es sogar, wenn die Ergebnisse mehrerer Gruppen auf einem Laptop sauber dokumentiert und schnell an die Moderatoren weitergeleitet werden. So können wichtige Informationen schnell erfasst werden, und die Flut der Flipcharts verringert sich. Zudem ist es möglich, Ideen auf A4-vergrößert auszudrucken und der Großgruppe für Abstimmungen mit Hilfe von Klebepunkten zur Verfügung zu stellen.

Vorteile auch ohne spezielle Software

Weitere ausgefeilte Möglichkeiten sind:

- TED-Abfragen anstatt Klebepunkten bei papierbasierter Moderation eignen sich besonders für schnelle Entscheidungen oder Stimmungsbilder.
- Je nach Software können die Brainstorming-Alternativen simultan oder unabhängig von anderen Eingaben bewertet werden.
- In der Regel werden Ideen und Vorschläge in einem Stichwort festgehalten. Dahinter sind ausführlichere Beschreibungen einsehbar.

Die Vernetzung zwischen den Gruppen könnte zudem ausgebaut werden, indem die Gruppen direkten Zugriff auf die Ergebnisse der anderen Gruppen erhalten. Auf diese Weise können die Ergebnisse stärker genutzt werden. Hier nähern wir uns schrittweise den Möglichkeiten innerhalb von rein virtuellen Konferenzen (Kapitel 4.5). Weitere Möglichkeiten sind eine Internet- oder Intranetanbindung für die kurzfristige Beschaffung von Informationen.

Grundsätzlich sollte der Computereinsatz weniger als 20 Prozent der Gesamtzeit betragen, damit genügend Zeit für Gruppengespräche und die Vorteile einer Präsenzveranstaltung bleibt.

Computereinsatz wohl dosieren

Insgesamt ist zu beachten, dass die großen Vorteile einer Präsenz-Großgruppe nicht durch übermäßige virtuelle Kommunikation und Fixierung auf den Computereinsatz zunichte gemacht werden. Besonders negativ könnte sich dies auf die Wirkfaktoren Rhythmisieren und Wohlfühlen auswirken.

Unter die Präsenz-Großgruppe mit Echtzeit-Kommunikation fallen auch parallel stattfindende Präsenz-Großgruppen, die sich per Videokonferenzschaltungen austauschen. Auf diese Weise können internationale Organisationen Präsenz-Großgruppen, die zeitversetzt oder parallel an unterschiedlichen Orten stattfinden, miteinander vernetzen. Es entsteht die »globale Präsenz-Großgruppe«, eine über virtuelle Echtzeit-Kommunikation miteinander verbundene lokale Präsenz-Großgruppe.

Technologie wird einfacher und kostengünstiger

Aufwand und Kosten für den Einsatz von Computernetzwerken in Großgruppen haben sich durch neue Technologien, wie WLAN, und sinkende Preise für Notebooks deutlich verringert. Wo früher ein physikalisches Strippenziehen notwendig war, reichen heute wenige Klicks. Nur die Stromversorgung benötigt noch Kabel. Aber auch das wird sich durch längere Akkulaufzeiten in Zukunft von selbst lösen.

Fest seht: Der Einsatz von Technologie für bestimmte Teilbereiche der Kommunikation in Präsenz-Großgruppen bietet interessante Möglichkeiten und sollte im Einzelfall jeweils geprüft werden. Die Möglichkeiten erweitern sich ständig, die Technik vereinfacht sich. Insbesondere Weiterentwicklungen bei den sprachgesteuerten Eingaben könnten hier einen besonderen Schub auslösen.

4.3.2 Präsenz-Großgruppe mit zeitversetzter Kommunikation

Feedback virtueller Teilnehmer

In diesem Fall wird eine Präsenz-Großgruppenveranstaltung durch virtuelle Teilnehmer erweitert. Diese geben regelmäßig Input und Feedback zu den erarbeiteten Ergebnissen, z. B. mittags und abends. Durch die zeitversetzte Kommunikation ist es machbar, eine beliebige Anzahl von Stakeholdern zu integrieren. Wichtige Voraussetzung für einen strukturierten Dialog ist jedoch eine entsprechende Plattform, da bei der Vielzahl der Teilnehmer ansonsten der Überblick verloren geht. Empfehlenswert ist der Einsatz einer speziellen Auswertungsgruppe für das Verdichten des Feedbacks.

Diese Form der Großgruppe ähnelt im Aufbau dem RTSC-Format. Auch hier werden die in einer kleineren Gruppe erarbeiteten Ergebnisse einer großen Gruppe präsentiert. Jedoch ist durch die Vernetzung eine engere Verzahnung möglich, denn Ergebnisse der jeweiligen Teilschritte werden bereits durch die große Gemeinschaft – die virtuellen Teilnehmer – kommentiert.

Eine Praxis-Anwendung haben wir in Kapitel 5.6 »Weltweite strategische Planung« beschrieben.

4.3.3 Präsenz-Großgruppe mit gemischter virtueller Kommunikation

Die beiden oben vorgestellten Formen virtueller Kommunikation lassen sich beliebig miteinander kombinieren. Zwischen den virtuellen Teilnehmern und der Präsenz-Großgruppe gibt es ergänzend immer einen Echtzeitaustausch. Dieser erfolgt sinnvoller Weise nur zu bestimmten Zeitpunkten.

Zurzeit werden beide Formen vor allem bei Tagungen eingesetzt. Parallel zur Präsenztagung gibt eine zweite unabhängige, rein virtuelle Online-Tagung. Die Online-Tagung kann aus den klassischen Elementen einer linearen oder parallelen Tagung bestehen und um Möglichkeiten des Austausches wie beim GTG-Format oder nach Themeninteressen wie beim Open Space Format erweitert werden. Beide Teilnehmergruppen sind miteinander verbunden, tauschen sich aus und geben sich Impulse. Die direkten Überlappungen sind größer, wenn beispielsweise Keynote-Vorträge direkt in die virtuelle Veranstaltung übertragen werden und dort ebenso später zur Verfügung stehen. Bei der anschließenden Fragerunde werden vom Moderatorenteam ausgewählte Fragen der virtuellen Teilnehmer in die Präsenz-Großgruppe eingebracht und beantwortet. Eine weitere Möglichkeit sind Chats, in denen sich die virtuellen Teilnehmer gemeinsam mit Teilnehmern oder Vortragenden austauschen können. Das Ganze kann live im Plenum an der Großleinwand verfolgt werden oder findet parallel während der Präsenztagung statt. Die Variationsmöglichkeiten sind wirklich enorm.

Online-Tagung und Präsenztagung miteinander vernetzen

4.4 Virtuelle Großgruppe bestehend aus Präsenz-Kleingruppen

Die virtuelle Großgruppe ist eine Weiterentwicklung der globalen Präsenz-Großgruppe: Lokale Kleingruppen werden über virtuelle Kommunikation zu einer virtuellen Großgruppe verbunden. Für diese virtuelle Kommunikation bieten sich die Möglichkeiten an, die im nächsten Kapitel über rein virtuelle Großgruppen beschrieben sind. In dem Beispiel aus Kapitel 5.6 »Weltweite strategische Planung« wurde eine virtuelle Großgruppe zur Vorbereitung der Präsenz-Großgruppenveranstaltung eingesetzt. Dabei wurde ein mehrwöchiger Prozess mit einer Wochentaktung durchlaufen. Die einzelnen Kleingruppen waren während dieses Prozesses hauptsächlich über zeitversetzte Kommunikation miteinander verbunden, aber auch

Dezentrale Präsenz-Gruppen verbinden sich

eine spontane Echtzeitkommunikation zwischen den Teilnehmern war jederzeit möglich.

Attraktive Zeitautonomie der Kleingruppen

Die virtuelle Großgruppe ist insofern sehr interessant, als hier eine besondere Mischung aus selbst gesteuerter Kleingruppe mit einer gewissen Zeitautonomie und gegenseitigem Austausch wie in einer Großgruppe ermöglicht wird. Diese Form könnte sich in Zukunft zu einer attraktiven Variante für die Arbeit mit Großgruppen entwickeln.

In jeder Organisation ist es problematisch, alle oder die wichtigsten Mitarbeiter für mehrere Tage aus dem Arbeitsabläufen herauszunehmen. Deshalb gibt es nur wenige Beispiele, in denen eine ganze Organisation für drei oder vier Tage ihre Tore schließt, um wichtige Fragestellungen in einer Großgruppe zu lösen. Prinzipiell ist dies heute auch ohne neue Technologien möglich, jedoch fehlten bislang gute Unterstützungsplattformen, die eine Vernetzung der Teilergebnisse ermöglichen und einen weiterführenden Dialog unterstützen. Der Organisationsaufwand war einfach zu hoch. So wurden dann Workshops abgehalten, deren Ergebnisse jedoch innerhalb der Organisation sehr spät oder gar nicht publik gemacht.

Ein weiterer Vorteil kleiner, selbst gesteuerter Gruppen oder lokal gut geführter Moderation gegenüber den unten beschriebenen Formen liegt in einer besseren Unterstützung der Arbeitsdisziplin.

4.5 Rein virtuelle Großgruppe – Online-Konferenz

Einen Schwerpunkt in unserem Kapitel 4 bildet die reine Online-Konferenz:

- Zuerst wollen wir auf die Anwendungsfälle und speziellen Möglichkeiten der Online-Konferenzen blicken.
- Anschließend beschäftigen wir uns mit den praktischen Aspekten: von
  - Design und Vorbereitung
  - Auswahlkriterien für eine einzusetzende Plattform
  - Durchführung und Erfolgsfaktoren
- Die reine Echtzeitkonferenz stellen wir ausführlich am Beispiel von OpenSpace-Online® dar.

- Die Online-Konferenz mit zeitversetzter – und Echtzeit-Kommunikation wird am Beispiel eines virtuellen Appreciative Inquiry vertieft.
- Den Abschluss bildet ein Ausblick über virtuelle Gemeinschaften.

4.5.1 Anwendungen und spezielle Möglichkeiten

Unabhängig von den verschiedenen eingesetzten Formen der Kommunikation: virtuell in Echtzeit, virtuell zeitversetzt sowie virtuell Echtzeit und Zeitversetzt, gibt es drei wichtige Anwendungsbereiche:

- Online-Konferenz zur Vorbereitung einer Präsenz-Großgruppe
- Online-Konferenz zur weiteren Verarbeitung der Ergebnisse einer Präsenz-Großgruppe
- Eigenständige Online-Konferenz

Drei wichtige Anwendungsfälle

Die reine Online-Konferenz kann zur Vorbereitung oder als Eisbrecher in einer Präsenz-Großgruppe eingesetzt werden. Damit lassen sich Normen definieren und Grundregeln des Umgangs miteinander aufbauen. Auch die Vorfreude auf die bevorstehende Präsenz-Großgruppenveranstaltung kann so geweckt werden.

Online-Konferenz als Vorbereitung einer Präsenz-Großgruppe

Durch spezielle Online-Veranstaltungen im Anschluss an eine Großgruppenveranstaltung kann der gemeinsame Geist der Gruppen erneuert werden. Prinzipiell bieten sich die gleichen Möglichkeiten wie bei Präsenzveranstaltungen: Austausch von Best Practices, Entwicklung von Lösungsmöglichkeiten für aktuelle Herausforderungen, Erarbeiten von Umsetzungsschritten und Vernetzung von Projektgruppen.

Virtuelle Nachbereitung

Die Nutzung moderner Informationstechnologie nach einer Großgruppenveranstaltung kann die Absprache und den Austausch der Teilnehmer untereinander sehr erleichtern. So wird die auf der Veranstaltung freigesetzte Dynamik fortgeführt (siehe Abbildung 4.5.1). Hier zeigt sich ganz klar der Wert der zur Verfügung gestellten Strukturen und Kommunikationsmöglichkeiten.

Engagement aufrechterhalten

4. Großgruppen mit virtueller Ausprägung

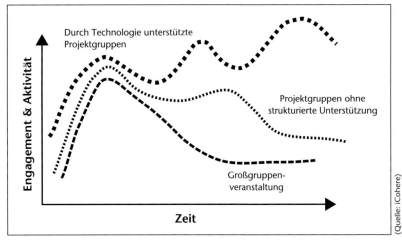

Abb. 4.5.1 Momentum nach Großgruppenveranstaltungen

Wir stehen erst am Anfang der Möglichkeiten

Online-Konferenzen stehen erst am Anfang der Entwicklung. Ganz speziell in der Verbindung mit großen Gruppen dürfen wir faszinierende Möglichkeiten erwarten.

Für Online-Konferenzen wurden mittlerweile von verschiedenen Anbietern Plattformen und spezielle Softwarelösungen entwickelt, die den Dialog, den Austausch und die Dokumentation innerhalb der Konferenz unterstützen.

Beispiele hierfür sind OvationNet® von icohere für an Appreciative Inquiry angelehnte Online-Prozesse und OpenSpace-Online® für eine Umsetzung der Open Space Prinzipien im Online-Bereich. Beide bilden ganz eigenständige Formen – unabhängig von ihren Präsenzvorbildern, mit ihren eigenen Dynamiken, ihren Vor- und Nachteilen.

Vorteile der Online-Konferenz

In einer Online-Konferenz sind Dinge möglich, die in einer realen Konferenz kaum machbar oder nur mit einem hohen Aufwand zu erzielen sind. Die Teilnehmer können:

- gezielt andere zu einem sofortigen Treffen (Chat) einladen, auch wenn diese im Moment in anderen Workshops, Chats oder Vorträgen eingebunden sind.
- an mehreren Workshops gleichzeitig teilnehmen. Dadurch entsteht eine hohe Parallelität, und die Teilergebnisse der

verschiedenen Workshops können sich gegenseitig befruchten. Dies ist jedoch eher für Menschen vom Typ »Schmetterling« aus dem Open Space Format geeignet.
- einen Experten für einen Moment gezielt einladen, seine Sicht der Dinge einzubringen.
- die bisherigen Ergebnisse und alle Beiträge anhand der aufgezeichneten Protokolle jederzeit nachlesen.
- in Vorträgen die Multimediapräsentation anhalten, um sich mit einem Gedanken tiefer zu beschäftigen. Oder: Sie können an die passende Stelle zurückspulen, um sich mit einer Ausführung wiederholt auseinanderzusetzen. Diese Unterstützung bewährt sich besonders bei Vorträgen oder Beiträgen, die nicht in der jeweiligen Muttersprache abgefasst sind.

Mit der heranwachsenden Generation der »Computer Kids« und mit neuen einfachen Technologien werden diese Möglichkeiten weiter an Effektivität gewinnen.

Weitere Vorteile von Online-Konferenzen sind:

- Die Beiträge der Teilnehmer werden bei grafisch unterstützter und textbasierter Kommunikation auf das Wesentliche reduziert. Denn: Die Teilnehmer müssen ihre spontan eingetippten Beiträge auf ein bis zwei Sätze beschränken.
- Alles wird dokumentiert, dies erleichtert einen späteren Einstieg und die Auswertung.
- Online-Konferenzen erlauben eine hohe Spontaneität, da Teilnehmer gezielt angesprochen werden können.
- Es gibt keine echten Beschränkungen für die Anzahl der Teilnehmer; es könnten sogar Millionen an einer Online-Konferenz teilnehmen.
- Die Teilnehmer können asynchron arbeiten, über alle Zeitzonen hinweg. Globale Konferenzen sind mit relativ geringem Aufwand möglich.

Am Beispiel OpenSpace-Online® (Kapitel 4.5.6) erläutern wir eine spezielle Form einer Online-Konferenz in Echtzeit. Für die Form eines virtuellen Appreciative Inquiry (Kapitel 4.5.9) zeigen wir die wesentlichen Komponenten und derzeitigen Möglichkeiten auf. Die Ergebnisdokumentation für die erste Appreciative Inquiry Online-Konferenz steht für Sie zum Download bereit.

4.5.2 Design und Vorbereitung

Auch Online will vorbereitet sein

Die allgemeinen Vorbereitungen wie Zielklärung, Stakeholder- oder Zielgruppenauswahl, Einladen der Teilnehmer und Gewinnung von Referenten verläuft ähnlich wie bei Präsenzveranstaltungen. Für diese Vorbereitungsarbeiten wird meist eine Planungsgruppe eingesetzt.

In diesem Kapitel entwickeln wir ein Design für die Online-Konferenz auf Basis der möglichen Kommunikations-Werkzeuge. Beim Wirkfaktor Virtualität in Kapitel 2.7 haben wir bereits eine Übersicht über die Werkzeuge für Echtzeit- und zeitversetzte virtuelle Kommunikation gegeben, die uns heute zur Verfügung stehen.

Kaplan (2006) beschreibt neben dem STT-Modell aus dem Kapitel 2.7.3 einige wichtige Prinzipien für das Design von Online-Konferenzen:

- Rollen klar definieren: Welche Rollen gibt es in der Gemeinschaft (z. B. Moderator, Gruppenleiter, Teilnehmer, Sponsor)? Wie sehen ihre Verantwortlichkeiten und Abhängigkeiten aus?
- Untergruppen erzeugen, die über ihren eigenen Online-Arbeitsbereich verfügen.
- Individualität unterstützen und Profile mit Fotos und Hintergrundinformationen der Teilnehmer bereitstellen.
- Technische Möglichkeiten ausloten: Wie versiert sind die Benutzer in Bezug auf Technologie? Welche technischen Einschränkungen, etwa der Übertragungskapazität, sind zu beachten?
- Rollen und Prozesse einführen: Welche strukturierte und informelle Zusammenarbeit soll ermöglicht werden? Wie kann man das Gleichgewicht zwischen diesen beiden Formen herstellen, um die Motivation der Teilnehmer aufrechtzuerhalten?
- Feedbackschleifen erzeugen, um ein kontinuierliches Lernen und fortlaufende Anpassung des Systems zu erreichen.

Nach den grundsätzlichen Überlegungen zum Ablauf erfolgt die Auswahl einer oder mehrerer geeigneter Plattformen, die eine Zielerreichung erleichtern können. Entscheidend ist, dass das technische System zu dem sozialen System – zur Kultur – passt oder entsprechend angepasst wird. Das bedeutet vor allem, dass es den Teilnehmern und Benutzern einfach gemacht wird, ihre persönlichen Ziele zu erreichen.

Grundsätzlich stellen sich bei der Auswahl der Plattform folgende Fragen:

Plattform-Auswahl begrenzt Möglichkeiten

- Welche Möglichkeiten und welche Beschränkungen bietet die eingesetzte Plattform?
- Welche besonderen kulturellen Aspekte müssen implementiert werden?
- Wie wohl fühlen sich die Teilnehmer mit der Technologie und der virtuellen Welt?
- Wie kann den Teilnehmern die Technologie nahegebracht werden?

Mehr zur Auswahl der Plattform erfahren Sie im nächsten Kapitel. Die Oberfläche der ausgewählten Plattform und die wichtigsten Inhaltsseiten sind wie ein Raum (Wirkfaktor Wohlfühlen) vorzubereiten. Daneben gibt es jedoch ganz spezifische Vorbereitungen für Online-Konferenzen.

4.5.3 Auswahl der Plattform

Bei der Auswahl der Plattform – vor allem für gemischte Online-Konferenzen – spielen neben den Möglichkeiten, das entwickelte Design umzusetzen, weitere Faktoren eine Rolle. Echtzeit- und zeitversetzte Kommunikation integrierende Plattformen sind weit mehr als die Summe aller einzelnen Tools. Sie eröffnen die Möglichkeit, unter einer Plattform alle Aktivitäten für einen kontinuierlichen Veränderungsprozess zusammenzuführen. Dadurch bieten sie so etwas wie eine »virtuelle Heimat«. Nach Kaplan (2006) bieten integrierende Plattformen folgende Möglichkeiten:

Merkmale integrierender Plattformen

- *Integrierte Funktionalität:*
  das bedeutet Kommunikation und Zusammenarbeit in einem.

- *Bedienungsfreundliche Benutzeroberfläche:*
  ermöglicht ein schnelles Vertrautwerden und Nutzen der Plattform.

- *Skalierbarkeit und Konfigurationsmöglichkeiten:*
  Auswahl der benötigten Funktionalitäten nach aktuellem Bedarf im Prozess.

- *Anpassbarkeit:*
  Erscheinungsbild Begrifflichkeiten sollten an die Unternehmenskultur und den Veränderungsprozess anpassbar sein.

- *Rollen und Identität:*
  die Möglichkeit, bestimmte Rollen wie Gruppe, Gruppenleiter oder Moderator zu definieren. Eigene Profile können mit Fotos oder Verlinkungen zu Internetseiten erstellt werden.

- *Selbstorganisation:*
  die Balance zu finden zwischen Steuerung der Gemeinschaft und Übernahme der Verantwortung für die weitere Organisation durch die Gemeinschaft. Entscheidend hierbei ist der Wert, den die Teilnehmenden durch ihre Aktivitäten gewinnen können.

- *Aktivitätsverfolgung:*
  durch Information: Wer nimmt wann und in welcher Form teil oder engagiert sich? Wie bei Präsenzveranstaltungen gibt es für die Prozessbegleiter zahlreiche Möglichkeiten, die Teilnehmer besonders zu aktivieren.

- *Gedächtnis:*
  Kommunikation, Dokumente und das Wissen der Gemeinschaft werden archiviert. Auf diese Weise entsteht eine gemeinsame Historie oder ein Gedächtnis, und den Teilnehmern fällt es leichter, Zusammenhänge zu begreifen und entsprechend zu handeln.

- *Training und Unterstützung:*
  Das reicht vom e-Learning bis zur Unterstützung und Beratung über die Möglichkeiten der Technologie.

Der besondere Wert von Online-Konferenzsystemen, die einen sehr großen Teil der virtuellen Kommunikation abdecken, liegt in einer Bündelung der gesamten Kommunikation unter einer Oberfläche. Der Benutzer muss sich also nur mit einer Konferenzumgebung vertraut machen.

Ein Beispiel hierfür ist die Plattform von www.icohere.com. Diese bietet zusätzlich die Möglichkeit eines Appreciative Inquiry Story Capture Tools (siehe Kapitel 4.5.10), etwa für die Dokumentation von Wertschätzenden Interviews, sowie Möglichkeiten der weiteren Verarbeitung (kategorisieren, bewerten, auswerten).

Plattformen, wie das OpenSpace-Online® (siehe Kapitel 4.5.6), wurden speziell für den Einsatz als Echtzeitkonferenzsystem entwickelt.

Im Downloadbereich finden Sie Links zur Auswahl der Plattformen.

4.5.4 Durchführung und Erfolgsfaktoren

Erfolgsfaktoren einer guten Online-Dynamik erstrecken sich von der Vorbereitung bis in die Nachbereitung. Ganz wichtig sind:

- *Ein klar definiertes Thema der Online-Konferenz*
  Es bündelt das Engagement und die Dialoge der Teilnehmer und macht klar, was hier zu erwarten ist. Dieser Grundsatz gilt für jede Form einer Veranstaltung, ganz besonders jedoch für Online-Formen. Denn hier ist der Logout nur einen Mausklick entfernt. Die Faszination muss hoch sein, damit der Teilnehmer »diszipliniert« dabei bleibt.

- Die Begleitung des gesamten Prozesses ist der Schlüssel des Erfolgs:
  - Dies beginnt bereits bei der Kommunikation vor der Online-Konferenz, um sicherzustellen, dass die Teilnehmer alle Informationen besitzen, die sie zum Start der Konferenz benötigen. Es ist wichtig, die Teilnehmer zu ermuntern, ihre persönlichen Profile anzulegen.
  - Beim ersten Login sollte es eine persönliche Begrüßung geben, beispielsweise mittels eines Instant Messengers. Ebenfalls wichtig ist eine leicht verständliche Einführung in die Nutzung der Online-Konferenzplattform. Darüber hinaus sollten die Ziele der Online-Konferenz und die Erwartungen an die Teilnehmenden klar artikuliert werden.
  - Während einer mehrtägigen Konferenz gilt es das Interesse der Teilnehmer mit Ankündigungen im Online-Bereich und per E-Mail immer wieder zu gewinnen.
  - Speziell in den Online-Chats bedarf es einer begleitenden Moderation. Hier ist es besonders hilfreich, zwei Rollen zu definieren – die des Gastgebers und die des Moderators. Große Online-Chats mit 50 bis 100 Teilnehmern entwickeln eine Dynamik, die teilweise schwer zu steuern ist. Im Chat weiß der Teilnehmer nicht wie in einer Präsenz-Großgruppe, ob er jetzt das Wort hat oder nicht. Er kann jederzeit etwas beitragen. Ob dieser Beitrag

Begleitung des Prozesses als Schlüssel des Erfolgs

allerdings auf einen fruchtbaren Boden fällt, hängt von vielen
Faktoren ab: Kommt der Beitrag zur rechten Zeit? Wie steht er
im Verhältnis zu den anderen Beiträgen? Oft steht die Diskussion bereits an einem anderen Punkt, wenn man den eigenen
Beitrag endlich getippt hat. Schnelltipper haben hier deutliche
Vorteile. Als begleitender Moderator ist diese Fähigkeit essenziell.
- Eine Live-Visualisierung (siehe Werkzeugkasten in Kapitel 7.1.4)
  bietet in Online-Prozessen eine wirkungsvolle Unterstützung.
  Selbst wenn der Prozess nicht live in die Online-Konferenz
  eingespeist wird, kann die Visualisierung für eine erfrischende
  Dokumentation genutzt werden.
- Eine Nachbereitung durch die Organisatoren oder in Kleingruppen bringt einen weiteren wichtigen Schub.
- In den asynchronen Foren der Online-Konferenz ist es sinnvoll,
  auf die Form und die Aktivitäten zu achten. So kann gezielt
  interveniert werden. Eine gute Dynamik zeigt sich auch im
  Austausch von Ressourcen, seien es Links auf bestimmte Internetseiten oder eigene Dokumente zu speziellen Themen.
- Unabdingbar ist ein guter technischer Support: Auch wenn die
  Bedienung, die Technologie oder der Login noch so einfach
  sind, es gibt immer Probleme und Fragen, die eine Teilnahme
  verhindern.

- *Eine Balance zwischen vorgefertigten und sich entwickelnden Inhalten schaffen:*
  Mit zu vielen Präsentationen und vorbereiteten Workshops
  können die Teilnehmer schnell in eine Konsumhaltung geraten,
  in der sie nicht mehr selbst aktiv werden.

Echtzeit-Elemente einbauen

- Um ein echtes Konferenzgefühl zu erzeugen, sind unterschiedliche Echtzeit-Elemente, wie Chats, Frage- und Antwort-Runden,
  Podiumsdiskussionen ideal. Die Rolle des »Erzählers«, der in Präsentationen und Workshops einführt und eine Zusammenfassung
  des Tages erstellt, ist ein weiteres wesentliches Element. Diese
  Zusammenfassungen werden mit den Ankündigungen für den
  nächsten Tag per E-Mail an alle Teilnehmer verschickt. Das gibt
  einen Rückblick auf den vergangenen Tag und macht Lust auf den
  nächsten.

- Am Ende des letzten Tages wird ein gesamter Rückblick auf die Online-Konferenz erstellt und die Teilnehmer werden ermuntert, das Feedbackformular auszufüllen.

- Mit einem Dank per E-Mail, einige Tage später, werden die Teilnehmer gleichzeitig daran erinnert, dass der Online-Konferenzraum noch für eine bestimmte Zeit geöffnet ist. So können sie sich weiter austauschen und die Ergebnisse im Einzelnen betrachten.

  E-Mails im Nachgang

- Einige Wochen nach der Online-Konferenz sollten die Teilnehmer eine gut aufbereitete Dokumentation der gesamten Online-Konferenz erhalten. Dies bietet nochmals eine Möglichkeit der Reaktivierung.

4.5.5 Rein virtuelle Echtzeit-Konferenz

Rein virtuelle Echtzeit-Konferenz heißt: Alle Teilnehmer nehmen zur gleichen Zeit über virtuelle Kommunikation daran teil. Bei Großgruppenanwendungen, wie wir sie hier betrachten, spielen praktisch nur die Online-Varianten eine Rolle. Bisher gibt es für die bekannten Standardformate nur wenige direkte Implementierungen. Deshalb sei auf die virtuelle Zukunftswerkstatt nach Rüppel (2004) verwiesen, die derzeit für maximal 25 Teilnehmer geeignet ist. Das nachfolgende Beispiel einer Echtzeit-Konferenz OpenSpace-Online® eignet sich für Gruppen bis zu einer Größe von 125 Teilnehmern. Größere Gruppen sind durch parallele und zeitlich versetzte Konferenzen möglich.

4.5.6 Beispiel OpenSpace-Online® Echtzeit-Konferenzmethode

OpenSpace-Online® ist eine eigenständige, virtuell-moderierte Echtzeit-Konferenzmethode. Das textbasierte Internet-Verfahren ermöglicht ein eigenverantwortliches und ergebnisorientiertes Zusammenarbeiten von kleinen und größeren Gruppen. Es unterstützt schnelle und effektive Weiterarbeit und verbindet Online- und Offline-Kommunikation. Zusätzlich hilft es Zeit- und Reisekosten zu sparen. Seine Einfachheit in Sachen »Organisation, Durchführung und Teilnahme« und seine vielfältigen Einsatzmöglichkeiten erleichtern nachhaltige Lern-, Beteiligungs- und Veränderungsprozesse.

Eigenständig und virtuell moderiert

Im Sommer 1999 entstand die Vision für eine virtuell moderierte Echtzeit-Konferenzmethode. Entwickelt wurde sie von der Kommunikationswissenschaftlerin Gabriela Ender und ihrem Team aus Deutschland zwischen 1999 und 2002. Zu dieser Zeit arbeitete Ender als selbständige Begleiterin für Team- und Organisationsentwicklung.

Open Space im Internet

Im Wesentlichen überträgt OpenSpace-Online® die Philosophie und Prinzipien der Präsenzmethode Open Space Technology (OST) auf das Internet. Es handelt sich um einen in Echtzeit ablaufenden Open Space-Arbeitsprozess. Dieser ermöglicht die völlig eigenständige Zusammenarbeit unterschiedlichster Lern-, Interessen- und Arbeitsgruppen – schnell, einfach und sicher in Echtzeit. Echtzeit bedeutet hier, dass die Teilnehmer zur gleichen Zeit direkt miteinander kommunizieren, etwa wie in einem Chatraum.

Jeder kann veranstalten und teilnehmen

Das besondere von OpenSpace-Online® ist, dass jede Person und jede Organisation von überall auf der Welt ohne Schulung oder Beratung selbst Veranstalter einer OpenSpace-Online® Konferenz werden kann. Für die Teilnehmer steht ein virtueller Open Space Begleiter bereit, der die Mitwirkenden »in den Mittelpunkt« stellt und sie Schritt für Schritt durch eine grafisch ansprechende und intuitiv zu bedienende Konferenzumgebung führt. Die Entwicklung der Methode beruht, wie viele Beteiligungsansätze, auf der Grundannahme, dass ein Großteil des benötigten Wissens bereits in jeder Gruppe vorhanden ist und dass aus dem »eigenen System« heraus oft die besten Antworten, Lösungen und Verabredungen für weitere Schritte gefunden werden. OpenSpace-Online® lässt sich hervorragend in Veränderungsprozesse mit Präsenzveranstaltungen integrieren und mit der Projektarbeit verzahnen. Damit bieten sich vielfältige neue Möglichkeiten für Prozessbegleiter.

Einsatzbereiche und Zielsetzung

Brennende Themen

Weltweit wird OpenSpace-Online® von Organisationen in Wirtschaft, Gesellschaft, Politik, Bildung und Forschung eingesetzt. Die OpenSpace-Online®-Methode kann besonders kraftvoll, effektiv und nachhaltig sein, wenn:

- brennende und komplexe Fragestellungen im Raum stehen
- die Ideen und Erfahrungen vieler gefragt sind
- Engagement sowie Eigenverantwortung gefördert und gestärkt werden sollen

- Entfernungen überbrückt werden sollen und
- Ergebnisse zur Weiterarbeit oder Evaluierung sofort vorliegen sollen.

An einer OpenSpace-Online®-Echtzeit-Konferenz können zwischen 5 und 125 Personen gleichzeitig teilnehmen. Die Durchführung von gleichzeitig oder zeitlich versetzten Konferenzen ist ebenfalls möglich. Die Einsatzbereiche sind vielfältig:

5 bis 125 Teilnehmer

- Interkulturelle Zusammenarbeit und Diversity Management
- Kundenbindungsmaßnahmen und Stakeholder Management
- Kreativitätsrunden, Szenario Meetings und Produktentwicklung
- Kooperation zwischen Partnern (z. B. Städte, Schulen, Organisationen)
- Austausch von Erfahrungen und Networking
- Optimierung und Belebung von Maßnahmen im Bereich e-Learning
- Pre-Meetings oder Follow-ups von Präsenzveranstaltungen; speziell die Sicherung der Nachhaltigkeit durch weitergehende Kommunikation

Wir erkennen, dass hier viele unserer Zielebereiche ermöglicht werden. Besondere Stärken liegen in »Neue Lösungen finden« (4) und »Entscheiden« (7). Aber auch die Zielbereiche »Gemeinschaft erleben« (5), »Motivieren« (3) und »Umsetzen« (8) können wirkungsvoll unterstützt werden.

Im Durchschnitt laufen OpenSpace-Online®-Veranstaltungen drei bis fünf Stunden, die Dauer wird vorab festgelegt. Ein Anwendungsbeispiel ist in Kapitel 5.12 näher beschrieben.

Dauer drei bis fünf Stunden

Vorbereitung

Das OpenSpace-Online®-Konferenzsystem ist so konzipiert, dass es von jedem Teilnehmer, ob jung oder alt, bedient und von jedem Veranstalter ohne technisches oder methodisches Vorwissen eigenständig organisiert und eingesetzt werden kann. »The Power of People«, lautet das Motto dieser Methode.

Teilnahme für jeden möglich

Die Teilnehmer benötigen einen Computer, der die technischen Voraussetzungen erfüllt, und eine Internetanbindung. Wenn sie das Thema der jeweiligen Konferenz interessant finden, können sie sich beim entsprechenden Veranstalter anmelden. Etwa drei bis vier Tage vor der Veranstaltung erhalten die Teilnehmer Informationen zur technischen Vorbereitung und ihre persönlichen Zugangsdaten. Den Veranstaltern steht ein kostenloser User Guide mit umfangreichen Tipps zur Verfügung.

Grundelemente und Ablauf

Strukturierter Ablauf OpenSpace-Online® läuft in bestimmten Arbeitsphasen (Abb. 4.5.2) ab. Die Mitwirkenden arbeiten gleichzeitig (synchron) und hoch konzentriert an einem für sie aktuellen Thema. Die Ziel- und Lösungsorientierung steht dabei im Vordergrund. Die Experten sind die Teilnehmenden selbst. Sie finden sich aus Interesse zum übergeordneten Thema ein und erarbeiten auf der Basis ihres Wissens, ihrer Fragen, ihrer Anregungen und ihres Engagements gemeinsam neue Ideen und Lösungen.

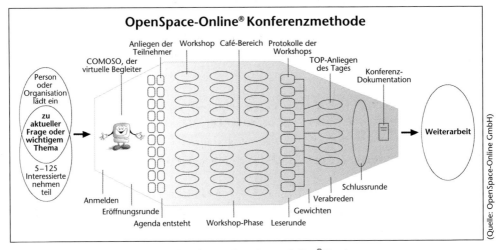

Abb. 4.5.2 Ablauf einer OpenSpace-Online® Konferenz

Es wird kein externer Online-Moderator benötigt.

COMOSO – der virtuelle Begleiter Während des Echtzeit-Prozesses gibt es keine Person, die interveniert oder eine besondere Stellung einnimmt. Der virtuelle Begleiter COMOSO (Abb. 4.5.3) führt alle Mitwirkenden auf einfache Weise durch die Konferenz. Kurz vor Beginn der Echtzeit-Konferenz starten alle Teilnehmer die

4.5 Rein virtuelle Großgruppe – Online-Konferenz

Abb. 4.5.3 COMOSO – der virtuelle OpenSpace-Begleiter in der Eröffnungsrunde

OpenSpace-Online® Software, stellen eine Verbindung zum Internet her und loggen sich ein. Schon wenige Sekunden nach dem gemeinsamen Start begrüßt COMOSO, der virtuelle Open Space Begleiter, alle Mitwirkenden und macht sie innerhalb weniger Minuten mit der Online-Methode und den Open Space Prinzipien bekannt.

Es existiert keine im Vorfeld festgelegte Agenda. Die Teilnehmenden entwickeln durch das Einbringen ihrer Fragen und Anliegen die aktuelle Workshop-Agenda des Tages. Danach folgen mehrere Workshops parallel und nacheinander. Die Teilnehmer bestimmen zu jeder Zeit, an welchen Themen sie mitarbeiten wollen. Während der Workshops und in den Pausen bietet ein Konferenz-Café Raum für sozialen Austausch, neue Themen und ungestörte »Zweier-Gespräche«.

Agenda selbst entwickeln

Jeder Workshop endet damit, dass ein Verantwortlicher (derjenige, der den Workshop einberufen hat, oder ein anderer Teilnehmer) die wichtigsten Ergebnisse in einem übersichtlichen Protokollformular zusammenfasst. Zusätzliche Notizen sind nicht erforderlich. Alle Redebeiträge können nachgelesen werden. Die Ergebnisprotokolle sind anschließend an einer für alle sofort zugänglichen »Nachrichtenwand« einzusehen. Nach Beendigung der kompletten Workshop-Phase folgt eine gemeinsame Leserunde mit sämtlichen Ergebnisprotokollen. Hier haben alle Teilnehmer

Ergebnisse für alle verfügbar

die Gelegenheit, sich einen Überblick über das Erarbeitete zu verschaffen und Ergänzungen an den Protokollen vorzunehmen.

Gewichtung und Vertiefung
Den weiteren Verlauf bestimmt der Veranstalter je nach Zielsetzung der Konferenz. Stehen eher Vielfalt und Austausch im Vordergrund des Interesses, wird oftmals die Variante OpenSpace-Online® CLASSIC gewählt. Geht es um »kontinuierliche Projektarbeit oder nachhaltige Weiterarbeit«, kann die OpenSpace-Online® SPECIAL Variante sehr hilfreich sein. Bei der SPECIAL Variante folgt nach der gemeinsamen Leserunde der Einstieg in die Gewichtungs- und Verabredungsphase. Zunächst erstellen die Mitwirkenden anonym ihre persönliche Rangfolge aller zuvor stattgefundenen Workshops und erarbeiten damit gleichzeitig eine Gesamtrangfolge. So werden sehr schnell die »TOP-Anliegen des Tages« deutlich. In der darauffolgenden Phase werden die Ergebnisprotokolle der TOP-Anliegen weiter bearbeitet und neue Ideen, Hinweise und Vorschläge eingebracht. Zu den TOP-Anliegen bilden sich im weiteren Verlauf Arbeitsgruppen, die sich parallel treffen und sich über Möglichkeiten zur weiteren Bearbeitung austauschen oder erste Schritte für die nähere Zukunft diskutieren und beschließen. Nach der Verabredungsrunde folgt die Schlussrunde, an der wieder alle Mitwirkenden gleichzeitig teilnehmen. Hier ist Raum, um sich über gerade getroffene Vereinbarungen auszutauschen.

Ausführliche Dokumentation
Zum Abschluss einer OpenSpace-Online® Konferenz erhält jeder Mitwirkende auf Knopfdruck die ausführliche Konferenz-Dokumentation. Die Dokumentation bietet eine ideale Grundlage zur nahtlosen Weiterarbeit, da sie alle während der Veranstaltung erarbeiteten Inhalte, Ergebnisse, Verabredungen und Kontaktdaten enthält.

Erfolgsfaktoren und Grenzen

In den gesamten Prozess einbetten
Die Durchführung dieser Internet-Konferenzen ist einfach. Dennoch sind auch hier im Vorfeld Organisatoren gefordert, diese optimal in den übergeordneten Prozess einzubetten. Sie haben den richtigen Zeitpunkt zu wählen, die Zielgruppe genau zu definieren und das Thema so zu formulieren, dass die Teilnehmer Interesse an der Veranstaltung entwickeln. Eine wertschätzende Einladung der Teilnehmer ermöglicht einen guten Start. Kurzum: Ein wesentlicher Faktor für die Ergebnisqualität und die Nachhaltigkeit ist der Prozess des »Davor und Danach«. Werden diese Aspekte angemessen berücksichtigt, kann ein hoher Grad an Engagement und Eigenverantwortung erreicht werden.

Ausprägung der Wirkfaktoren

Wir verzichten hier auf eine Bewertung wie bei den Präsenzveranstaltungen, da rein virtuelle Veranstaltungen noch zu neu sind.

Wirkfaktor 1: Wohlfühlen

Durch die visuell sehr ansprechende grafische Umsetzung und die professionelle Open Space Begleitung durch COMOSO rückt die Technik der Softwareumgebung komplett in den Hintergrund. Die Teilnehmer tauchen für einige Stunden in ein virtuelles »Open Space Konferenzzentrum« ein, das Wertschätzung, Offenheit, Orientierung und Vertrauen vermittelt. Viele Teilnehmer vergessen während der Konferenz, dass es sich »nur« um eine textbasierte Online-Konferenz handelt, da innerhalb kürzester Zeit eine große Nähe zum Geschehen und den Mitwirkenden zu spüren ist.

Wohlfühl-Kommunikation

Wirkfaktor 2: Ressourcenaktivierung

Das Thema selbst wirkt hier als stärkste Ressourcenaktivierung, denn die Teilnehmer arbeiten an dem, was sie am meisten interessiert und bewegt. Durch die ausschließlich textbasierte Kommunikation ist es für zurückhaltende Teilnehmer im Vergleich zu Präsenzveranstaltungen leichter, sich einzubringen. Die vielfältigen Workshopthemen zeigen schnell, was die Teilnehmenden bewegt. Die Pflege der Beziehungen und der Gemeinschaft wird durch den Cafébereich unterstützt.

Motivierendes Thema

Wirkfaktor 3: Kleingruppenarbeit

Die meiste Zeit wird in Kleingruppen gearbeitet. Die Zusammensetzung der Kleingruppen orientiert sich dabei ausschließlich am Interesse der Teilnehmer. Ein »Kommen und Gehen« der Teilnehmer ist jederzeit möglich und unterstützt eine effektive Gruppenarbeit. Die Arbeit in den einzelnen Workshops wird durch keine expliziten Strukturen unterstützt. Eine Ergebnisstruktur hilft bei der Dokumentation der Ergebnisse. Diese Ergebnissteckbriefe bilden die Querinformation zwischen den einzelnen Workshops.

Wirkfaktor 4: Ergebnisorientierung

Der klar strukturierte Ablauf und die zeitliche Limitierung auf wenige Stunden tragen ebenso zu einer hohen Ergebnisorientierung bei wie die vorgegebene Ergebnisstruktur der Workshops. Eine übergeordnete »Timeline« verdeutlicht zu jeder Zeit den aktuellen Verlauf der Veranstaltung, und ein »Countdown« zeigt, wie viel Zeit für den jeweiligen Arbeitsabschnitt verbleibt.

Zeitbewusstsein

Verantwortung für Ergebnis
Auch wenn die individuellen Zielsetzungen sehr unterschiedlich sind, so entsteht beim Lösen von dringenden Problemen, dem Sammeln von neuen Ideen und dem Austausch von Erfahrungen über die Auswahl eines treffenden Themas eine intrinsische Motivation für Ergebnisorientierung. Die Mitwirkenden geraten innerhalb kürzester Zeit in einen Flow – zwischen »Eigenverantwortung und Gesamtverantwortung«. Jeder Teilnehmer erkennt, dass er einen wichtigen Beitrag zum Gelingen der gesamten Echtzeit-Konferenz und zu den Ergebnissen liefert.

Die schnelle Erfassung der wichtigsten Workshopergebnisse und Verabredungen sowie die Aufzeichnung aller Redebeiträge – mit Ausnahme der »Zweier-Gespräche«– in Form einer ausführlichen Konferenzdokumentation bietet eine gute Grundlage zur umfassenden Information Dritter und zur nahtlosen Weiterarbeit im Anschluss an die Veranstaltung.

Eine Möglichkeit, die Ergebnisorientierung zu erhöhen, bietet die Variante OpenSpace-Online® SPECIAL, die weiter vorne beschrieben wurde.

Wirkfaktor 5: Rhythmisieren
Der offene und gleichzeitig strukturierte, phasenweise Ablauf der OpenSpace-Online® Konferenz bietet eine fließende Balance zwischen Großgruppen- und Kleingruppenarbeit. Das Online-Medium erlaubt den Teilnehmern, jederzeit zwischen aktiver Teilnahme und passiver Mitwirkung zu wechseln.

Wirkfaktor 6: Selbstorganisation
Freiraum für Engagement
Im Zentrum der OpenSpace-Online® Methode steht die Schaffung eines ausreichenden Freiraums zur optimalen Entfaltung von Eigenverantwortung, Engagement und Lösungsorientierung. Der klar strukturierte Ablauf, ein übergeordneter Werte-Codex und eine Konferenz-Etikette schaffen Vertrauen und geben Orientierung in der virtuellen Welt.

Die Teilnehmer entwickeln die Agenda des Tages. Sie gestalten den Verlauf und die Inhalte der Workshops, fassen die Ergebnisse zusammen und ergänzen diese. Sie gewichten die Top-Themen und machen Vorschläge zur anschließenden Weiterarbeit.

Virtuelles Gesetz der zwei Füße
Das »Gesetz der zwei Füße« bestärkt die Mitwirkenden, sich während der Workshopphase ausschließlich am eigenen Interesse zu orientieren. Es ist deren Entscheidung, in einem Workshop zu bleiben oder zu wechseln, den Café-Bereich aufzusuchen oder »ungestörte Zweier-Gespräche« zu führen.

Darüber hinaus kann jeder einzelne Teilnehmer zu jeder Sekunde neu entscheiden, ob er sich aktiv beteiligt oder zurücklehnt und den Prozess nur beobachtet. Jeder kann die Konferenz zwischendurch verlassen, sich einen Kaffee oder Tee besorgen, ein paar Kniebeugen machen und später wiederkommen. Das Konferenzsystem stellt jedem Teilnehmer, auch wenn er sich zwischenzeitlich ausgeloggt hat, sofort alle bis zu diesem Moment erarbeiteten Ergebnisse zur Verfügung. Ein nahtloser Wiedereinstieg ist jederzeit möglich.

Wirkfaktor 7: Virtualität
Die OpenSpace-Online® Methode ist eine in sich komplett abgeschlossene Konferenz-Methode, die über Internet oder Intranet durchgeführt wird. Sie wurde für Gruppen entwickelt, die über Entfernungen hinweg zusammenarbeiten wollen oder müssen. Jeder Teilnehmer kann an jedem Ort der Welt sitzen. Die einzige Einschränkung: Er muss zu einer festgesetzten Zeit – in Echtzeit – teilnehmen. Eine asynchrone, d. h. zeitversetzte Teilnahme ist nicht möglich.

Eine Echtzeitkonferenz

Empfohlene Literatur und weiterführende informationen

Ender, Gabriela: OpenSpace-Online®. E-BOOK in Deutsch und Englisch (2005–2007), über www.OpenSpace-Online.com.
Ender, Gabriela: Echtzeit-Konferenzen mit der OpenSpace-Online® Methode – Ergebnisorientierte Beteiligung via Internet, in: »Innovative Workshop-Konzepte«, Gust, Mario und Seebacher, Uwe, Ottobrunn: USP Publishing International 2004.
Ender, Gabriela: OpenSpace-Online® Real-Time Methodology, in: Holman, Peggy / Devane, Tom / Cady, Steve (Hrsg): The Change Handbook, San Francisco: Berrett-Koehler 2007.

4.5.7 Rein virtuelle zeitversetzte Kommunikation

Diese Form der rein virtuellen zeitversetzten Kommunikation wird in einigen Spezialbereichen eingesetzt, beispielsweise im Rahmen von Intranet-Anwendungen und bei Mitarbeiterbefragungen. Ein großer deutscher Konzern führt weltweit die Befragung seiner 250 000 Mitarbeiter online durch.

Im Internet finden sich interessante Phänomene rein zeitversetzter Kommunikation innerhalb von Gemeinschaften – so genannte Communities.

Internet voller Plattformen

Hier stehen Austausch und Netzwerken im Vordergrund. Beispiele hierfür sind YouTube oder OpenBC. Da wir den Schwerpunkt auf Großgruppenveranstaltungen legen, können wir hier auf dieses spannende Thema leider nicht weiter eingehen. Weitere Gedanken dazu finden Sie auch in unserem Ausblick über virtuelle Gemeinschaften in Kapitel 4.5.10.

4.5.8 Online-Konferenz mit gemischter virtueller Kommunikation

Synchrone und asynchrone Elemente

Für eine Online-Konferenz mit synchronen und asynchronen Anteilen hat sich eine Dauer von drei bis vier Tagen bewährt. Speziell für die Online-Tagung empfiehlt es sich, zwei bis drei Präsentationen von Keynote-Speakern oder Workshops pro Tag einzuplanen. Diese Begrenzung ist wichtig, damit die Inhalte von den Teilnehmern verarbeitet werden können und sie nicht in der Informationsflut versinken. So entsteht der notwendige Freiraum, um sich intensiv mit den vorhandenen Inhalten zu beschäftigen und die Teilnehmer zum Einbringen von neuen Ideen anzuregen. Der selbst gesteuerte Dialog unter den Teilnehmern erhält in diesem Zusammenhang große Bedeutung. Vorgefertigte Inhalte dienen hauptsächlich als Startimpuls für einen konstruktiven Dialog in der Gemeinschaft.

Wir gehen davon aus, dass kein Teilnehmer länger als acht Stunden täglich online zugeschaltet sein wird. In der Praxis kann man mit drei bis fünf Stunden aktiver Teilnahme an Echtzeit-Kommunikation rechnen, das Studium von Unterlagen und das Engagement im Bereich der zeitversetzten Kommunikation mit eingeschlossen.

 Es ist empfehlenswert, die Programmpunkte mit Echtzeit-Kommunikation in der Agenda über den Tag zu verteilen. Der zeitliche Umfang sollte rund drei Stunden betragen.

Ähnlichkeiten zu Präsenzveranstaltungen

Folgende Elemente aus den Präsenzveranstaltungen haben sich auch im virtuellen Raum bewährt:

- *Willkommensseite*
  Neben der allgemeinen Agenda hält die Willkommensseite zwei wichtige Nachrichten für den Teilnehmer bereit. Eine informiert über Sinn und Zweck der Veranstaltung, die andere verschafft dem Teilnehmer einen Überblick darüber, wie er die Plattform nutzen kann.

- *Ankündigungen*
  Zum Start sollten hier einige wichtige Ankündigungen wie »Erste Live-Events« oder »Wo bekomme ich Hilfe« stehen.

- *Konferenzsaal*
  Hier finden die meisten Aktivitäten statt. Neben dem geplanten Programm mit Keynote-Speakern und Workshops können die Teilnehmer ihre eigenen asynchronen Diskussionen starten oder eigene Workshops ankündigen. Ein weiteres wichtiges Element ist das Zusammenarbeits-Café, das rund um die Uhr geöffnet hat. Anders als beim allgemeinen Café-Bereich werden hier die Dialoge zusammen mit den Teilnehmern archiviert und für weitere Diskussionen zugänglich gemacht.

- *Ausstellung*
  Sponsoren und Partner erhalten die Möglichkeit, sich darzustellen, interessante Events anzubieten oder auf entsprechende Projekte aufmerksam zu machen.

- *Büchertisch*
  Hier finden die Teilnehmer Bücher, die mit dem Thema in Verbindung stehen.

- *Ressourcenzentrum*
  Hier können neben den Präsentationen und Dokumentationen spezifische Materialien wie Leitfäden angeboten werden. Besonders aufmerksam ist es, einen Konferenzordner anzubieten, der die Struktur einer Teilnehmermappe hat, die wir von Präsenzveranstaltungen kennen. Ein Erinnerungsstück, das sich der Teilnehmer selbst anfertigen kann, schafft eine Verbindung zur räumlichen Welt. Die Teilnehmer können sich beispielsweise eine Seite ausdrucken, aus der sie einen Würfel basteln, auf dem das Thema und andere Aspekte der Online-Konferenz abgedruckt sind.

- *Chats*
  Innerhalb von Online-Veranstaltungen können wir mehrere Arten von Chats unterscheiden: Spontane Chats, die jederzeit einberufen werden können, und geplante Chats, die zu einer vorher definierten Zeit stattfinden. Letztere sind sehr sinnvoll bei Fragen und Antworten zur Präsentation eines Keynote-Speakers. Alle Chats können mit oder ohne Moderationsbegleitung durchgeführt werden.

Weitere Elemente aus dem Präsenzbereich wie Infoboards für spezifische Themen oder vorproduzierte Bewegungsübungen als »Energizer« können in den Online-Bereich übernommen werden. Anregungen hierzu finden Sie in den Beispielen von Kapitel 2 und Kapitel 5.

4.5.9. Beispiel: Virtuelles Appreciative Inquiry

Gleiche Prinzipien, anderes Medium

Der Prozessablauf eines virtuellen Appreciative Inquiry (AI) Prozesses ist identisch zum Appreciative Inquiry Prozess, den wir in Kapitel 3.9. beschrieben haben. Es gibt daher sehr viele Gestaltungsmöglichkeiten. Im Wesentlichen besteht der Unterschied im Medium, das zum Austausch genutzt wird, und in den Möglichkeiten, die uns für die Vernetzung von Wissen zur Verfügung stehen.

In der Online-Welt wurden reine Appreciative Inquiry Online-Großgruppenprozesse bisher nur bei Tagungen durchgeführt. Als Beispiel sei hier die erste AI Online-Konferenz »Business as an Agent for World Benefit« genannt, die drei Tage dauerte und an der über 600 Teilnehmer aus 50 Ländern teilnahmen. Die Ergebnisdokumentation finden Sie im Downloadbereich. Allerdings zählen wir diese Online-Konferenz nicht zu reinen AI Online-Großgruppenprozessen, weil das Wertschätzende Interview nicht direkt in den Prozess integriert war. Die Gestaltung der Online-Tagung basierte jedoch sehr auf den Prinzipien des Appreciative Inquiry.

Das Beispiel in Kapitel 5.6 zeigt, wie es sein könnte. Die dort eingesetzte Plattform ermöglichte, den Austausch und Dialog vieler lokaler Gruppen online durchzuführen. Der nächste Schritt wären die Wertschätzenden Interviews – direkt online.

Die Plattform für virtuelle AI-Prozesse, die sich heute am ehesten eignet, stammt von *iCohere*.

Virtuelle Wertschätzende Interviews

Spezielle Software

Virtuelle Wertschätzende Interviews sind relativ leicht in Chats oder per Telefon möglich. Für die Auswertung steht das Appreciative Inquiry Story Capture Tool (Abb. 4.5.4) zur Verfügung, ein Werkzeug zum Aufzeichnen der Erfolgsbeispiele. Es kann flexibel an die Bedürfnisse des gesamten Prozesses angepasst werden.

4.5 Rein virtuelle Großgruppe – Online-Konferenz

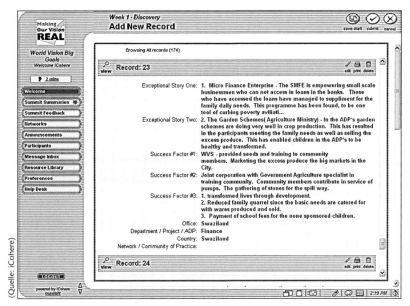

Abb. 4.5.4 Appreciative Inquiry Story Capture Tool

Die vollständige Dokumentation des Interviews ist in beiden Fällen ebenfalls problemlos möglich: Spezielle Telefonservices stellen das Interview im Anschluss als digitale Audiodatei zur Verfügung. Bei Chats liegt es in einem Protokoll bereits als Text vor. So wird ein großer Fundus an Wissen, Erfahrungen und Ideen sofort dokumentiert. Für eine Verbreitung sollte es zielgruppengerecht aufbereitet werden. Vor allem die Essenz aus dem Interview, welche ebenfalls in dem AI Story Capture Tool erfasst wird, ist wesentlich. Im Austausch der Interviews und ihrer Ergebnisse zeigt sich die besondere Stärke des virtuellen Mediums: Verbindungen zu knüpfen und gemeinsam die Ergebnisse zu reflektieren.

Im Moment gibt es im Bereich reiner Online-Interviews keine weitergehende Unterstützung. Natürlich wäre es sinnvoll, den Dialog des Wertschätzenden Interviews zu visualisieren und zu strukturieren, um hier leichter anknüpfen zu können. Ein Konzept hierfür haben wir bereits entwickelt – derzeit führen wir mit iCohere Gespräche über eine Implementierung.

Online-Interview versus Telefoninterview

Reine Online-Interviews per Chat sind heute eher als Einstieg in vertiefende Dialoge zu sehen, um sich persönlich kennen zu lernen. Es braucht einiges an Technologiebegeisterung, um dem Online-Interview gegenüber einem telefonischen Interview den Vorzug zu geben. Beim Online-Interview fehlt die Intonation der Stimme – ein wichtiges kommunikatives Signal. Gegenüber dem persönlichen Interview fehlen die Signale der Körpersprache und der Blickkontakt. Im Online-Interview ist insgesamt mehr Intuition gefordert und konkretes Rückfragen wesentlich.

Besonderheiten des virtuellen Ablaufs

Das man beim Online-Interview aufgrund der textbasierten Umgebung dazu gezwungen ist, sich auf die wesentlichen Dinge zu beschränken, kann durchaus als Vorteil angesehen werden. Wenn eine entsprechende Offenheit von Seiten der Beteiligten herrscht, kann sich – wie wir aus einzelnen AI Online-Interviews wissen – eine ähnliche Dynamik entfalten wie in normalen Wertschätzenden Interviews. Dabei ist es hilfreich, im Vorfeld Persönliches, etwa Bilder der Interviewpartner, auszutauschen. Zu Beginn eines Wertschätzenden Online-Interviews sollten mehr Einstiegsfragen als in einem direkten Interview eingesetzt werden, damit sich die Beziehung schrittweise aufbauen kann. Außerdem ist es wichtig, stärker nachzufragen, um die vielen verschiedenen Facetten der Situationen und Bilder des Interviewpartners erfassen zu können. Die Dauer von Wertschätzenden Online-Interviews liegt zwischen 30 und 90 Minuten und kann von den Teilnehmern selbst festgelegt werden, da die Interviews meist in einen zeitversetzten Prozess eingebunden sind.

Bisher ist diese Form der Interviewführung noch von geringer Bedeutung, und ein sinnvoller Einsatz in Großgruppenprozessen liegt in weiter Ferne. Mit einer Verbesserung der Spracherkennungstechnologie und der Verbreitung von Videochats in Verbindung mit einer einfacheren Handhabung könnte sich dies jedoch schnell ändern.

4.5.10 Ausblick virtuelle Gemeinschaften

Zwischen Beziehungs- und Aufgabenorientierung

Der Übergang von der Online-Konferenz zur virtuellen Gemeinschaft ist fließend. Manchmal dient die Online-Konferenz ganz gezielt dazu, eine solche Gemeinschaft aufzubauen. Eine virtuelle Gemeinschaft ist eine permanente Großgruppe, die ständig in einem Dialog und in einem Prozess engagiert ist. Sie stellen ein in Zukunft immer wichtigeres Element in der Arbeit mit großen Gruppen dar. Die virtuellen Gemeinschaften, die mit modernen Technologien aufgebaut werden können, liegen im Spannungsfeld zwischen Beziehungs- und Aufgabenorientierung (Abb. 4.5.5). Kaplan (2006) unterscheidet nach dem Grund des Zusammentreffens vier grundsätzliche Arten von Gruppen:

4.5 Rein virtuelle Großgruppe – Online-Konferenz

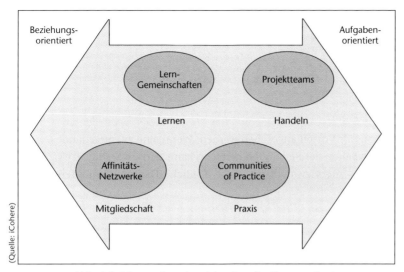

Abb. 4.5.5 Anwendungsbereiche virtueller Kommunikation

- *Affinitäts-Netzwerke:* Im Mittelpunkt stehen die Mitgliedschaft zu einer speziellen Gruppe und die Nutzung des Netzwerks für die eigenen Interessen. Zum Beispiel: Verbände und Vereine.
- *Lern-Gemeinschaften:* Im Zentrum steht das Lernen als Individuum und als Gruppe. Das beinhaltet Erfahrungsaustausch und Networking. Beispiele hierfür sind Kongresse oder Lernwerkstätten.
- *Communities of Practice (CoPs):* Diese bestehen aus Unternehmen, Organisationen oder Einzelpersonen mit dem Interesse, einen Wissensbereich oder eine ganze Branche gemeinsam voranzubringen. Sie sind eine besondere Form der Kooperation innerhalb eines Wettbewerbsumfeldes. Der Austausch von Erfahrungen, Entdeckungen, Werkzeugen und Best Practices steht im Vordergrund. Ein Beispiel dafür ist Open Source. Communities of Practice sorgen für eine Win-Win-Situation unter den einzelnen Teilnehmern oder deren Organisationen.
- *Projektgruppen:* Hier steht das konkrete Handeln im Vordergrund, um spezifische Ziele oder Aufgaben zu erreichen. Den Schwerpunkt bilden daher Veränderungsprozesse in Organisationen.

Bei virtuellen Gemeinschaften gehen wir davon aus, dass aktive Mitglieder rund eine Stunde pro Tag online sind. Einige Gedanken zum Design von virtuellen Gemeinschaften finden Sie im Downloadbereich.

5. Praktischer maßgeschneiderter Einsatz

In der Praxis haben wir immer wieder mit erschwerten Rahmenbedingungen zu tun. Wie können wir dennoch ein Höchstmaß an Wirkung erzielen? Hier sind wir gefordert, neue Wege zu gehen. Die nachstehenden Beispiele zeigen, wie wir die vorhandenen Möglichkeiten gezielt genutzt haben, um Veranstaltungen zum Erfolg zu führen und die gesetzten Ziele zu erreichen.

Einige der dargestellten Veranstaltungen dauern nur einen Tag. Solche Veranstaltungen werden im Moment sehr stark nachgefragt, was auch aus der folgenden Erhebung über die Veranstaltungsdauer von durchgeführten Großgruppenveranstaltungen hervorgeht.

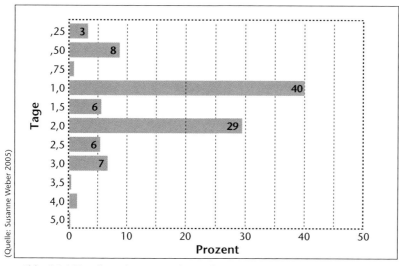

Abb. 5.0.1 Verteilung der Veranstaltungsdauer von Großgruppen 2000 bis 2002

Wir haben bewusst Anwendungsbeispiele mit kürzerer Dauer integriert, um aufzuzeigen, wie solche Situationen gemeistert werden können. Wir möchten Ihnen zeigen, wie Sie die Wirkfaktoren ganz sinnvoll für Ihre eigenen Veranstaltungen kombinieren können, um Ihre individuellen Zielsetzungen zu erreichen. Denn: Letztendlich sind alle speziellen Großgruppentechniken entstanden, weil eine neue Kombination für einen bestimmten Zweck gefunden werden sollte. Sie finden hier Klassiker, meistens jedoch Mischformen. Verstehen Sie daher die Beispiele als Anregungen für Ihre eigene Arbeit und als Einladung, stärker zu experimentieren und eigene Wege zu gehen. Die Ausprägung der Wirkfaktoren haben wir wie in den entsprechenden anderen Kapiteln 2, 3, 6 und 7 wieder mit Sternen beschrieben.

Übersicht über die in Kapitel 5 beschriebenen Anwendungsbeispiele:

Thema	Veranstalter u. Teilnehmer	Teilnehmer	Typ	Dauer
5.1 Lineare Verbandstagung) (Jubiläums-Symposium)	Verband Verbandsmitglieder (Trainer und Führungskräfte)	300	offen Klassische Lineare Tagung Wirkfaktor 1 ausgebaut	2 Tage
5.2 Unternehmer-Fachtagung	Verband Unternehmer, Betriebsräte, Berater	250	offen Parallele Tagung mit Appreciative Inquiry Prinzipien aufgepeppt	1 Tag
5.3 Start eines Veränderungsprozesses	Unternehmen Führungskräfte	50	geschlossen Appreciative Inquiry Summit – Zukunftsgipfel – und World Café	1,25 Tage
5.4 Jahresauftaktveranstaltung für Führungskräfte	Internationales Großhandels-Unternehmen Top Führungskräfte – erste Ebene	35	geschlossen Appreciative Inquiry Summit – Zukunftsgipfel	1 Tag
5.5 Ertragreiche Kundenbeziehung (Verbandsjahrestagung)	Verband Selbständige und Geschäftsführer KMU	120	offen Appreciative Open Space	1,5 Tage

5.6 Weltweite strategische Planung	Non-Profit-Organisation Alle Mitarbeiter eingeladen, Kunden, Partner	150 und virtuell 4500 integriert	geschlossen Appreciative Inquiry Summit – Zukunftsgipfel – und Online	4 Tage
5.7 Teamentwicklung im Vertrieb	Großhandelsunternehmen Mitarbeiter mit Kundenkontakt (Innen- und Außendienst)	50	geschlossen GTG und Appreciative Inquiry	1 Tag
5.8 Ausweitung Mitarbeiter-Kapitalbeteiligung	Produzierendes Unternehmen alle Mitarbeiter	100	geschlossen GTG	1 Tag
5.9 Informationstag für Existenzgründer	Arbeitsagentur Offene Veranstaltung für Arbeitslose	70	offen GTG und teils Open Space	1 Tag
5.10 Schub für Unternehmenskultur und Produktivität	Unternehmen Alle Mitarbeiter, teils fremdsprachig	400	geschlossen RTSC mit Appreciative Inquiry (mit wenigen PCs)	3 Tage
5.11 Schnelle Strategieplanung	Unternehmen Führungskräfte	100	geschlossen Eher lineare Tagung + GTG mit PCs in Kleingruppen (Software nextmoderator)	1,5 Tage
5.12 Modernisierung und Harmonisierung der Unternehmenskultur	Unternehmen Führungskräfte	50	geschlossen OpenSpace-Online® rein online	0,5 Tage
Startimpuls für neues Vertriebsmodell Download	Softwarekonzern Vertriebsmitarbeiter (Innen- und Außendienst)	70	geschlossen Appreciative Inquiry Summit – Zukunftsgipfel – mit Outdoorelementen	2 Tage
Zukunftskonferenz und Wanderrallye Download	Unternehmen	200	geschlossen GTG und Zukunftskonferenz	1 Tag

Hier eine Übersicht über die angestrebten Zielbereiche der jeweiligen Veranstaltung:

Thema/Kapitel	Ziel 1 Informieren	Ziel 2 Lernen	Ziel 3 Motivieren	Ziel 4 Neue Lösungen finden	Ziel 5 Gemeinschaft erleben	Ziel 6 Normen und Werte wandeln	Ziel 7 Entscheiden	Ziel 8 Umsetzen
5.1 Lineare Verbandstagung (Jubiläums-Symposium)	X				X			
5.2 Unternehmer-Fachtagung	X	X	X					(X)
5.3 Start eines Veränderungsprozesses				X	X	X		
5.4 Jahresauftaktveranstaltung für Führungskräfte			X		X	X		
5.5 Ertragreiche Kundenbeziehung (Verbandsjahrestagung)				X	X			X
5.6 Weltweite strategische Planung			X	X	X		X	
5.7 Teamentwicklung im Vertrieb			X	(X)	X	X		X
5.8 Ausweitung Mitarbeiter-Kapitalbeteiligung	X		X	(X)	X	X		
5.9 Informationstag für Existenzgründer	X	X	X	X				X
5.10 Schub für Unternehmenskultur und Produktivität			X	X	X	X		X

5.11 Schnelle Strategie-planung			✗	✗			✗		
5.12 Moder-nisierung und Harmonisierung der Unterneh-menskultur			✗	✗	✗	✗	✗		
Startimpuls für neues Vertriebs-modell Download									
Zukunftskonfe-renz und Wander-rallye Download			✗		✗	✗			

5.1 Lineare Verbandstagung

Ausgangssituation

Ein Verband, der sich die Weiterbildung und Weiterentwicklung von Menschen zum Ziel gesetzt hat, wollte eine große Jubiläumsveranstaltung mit annähernd 300 Teilnehmern durchführen. Aufgrund der Historie sollte diese Veranstaltung in einer bestimmten Stadt stattfinden. Dem Vorsitzenden war es gelungen, den großen Saal im Rathaus rechtzeitig und günstig zu mieten und die gewünschte Hauptreferentin zu buchen.

Jubiläums-veranstaltung

Thema und Ziel

Die vorgegebene Zielsetzung für die Veranstaltung lag im Bereich 1 (Informieren), 2 (Lernen) sowie 5 (Gemeinschaft erleben) und lautete:

Ganzheitlicher Ansatz in einem beeng-ten Saal

- Bei Vorträgen von Praktikern und Wissenschaftlern sollten die Kernthemen des Verbandes im Vordergrund stehen. Zugpferd war Vera F. Birkenbihl, die Expertin für »gehirngerechtes Lernen und Arbeiten«.
- Es sollte ein Rückblick auf die Aktivitäten des Vereins, seiner Innovationen und zukünftigen Strategie gegeben werden.

- Wie immer sollte die Tagung dem Networking der Mitglieder dienen.
- Die Veranstaltung sollte möglichst ganzheitlich ablaufen und dennoch eine lineare Tagung bleiben.

Gerade das letzte Ziel erwies sich als problematisch, denn:

- Die erwarteten Teilnehmer waren aus anderen Veranstaltungen mit parallelen Vorträgen an das GTG-Modell gewöhnt.
- In dem großen Saal gab es fest verankerte Stuhlreihen und die Stühle konnten nicht zu kleinen Diskussionsgruppen umgestellt werden.
- Der Anspruch auf Zielsetzung 2 (Lernen) konnte damit schlecht erfüllt werden.

Beteiligte

Trainer und Führungskräfte

Bei den Verbandsmitgliedern handelte es sich um Trainer und Führungskräfte aus Unternehmen, die feste Erwartungen an Ablauf und Inhalte hatten. Als Referenten waren Praktiker, Professoren und als Zugpferd Vera F. Birkenbihl gewonnen worden. Insgesamt wurde die geplante Teilnehmerzahl von knapp 300 erreicht.

Rahmenbedingungen

Ungünstige Rahmenbedingungen

Die Veranstaltung dauerte zwei Tage. Wie bereits erwähnt, gab es keine Möglichkeiten, die Stühle umzustellen oder einen anderen Saal anzumieten. Ein Nebenraum war nicht vorhanden. Es konnten somit keine parallelen Vorträge oder gar Workshops mit kleineren Teilnehmerzahlen und mehr Nähe zu den Referenten stattfinden. Auch die Bildung von Stammgruppen war damit unmöglich. Der Platz im Vorraum war beengt und durch Getränke, Empfangs- und Büchertische über zwei Etagen belegt.

Ablauf

Überlegungen zum Ablauf

Am Wirkfaktor 1 »Wohlfühlen« ansetzen

Basierend auf den Überlegungen des GTG-Modells erschien es nur möglich, den Wirkfaktor 1 »Wohlfühlen« zu optimieren und beim Empfang, im Ablauf und in den Pausen möglichst stark die Sinne und Emotionen anzusprechen. Hierfür wurden spezielle »frontale« Aktionen im Plenum entwickelt. Die Pausen wurden bewusst auf eine volle halbe Stunde angesetzt und den frontalen Rednern in der Regel nur 60 Minuten eingeräumt. So hatten die Teilnehmer etwa 10 bis 15 Minuten Zeit für Fragen. Weil sich die Stühle nicht verrücken ließen, setzten wir nur kurze kleine Austauschrunden mit drei Personen im Plenum ein.

Vorbereitung und Prozess

Neben der Verwaltung der Anmeldungen beschränkte sich die Vorbereitung auf eine Ausarbeitung des Konzepts, das nachstehend beschrieben wird. Bereits am Eingang des Rathauses wurde jeder Teilnehmer von einem prominenten Vertreter des Verbandes persönlich begrüßt und erhielt einen Anstecker. Im großen Treppenhaus, das jeder Teilnehmer durchschreiten musste, hingen Poster mit Bildern und Sprüchen, welche die Verbandsarbeit widerspiegelten.

Persönlicher und individueller Empfang

Das Einchecken am Tagungstisch wurde besonders persönlich gestaltet. Den Teilnehmer wurde ein Glas Saft angeboten und sie wurden gebeten, für sich selbst ein farbiges Namensschild anzufertigen. Die hierfür benötigten Utensilien lagen auf einem gesonderten Tisch unter einem bunten Sonnenschirm. Jeder Teilnehmer sollte auf seinem Namensschild notieren, was er lernen wollte oder speziell suchte (siehe Downloadbereich und Werkzeugkasten in Kapitel 7).

Wer diese kreative Aufgabe erledigt hatte, wurde von einem Vereinsaktivisten zu einem Stehtisch begleitet und hatte nun Gelegenheit, weitere Teilnehmer kennenzulernen und sich selbst vorzustellen. Nach einigen Minuten wurde die so entstandene Gruppe ins Plenum zu ihren Plätzen geführt. Sie erhielten die Information: »Hier sitzen Sie den ganzen Vormittag. Nachmittags können und sollen Sie jedoch in eine andere Perspektive wechseln und neue Leute kennenlernen.«

Auf der Hauptleinwand war eine witzige Overhead-Folie passend zur Tagung zu sehen. Der größte Teil der Jubiläumsveranstaltung lief anschließend recht klassisch ab. Am zweiten Tag starteten wir morgens mit einem Sketch, der die Stimmung der Teilnehmer aufnehmen und sie anregen sollte.

Wir hatten im Vorfeld Kontakt zu den Referenten aufgenommen, um einen möglichst interaktiven Ablauf zu besprechen. Bei Frau Birkenbihl konnten wir uns aus der Erfahrung darauf verlassen, dass sie mit ihren zwei Overhead-Projektoren und ohne vorbereitete Folien sehr gehirngerecht vorgehen würde. Schwieriger war es mit den Professoren. Die beiden Studentinnen hingegen, die auf Grundlage einer Mitgliederbefragung die Verbandsstrategie präsentieren sollten, kannten sich gut mit aktivie-

Briefing der Referenten im Vorfeld

renden Lehrmethoden aus und überzeugten uns mit ihrem lebendigen Präsentationskonzept.

Umgang mit Widrigkeiten und Unvorhergesehenem
Zeitlich lief alles wie geplant ab. Es gab keine Überraschungen bezüglich Licht und Akustik. Für die Videoaufnahme des Vortrags von Vera F. Birkenbihl gestaltete sich der Aufbau der Technik etwas aufwändig. Und für die Referentin selbst hatten wir extra zwei Overhead-Geräte mit Endlosrolle besorgen müssen, was damals absolut untypisch in der Branche war. Das erlaubte das Weiterarbeiten auf einem Overhead-Projektor, während auf dem anderen ein Bild zeitweilig stehen blieb.

Teilnehmer-Unterlagen
Die Teilnehmer erhielten eine Veranstaltungsmappe mit Unterlagen der Referenten. Diese waren noch recht konventionell aufgebaut, weil wir in unserer eigenen Entwicklung und der Bewusstheit der Wirkfaktoren noch nicht so weit waren wie heute. Inzwischen wissen wir, dass die Teilnehmermappe ein wesentliches Element der Aktivierung und des Wohlfühlens darstellt.

Zeitplan

Zeit	Lernziel	Aktivität	Material
Bis 10.00 Uhr	Kennenlernen in der Kleingruppe, Einstimmen	Einchecken	Namensschilder, Teilnehmermappe
10.00 Uhr 30 min	Zuhören	Begrüßung, Grußworte des Vorsitzenden, Bürgermeisters, Moderators	
10.30 Uhr 1 Std.	Vortrag hören	Vortrag Referent 1	
11.30 Uhr 30 min	Austausch	Kaffeepause	
12.00 Uhr 1 Std.	Vortrag hören	Vortrag Referent 2	
13.00 Uhr	Networking	Externe Mittagspause in umliegenden Gaststätten	
14.30 Uhr 15 min	Energieaufbau und Motivation	Plenum: spezielle mentale Phase und Bewegungsübung ohne Platzbedarf	Musik und vereinsbezogener Text zur mentalen Phase und Bewegungsübung
14.45 Uhr 75 min	gehirngerechten Vortrag hören	Vortrag Referentin 3 (Vera F. Birkenbihl)	2 Overhead-Geräte mit Folienrolle

16.00 Uhr 30 min	Kaffeepause	Austausch; dazu spezielle Bewegungsübung mit Verbandsthema »Pferderennen«, Angebot in der Lobby	flotte Musik
16.30 Uhr 1 Std.	Vortrag hören	Vortrag Referent 4	
17.30 Uhr 30 min	Austausch	Bildung von kleinen Gruppen (Umdrehen), Gespräche zu dritt über das Erlebte und Gehörte	
Ab 18.00 Uhr	Networking	Angebot verschiedener Lokale und Treffen mit Bekannten am Abend	

2. Tag			
9.00 Uhr 30 min	Eindrücke von gestern ausdrücken, Stimmung aufbauen	Sketch von Vorsitzendem und Moderator zum Tagesbeginn Kurzer Energizer im Sitzen (Fragen, bei denen sich jeder reckt, gähnt und »ja« ruft)	Vorbereiteter Text
9.20 Uhr 1 Std.	Vortrag hören	Vortrag Referent 5	
10.20 Uhr 30 min	Austausch und Aktivierung spontan	Kaffeepause mit Bewegungsübung, Angebot in der Lobby	flotte Musik
10.50 Uhr 1 Std.	Vortrag hören	Vortrag Referent 6	
11.50 Uhr 10 min	Austausch systematisch	Aufforderung zum kurzen Austausch mit Sitznachbarn über das Gehörte	
12.00 Uhr 90 min	Networking	Mittagspause extern	
13.30 Uhr 90 min	Interaktiven Vortrag erleben	Präsentation der Möglichkeiten der Verbandsstrategie durch zwei Studentinnen; Bewegungsübung am Platz, mit mentaler Phase	Entspannungsmusik für mentale Phase und flotte Musik für Bewegung
15.30 Uhr 30 min	Abschiedsenergie	Schlussworte des Vorsitzenden; Energieaufbau zum Abschied in Plenum	flotte Musik
15.30 Uhr	Networking und Austausch über das Erlebte	Kaffeepause in der Lobby	

Ausprägung der Wirkfaktoren

Starker Wirkfaktor 1 unter eingeschränkten Bedingungen

Wirkfaktor 1: Wohlfühlen

Die Teilnehmer wurden sehr persönlich empfangen. Es wurde zu unterschiedlichen Zeitpunkten in der Veranstaltung Musik und Bewegung eingesetzt, großteils im Plenum. Vera F. Birkenbihl entwickelte ihren Vortrag interaktiv am Overhead, der Beitrag der beiden Studentinnen nutzte den Wirkfaktor 1 ebenfalls.

Wirkfaktor 2: Ressourcenaktivierung

Wurde nicht eingesetzt, da wir die Möglichkeiten damals zu wenig kannten.

Wirkfaktor 3: Kleingruppenarbeit

Kaum existent bis auf den Anfang und in den Pausen; nur in geringem Umfang am Platz möglich.

Wirkfaktor 4: Ergebnisorientierung

Die Veranstaltungsziele lagen überwiegend im Bereich 1 (Informieren), 2 (Lernen) und 5 (Gemeinschaft erleben). Es gab allerdings ein Feedbackblatt. Nach unserer heutigen Auffassung war die Ergebnisorientierung sehr schwach ausgeprägt.

Wirkfaktor 5: Rhythmisieren

Bis auf die Pausen kaum existent, aber durch die Bewegungsübungen im Plenum angesprochen.

Wirkfaktor 6: Selbstorganisation

Der Ablauf war fest vorgegeben, die Teilnehmer hatten keine Auswahlmöglichkeiten; die verlängerten Pausen konnten das kaum ausgleichen. Man konnte lediglich der Plenarsitzung fernbleiben und ein persönliches Gespräch in der Lobby führen oder in ein Lokal in der Nähe gehen.

Wirkfaktor 7: Virtualität

Er wurde nicht eingesetzt.

Ergebnis

Im Feedback der Teilnehmer wurden die persönliche Begrüßung und der sinnliche Rahmen positiv bewertet. Oft wurde in Unkenntnis der Rahmenbedingungen gefragt, warum keine Stammgruppenbildung erfolgt sei. Die Ziele der Tagung wurden erfüllt. Wir hätten gerne mehr Aktivitäten eingeplant, aber die Rahmenbedingungen ließen das nicht zu.

Gelernt

Nach den Vorgaben war für diese Veranstaltung nicht mehr erreichbar. Aus heutiger Sicht ergeben sich mit dem Wirkfaktoren-Modell ganz andere Möglichkeiten:

Mehr Freiräume und das Wirkfaktoren-Modell

- Es könnte zu Beginn ein Wertschätzendes Interview nach Appreciative Inquiry Prinzipien eingesetzt werden. Das wäre auch bei der festen Anordnung der Stühle möglich gewesen.
- Man könnte mit einer größeren Anzahl an Stehtischen die abgerüstete Stammgruppenvariante, sozusagen ein World Café, in der Lobby auf zwei Etagen und in den Nachbargängen organisieren.

Da solche klassischen Tagungen durchaus noch immer üblich sind, haben wir diese ältere Veranstaltung in unserem Erfahrungsschatz bewusst hier mit aufgenommen und Verbesserungsmöglichkeiten aufgezeigt.

5.2 Unternehmer-Fachtagung

Ausgangssituation

Ein Verband veranstaltete seine Jahrestagung, die sich überwiegend an Unternehmer richtete. Diese sollten für die Philosophie der Mitarbeiterbeteiligung gewonnen werden. Bekannte Politiker sollten mit Kurzbeiträgen und ihrem Amen als Zugpferd dienen. Die Staatskanzlei, mit der das Programm abgesprochen wurde, erwartete einen sachlichen Rahmen und zuverlässige Angaben zu den Teilnehmerzahlen. Wir waren eingeladen, innovative Ideen für den Ablauf einzubringen, ohne den Charakter der Veranstaltung übermäßig zu verändern.

Für das Thema Mitarbeiterbeteiligung gewinnen

Thema und Ziel

Das Motto der Veranstaltung lautete: »Mitarbeiterbeteiligung – der Königsweg zur Wettbewerbsfähigkeit«. Die Ziele wurden uns widersprüchlich vorgegeben:

Widersprüchliche Zielsetzungen

- Sinne und Emotionen sollten nicht sichtbar angesprochen werden. Dennoch sollten die Teilnehmer motiviert und vom Thema mitgerissen werden.
- Die Unternehmer sollten sich mit dem Thema auseinandersetzen.
- Teilweise waren sechs parallele Kleinveranstaltungen geplant, in denen einzelne Unternehmen ihre Vorgehensweise aufzeigen.
- Die Veranstaltung sollte ganzheitlich ablaufen und sich von den vorhergehenden deutlich unterscheiden.

Damit lag die Zielsetzung in den Bereichen 1 (Informieren) und 2 (Lernen) bis zu 3 (Motivieren). Implizit war auch das Ziel 8 (Umsetzen) vom Verein gewünscht. Fast empfanden wir unseren Auftrag als »Wasch mich, aber mach mich nicht nass!«

Beteiligte

Unternehmer, Betriebsräte, Berater

An der Veranstaltung nahmen etwa 250 Personen teil, mehr als die Hälfte Unternehmer und Inhaber. Aber auch Betriebsräte und Berater zählten zu den Teilnehmern. Auch die Referenten der Parallelveranstaltungen waren Unternehmer, jeweils moderiert von Multiplikatoren und Beratern. Diese Parallelveranstaltungen waren immer das Herzstück solcher Veranstaltungen gewesen. Die Plenarredner kamen aus der Politik, oder es waren Praktiker aus Unternehmen und Fachexperten. Diese Mischung hatte sich bewährt.

Rahmenbedingungen

Die Veranstaltung lief über einen Tag. Hierfür standen ein großer Saal und sechs kleinere Räume, verteilt über mehrere Stockwerke, zur Verfügung.

Ablauf

Überlegungen zum Design

Aus engen Vorgaben das Beste machen

Der Gesamtablauf war uns fest vorgegeben. Jetzt ging es darum, trotz geringer Spielräume eine interessante Veranstaltung zu schaffen. Basierend auf unseren Überlegungen zu den Wirkfaktoren schien es nur möglich, den Wirkfaktor 3 »Ressourcenaktivierung« einzusetzen und die Teilnehmer als Kleingruppen im Plenum in Gala-Bestuhlung an runde Tische zu setzen.

Wir konnten im Vorfeld mit den Moderatoren Kontakt aufnehmen, sie nach ihrer Vorgehensweise fragen und einige Tipps zu einem ganzheitlicheren und interaktiven Ablauf geben. Mehrfach während des Tages wurde uns eine Viertelstunde zugestanden, um die Teilnehmer in einen eigenen gedanklichen und emotionalen Prozess zu führen.

Vorbereitung und Prozess

Bereits beim Einchecken wurden die Teilnehmer nach ihren persönlichen Schwerpunkten für diese Veranstaltung gefragt – beispielsweise Nachfolge, Finanzierung, Motivation. Diesen Themen entsprechend wurden sie einem Tisch zugeteilt und erhielten einen Farbpunkt für ihr Namensschild, das sie selbst beschrifteten (siehe Downloadbereich). An jedem Tisch erwartete sie ein erfahrenes Verbandsmitglied, das mit der Thematik bestens vertraut war. Die Teilnehmer kamen rasch miteinander ins Gespräch; sie fühlten sich über dasselbe Thema verbunden. Spezielle Handouts lagen für verschiedene Kurz-Aktionen zum passenden Zeitpunkt auf den Tischen bereit.

Mini-Aktionen zur Aktivierung

Mit speziellen Mini-Interviews auf der Grundlage von Appreciative Inquiry machten sich die Teilnehmer ihre persönliche Zielsetzung für den Tag bewusst und lernten sich dabei am Tisch ein wenig kennen (siehe »Sich einstimmen in der Tischgruppe« im Werkzeugkasten im Kapitel 7.2.1). So konnten sie ihre persönliche Wahl für die parallel stattfindenden Workshops und Vorträge gezielter treffen. In der Mittagspause fand ein anregender Austausch über die Stammgruppen hinweg zwischen den Teilnehmern an den Stehtischen statt.

Nach zwei weiteren Plenumsvorträgen zogen die Teilnehmer in den Stammgruppen ein persönliches Zwischenresümee. Es ging darum, was sie an Anregungen erhalten hatten, was sie am meisten beschäftigte, was ihnen bis zu diesem Zeitpunkt am besten gefallen hatte. Diese Resümees hefteten sie auf Post-its fest an vorbereitete Pinnwände entlang der Verkehrswege. So entstand ein lebendiges Bild des Königsweges, der alle Teilnehmer einlud, die Erkenntnisse der anderen kennenzulernen. Dies half ihnen zusätzlich bei der Verarbeitung der erhaltenen Informationen.

Nach den letzten parallelen Vorträgen wurde – ebenfalls in einer Mini-Übung – ein persönliches Resümee gezogen. Auch die wichtigsten noch offen gebliebenen Fragen wurden für die anschließende Podiumsdiskussion geklärt. Diese verlief sehr lebendig und war durch viele interessante Fragen von Seiten der Teilnehmer geprägt. Am Ende zogen die Teilnehmer ein Fazit, indem sie ihren persönlichen Aktionsplan zur Steigerung der eigenen Wettbewerbsfähigkeit verfassten.

Trotz zahlreicher auflockernder Elemente blieb für die Teilnehmer der Charakter einer Informationstagung erhalten und sie wurden nicht mit zu vielen unerwarteten Aktionen konfrontiert.

Zwei Herren dienen

Umgang mit Widrigkeiten und Unvorhergesehenem

Wir befanden uns im Spannungsfeld zweier unterschiedlicher Auftraggeber, was das Finden einer passenden Lösung nicht erleichterte. Der Verbandsgeschäftsführer hatte immer wieder Bedenken, dass die Politiker nicht zu viele innovative Elemente verkraften könnten. Dadurch fielen einige wirkungsvolle Ideen unter den Tisch. Wir ließen uns jedoch nicht entmutigen.

Teilnehmer-Unterlagen

Die Teilnehmer hatten für das angekündigte Programm eine Mappe mit Unterlagen der Referenten erhalten. Die Handouts für unsere speziellen Einsätze platzierten wir jeweils direkt auf den Tischen.

Zeitplan

Zeit	Lernziel	Aktivität	Material
Bis 9.15 Uhr	Einstimmen	Einchecken	Namensschilder, farbige Klebepunkte für die Tischgruppeneinteilung, Teilnehmermappe
9.15 Uhr 30 min	Vortrag hören	Begrüßung Geschäftsführer, Grußworte Politiker 1	
9.45 Uhr 20 min	Mein persönlicher Königsweg – Persönliche Zielsetzung	Erste Aktion am Tisch, die der Ressourcenaktivierung im AI-Sinne und dem Kennenlernen dient (siehe Werkzeugkasten)	Handout »Persönliche Zielsetzung«
10.05 Uhr 70 min	3 Vorträge hören	Fachvortrag 2, Unternehmervortrag 3, Politikervortrag 4	
11.15 Uhr 30 min	Austausch	Kaffeepause	
11.45 Uhr 75 min	Mehreren Referenten zuhören	Sechs parallele kleinere Veranstaltungen, Praktikervorträge (moderiert)	
13.00 Uhr 60 min	Diskussion an für die Gruppen markierten Tischen	Mittagspause	Handout »Unterwegs1«

14.00 Uhr	Energieaufbau und Motivation	Im Plenum, mit spezieller Bewegungsübung	Flotte Musik
14.05 Uhr 55 min	Vorträge hören	Politikervortrag 5, Fachvortrag 6	Handouts »Unterwegs 2« liegen auf Tisch, die auf nachfolgende Post-its-Aktion vorbereiten
15.00 Uhr	Zugleich Übergangszeit	Kaffeepause	
15.15 Uhr 75 min	Mehreren Referenten zuhören	Sechs parallele kleinere Veranstaltungen	Praktikervorträge, moderiert
16.30 Uhr 15 min	Zugleich Übergangszeit	Kaffeepause	
16.45 Uhr 15 min	Königsweg – Austausch	Erfahrungsaustausch am Tisch, Aufforderung Post-its schreiben	Handout »Austausch 1. Teil«
17.10 Uhr 1 Std.	Anregung	Podiumsdiskussion 7	
18.10 Uhr 30 min	Vortrag hören	Fachvortrag 8	
18.40 Uhr 15 min	Resümee ziehen, Vorsätze notieren	Fazit und Aktion der Teilnehmer (anmoderiert)	Handout »Austausch 2.Teil«, flotte Musik
18.55 Uhr 5 min	Resümee Veranstalter	Schlussworte der Veranstalter	

Ausprägung der Wirkfaktoren

Sichtbare Verbesserungen über Wirkfaktor 1 und 2

Wirkfaktor 1: Wohlfühlen

Zweimal wurde Musik mit Bewegung eingesetzt. Die Teilnehmer erhielten eine feste Tischzuordnung. Das Motto des Königswegs wurde mit den Post-its an Pinnwänden entlang der Verkehrswege aufgenommen.

Wirkfaktor 2: Ressourcenaktivierung

Wurde über Mini-Interview nach AI-Prinzipien (siehe »Sich einstimmen in der Tischgruppe« im Werkzeugkasten in Kapitel 7.2.1 und Downloadbereich) und der Gelegenheit zum Austausch und persönlichen Fazit ermöglicht.

Wirkfaktor 3: Kleingruppenarbeit

In den drei offiziellen Viertelstunden am Tisch und in den parallelen Kleinveranstaltungen sowie in der Mittagspause wurde Kleingruppenarbeit angeboten. Eine feste Gruppenzuordnung erfolgte nach Themeninteresse mit regelmäßigem Austausch am Tisch (»Stammgruppe light«).

Wirkfaktor 4: Ergebnisorientierung

Die Veranstaltungsziele lagen im Bereich Information, Lernen und Motivation. Die Mini-Aktionen zielten genau hierauf ab. Es gab ein Feedbackblatt, und darüber hinaus zeigten die Post-its, was von den Teilnehmern aufgenommen wurde. Dies konnte zu einer groben Evaluation genutzt werden.

Wirkfaktor 5: Rhythmisieren

Wurde in den Pausen und beim Ortswechsel zu den parallelen Arbeitskreisen genutzt. Durch unsere kleinen Aktionen am Tisch wurde dieser Wirkfaktor weiter verstärkt.

Wirkfaktor 6: Selbstorganisation

Am Anfang wählten die Teilnehmer Stammgruppen zum Austausch und Networking, die ihren Interessen entsprachen. Für die Teilnahme an Workshops oder Vorträgen bestanden sechs Wahlmöglichkeiten innerhalb von zwei Runden.

Wirkfaktor 7: Virtualität

Er wurde nicht eingesetzt.

Ergebnis

Positives Feedback der Teilnehmer

In ihrem Feedback zeigten die Teilnehmer, dass es für sie eine sehr lebendige Veranstaltung war, obwohl sie ihren gewohnten Rahmen einer Informationsveranstaltung kaum verlassen mussten. Durch die Auswertung einer Fülle von Post-its entstand ein Eindruck davon, was die Teilnehmer von der Veranstaltung mitnahmen. Wir konnten insgesamt deutliche Verbesserungen im Bereich der Dynamik und im Ergebnis gegenüber bisherigen Veranstaltungen erkennen.

Gelernt

Vorgaben akzeptieren

Den vorgegebenen engen Rahmen hatten wir voll ausgeschöpft. Aus unserer persönlichen Sicht wäre es sinnvoller gewesen, einen Fach- oder Politikervortrag wegzulassen und dafür die persönliche Arbeit der Teilnehmer zu verstärken.

Mit ein paar kleinen Dingen, etwa zwei freien Stühlen bei der Podiumsdiskussion in Anlehnung an die Fishbowl-Ideen (siehe Werkzeugkasten in Kapitel 7.2.4), hätte ein noch besseres Ergebnis für die Teilnehmer erzielt werden können. Dieser Vorschlag wurde leider abgelehnt. Manchmal müssen wir Moderatoren eben mit dem zufrieden sein, was die Auftraggeber verkraften können.

5.3 Start eines Veränderungsprozesses

Ausgangssituation

Bei einem international tätigen Großhandelsunternehmen waren die Anforderungen an das Finanzwesen deutlich gestiegen. Dies betraf beispielsweise das Debitorenmanagement und Reporting. Eine neue Führung wollte mit dem Projekt »Pro Finance« den Geschäftsbereich Finance und seine Mitarbeiter befähigen, die neuen Anforderungen bestmöglich zu erfüllen. Die Prozesse und IT-Systeme sollten verbessert und die Mitarbeiter entsprechend geschult werden. Ziel des Projektes war, ein »Best in class«-Rechnungswesen zu leben.

Großes Misstrauen der Mitarbeiter

In der Vergangenheit hatte es bereits Projekte zur Verbesserung gegeben. Diese waren jedoch alle gescheitert und führten in einem Fall zu Entlassungen jedes zweiten Mitarbeiters. Das Misstrauen gegenüber dem neuen Projekt »Pro Finance« war daher entsprechend groß.

Thema und Ziel
Mit einem nur eintägigen Kick-off – dem ein gemeinsam verbrachter Abend vorausging – sollte das Vertrauen wiederhergestellt und die Mitarbeiter für eine aktive Unterstützung des Projektes »Pro Finance« gewonnen werden. Zudem sollten die Schwerpunkte des Projektes definiert und die Projektstruktur erarbeitet werden.

Vertrauen der Mitarbeiter im Kick-off gewinnen

Damit lag die Zielsetzung der Veranstaltung im Wesentlichen im Bereich 6 (Normen und Werte wandeln). Des Weiteren ging es um die Zielbereiche 4 (Neue Lösungen finden) und 5 (Gemeinschaft erleben).

Beteiligte
Die Teilnehmer entsprachen dem gesamten Geschäftsbereich Finance, der inklusive Zeitarbeitskräften rund 50 Mitarbeiter umfasste. Obwohl

das Projekt auch andere Abteilungen betraf, wurden diese noch nicht einbezogen, da die Zielsetzung in diesem frühen Stadium in erster Linie auf Vertrauensbildung ausgerichtet war. Und: Dies geschieht am besten, wenn man unter sich ist.

Rahmenbedingungen

Zeitknappheit — Von der Besprechung der Ausgangssituation und der Zielklärung des Projektes bis zum Durchführen des Kick-off standen nur zweieinhalb Wochen Zeit zur Verfügung. Zum Glück konnte schnell ein passender Ort für die Großgruppenveranstaltung im Kloster Walberberg gefunden werden.

Ablauf

Überlegungen zum Ablauf

Vertrauen aufbauen mit Wertschätzendem Interview — Um das Ziel – Vertrauen aufzubauen – zu erreichen, wurde das Wertschätzende Interview eingesetzt. Die Durchmischung der Abteilungen wurde durch Farbkennungen an den Namensschildern gesichert. Mit dialogischen Aufstellungen (siehe Werkzeugkasten in Kapitel 7.2.3) sollte in lockerer Atmosphäre ein Raum geschaffen werden, in dem auch schwierige Themen angesprochen werden konnten, ohne in endlose Debatten zu verfallen. Das Verbindende sollte spürbar werden und: Es sollte auch befreiend gelacht werden dürfen.

Aufteilung der Arbeit auf zwei parallele Ströme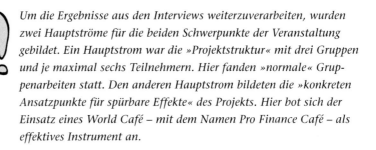

Um die Ergebnisse aus den Interviews weiterzuverarbeiten, wurden zwei Hauptströme für die beiden Schwerpunkte der Veranstaltung gebildet. Ein Hauptstrom war die »Projektstruktur« mit drei Gruppen und je maximal sechs Teilnehmern. Hier fanden »normale« Gruppenarbeiten statt. Den anderen Hauptstrom bildeten die »konkreten Ansatzpunkte für spürbare Effekte« des Projekts. Hier bot sich der Einsatz eines World Café – mit dem Namen Pro Finance Café – als effektives Instrument an.

Zum Ende der vierten Runde des World Café floss der Hauptstrom »Projektstruktur« in den zweiten Hauptstrom ein.

Prozess

Wiedergewinnung von Vertrauen — Anfänglich zeichnete sich ein zäher Verlauf ab. Die dialogischen Aufstellungen dauerten mit 40 Minuten länger als geplant, denn es gab einiges, was gesagt werden wollte. Der lockere Start und das gesellige Beisammensein am Abend waren wichtig für die Kommunikation miteinander. Einige

5.3 Start eines Veränderungsprozesses

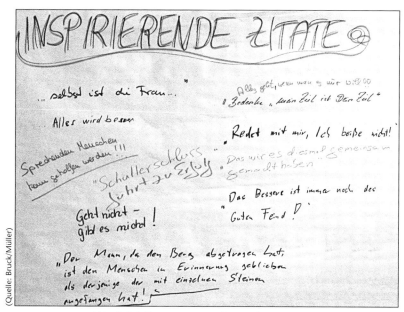

(Quelle: Bruck/Müller)

Abb. 5.3.1 Zitate aus Wertschätzenden Interviews

saßen bis tief in die Nacht zusammen. Hätten wir nicht gesehen, wie gut die Wertschätzenden Interviews wirkten, wären uns bei der Abfrage der Atmosphäre in der großen Gruppe sicher Zweifel gekommen. Das Vertrauen war zwar nach den Interviews in den Zweierbeziehungen bereits sehr angewachsen, brauchte aber mehr Zeit und Raum, um sich in der großen Runde zu etablieren. Die inspirierenden Zitate nach den Paarinterviews zeigten bereits, dass wir auf einem richtigen Weg waren.

Erst am Ende der Veranstaltung konnte eine angeregte, ernsthafte Diskussion in großer Runde stattfinden. Das Vertrauen war hergestellt. Ein Coaching des Geschäftsbereichsleiters während der Veranstaltung hat ebenfalls sehr dazu beigetragen, das Vertrauen zu festigen.

Umgang mit Widrigkeiten und Unvorhergesehenem
Der Zeitdruck, unter dem ein gutes Design entstehen musste, war hoch. In den Testinterviews für die Wertschätzenden Interviews erhielten wir bereits eine Fülle an wichtigen Hinweisen darüber, was die Mitarbeiter in den einzelnen Geschäftsbereichen bewegte und worauf wir besonderen Wert legen sollten. Die Entwürfe für den Interviewleitfaden wurden in mehreren Testinterviews immer wieder weiter verfeinert und angepasst, da eine optimale Qualität bei der schwierigen Ausgangssituation entschei-

Testinterviews unter Zeitdruck

dend für den Erfolg war. Die letzten Testinterviews wurden am Tag vor der Veranstaltung durchgeführt.

Teilnehmer-Unterlagen

Es wurde keine spezielle Teilnehmermappe angefertigt, da wir offen bleiben wollten für den sich entwickelnden Prozess. Die Interviewleitfäden wurden ausgeteilt; ansonsten gab es alle wichtigen Informationen auf Flipcharts zum Mitnehmen in die Gruppenräume.

Zeitplan

Zeit	Schritt	Bemerkungen
1. Tag (Donnerstag)		
18.30 Uhr 5 min	**Begrüßung** – Überblick heute und morgen	
18.35 Uhr 30 min +	**Kennenlernen – Einstieg ins Thema** *Wo ist Ihre Heimat?* *Was war Ihre erste Berufsausbildung?* *Wie viele Jahre Berufserfahrung bringen Sie in das Finanzwesen ein?* *Wie stark könnten Verbesserungen in den Abläufen Ihre Arbeit erleichtern?* *Wie groß ist Ihre Hoffnung, dass »Pro Finance« Verbesserungen bewirkt?*	Dialogische Aufstellungen (siehe Werkzeugkasten)
15 min	**Infos zum Projekt Pro Finance** (Geschäftsbereichsleiter)	
ab 19.30 Uhr	Geselliges Beisammensein	
2. Tag (Freitag)		
8.00 – 8.20 Uhr 20 min	Morgenrunde Agenda für den Tag	
8.20 – 8.35 Uhr 15 min	Einführung in den Wertschätzenden Ansatz	
8.35 Uhr 2 x 45 +15 min	**Wertschätzende Interviews** in Paaren Abteilungsübergreifend gemischt, durch Farbensymbole gekennzeichnet	Inkl. Kaffeepause
10.20 Uhr 15 min	**Dokumentieren** an Pinnwänden Zitate / Erkenntnisse / Erfolgsbeispiel / Projekt »Pro Finance« / Start	Zeitpuffer für die Interviews

10.35 Uhr 10 min	Blitzlicht – Interviews, Dokumentation, »*Was ich noch allen sagen wollte!*«	
10.45 Uhr 15 min	Ermuntern für Ideen / Themen – Vorgehensweise erklären	World Café
11.00 – 12.30 Uhr 3 x 25 min +15 min	**Zwei Hauptströme:** 1) World Café für inhaltliche Arbeit. Drei rotierende Runden à 25 Minuten, um Ideen zu entwickeln 2) Kick-off zur Projektorganisation In der vierten Runde des World Cafés erfolgt dann das Zusammenführen der Ergebnisse. An jeden Tisch kommen aus dem Projekt-Kick-off ein bis zwei Teilnehmer dazu.	mit Rollenverteilung farbiges Papier: je Abteilung einen Packen
11.00 – 11.25 Uhr	**Hauptstrom World Café** 1. Runde abteilungs-/bereichsintern: a) *Kurzaustausch über die Erkenntnisse* b) *Was ist uns jetzt wichtig für einen erfolgreichen Projektstart?* c) *Was konkret kann unsere Arbeit deutlich erleichtern?*	
11.25 – 11.50 Uhr	2. Runde – abteilungsübergreifend: a) *Mit welchen Sofortmaßnahmen könnten Verbesserungen mit wenig Aufwand erreicht werden?* b) *Was wünschen Sie sich von Ihren Führungskräften?*	
11.50 – 12.15 Uhr	3. Runde – abteilungsübergreifend: a) *Wo können wir bereits früh im Ablauf spätere Mehrarbeit sparen?* b) *Welchen Abläufen würde eine Generalüberholung gut tun, um den heutigen und zukünftigen Anforderungen besser gerecht zu werden?*	
12.15 Uhr 15 min	Blitzlicht: besondere Ideen von jedem Tisch hören	
12.30 – 13.30 Uhr 60 min	Mittagessen	
13.30 – 14.00 Uhr 30 min	**Zusammenführung der beiden Hauptströme** Vierte Runde: Bewerten und Verdichten an den ursprünglichen Tischen (der 1. Runde) a) *Ergänzen Sie die wichtigsten Ergebnisse der vorigen Runden.* b) *Wählen Sie bitte ein Top-Thema und bis zu drei Quick-Wins und bewerten Sie diese für eine Kurzpräsentation.* c) *Bewerten Sie diese bezüglich Zeitdauer, Aufwand, Wirkung und vergeben Sie eine Gesamtbewertung (AAA, A, B, C).*	Verdichtung an den Abteilungstischen Die Teilnehmer aus dem Hauptstrom »Projektorganisation« integrieren sich. Rollenverteilung

14.00 Uhr 30 min	Zwei-Minuten-Präsentation der wichtigsten Ergebnisse je Tisch mit Top-Thema Nr. 1 & 2 und der drei Projektgruppen zur Projektorganisation mit drei Minuten	Ergebnisse aufhängen
14.30 Uhr 15 min	**Austausch** an den Tischen und bei Überschneidung des Topthemas erstes und zweites wählen	Offener Dialog entstand in der großen Gruppe
14.45 Uhr 10 min	Kaffeepause	
14.55 Uhr 35 min	**Top Thema konkretisieren** Gruppenbildung nach persönlichem Interesse (abteilungsübergreifend)	6er- bis 8er-Gruppen
15.30 Uhr 20 min	Zwei-Minuten-Präsentation der Ergebnisse Engagement anregen: *Wer möchte aktiv dabei sein, die Ergebnisse hier zusammenzuführen?* (→ Termin nächste Woche)	
15.50 Uhr 20 min	**Würdigung & Abschluss**	Zielpunktaufstellung (siehe Werkzeugkasten)
16.10 Uhr	Start ins Wochenende	

Ausprägung der Wirkfaktoren

Ressourcenaktivierung und Ergebnisorientierung

Wirkfaktor 1: Wohlfühlen

Bereits beim Eintritt in den Raum sollte ein Dialog stattfinden, ein Wertschätzendes »Hallo, wir nehmen dich und deine Situation ernst«. Dafür wurden anregende Zitate, die der Situation entsprechen, wie »Die Dinge haben nur den Wert, den man ihnen verleiht« (Molière), an den Wänden und in den Pausenräumen verteilt. Das klösterliche Ambiente verstärkte die Atmosphäre von Vertrauen und Gemeinschaft.

Wirkfaktor 2: Ressourcenorientierung

Das Betrachten der Situation aus ganz neuen Blickwinkeln, das Rückbesinnen auf die eigenen Fähigkeiten und die Wahrnehmung des Projekts als Entfaltungsmöglichkeit sind Verstärker in diese Richtung. Die ernsthafte, spürbare Hinwendung des Geschäftsbereichsleiters an seine Mitarbeiter war entscheidend. Die Dialoge waren offen und wertschätzend gestaltet. Alles hatte seinen Raum. Die Gemeinschaft konnte erlebt werden, im Plenum und in der unverplanten Zeit des ersten Abends.

Wirkfaktor 3: Kleingruppenarbeit

Die meiste Zeit wurde sehr intensiv in Klein- und Kleinstgruppen gearbeitet. Die Zusammensetzung der Gruppen variierte aufgrund zufälliger

Zusammenstellung und dem jeweiligen Themeninteresse. Klare Strukturhilfen für die Aufgaben erleichterten die Gruppenarbeit.

Wirkfaktor 4: Ergebnisorientierung

Die Veranstaltungsziele lagen im Bereich »Motivieren« (3), »Gemeinschaft erleben« (5) und »Neue Lösungen finden« (4) sowie »Normen und Werte wandeln« (6). Um die individuellen Ziele der Führung und der Mitarbeiter herauszufinden, wurden vorab Wertschätzende Interviews geführt. Der Wettbewerb wurde durch Elemente des World Café und durch die parallelen Arbeitsgruppen hergestellt. In jedem Arbeitsschritt wurde konzentriert an den Themen des Projekts »Pro Finance« gearbeitet. Alle Ergebnisse waren voll verwertbar und wurden in das Projekt integriert.

Wirkfaktor 5: Rhythmisieren

Die Teilnehmer wechselten oft die Kleingruppen, von der Zweiergruppe des Wertschätzenden Interviews über die World Café-Runden in Vierer- und Fünfergruppen oder auch die Arbeitsgruppen mit sechs Personen. So war immer Bewegung im Raum. Auch die Aufstellungen trugen dazu bei.

Wirkfaktor 6: Selbstorganisation

Jeder hatte die Freiräume, sich in einem der beiden Hauptströme zu engagieren, seine eigenen Ideen und Vorstellungen einzubringen. Jeder konnte innerhalb der zwei Hauptströme wählen und an den Themen arbeiten, die ihm persönlich wichtig waren. Die Selbstorganisation wurde durch die Verteilung von Rollen in den Kleingruppen weiter unterstützt. Entscheidungen wurden in erster Linie von jenen getroffen, welche die Ergebnisse selbst erarbeitet haben.

Wirkfaktor 7: Virtualität

Dieser Wirkfaktor wurde auf der Veranstaltung nicht eingesetzt. Die Ergebnisse wurden nach dem Kick-off und während des gesamten Projekts immer im Intranet veröffentlicht.

Ergebnis

Die Schwerpunkte für das Projekt wurden mit einer extrem hohen Ergebnisqualität erarbeitet. In diesem Kick-off wurden die Grundlagen für eine erfolgreiche Projektumsetzung gelegt – der »Geist von Walberberg« ist entstanden. Hier einige Stimmen:

Der Geist von Walberberg

- »*Es ist schon sehr beeindruckend, wie viel man in Gemeinschaft schaffen kann.*«
- »*Es ist alles im Raum, was wir brauchen.*«
- »*Habe ein Zusammengehörigkeitsgefühl gespürt, was ich für eine ganz wichtige Voraussetzung halte.*«
- »*Es gibt viel zu tun.*«
- »*Ich freue mich auf die kommenden Monate.*«

Noch heute wird vom »Geist von Walberberg« gesprochen. Solche neu gebildeten Begriffe zeigen eindeutig, dass sich etwas gewandelt hat.

Gelernt

Wertschätzung heilt die Unternehmensseele

Selbst schwere Verwundungen der »Unternehmensseele« lassen sich mit Geduld und viel Wertschätzung in recht kurzer Zeit auflösen oder wenigstens so umwandeln, dass wieder volles Engagement möglich ist. Es hat sich wieder bestätigt, dass es auf die richtige Mischung ankommt. Jede Kleinigkeit zählt und ist entscheidend.

5.4 Jahresauftaktveranstaltung für Führungskräfte

Ausgangssituation

Ein international tätiges Großhandelsunternehmen mit etwa neun Milliarden Euro Umsatz führt regelmäßig zu Jahresbeginn eine Veranstaltung mit seinen Top 35 Führungskräften der ersten Ebene inklusive der Geschäftsführung durch. In jenem Jahr sollte der Kunde in den Mittelpunkt gerückt werden, im Jahr zuvor war Qualität das Thema. Im Prozess der Auftragsklärung kristallisierte sich das Motto heraus: »Kunden einfach begeistern«.

Thema und Ziel

Kunden einfach begeistern

Das Ziel der Veranstaltung »Kunden einfach begeistern« bestand darin, eine Veränderung der Einstellung im Umgang mit den Kunden in die Organisation zu tragen und die Motivation für diese neue Kundenorientierung zu stärken. Als Nebenziel galt es, das Unternehmensleitbild zu beleben.

Diese Ziele bezogen sich auf die Bereiche »Motivieren« (3), »Gemeinschaft erleben« (5), »Normen und Werte wandeln« (6) und »Umsetzen« (8).

Beteiligte

Teilnehmer waren die Geschäftsführung und die Führungskräfte aus den unterschiedlichen Geschäftsbereichen. Eine Einbeziehung der Kunden kam leider nicht in Frage, auch eine vorherige Befragung der Kunden konnte nicht realisiert werden. Es wurde einerseits aus budgetären Gründen darauf verzichtet, und andererseits gab es bereits laufende Kundenbefragungen, weshalb der Vertrieb in dieser Hinsicht sehr zurückhaltend war. Es fehlte in der Organisation bis dahin eine Erfahrung mit dem Wertschätzenden Ansatz des Appreciative Inquiry und dem systemischen Grundgedanken. Damit war der Nutzen bei einer Einbeziehung Externer in der Kürze der Zeit schwer zu vermitteln.

Keine Möglichkeit der Integration externer Kunden

Rahmenbedingungen

Der Auftrag wurde mit der Geschäftsleitung, dem Vertrieb und dem Bereich Personal geklärt. Das Tagungshotel war bereits ausgesucht; jedoch erwiesen sich die Räumlichkeiten als etwas ungünstig. Eine Säule im Raum reduzierte die nutzbare Fläche für das Plenum um ein Drittel. Bei einem bereits schon an der unteren Grenze der Größe liegenden Raum führte dies zu sehr beengten Verhältnissen. Zusätzlich waren zwei Gruppenräume reserviert.

Nur acht Stunden Zeit

Es standen nach Abzug der Reviews auf das vergangene Jahr und den Ausblick auf das aktuelle Jahr nur acht Stunden für den gesamten Prozess zur Verfügung – Mittagspause und Kaffeepausen inklusive. Zudem war die Zeitspanne für die Vorbereitung mit einem Monat ebenfalls knapp bemessen.

Ablauf

Überlegungen zum Ablauf

Es zeigte sich in den Wertschätzenden Interviews bei der Auftragsklärung, dass ein verkürzter Appreciative Inquiry Prozess oder ein Appreciative Open Space nicht in Frage kamen. Denn die Organisation brauchte ein lebendiges Bild einer Vision, die in den Erfolgsbeispielen verankert ist. Und am Ende sollten sehr konkrete Ergebnisse für die Umsetzung stehen. Deshalb entschieden wir uns für einen kompletten Appreciative Inquiry Prozess. Ein kompletter AI-Prozess in einem Tag ist bereits bei kleineren Gruppen und bei mehr Zeit eine Herausforderung. Eine Parallelisierung des Prozesses wurde in Erwägung gezogen, um Zeit zu gewinnen, aber wegen der damit einhergehenden erhöhten Komplexität wieder verworfen. Wir einigten uns auf ein straffes Zeitmanagement mit verkürzten Pausen.

Herausforderung: Appreciative Inquiry an einem Tag

Im Plenum übertrugen wir die Zeithoheit bei den Präsentationen an die Gruppe selbst. Die Pausen waren mit fünf oder zehn Minuten sehr knapp bemessen, in der 30-minütigen Mittagspause wurde Fingerfood angeboten. Und: Um zusätzlich Zeit zu sparen, entschieden wir uns, beim Austausch der Erfolgsbeispiele nur das aus Sicht des Interviewpaares wertvollere Beispiel erzählen zu lassen.

Prozess

Reibungsloser Verlauf vom Start weg

Von Anfang an konnten wir mit dem Verlauf zufrieden sein. Die Führungskräfte waren offen und ließen sich gerne auf den Prozess ein. Bereits in den Dialogischen Aufstellungen wurde viel gelacht, und ein anregender Dialog entstand. Bei den Wertschätzenden Interviews war es für einige sehr hilfreich, darauf hingewiesen zu werden, den Fragebogen als Interviewter ganz zur Seite legen und sich voll auf den Interviewer zu konzentrieren. Bei der Vision zeigten sich Unterschiede in den einzelnen Gruppen. Die eine war kaum zu bremsen und sogar durch die Tür des Gruppenraumes gut zu hören. Eine andere tat sich schwer, in das kreative Element einzutauchen, und blieb eher verstandesorientiert. Dennoch wurden kreative neue Geschäftsfelder entwickelt. In der Phase des Verwirklichens wurden die Empfehlungen sehr konkret. Erste Termine und die weiteren Umsetzungsschritte wurden spontan von den Gruppen vereinbart.

Umgang mit Widrigkeiten und Unvorhergesehenem

Am Vorabend der Veranstaltung erkrankte der einzige Begleiter des Prozesses an einer hochfiebrigen Erkältung, die auch am nächsten Morgen noch anhielt. Die sorgfältige Vorbereitung und die Wertschätzenden Interviews ermöglichten trotz dieser Einschränkung einen reibungslosen Ablauf und erlaubten zwischendurch kleine Verschnaufpausen. Er selbst meinte später, er habe Unterschiede in den Kleinigkeiten der Prozesssteuerung bemerkt. Der Auftraggeber befand hingegen: »Wir haben nicht gemerkt, dass Sie krank waren.« Der Wertschätzung und den Prinzipien der Selbstorganisation sei Dank.

Teilnehmer-Unterlagen

Neben den Interviewleitfäden für die Wertschätzenden Interviews erhielten die Teilnehmer Handouts für die einzelnen Schritte des AI-Prozesses. Bei den Führungskräften war es angebracht, von Wertschöpfenden Interviews anstatt von Wertschätzenden Interviews zu sprechen. Eine umfassende, lebendige Dokumentation der Ergebnisse wurde den Teilnehmern im Anschluss zur Verfügung gestellt.

Zeitplan

Zeit	Inhalt	Bemerkungen
\multicolumn{3}{c}{**1. Tag** (Freitag)}		
8.30 Uhr 35 min	**Begrüßung** durch die Geschäftsleitung Rückblick & Ausblick	
9.05 Uhr 55 min	**Review:** Das Jahr der Qualität • Überblick über die Projektergebnisse (Projektleiter) (20 Minuten) • Vorstellung von ausgewählten Teilprojekten und ihren Ergebnissen durch die Teilprojektleiter (20 Minuten) • Fragen und Antworten (10 Minuten)	Briefing der Projektverantwortlichen mit Schlüsselfragen wie: *Was ist das Bemerkenswerteste, das in diesem Projekt passiert ist?*
10.00 Uhr 15 min	Kaffeepause	
10.15 Uhr (4 x 7 min) 30 min	**Kennenlernen** *Wo ist Ihre Heimat? (N-S-O-W)* *Seit wie vielen Jahren setzen Sie sich dafür ein, Ihre Kunden einfach zu begeistern? (Halbkreis)* *Aus der Perspektive des Kunden gedacht: Wie nahe ist Ihre Firma bei seinen Kunden? (Zielpunkt)* *Wie sehr möchten Sie sich im nächsten Jahr dafür einsetzen, die Kunden einfach zu begeistern? (Zielpunkt)*	Dialogische Aufstellungen
10.45 Uhr 15 min	**Agenda** anhand der drei Vs (Verstehen, Vision, Verwirklichen) erklären AI-Prinzipien erläutern Wertschöpfendes Interview – Einführung & Tipps	
11.00 Uhr 2 x 50 min + 5 min Pause	**Wertschöpfende Partnerinterviews:** Es darf bereits dokumentiert werden, wenn die Teilnehmer früher fertig sind.	
12.45 Uhr 5 min	**Blitzlicht:** Wie war die Energie und Atmosphäre?	stehend
12.50 Uhr 10 min	Wie lautet Ihre **Essenz** zu »Kunden einfach begeistern«? → Dialog	stehend
13.00 Uhr 10 min	Restliches **Dokumentieren** an den Pinnwänden	
13.10 Uhr 30 min	Mittagspause (Fingerfood)	
13.40 Uhr 5 min	**Energizer** Kissenrennen	

5. Praktischer maßgeschneiderter Einsatz

13.45 Uhr 5 min	**Rollen** vorab in jeder Gruppe festlegen (siehe Werkzeugkasten)	
13.50 Uhr 65 min vorgeben 10 min Puffer = 4 x 8 + 30	**Erfolgsfaktoren** ermitteln für »Kunden einfach begeistern« Ideale Gruppengröße: sechs bis acht Personen (Paare formieren) • Austausch der Erfolgserlebnisse »Kunden einfach begeistern« (Jeder Interviewer erzählt acht Minuten lang vom Erfolgserlebnis (Best of 2)) • Ermittlung der gemeinsamen Erfolgsfaktoren (In welchem Leitsatz steckt er?)	Handout
15.05 Uhr 5 min	Kaffeepause	
15.15 Uhr 20 min	**Präsentation** der Erfolgsfaktoren (EF): Fünf Gruppen, 2 bis 3 Minuten EF inkl. Erfolgserlebnis + 5 Minuten Dialog	
15.35 Uhr >60 min	**Vision – Endkunden** Fünf neue Gruppen: Vision für die jeweiligen Kundensegmente; Gruppengröße mindestens sechs, maximal acht Personen	Handout Kreative Materialien zur Verfügung stellen
16.40 Uhr 15 min	**Präsentation** der Visionen Fünf Gruppen, 2 Minuten	straff führen
16.55 Uhr 45 min	**Verwirklichen 1 – Maßnahmen / Ideen / Projekte** • *Was sind unsere drei entscheidenden Meilensteine auf unserem Weg?* • *Wie halten wir unsere Motivation im nächsten Jahr und darüber hinaus aufrecht, unsere Visionen zu verwirklichen?* • *Was ist jetzt für uns und unser Unternehmen der wichtigste nächste gemeinsame Schritt, der unseren Mitarbeitern und unseren Kunden signalisiert, wir meinen es ernst mit dem Motto »Kunden einfach begeistern«?* • *Welche umsetzbaren Sofortmaßnahmen/Ideen/ Projekte möchten wir anpacken?* • *Was möchten wir in unserem Einflussbereich in den nächsten drei Monaten konkret tun, um »unsere Kunden einfach zu begeistern«?* • *Aufgaben übernehmen*	Handout • Was passiert mit den Ergebnissen? (INPUT) • Verknüpfung mit laufenden Maßnahmen und Projekten, z. B. Kundenbefragung
17.40 Uhr 2 x 7 min	**Verwirklichen 2 – persönlicher Beitrag** • *Wie möchten Sie Ihre Mitarbeiter unterstützen, das Motto »Kunden einfach begeistern« ebenfalls zu leben?* • *Wie können Sie sich gegenseitig unterstützen »Die Kunden einfach zu begeistern« noch mehr zu leben?*	Handout in Paaren

5.4 Jahresauftaktveranstaltung für Führungskräfte

17.55 Uhr 10 min	**Präsentation** des Verwirklichens 1 5 x 3 Minuten + Dialog darüber 10 Minuten	
18.15 Uhr 10 min	**Abschluss:** Zielpunktaufstellung: *Wie wertvoll war der heutige Tag für Sie, um Ihre Kunden in diesem Jahr »einfach zu begeistern«?*	
18.25 Uhr 5 min	Abschluss durch Geschäftsleitung	
19.15 Uhr >75 min	Abendessen	
Ab 20.30/ 21.00 Uhr	Gemeinsame Abendveranstaltung mit Überraschung	

Ausprägung der Wirkfaktoren
Volle Nutzung der Wirkfaktoren

Wirkfaktor 1: Wohlfühlen
Eine anregende Raumgestaltung, die neugierig macht, und eine exzellente Küche waren selbstverständlich. Besonders anregend wirkte die Kombination aus kreativen Materialien, »Spielzeug« und eigenen Produkten. Es gab ein angemessenes Angebot für körperliche Bewegung.

Wirkfaktor 2: Ressourcenorientierung
Durch die Wertschöpfenden Interviews wurden Erfahrungen zu Tage gefördert, die schon lange in Vergessenheit geraten waren und doch elementar für die Kundenbegeisterung sind. Die Vielfalt der Erfahrungen führte zu dem Erleben der Gemeinschaft. Allein die Kürze der Zeit erlaubte keine volle Ausnutzung der maximalen Ausprägung dieses Wirkfaktors.

Wirkfaktor 3: Kleingruppenarbeit
Den Großteil der Zeit arbeiteten die Teilnehmer in Kleingruppen. Die Zusammensetzung der Kleingruppen variierte, blieb aber konstant, bis zusammenhängende Aufgaben zum Abschluss gebracht waren. Die erste Aufgabe bestand darin, die Erfolgsbeispiele zu sammeln und auszuwerten. Dies geschah zunächst in den Wertschätzenden Interviews in der Paarkonstellation, anschließend fanden sich diese Paare zu Kleingruppen zusammen, um die Erfolgsfaktoren auszuarbeiten. Die zweite Aufgabe bestand in der Vision und ihrer Umsetzung.

Wirkfaktor 4: Ergebnisorientierung

Dieser war von der ersten bis zur letzten Minute sehr hoch. Das Wettbewerbselement zeigte sich ganz deutlich bei den Visionen und in deren Umsetzung, obwohl es um verschiedene Kundensegmente ging. Die Hauptziele waren in einzelnen Phasen für die Teilnehmer klar erkennbar.

Wirkfaktor 5: Rhythmisieren

Der Wechsel zwischen Aktivität und Passivität war nicht ideal, und längere Pausen wären hilfreich gewesen. Insgesamt gab es einen guten Wechsel der sozialen Form, des Ortes und vor allem der Arbeitsform.

Wirkfaktor 6: Selbstorganisation

Die freie Wahlmöglichkeit war auf der inhaltlichen Ebene groß und etwas eingeschränkter bei der Wahl der Arbeitsgruppe. Die inhaltliche Freiheit wog allerdings stärker.

Wirkfaktor 7: Virtualität

Der Wirkfaktor Virtualität wurde nicht eingesetzt, da es dafür keinen Anlass gab.

Ergebnis

Viele Impulse und sofortige Umsetzung

Das Ziel der Veranstaltung wurde voll erreicht. Es wurden so viele Best Practices aufgedeckt, dass die Erkenntnisse bereits bei den nächsten Kundenkontakten umgesetzt wurden.

Nach einem arbeitsreichen Tag mit viel Spaß hier das kurze Resümee einiger Teilnehmer:

- »Ich habe hier so viel gelernt, dass ich fünf Jahre für das Umsetzen brauchen werde«
- »einen ganzen Tag nur Kunden, geil!«
- »Es wurde viel gelacht und ernsthaft gearbeitet«
- »Wir haben gespürt, wie sich Kunden begeistern anfühlt und wie hungrig wir jetzt darauf sind, das zu tun«

Einige der Abteilungen führten bereits kurz nach der Veranstaltung ganz pragmatisch eigene Workshops mit Hilfe des Interviewleitfadens durch.

Abb. 5.4.1: Erfolgsfaktoren für die Veranstaltung

Des Weiteren wurde aus den Impulsen der Veranstaltung heraus damit begonnen, in der Organisation systematisch Erfolgsbeispiele zu sammeln und auszutauschen, um daraus gemeinsam zu lernen.

Gelernt

Eine genaue und exzellente Vorbereitung ist oft mehr als die halbe Miete. Wenn Sie mit selbst aktivierenden Ansätzen arbeiten und den Schlüssel gefunden haben, dann geht fast alles wie von selbst.

Die Ausgangssituation und das Ziel bildeten in diesem Fall keinen kritischen Prozess, deshalb ließ sich der ganze AI-Prozess in einem knappen Tag mit straffem Zeitmanagement zu einem guten Ende bringen.

5.5 Ertragreiche Kundenbeziehungen

Ausgangssituation

Ein Verband lädt jährlich zu einer Tagung mit jeweils einem Schwerpunktthema ein. Diese Jahrestagungen wurden immer mit spannenden Referenten und interessanten Themen besetzt. Ein geändertes Tagungskonzept sollte nun neue Impulse geben.

Neue Impulse für Verbandstagungen

Thema und Ziel

Das Thema sollte mit den Kunden zu tun haben. In den Wertschätzenden Interviews der Auftragsklärung entwickelte es sich dann konkret zu »Nachhaltig ertragreiche Kundenbeziehungen«. Hierzu sollten die Teilnehmer neue Erkenntnisse und praktisch umsetzbare Ideen mit nach Hause nehmen. Zusätzlich ging es darum, die Mitglieder stärker an den Verband zu binden. Die Ziele lagen damit in den Bereichen »Neue Lösungen finden« (4), »Gemeinschaft erleben« (5) und »Umsetzen« (8) im eigenen Alltag.

Nachhaltig ertragreiche Kundenbeziehungen

Beteiligte

Die 120 Teilnehmer waren Selbständige und Geschäftsführer kleiner Unternehmen mit bis zu 35 Mitarbeitern. Es handelte sich um eine offene Veranstaltung für die Mitglieder des Verbandes.

Teilnehmer sind Selbständige und Unternehmer

Rahmenbedingungen

Die Auswertung der Veranstaltung des vorherigen Jahres war nach vier Wochen bereits abgeschlossen. Einen weiteren Monat später wurden wir kontaktiert. Dadurch blieb ausreichend Zeit für alle wichtigen Aktivitäten im Vorfeld, wie Auswahl eines geeigneten Tagungsortes, Ziel- und Auftragsklärung, Abstimmung der Einladungen usw. Die Veranstaltung sollte anderthalb Tage dauern – den ganzen Samstag bis Sonntagmittag.

Ablauf

Überlegungen zum Ablauf

Format Appreciative Open Space

Der Auftraggeber zeigte sich aufgeschlossen gegenüber den Wertschätzenden Interviews, zumal er diese bereits von der Veranstaltung eines anderen Verbandes her kannte. So stand fest, dass diese Form der Interviews bestens geeignet war, um gute Kundenbeziehungen zu schaffen und neue Lösungsansätze zu erhalten. Des Weiteren sollte es um einen intensiven Austausch und ein Verdichten der Ergebnisse gehen. Wir entschieden uns für das Format des Appreciative Open Space. Für die einzelnen Workshops gaben wir die folgende Ergebnisstruktur vor, welche den AI-Gedanken berücksichtigt:

- Thema und Initiator
- Wichtigste Erkenntnisse
- Das gibt uns Kraft, an diesem Thema dranzubleiben
- Offen gebliebene Fragen

Prozess

Dialogische Aufstellungen und lebendige Interviews

Während der Dialogischen Aufstellungen wurde bereits viel gelacht. Die Wertschätzenden Interviews wurden äußerst rege und lebendig geführt. Das notwendige Zutrauen und Vertrauen war bereits aufgebaut, um eigene Themen einzubringen. Da die Themen aus den Ressourcen der Teilnehmer stammten, wurden sie sehr konkret formuliert. Das Einbringen der Themen ging Schlag auf Schlag. Die Agenda stand im Handumdrehen.

Es war deutlich zu spüren, dass die Teilnehmer Freude am Thema hatten. Ihre Motivation war hoch. Die Abendrunde verlief äußerst dynamisch: Erfolgsbeispiele aus den Interviews wurden erzählt, eigene und jene des Interviewpartners. Viele dieser Berichte hinterließen großen Eindruck.

5.5 Ertragreiche Kundenbeziehungen

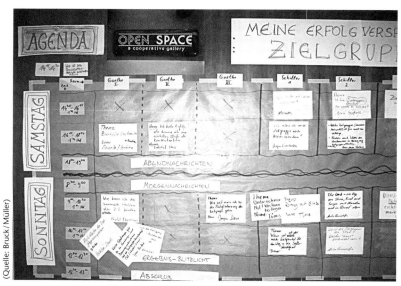

Abb. 5.5.1 Agenda Appreciative Open Space

Umgang mit Widrigkeiten und Unvorhergesehenem

In der Themenrunde erhielt einer der Väter des Verbandes besonders viel Aufmerksamkeit, als er sein Thema einbrachte. Seine Darstellung dauerte überaus lang; und nur durch einen klaren höflichen Abbruch wurde ein Kippen des Open Space Charakters verhindert. Durch ein klares Einreihen in die Agenda konnte wieder Normalität hergestellt und allen Themen die gleiche Chance gegeben werden.

Eine engagierte Gründerpersönlichkeit

Teilnehmer-Unterlagen

Die Teilnehmer-Unterlagen enthielten neben den aktuellen Verbandsinformationen Raumpläne, die Agenda mit Anfangs- und Endzeiten sowie den geplanten Mittagspausen. Auf die Kaffeepausen vormittags und nachmittags wurde hingewiesen, allerdings ohne präzise Zeitangabe. Das Wertschätzende Interview war ebenfalls bereits in den Unterlagen enthalten.

Zeitplan

Zeit	Inhalt	Bemerkungen
	**1. Tag** (Samstag)	
9:00 Uhr 15 min	**Begrüßung**, Einführung zum Thema Agenda (Grobablauf der 1,5 Tage) + Organisatorisches	Moderatoren und Supportteam werden kurz vorgestellt keine zeitlich festgelegten Kaffeepausen
9:15 Uhr 35 min	Dialogische Aufstellungen *Wo ist Ihr Lebensmittelpunkt (N,S,W,O)?* *Was war Ihre erste Berufsausbildung?* *Wie viel Prozent der Arbeit mit Ihren Kunden macht Ihnen wirklich Freude? (Halbkreis 0 bis 100 Prozent)* *Wo stehen Sie heute für Ihre Zielgruppe in Bezug auf nachhaltig ertragreiche Kundenbeziehungen?*	Ab 100 Teilnehmern ca. 8 Minuten pro Frage (Zielscheibe am Boden)
9:50 Uhr 15 min	**Wertschätzender Ansatz** (Einführung) Wertschätzende Interviews erläutern	Flipcharts mit Gedanken und Bedenken der Teilnehmer als Speicher vorbereiten
10:05 Uhr 2 x 45 min + 20 min Pause	**Wertschätzende Interviews** zum Thema	Flipcharts für Interviews
11:55 Uhr 15 min	**Blitzlicht** zur Atmosphäre in den Interviews *Wie haben Sie die Atmosphäre in den Interviews empfunden?*	»Ball« rumwerfen
12.10 Uhr 10 min	**Appreciative Open Space Einführung** • Aufstellungen entspricht dem Gesetz der 2 Füße • Thema positiv und zielgerichtet formulieren	Flipcharts vorbereiten • Gesetz der 2 Füße • Leitregeln WOS
12:20 Uhr 20 min	**Themensammlung** eröffnen, Teilnehmer malen ihr Symbol auf dem Themenblatt dazu Ergebnisstruktur für die Workshops erklären	
12:40 Uhr 20 min	**Marktplatz** Tauschen der Workshops	
13:00 Uhr 90 min	Mittagspause	
14:30 Uhr 100 min	**1. Workshoprunde** Wir geben eine hilfreiche Ergebnisstruktur vor: 1. Thema & Initiator (TN) 2. Wichtigste Ergebnisse 3. Was gibt mir die Kraft, am Thema dranzubleiben? 4. Offen gebliebene wichtige Fragen	Ergebnisblatt für den Initiator hängt auf dem ersten Flipchart im Raum! Passende Filzstifte liegen in vier Farben bereit. Teilnehmer arbeiten in den Gruppenräumen

5.5 Ertragreiche Kundenbeziehungen

16:10 Uhr 100 min	**2. Workshoprunde**	dito
17.50 Uhr 30 bis max 60 min	**Abendnachrichten** • Eindrücke vom Tage • Herausragendes Erlebnis aus dem Interview erzählen	Mikrophon als Talking Stick
19:00 Uhr	**Abendessen und freie Zeit**	

2. Tag (Sonntag)		
8:30 Uhr 30 min	**Morgennachrichten** • Erste Eindrücke, die über Nacht entstanden sind • Nennung weiterer Themen • Herausragende Geschichte erzählen	Wertschätzende Einstimmung
9:00 Uhr 10 x 2 = 20 min	**Ergebnisse des ersten Tages teilen** WS-Initiatoren des ersten Tages berichten von den Ergebnissen ihrer Workshops	1 Minute mit Gong anhand des Ergebnischarts (Projektion mittels Kamera an die Leinwand)
9:20 Uhr 90 min	**3. Workshoprunde**	
10:50 Uhr 90 min	**4. Workshoprunde**	
12.20 Uhr 10 x 2 = 20 min	**Ergebnisse des ersten Tages teilen** WS-Initiatoren des ersten Tages berichten von den Ergebnissen ihrer Workshops	1 Minute mit Gong anhand des Ergebnischarts (Projektion mittels Kamera an die Leinwand)
12:40 Uhr 15 min	**Was erzählen Sie zu Hause?** • Partner/Partnerin (Ehefrau/Ehemann) • Geschäftskollegen/Geschäftskollegin Setting: Ein Tisch mit zwei Stühlen, wer ist wer. Als Szene spielen lassen.	
12:55 Uhr >15 min	**Zielpunktaufstellung:** *Wie nahe glauben Sie jetzt, Ihren ertragreichen und nachhaltigen Kundenbeziehungen kommen zu können?* Jeder sagt ein Wort, um das Wertvollste auszudrücken, was er mit nach Hause nimmt. Jeder darf, aber muss nichts sagen.	Mikrophon wandert spontan, bis es wieder bei den Prozessbegleitern landet.
	Abschlussworte der Veranstalter	
13:15 Uhr	Mittagessen und Ende	

Ausprägung der Wirkfaktoren
Eine runde Sache

Wirkfaktor 1: Wohlfühlen

Eine herzliche Atmosphäre des in der Natur gelegenen Tagungshotels und ein hoher Tagungsraum mit viel Licht bildeten die Basis, ebenso wie die inspirierende Raumgestaltung. Die Wohlfühlatmosphäre des Tagungshotels konnten die Teilnehmer speziell bei den Wertschätzenden Interviews auskosten, weil sie sich überall im Haus ein gemütliches Plätzchen suchen durften. Durch den Abschluss mit szenischen Elementen und der Zielpunktaufstellung konnte das Ergebnis auch mit den Sinnen erfasst und nach Hause mitgenommen werden.

Wirkfaktor 2: Ressourcenaktivierung

Zuerst forschten die Interviewpaare intensiv nach wertvollen Erfahrungen, die sie anschließend genau betrachteten. Mit diesem großen Fundus folgten anschließend alle ihren nunmehr starken Impulsen im vorhandenen Raum des Open Space.

Wirkfaktor 3: Kleingruppenarbeit

Der Anteil an Kleingruppenarbeit war äußerst hoch. Die Gruppenzusammensetzung wechselte kontinuierlich. Neben der informellen gab es zweimal am Tag im Plenum eine systematische Querinformation.

Wirkfaktor 4: Ergebnisorientierung

Die hohe Ergebnisorientierung entstand durch die Interviews, welche das Thema aus den eigenen Ressourcen heraus betrachteten. Die Themen der Agenda entstanden ebenfalls auf diesem Weg. Eine zielorientierte Struktur für die Beschreibung des Ergebnisses sorgte für ein ergebnisorientiertes Arbeiten in den Workshoprunden. Die Ziele lagen in den Bereichen »Neue Lösungen finden« (4), »Gemeinschaft erleben« (5) und »Umsetzen« (8).

Wirkfaktor 5: Rhythmisieren

An jedem Tag gab es zwei Workshoprunden hintereinander – das Einzige, was nicht ständig wechselte. Und selbst hier fand ein Ortswechsel statt, und es bestand die Möglichkeit, zwischen Aktivität, also Mitarbeit in der Kleingruppe, oder Passivität, sprich Pause machen, zu wählen.

Wirkfaktor 6: Selbstorganisation

Jeder Teilnehmer konnte ständig frei entscheiden, was richtig für ihn ist. Er konnte das eigene Thema einbringen, das ihm am Herzen lag, und es war seine Entscheidung, an welchen anderen Themen er mitarbeiten wollte.

Wirkfaktor 7: Virtualität
Wurde nicht eingesetzt.

Ergebnis

Insgesamt war die Verbandstagung sehr lebendig. Jeder Teilnehmer erhielt wertvolle Impulse für die tägliche Praxis. Einer der Teilnehmer sagte, dass schon das Interview so intensiv für ihn gewesen sei wie eine zweitägige Bergtour, auf der schwerpunktmäßig über Geschäftliches gesprochen würde.

Gelernt

Trotz wirklich gelungener Designs gilt es, den Prozess immer wachsam im Auge zu behalten. Die Verschmelzung von Appreciative Inquiry und Open Space gelingt hervorragend und führt zu einer höheren Ergebnisorientierung. Es handelt sich dabei allerdings um mehr als ein Interview vorneweg und einen Open Space danach.

5.6 Weltweite strategische Planung

Ausgangssituation

Bei diesem Praxisbeispiel handelt es sich um eine der größten Non-Profit-Organisationen weltweit, mit 20 000 Mitarbeitern in 100 Ländern. Die Organisation ist der weltgrößte Distributor von Nahrungsmitteln und versorgt sieben Millionen Menschen. Die hier beschriebene Anwendung ist die erste, welche einen Appreciative Inquiry Summit (Zukunftsgipfel) mit Online-Technologien für Großgruppen in einem Veränderungsprozess verbindet.

Appreciative Inquiry und Online-Elemente verbinden

Thema und Ziel

Aufbauend auf einem zweijährigen partizipativen Visionsprozess begann die Organisation Anfang 2004 einen Strategieentwicklungsprozess. Die für den gesamten Prozess zur Verfügung stehende Zeitspanne war mit sechs Monaten deutlich kürzer. Daher war es besonders wichtig, diese

Strategische Ziele festlegen

sehr effektiv zu gestalten. Die strategischen Ziele und Prioritäten für die nächsten zehn Jahre sollten identifiziert werden, um die Organisation in eine erfolgreiche Zukunft zu führen. Das beinhaltete die globale Strategie, die regionalen Strategien und die Ausgestaltung der Ablaufprozesse.

Die Veranstaltungsziele lagen im Bereich »Motivieren« (3), »Gemeinschaft erleben« (5), »Neue Lösungen finden« (4) und »Entscheiden« (7) über die bevorzugte Zukunft.

Beteiligte

Alle Mitarbeiter und Kunden beteiligen

Allen 20 000 Mitarbeitern wurde die Möglichkeit gegeben, an diesem Prozess teilzunehmen. Hier mussten also neue Wege beschritten werden. Von der Möglichkeit der Mitwirkung machten über 4500 Mitarbeiter aus 52 Ländern und allen Hierarchieebenen Gebrauch. Zusätzlich waren Kunden – hauptsächlich Kinder –, Spender und Partner beteiligt. An dem Zukunftsgipfel (AI-Summit) nahmen 150 Mitarbeiter aus 100 Niederlassungen direkt teil und wurden online unterstützt durch 100 Kleingruppen in 52 Ländern.

Rahmenbedingungen

Der Auftrag wurde von der Planungsgruppe des Top-Managements in einem anderthalbtägigen Workshop geklärt. Die Beteiligten repräsentierten alle funktionalen Einheiten der gesamten Organisation und waren sehr intensiv in das Prozessdesign eingebunden. Das Budget reichte lediglich für eine viertägige Großgruppenveranstaltung mit 150 Teilnehmern; dennoch sollten alle mit einbezogen werden.

Ablauf

Überlegungen zum Ablauf

Organisationswissen weltweit integrieren

Die Herausforderung bestand darin, das Wissen und die wertvollen Erfahrungen der gesamten Organisation nutzbar zu machen. Deshalb war klar, dass der Wirkfaktor Virtualität eine herausragende Rolle spielen würde. Um in dem Strategieprozess Herz und Verstand miteinander zu verbinden und daraus einen starken Impuls für die Umsetzung zu erzeugen, diente das Gedankengut von Appreciative Inquiry als Basis.

Die Anforderung, möglichst die ganze Organisation zu integrieren, erforderte einen gut durchdachten Gesamtprozess (siehe Abb. 5.6.1). Dieser unterteilte sich in die Phase des Pre-Summit, in dem die gesamte Organisation Vorüberlegungen für den eigentlichen Summit anstellte, der in

5.6 Weltweite strategische Planung

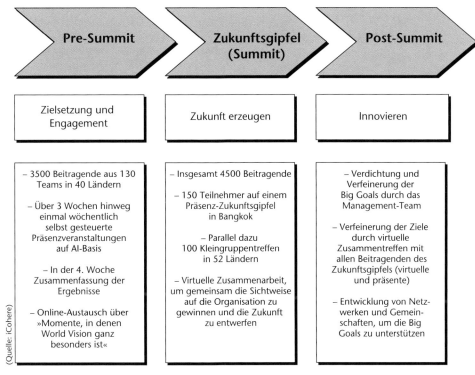

Abb. 5.6.1 Virtuelle Zusammenarbeit vor, während und nach dem Zukunftsgipfel

Bangkok stattfand. Der Post-Summit diente zum Verdichten der Ergebnisse auf Top-Management-Ebene.

Das Design beruhte auf einer Mischung aus Top-down- und Bottom-up-Ansatz. Die Top-down-Komponente spiegelt sich darin, dass der Zukunftsgipfel nur Führungskräfte versammelte und die strategischen Ziele des Vorstandes thematisierte. Nach dem Bottom-up-Prinzip verlief der Dialog über die Ergebnisse und die Einflussnahme auf die Prioritätensetzung.

Mischung von Top-down und Bottom-up

Aufgrund der sehr unterschiedlichen Technologieerfahrungen der Mitarbeiter wurde besonderer Wert auf einen möglichst einfachen Zugang und eine unkomplizierte Softwarenutzung gelegt. Dennoch sollte die emotionale Wirkung dieser Software hoch sein. Eine zusätzliche Anforderung bestand in der kulturellen Anpassung an die Rituale der Organisation, so beginnt jedes Meeting mit einer biblischen Geschichte, gefolgt von einem kurzen gemeinschaftlichen Dialog.

Da Kinder die Hauptkunden der Organisation sind, wurden vorab besondere Geschichten und Meinungen von Kindern auf Video aufgezeichnet und bei der zentralen Veranstaltung eingespielt. So wollte man kompensieren, dass in Bangkok keine Kinder direkt anwesend waren, denn man befürchtete, dass Kinder sich auf dem Zukunftsgipfel nicht wohlfühlen könnten.

Das Grunddesign war das eines AI-Summits. Um das Gefühl einer globalen Organisation zu erzeugen, wurden Elemente des Community Buildings, wie gemeinsames Lernen, Wissensaustausch und Beziehungsaufbau, integriert. Um das Besondere der Organisation auszudrücken, wurde das »Hedgehog-Konzept« von Collins (2001) integriert, das in einem eigenen AI-Prozess vorab entwickelt wurde. Das »Hedgehog-Konzept« hilft zu verstehen, wie aus »guten« Unternehmen »großartige« Unternehmen werden.

Virtuelle Verbindung: Großgruppenveranstaltung und die ganze Welt

Die Verwebung des Zukunftsgipfels mit der virtuellen Welt und damit zwischen den Repräsentanten der Organisation auf dem Summit und der gesamten restlichen Organisation wurde wie folgt sichergestellt:

Vom Veranstaltungsraum nach Online
- Das Ergebnis jedes Tages wurde in einer multimedialen Präsentation online zur Verfügung gestellt. Wichtige Arbeitsergebnisse wurden eingestellt. Fotos machten das Geschehen auch für die Abwesenden anschaulich.
- Strukturiertes Feedback zu den einzelnen Arbeitsergebnissen und unstrukturierte Meinungen zum gesamten Ergebnis wurden eingeholt.

Von Online in den Veranstaltungsraum
- In über 100 Kleingruppen in 52 Ländern wurden die Ergebnisse über alle Zeitzonen hinweg gemeinsam diskutiert und Feedback rückgemeldet.
- Jeder, der nicht in einer Gruppe organisiert war, konnte ebenso sein Feedback einbringen. Insgesamt waren es über 4500 Stakeholder, davon rund 85 Prozent Mitarbeiter, die an diesem weltweiten Dialog teilnahmen.
- Das Feedback war durch viele Bilder, Zeichnungen und Illustrationen besonders lebendig und erzeugte ein starkes Gemeinschaftsgefühl. Die folgende Abbildung 5.6.2 zeigt ein Beispiel:

5.6 Weltweite strategische Planung

Abb. 5.6.2 Feedback der Teilnehmer

- Das gesamte Feedback wurde frühmorgens vor Beginn des Summits in einem zweiseitigen Bericht zusammengefasst und jedem Teilnehmer zur Verfügung gestellt. Zusätzlich begann der Tag mit einer ausführlichen multimedialen Präsentation dieser Ergebnisse.

Am dritten Tag wurde eine dreistündige Mittagspause eingeplant, damit die Alltagsgeschäfte geregelt werden konnten.

Prozess
Im ersten Monat wurde der Auftrag geklärt und das Design für den gesamten Prozess entworfen. In den darauffolgenden zwei Monaten wurde die Kommunikationsplattform OvationNet® der Firma *iCohere* eingerichtet und mit den nötigen Inhalten wie einer Videobotschaft des Vorstandes gefüllt. Parallel entstand das Feindesign für den Prozess vor und während des Zukunftsgipfels.

Der Pre-Summit begann fünf Wochen vor dem Zukunftsgipfel mit der Einladung und Instruktion der Mitarbeiter. Ganz besonderes Augenmerk wurde auf den Prozess vor der Großgruppenveranstaltung (Pre-Summit) **Zeitversetzte virtuelle Großgruppe**

265

gelegt. Vier Wochen vorher trafen sich regionale Gruppen einmal pro Woche, um gemeinsam die vier Phasen des AI-Prozesses zu durchlaufen:

- Verstehen (Discovery) – »*Alles, was die Organisation ganz besonders macht.*«
- Visionieren (Dream) – »*Unsere bevorzugte Zukunft 2015.*«
- Gestalten (Design) – »*Unsere Ziele, um diese Zukunft zu erreichen.*«
- Verwirklichen (Destiny) – »*Was wir jetzt verändern können, als einen ersten Schritt.*«

Die Ergebnisse dieser Treffen wurden in allen drei Geschäftssprachen – Englisch, Spanisch, Französisch – online zur Verfügung gestellt. Die Erfolgsbeispiele wurden mit einem speziellen Werkzeug online erfasst (»Appreciative Inquiry Story Capture Tool«, vgl. Kap. 4.5.9). Jene Mitarbeiter, die nicht an den Gruppen teilnehmen konnten, gaben Ihre Stimme direkt online ab. Es wurde eine eigene Webseite (www.biggoals.org) erstellt, welche einen Login auf die virtuelle Plattform OvationNet® ermöglichte. Heute dient sie als »Intranet«-Informationsseite und weitergehende Kommunikationsplattform.

Abb. 5.6.3 Strategische Ziele-Plattform

Die Ergebnisse des Pre-Summit wurden von einem Team externer Doktoranden mit Erfahrung in qualitativen Auswertungen von AI-Prozessen verdichtet und als Input für die jeweilige Phase im AI-Summit verwendet.

Das Thema für die Großgruppenveranstaltung in Bangkok lautete: »Die Welt mit Kindern verändern« (»changing the world with children«). Der Summit selbst durchlief wieder die vier Phasen des AI. Das Einspielen der Videos der Kinder machte ihre Stimmen sehr präsent und führte zu einem starken Verbundensein mit den Kunden der Organisation. Ganz entscheidend war jedoch das Feedback der Online-Community auf die erarbeiteten Ergebnisse.

Videos der Kinder werden eingespielt

In einem nachgelagerten Prozess wurden die Ergebnisse weiter verdichtet. Die 16 großen Ziele aus dem Summit wurden zu drei erstrebenswerten Zielen mit einem Zeithorizont von 10–15 Jahren und zu acht strategischen Zielen mit einem Zeithorizont von 5–10 Jahren konzentriert.

Umgang mit Widrigkeiten und Unvorhergesehenem
Am ersten Tag zeigte sich aufgrund der demografischen Daten, dass aus Frankreich praktisch kaum eine Beteiligung über die Online-Plattform erfolgte. Daraufhin wurden die technische Infrastruktur überprüft und die Mitarbeiter nochmals vom Top-Management informiert.

Teilnehmer-Unterlagen
Für den Pre-Summit und den Summit selbst gab es ausführliche Teilnehmerunterlagen, die Sie im Downloadbereich finden. Die ausgestaltete virtuelle Plattform bildete die »ausprogrammierten« Teilnehmerunterlagen und wurde durch viele Präsentationen und Hintergrundinformationen ergänzt.

Zeitplan

Zeit	Schritt	Bemerkungen
1. Tag: Verstehen (Discovery) – Dienstag		
8.00 Uhr 20 min	**Begrüßung und Eröffnung** Rückblick auf unseren gemeinsamen Weg	durch den Vorstand
8.20 Uhr 55 min	**Bibelreflektionen**	kulturelle Tradition in der Organisation

5. Praktischer maßgeschneiderter Einsatz

9.15 Uhr 15 + 15 min	**Ziele und Vorgehensweise** • Sinn der Veranstaltung und gewünschte Ergebnisse • Einführung in AI und Vorgehensweise	
9.45 Uhr 75 min	**Wertschätzende Interviews in Paaren** Zum Thema »Die Welt mit Kindern verändern«, inklusive Pause	Verstehensphase In den USA wird für die AI-Interviews meist weniger Zeit eingeplant
11.00 Uhr 60 min	**1. Kleingruppenauswertung** Ressourcen in unserer Gemeinschaft bei World Vision entdecken. Erwartungen und gemeinsame Wünsche klären.	
12.00 Uhr 30 min	**Blitzlicht** Erste Eindrücke und Ergebnisse	
12.30 Uhr 90 min	Mittagessen	
14.00 Uhr 30 min	**Hedgehog Präsentation** • *Wofür haben wir eine tiefe Leidenschaft?* • *Was können wir der Welt Einzigartiges geben?* • *Was treibt unseren Unternehmensmotor ökonomisch an?*	Diese drei Fragen sind die Schlüsselfragen im Hedgehog Konzept.
14.30 Uhr 60 min	**2. Kleingruppenauswertung** *Welche Faktoren verleihen unserer Organisation Leben in den Momenten, in denen wir »ganz besonders sind«?*	Gruppierung nach Stakeholdern
15.30 Uhr 20 min	Pause	
15.50 Uhr 40 min	**Positiver Kern – Erfolgsfaktoren** *Welche Faktoren ermöglichen uns unsere Hedgehog-Fähigkeiten?*	Kleingruppenarbeit
16.30 Uhr 30 min	**Kurzpräsentationen** Ergebnisse der Verstehensphase	
17.00 Uhr 30 min	**Schlussrunde – Reflexionen** *Was haben wir gehört?*	
17.30 Uhr	Ende	

2. Tag: Visionieren (Dream) – Mittwoch		
8.30 Uhr 60 min	**Bibelreflektionen**	kulturelle Tradition in der Organisation
9.30 Uhr 10 min	**Tagesüberblick**	
9.40 Uhr 65 min	**Positiven Kern überarbeiten** Integration des Feedbacks der Online-Community. Überarbeiten der Hedgehog Faktoren.	Kleingruppenarbeit

5.6 Weltweite strategische Planung

10.45 Uhr 15 min	Pause	
11.00 Uhr 40 min	**Vision** Vorstellen der bevorzugten Zukunft: Bilder und Stimmen der Kinder	Visionsphase Input mit Videos und Präsentation der Vorarbeiten
11.40 Uhr 50 min	**Vision – Kleingruppenarbeit (1)** Vorstellen der bevorzugten Zukunft	
12.30 Uhr 90 min	Mittagessen	
14.00 Uhr 30 min	**Vision – Kleingruppenarbeit (1)** Ausarbeitung von Portraits	
14.30 Uhr 60 min	**Plenum – Präsentationen** Präsentation der Bilder der bevorzugten Zukunft	
15.30 Uhr 15 min	Pause	
15.45 Uhr 90 min	**Auswirkungen – Gruppenarbeiten** Eine »Landkarte« der Auswirkungen der Vision wird erstellt. *Welches sind die bevorzugten Auswirkungen, die wir sehen wollen?*	
17.15 Uhr 30 min	**Schlussrunde** *Was haben wir gehört?*	
17.45 Uhr	Ende	
18.30 Uhr	Bankett und Feier der Kulturen	

3. Tag: Visionieren (Dream) → Gestalten (Design) – Donnerstag		
8.30 Uhr 60 min	**Bibelreflektionen**	kulturelle Tradition in der Organisation
9.30 Uhr 10 min	**Tagesüberblick**	
9.40 Uhr 20 min	**Plenum – Input** *Welche Auswirkungen wollen wir in einer Welt mit Kindern bewirken?*	Visionsphase
10.00 Uhr 45 min	**Kleingruppenarbeit** Kraftvolle Aussagen zu unseren Auswirkungen	Verdichten
10.45 Uhr 45 min	**Präsentation der ersten Teilergebnisse** Erste Entwürfe zu kraftvollen Aussagen über die Zukunft (Zukunftsaussagen) Feedback: *Was ist besonders an der jeweiligen Aussage und wie könnten wir es noch stärker oder attraktiver ausdrücken?*	

11.30 Uhr 45 min	**Kleingruppenarbeit** Verfeinern der kraftvollen Aussagen zur Vision	Verfeinern
12.15 Uhr 180 min	Mittagessen (mit Auszeit für Geschäftsangelegenheiten)	
15.15 Uhr 60 min	**Kleingruppenarbeit** Worauf wird sich World Vision fokussieren, um die gewünschte Zukunft zu ermöglichen? (drei bis fünf Ideen – für »Big Goal«)	Verteilen der kraftvollen Aussagen Beginn Designphase
16.15 Uhr 30 min	**Plenum** »Fokus-Wand 2« füllen	
16.45 Uhr 45 min	Pause	
17.30 Uhr 15 min	**Gruppenbildung** Bei welchem Fokusbereich (»Big Goal«-Bereich) möchte ich etwas beitragen?	
17.45 Uhr 45 min	**Kleingruppenarbeit – Gruppenbildung** Was hat mich veranlasst, diesen Bereich zu wählen? Was möchte ich beitragen?	
18.30 Uhr 30 min	**Schlussrunde** Was haben wir gehört?	
19.00 UHr	Ende	

4. Tag: Gestalten (Design) → Verwirklichen (Destiny) Freitag		
8.30 Uhr 60 amin	**Bibelreflektionen**	kulturelle Tradition in der Organisation
9.30 Uhr 15 min	**Tagesüberblick**	
9.45 Uhr 60 min inkl. Pause	**Kleingruppenarbeit – Ziele (1)** Verarbeiten des Feedbacks der Online-Community. Entwickeln eines ersten Entwurfs für die Zielaussage (für das »Big Goal«).	Gestaltungsphase
10.45 Uhr 60 min	**Kurze Ergebnispräsentation** Feedback mit Post-its	
11.45 Uhr 45 min	**Kleingruppenarbeit – Ziele (2)** Verfeinern der Zielaussage und Brainstorming über Aktionsszenarien. (3-Jahresziel, 1-Jahresziel)	
12.30 Uhr 105 min	Mittag-Arbeitsessen	
14.15 Uhr 45 min	**Kleingruppenarbeit** 10-Minuten-Präsentation (inklusive Fragen und Antworten) erstellen	

15.00 Uhr 120 min	**Marktplatz – Präsentation** Inklusive Pausen für Feedback	
17.00 Uhr 30 min	**Schlussrunde** Offenes Feedback	
17.30 Uhr	Ende	

Ausprägung der Wirkfaktoren
Appreciative Inquiry und Virtualität

Wirkfaktor 1: Wohlfühlen
Mit den Videos, Fotos und Zeichnungen der Kinder wurden die Visionen für alle Teilnehmer lebendig. Auf der Online-Plattform wurden mit Fotos in den Profilen und mit multimedialen Inhalten ebenfalls die Sinne gezielt angesprochen.

Wirkfaktor 2: Ressourcenaktivierung
Die Fokussierung auf den »Wertvollen Kern«, das wertschätzende Feedback zwischen Teilnehmern und der gesamten Organisation ermöglichte wertvolle Dialoge und Begegnungen. Wertschätzende Interviews bildeten eine solide Basis.

Wirkfaktor 3: Kleingruppenarbeit
Die meiste Zeit wurde sehr intensiv in Kleingruppen gearbeitet. Dies gilt sowohl für die Großgruppe als auch für die virtuelle Community. Es bildeten sich Stakeholder-Gruppen oder Gruppen, die sich aufgrund eines bestimmten Interesses formierten. Die Effektivität der Gruppen wurde durch die Verteilung von Rollen verstärkt.

Wirkfaktor 4: Ergebnisorientierung
Die Integration aller Stakeholder in einem bisher kaum zu bewältigenden Umfang trug in besonderem Maße zur Ergebnisorientierung bei. Hier zeigt sich ganz deutlich, wie der Wirkfaktor der Virtualität als Verstärker für die anderen Wirkfaktoren dienen kann. Durch die virtuelle Plattform wurde eine Rückkoppelung der Ergebnisse aus der Präsenzveranstaltung auf breiter Basis realisiert. Das Wettbewerbselement wurde bereits in der Pre-Summit-Phase auf breiter Front eingesetzt und trug zu großer Vielfalt bei. In der Verdichtungsphase nach dem Summit nahm wieder die große virtuelle Gemeinschaft einen direkten Einfluss auf eine Priorisierung der Ziele. Am Ende standen die klaren und konkreten Zielaussagen.

Wirkfaktor 5: Rhythmisieren

In diesem Bereich lag die Veranstaltung im sonst üblichen Rahmen.

Wirkfaktor 6: Selbstorganisation

Jeder konnte an jenen Zukunftsthemen arbeiten, die ihm persönlich am Herzen lagen. Das eigene Thema begleiteten die Teilnehmer bis in die Umsetzung. In der Online-Community entstanden parallel zum gesteuerten Prozess spontane Dialoge zwischen Personen, die sich nie zuvor begegnet waren.

Wirkfaktor 7: Virtualität

Dieser Faktor war sehr stark ausgeprägt. Eine multimediale Präsentation diente zur Erläuterung der Bedeutung und Ziele durch den Vorstandsvorsitzenden. Persönliche Profile mit Foto, Erwartungen und Hoffnungen wurden von den Teilnehmern angelegt und ermöglichten eine geplante oder spontane Kontaktaufnahme. Die Ergebnisse aus den Wertschätzenden Interviews wurden online dokumentiert. Alle Informationen ebenso wie Hintergrundinformationen standen allen jederzeit zur Verfügung. Insgesamt wurde eine hohe Vernetzung und Kommunikationsintensität ermöglicht.

Ergebnis

Hohe Qualität der erarbeiteten Ziele und Strategie

Durch die virtuelle Integration eines sehr großen Teiles der Organisation wurde eine besonders hohe Qualität der erarbeiteten Ziele und der Strategien erzielt. Die Entscheidungen wurden schneller getroffen (innerhalb von sechs Monaten im Vergleich zu vorher zwei Jahren) und die Organisation optimal vorbereitet für eine schnelle Umsetzung der Ergebnisse.

Gelernt

20 000 Menschen entwickeln eine Strategie

Es handelt sich um ein bemerkenswertes Projekt, aus dem wir viel über die Integration von Online-Technology und Großgruppenveranstaltung lernen können:

- Das massive Online-Feedback erhöhte das Momentum und die Energie der Teilnehmer der Großgruppenveranstaltung. Ein Verbundensein entstand.
- Am stärksten war der Enthusiasmus bei den Summit-Teilnehmern durch die Fotos der Kleingruppen und die Zeichnungen der Kinder.

Abb. 5.6.4 Virtuelle Integration als ein neues Modell für Beteiligung

- Durch das Wertschätzende Feedback entstand eine gemeinsame Basis (Common Ground) für die Entwicklung der Ergebnisse.
- Da die Teilnehmer des Zukunftsgipfels zu jedem Zeitpunkt wussten, wie viele Menschen aus welchem Land rund um den Globus antworteten, konnten sie ihre eigenen Arbeitsergebnisse stärker schätzen. Zusätzlich bildeten die demografischen Daten ein wichtiges Feedbackinstrument über die allgemeine Beteiligung.
- Die Online-Plattform ermöglichte spontane Meetings für den Austausch; diese wurden rege genutzt. Es entstanden neue Beziehungen, alte wurden aufgefrischt. Man könnte dies mit den Pausengesprächen in der realen Welt vergleichen, nur mit dem Unterschied, dass sie in der virtuellen Welt immer und jederzeit möglich sind.
- Die hohe Beteiligung machte die Ergebnisse gegen eine »Verwässerung« in der Post-Summit-Phase immun.
- Durch Notebooks an jedem Tisch könnte jede Kleingruppe ganz gezielt auf das Feedback der Online-Community in allen Details zurückgreifen. Das würde die Verbindung zwischen Präsenzveranstaltung und virtueller Gemeinschaft weiter verstärken.

In diesem Beispiel unterstützte der virtuelle Summit die Präsenzveranstaltung. Nach der sehr guten Erfahrung stellt sich die Frage, ob nicht auch das umgekehrte Vorgehen denkbar wäre: Eine Präsenzveranstaltung übernimmt die Aufgabe des Zusammenfassens und des Feedbacks. Was ist, wenn 20 000 Menschen eine Strategie entwickeln, und 150 Top-Management-Mitarbeiter sie validieren und nur noch prüfen?

Literatur und weiterführende Informationen

Im Downloadbereich der Autoren können weitere Informationen zu diesem Prozess heruntergeladen werden.

Virtuelle Kommunikationsplattform http://www.icohere.com

World Vision »Intranetseite« http://www.biggoals.org

Fry, Ron / Kaplan, Soren: Whole System Engagement through Collaborative Technology at World Vision, in: The Handbook of Large Group Methods, Jossey-Bass 2006.

5.7 Teamentwicklung im Vertrieb

Ausgangssituation

Mehr Zusammenarbeit innen und außen

Eine technische Großhandlung mit etwa 200 Mitarbeitern, 50 davon mit Kundenkontakt, wollte die Zusammenarbeit zwischen Außendienst und Innendienst verbessern. Die Außendienstler sollten zukünftig mehr als einen Tag im Büro sein, damit wichtige Entwicklungen und Informationen nicht an ihnen vorbeigehen und sie mehr Termine telefonisch koordinieren können. Umgekehrt sollten Kundenbetreuer des Innendienstes öfter als bisher zum Kunden fahren.

Thema und Ziel

Diese Richtungsänderung führte zu einem Paradigmenwechsel in der Arbeit des Vertriebs. Hieraus leiten sich für die Veranstaltung folgende Zielbereiche ab:

- Kommunikation und Zusammenarbeit verbessern (Zielbereiche 5 »Gemeinschaft erleben« und 6 »Normen und Werte wandeln«)
- Konkrete Umsetzungslösungen suchen (Zielbereiche 4 »Neue Lösungen finden« und 8 »Umsetzen«)
- Motivation für Wandel (Zielbereich 3 »Motivieren«)

Der Schwerpunkt lag auf den Zielbereichen 3 und 4.

Beteiligte

Teilnehmer der Veranstaltung stammten aus drei Hierarchiestufen:

- Inhaber
- 12 Fachabteilungsleiter und ihre Stellvertreter
- Innendienst-Kundenberater und Außendienstmitarbeiter

Rahmenbedingungen

Die Auftragsklärung erfolgte in zwei Gesprächen mit dem Inhaber. Die Veranstaltung sollte nur einen Tag dauern. Es war möglich, einen großen Teil der Teilnehmer bei einer Lagebesprechung kennenzulernen. Die endgültige Gruppeneinteilung nach den Prinzipien maximaler Mischung nahm der Moderator eigenständig vor.

Die Veranstaltung fand in einem Hotel in rund 30 Kilometer Entfernung vom Unternehmenssitz statt. Der Ort war gut gewählt: Es stand ein lichtdurchfluteter Raum zur Verfügung, das Essen war ausgezeichnet. Die Vorbereitungszeit mit Vorstellung und Interviews betrug mehr als zwei Monate.

Ablauf

Überlegungen zum Ablauf

Die Teilnehmer sollten zum Einstieg etwas Interessantes über sich selbst erfahren. Hier wurde ein Persönlichkeitsprofil in einer Gruppenarbeit vorgestellt. Ein solches ist hilfreich für Kundenkontakte, erleichtert die innerbetriebliche Kommunikation, fördert die Teamentwicklung und wirkt immer zugleich stärkend auf die Ressourcen. Dann erst sollte die Veranstaltung auf die Effizienzsteigerung für das Unternehmen und somit Verbesserungen der internen Arbeitsweise umschwenken. Es erschien sinnvoll, dazwischen eine Bewusstwerdung der geplanten Umfeldänderungen einzuschieben. Aufgrund der Kürze der Zeit sollte dies in parallelen Kleingruppen erarbeitet werden.

Einstieg über ein Persönlichkeitsprofil

Insgesamt orientierte sich der Ablauf dann am GTG-Modell, weil der Phasenbezug von anderen Standardformaten (z. B. RTSC-Modell) zu aufwändig erschien.

Prozess

Der Moderator stellte in einer kurzen Präsentation von 20 Minuten die Veranstaltung und ihre Ziele der Hälfte der Teilnehmer auf der wöchent-

Vorbereitende Interviews

lichen Lagebesprechung vor. Mit etwa zehn Personen aus den Fachbereichen wurde ein persönliches Gespräch geführt. So ergab sich ein Bild über die Unternehmenskultur und eine Basis für die Detailplanung der Veranstaltung. Darüber hinaus erhielten alle Teilnehmer eine schriftliche Einladung.

Bei Eintreffen wurden die Teilnehmer durch Kärtchen zur Max-Mix-Sitzordnung auf einer Pinnwand an sechs Tische geleitet, die mit Farben markiert waren. Die Gruppenzuordnung hatte der Moderator nach den Informationen über Abteilung und Hierarchie selbständig vorgenommen.

Gleich zu Beginn wurde in einer kurzen AI-Phase (ähnlich dem Beispiel beim »Sich einstimmen in der Tischgruppe« im Werkzeugkasten in Kapitel 7.2.1) Vertrauen in den Tag aufgebaut und die Stimmung angehoben. Dies setzte sich fort, als die nach den verschiedenen Typen neu zusammengesetzten Gruppen in zwei aufeinanderfolgenden Gruppenarbeitsphasen folgenden Fragen nachgingen:

- *Was sind unsere Stärken und die der anderen Typen?*
- *Wie sollte ich mit einem Kunden meines Typs und mit Kunden anderen Typs sprechen?*

Zurück in der Max-Mix-Stammgruppe zog die Gruppe ein Fazit, was sie aus den Persönlichkeitsprofilen gelernt hatte. Es kam zu Aussagen wie:

- *»Verstehe jetzt, wieso die Kommunikation und Zusammenarbeit mit X nicht so gut klappt.«*
- *»Bin mir meiner eigenen Stärken jetzt mehr bewusst und kann diese weiterentwickeln.«*
- *»Weiß jetzt besser, wie ich mit dem Chef oder dem Kunden Y sprechen sollte.«*
- *»Wir brauchen in unserer Abteilung in unserer Arbeit mehr den Typ Z.«*

Dann stellte der Moderator als weitere Gruppenarbeit vier Themen zur Wahl, von denen sich jeder eines aussuchen konnte:

- Kundenbedürfnisse
- Kundenorientierung
- Akquise
- Änderungen des Umfelds

Die Themen gingen aus den Wünschen der Geschäftsleitung und den Interviews hervor. Für eine ausgewogene und effiziente Zusammensetzung achtete der Moderator bei der neuen Gruppenbildung, anhand der farbigen Kappen, auf eine Mixtur der Persönlichkeitsprofile. Nach einer kurzen Einführung, die den Sinn der Übung klärte, arbeiteten die Gruppen völlig selbst gesteuert. Beim Thema Kundenorientierung arbeiteten immer zwei Gruppen parallel am gleichen Thema.

Nach den Präsentationen der vier Gruppenergebnisse, die sich über die Mittagspause hinzogen, wurde um 14.15 Uhr die fünfte Gruppenarbeit in den Stammgruppen begonnen. Nun ging es im Sinne des Tagesmottos um die Verbesserung der Vertriebsarbeit und die geplante neue Organisation. Welche Ziele sollte sich das Unternehmen dort setzen?

Die anschließenden Präsentationen wurden dann von allen Teilnehmern auf den Flipcharts direkt mit Klebepunkten bewertet. Daraus ergab sich eine deutliche Rangliste der weiteren konkreten Themen mit Stichworten wie Teamprovision, Selbstorganisation, Sortimentspolitik, Werbung, Zusammenarbeit und Kommunikation.

Die sechste und letzte Gruppenarbeit wurde in Abteilungsgruppen durchgeführt und spürte der Umsetzung der hoch gepunkteten Prioritäten nach. Zwei Abteilungen mit niedriger Personenzahl wurden dabei zusammengefasst. Die Ausarbeitungen der Gruppen wurden vorgestellt und anschließend von der Geschäftsleitung kommentiert.

Zum Ende des Workshops erarbeitete jeder Teilnehmer seinen Beitrag für die zukünftige Zusammenarbeit im Unternehmen. Es ging um Aspekte wie Pünktlichkeit, bessere Selbstorganisation, Nachverfolgung von Angeboten. Diese wurden zunächst in der Abteilung vorgestellt und besprochen. Zum Abschluss gab es einen Stehkreis, bei dem die Teilnehmer selbst das Schlusswort mit dem eigenen Hauptvorsatz sprachen. Der Beifall war wie gewohnt stark.

Der Stimmungsverlauf am Tage wurde zu drei Zeitpunkten mit Klebepunkten in einem Barometer markiert. Es ergab sich ein zufriedenstellender Anstieg. Die Gruppenarbeiten und die farbigen Kappen (entsprechend der Persönlichkeitsprofile) erzeugten schnell ein tieferes Verständnis für

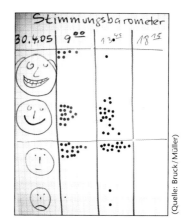

Abb. 5.7.1: Stimmungsbarometer einer Veranstaltung

die Eigenschaften der verschiedenen Persönlichkeitstypen. Bei diversen Kommentaren und Vorschlägen wurde der Bezug zu den Profilen hergestellt, um die Teilnehmer damit vertraut zu machen, wie die eigene Persönlichkeit ihr Verhalten im Alltag steuert.

Umgang mit Widrigkeiten und Unvorhergesehenem

Ungeübt für Mitarbeitervorschläge

Die Teilnehmer beteiligten sich rege. Allerdings reagierte der Inhaber auf Wünsche und Verbesserungsvorschläge (unter anderem in Richtung einer Teamprovision) eher ablehnend. Nach den Regeln der Moderation sollten aber zunächst alle Vorschläge begrüßt werden. Doch durch den Aufbau von Verständnis für das Persönlichkeitsprofil – auch des Chefs – senkte das Verhalten die Gruppenenergie nicht, wie das Stimmungsbarometer zeigte.

Teilnehmer-Unterlagen

Die Teilnehmer erhielten zu Beginn eine ausführliche Mappe, die zu jeder Arbeitsaufgabe eine Erläuterung und die Vorgehensweise enthielt. Zusätzlich wurden in einigen Fällen vergrößerte Kurzanweisungen auf die Pinnwand geheftet (ähnlich den komprimierten Anweisungen im Werkzeugkasten in Kapitel 7.3.2).

Zeitplan

Zeit	Aufgabe / Thema	Material
9.10 Uhr 15 min	**Stimmungsbarometer 1** Begrüßung durch Inhaber, anschließend Organisatorisches durch den Moderator Bewegungsübung: Beginn mit Händereiben (siehe Werkzeugkasten)	Mappe 1–5
9.25 Uhr 20 min	**Kurzvorstellung** am Tisch und komprimiertes Partnerinterview AI, aus dem Extrakte auf ein Flipchart geschrieben werden	Es entsteht ein Flipchart pro Gruppe
9.45 Uhr 30 min	**Persönlichkeitsprofil**, Kurzvorstellung Einzelarbeit am Tisch	Mappe 6–10 Farbige Kappen für jeden
10.15 Uhr 40 min	**Gruppenarbeit 1** in Profilgruppen & Präsentation *(Was sind unsere Stärken und die der anderen?)*	Es entstehen 6 Flipcharts
10.55 Uhr 35 min	**Gruppenarbeit 2** in Profilgruppen & Präsentation *(Wie muss ich mit einem solchen Kunden umgehen?)* Dazwischen Kaffee während der Gruppenarbeiten	Handout Verkaufen bzw. Kunde Es entstehen 6 Flipcharts

11.30 Uhr 15 min	**Gruppenarbeit 3** in Max-Mix am Tisch: *Was lernen wir aus den Persönlichkeitstypen und den Präsentationen?* Rückmeldung per Abfrage	1 Flipchart auf Zuruf
11.45 Uhr 40 min	Arbeit in parallelen Themengruppen nach persönlicher Wahl (Gruppenarbeit 4) (a) Kundenbedürfnisse (b) Kundenorientierung (c) Akquise (d) Umfeldänderungen	Mappe Nr. 11 Es entstehen mindestens 6 Flipcharts, zusammen 30
12.25 Uhr 20 min	**Präsentation** der Gruppenergebnisse	
12.45 Uhr	Gemeinsames Mittagessen; währenddessen ordnet Moderator die Flipcharts an der Wand	
13.45 Uhr 30 min	**Stimmungsbarometer 3** In ursprünglicher Max-Mix-Sitzordnung: **Bewegungsübung** »Abenteuer auf dem Speicher« Rest der Präsentationen	
14.15 Uhr 30 min	**Gruppenarbeit 5:** Unternehmensziele für die Verbesserung der Vertriebsarbeit und neue Organisation Offene Fragen Brainstorming in Gruppe	Mappe Nr. 12 + 13 Es entstehen bei Nr. 5 6 x 2 Flipcharts, zusammen 42
14.45 Uhr 30 min	**Präsentationen** und anschließend Prioritätensetzung alle zusammen (Klebepunkte)	Klebepunkte
15.15 Uhr	Kaffeepause	
15.40 Uhr 90 min	Nun Sitzordnung nach Abteilung: **Gruppenarbeit 6:** Was schlagen wir vor? Maßnahmenplanung & Präsentationen; Ergebnismoderation durch Moderator Reaktion der Geschäftsleitung	Ca. 8 Flipcharts erwartet, zusammen ca. 50
17.10 Uhr 50 min	Es bleiben alle in der Abteilungsgruppe sitzen: **Persönlicher Plan** in Einzelarbeit, Präsentation in der Abteilungsgruppe	Farbiges A3-Blatt und A4-Blatt
18.00 Uhr 15 min	**Feedback:** einige Stimmen von jedem Tisch einholen	Feedbackblatt in Mappe Nr. 14
18.15	**Abschlussübung:** Stehkreis mit Foto, Stimmungsbarometer 3 kleben	Fotoapparat
18.30	Ende der Veranstaltung mit gemeinsamem Drink in der Lobby	

Ausprägung der Wirkfaktoren
Ressourcenaktivierung über Persönlichkeitsprofil

Wirkfaktor 1: Wohlfühlen

Die Gruppentische wurden mit Plüschtieren markiert, es gab Musik zu den Bewegungsübungen. Zur Verdeutlichung der Persönlichkeitsprofile wurden farbige Baseball-Kappen ausgeteilt. Mittags stieg der Moderator für eine Bewegungsübung »Abenteuer auf dem Speicher« auf den Tisch.

Wirkfaktor 2: Ressourcenorientierung

Hierzu gab es am Anfang eine kurze Aktivierungsphase, aus der ein Flipchart des Tisches entstand. Die Bekanntschaft mit dem Persönlichkeitsprofil, das rein aus den persönlichen Stärken abgeleitet wurde, verstärkte die Ressourcenaktivierung ebenfalls. Hierfür erhielt jeder eine passende farbige Kappe. Diese Bezüge wurden den ganzen Tag weitergeführt.

Wirkfaktor 3: Kleingruppenarbeit

Über die ganze Veranstaltung hinweg waren die Teilnehmer in Gruppen integriert. Es gab Aufgabenblätter für die einzelnen Gruppenarbeiten.

Wirkfaktor 4: Ergebnisorientierung

Die Hauptveranstaltungsziele lagen im Bereich 3 und 4. Die Rhythmisierung und das Persönlichkeitsprofil leisteten dafür einen guten Beitrag. Die Gruppen stellten nach der systematischen Hinführung in den ersten Gruppenarbeiten 1–5 in Nummer 6 sehr konkrete Maßnahmen vor.

Wirkfaktor 5: Rhythmisieren

Die Aktivitäten variierten über den gesamten Verlauf der Veranstaltung: Partnerinterview in der Gruppe, Aufgabenstellung, Diskussion und Präsentation, Platzwechsel, Bewegungsübungen, Punkte kleben, farbige Kappen aufsetzen und tauschen.

Wirkfaktor 6: Selbstorganisation

Die Teilnehmer hatten bis auf die eine Gruppenarbeit mittags wenig Möglichkeiten, ihr Arbeitsthema selbst auszuwählen. Später in den Abteilungen gab es keine Vorgaben.

Wirkfaktor 7: Virtualität
Er wurde nicht eingesetzt.

Ergebnis

Geschäftsleitung und Teilnehmer waren nach dem Feedback mit den Arbeitsergebnissen sehr zufrieden. Hierbei ist besonders zu erwähnen, dass der Inhaber durch das Persönlichkeitsprofil gelernt hat, wo seine Stärken liegen – und wo er sich besser durch andere aus seinem Team ergänzt. Das machte Gespräche mit ihm zukünftig einfacher. Eine weitere Veranstaltung im Hause in ähnlichem Format ist geplant.

Nutzen von Persönlichkeitsprofilen

Gelernt

Aus Begleitersicht wurde uns bestätigt, dass eine eintägige Veranstaltung hohe Wirkung erzielen kann. Dabei ist die Arbeit mit und am Persönlichkeitsprofil sehr förderlich, weil sie einen großen Aha-Effekt auslöst und Ressourcen aktiviert. Wichtig ist, dass bei einer solchen inhaltlich ergebnisoffenen Großgruppenveranstaltung der Chef genau informiert sein sollte, dass er mit den Vorschlägen seiner Mitarbeiter wertschätzend umgehen kann.

5.8 Ausweitung Mitarbeiter-Kapitalbeteiligung

Ausgangssituation

Bei einer produzierenden Genossenschaft war von 120 Mitarbeitern knapp die Hälfte seit vielen Jahren Genosse. Nun sollten zur Eigenkapitalstärkung alle Mitarbeiter in die Beteiligung einbezogen werden. Man wünschte sich, dass diese auf das erste Angebot zu fast 100 Prozent eingingen. Die Mitarbeiter sollten Geschäftsanteile zeichnen, deren Bezahlung monatlich zu geringen Nettolohnabzügen (rund 50 €) führen würde.

Kapitalbeteiligung der Mitarbeiter ausweiten

Thema und Ziel

Aus der Auftragsklärung ergaben sich folgende Ziele:

1. Mitarbeiter mit dem Beteiligungsmodell und dem Angebot vertraut machen. Zugleich Information über betriebswirtschaftliches Grundwissen vermitteln, das heißt die Bedeutung von Eigenkapital, die Erklärung von Gewinn etc. (Zielbereich 1 »Informieren«).

Hohe Akzeptanzquote des Beteiligungsangebots

2. Eine möglichst hohe Akzeptanzquote erzielen (Zielbereich 3 »Motivieren«).
3. Die Genossen, die bereits im Beteiligungsmodell sind, akzeptieren die Statusausweitung auf die Kollegen (Zielbereich 5 »Gemeinschaft erleben«).
4. Den Mitarbeitern Gelegenheit geben, an einigen Vertragsbedingungen, wie der Ausgestaltung von Angebot und Beteiligungsmodell, selbst mitzuwirken. (Zielbereich 3 »Motivieren« und 4 »Neue Lösungen finden«).
5. Kontinuierlichen Verbesserungsprozess (KVP) einführen – Produktivität erhöhen. Die Energie der Diskussion über die Ausweitung der Beteiligung in konstruktive Bahnen lenken: Wie kann das Unternehmen erfolgreicher arbeiten? Schließlich soll nicht nur Geld im Unternehmen umverteilt werden, sondern durch die Beteiligung zu höherer Produktivität und damit Rendite vorgestoßen werden. (Zielbereich 4 »Neue Lösungen finden«, stärker noch 6 »Normen und Werte wandeln«).

Von all diesen Zielen war das Wichtigste für die Geschäftsleitung eine hohe Akzeptanzquote, die eng mit dem Ziel der Motivation verbunden ist.

Beteiligte
Wir waren uns mit der Geschäftsleitung schnell einig, dass hierfür eine Großgruppenveranstaltung mit allen Mitarbeitern durchgeführt werden sollte. Aufgrund der Unternehmensstruktur gab es überwiegend gewerbliche Mitarbeiter mit langjähriger Betriebszugehörigkeit. Meist hatten sie ihre Lehre im Unternehmen absolviert und nie in einer anderen Firma gearbeitet.

Die Hierarchie war flach: Zwischen dem zweiköpfigen Vorstand und den Mitarbeitern gab es nur eine geringe Anzahl von Gruppenleitern und Meistern. Hinzu kam der dreiköpfige Aufsichtsrat, der von den Genossen aus ihrer Mitte gewählt war.

Rahmenbedingungen

Für Beteiligung an einem Tag motivieren

Uns stand ein einziger Tag zur Verfügung, um den nötigen Informationsstoff zu vermitteln und für die Beteiligung zu motivieren. Die Informationsmenge für ein solches Beteiligungsmodell, das individuelle Akzeptanz und geringe Eigenleistungen erfordert, kann schnell einen ganzen Tag füllen. Die etwa 100 Teilnehmer hatten meist überhaupt keine Erfahrung mit Workshops. Es wurde ein großer Raum mit rund 250 Quadratmetern gewählt.

Ablauf

Überlegungen zum Ablauf
Für die Erreichung einer hohen Akzeptanzquote wurde die Überzeugung der Mitarbeiter angestrebt. Das ist mit frontalen Präsentationen nicht zu erreichen. Deshalb wurde das Konzept des Instrumentierten Gruppenlernens genutzt, aus dem sich einige strukturierte Großgruppenmethoden bedient haben, beispielsweise Zukunftskonferenz und RTSC. Instrumentiertes Gruppenlernen bedeutet in diesem Fall, dass eine klare Aufgabenstruktur für die Kleingruppenarbeit vorgegeben wird und die Moderation wenig in Erscheinung tritt. Mehr zum Instrumentierten Gruppenlernen findet sich im Downloadbereich. Die einzelnen Schritte waren:

Überzeugen – nicht mit frontaler Präsentation

- Präsentation von Informationen über das Beteiligungsangebot in lockerer Form
- Instrumentierte Gruppenarbeit mit einem Multiple-Choice-Fragebogen. Die Gruppenmitglieder lernen durch die gemeinsame Suche nach den richtigen Lösungen.
- Auswertung nach der »Gruppenleistungsmethode«, steigert zugleich die Motivation am Tisch für die weitere Arbeit. Klärung von Fehlern. Stimuliert zugleich »Leistungswettbewerb«: Durch diese Methode wird der Gruppe deutlich, wie sie aus dem Wissenspotenzial aller Beteiligten zu höherer Leistung kommt. Gemessen wird dies anhand der Anzahl der korrekten Antworten der Gruppe im Vergleich zu den korrekten Antworten der Einzelarbeit vorher von den Teilnehmern der Gruppe.
- Rangfolgeaufgabe zur Arbeit an den Einstellungen und Überzeugungen der Teilnehmer zum Thema Beteiligung (Form »Klärung von Einstellungen«)
- Offener Fragebogen zur Mitarbeit an der Ausgestaltung
- Anschließend am Nachmittag: Kick-off für die Installation von KVP-Gruppen.

Nutzung des Instrumentierten Gruppenlernens

Letzteres war wichtig, weil das Unternehmen über das Anlernen und die Lehre hinaus kaum weitere Fortbildung betrieben hatte. Zusätzlich planten wir Mini-AI-Gespräche am Beginn (siehe »Sich einstimmen in der Tischgruppe« im Werkzeugkasten in Kapitel 7.2.1) und setzten den Wirkfaktor 1 über Musik und Bewegung um. Die Namen der Gruppen

(Komponisten) waren bewusst passend zum Geschäftsbereich des Unternehmens gewählt.

Vorbereitung und Prozess

Gemischte Gruppenzusammensetzung

Vor dem eigentlichen Workshop wurden 10 Mitarbeiter persönlich und vertraulich interviewt, um deren Stimmung und Meinungen in die endgültige Planung des Workshopablaufs einzubeziehen. Die Mitarbeiter sollten nach einer genauen Platzzuordnung gemischt in Gruppen an 12 Tischen sitzen. Hierfür bekam der Vorstand die Aufgabe, eine Gruppenzusammensetzung nach folgenden Prinzipien festzulegen:

- jeweils die Hälfte Genossen und Nicht-Genossen
- an jedem Tisch eine Person der mittleren Hierarchie
- an jedem Tisch ein Mitarbeiter aus Verwaltung und Vertrieb
- an jedem Tisch eine Frau
- Gleichverteilung von informellen Meinungsführern und extrovertierten Vielrednern
- Gruppenbezeichnungen mit stimulierender Symbolik

Abb. 5.8.1: Gruppenchart vom Anfang

In dieser festen Zusammensetzung wurden drei Gruppenarbeiten durchgeführt. Für die vierte Gruppenarbeit mit dem KVP-Inhalt konnte jeder in eine Gruppe wechseln, für deren Thema er sich interessierte. Am Schluss formulierte jeder Teilnehmer seinen persönlichen Beitrag für die Entwicklung des Unternehmens und stellte seine Ideen im Anschluss im Stehkreis im Plenum vor.

Umgang mit Widrigkeiten und Unvorhergesehenem

Zeitlich lief die Veranstaltung mit knapp 100 Teilnehmern wie geplant. Allerdings ließ die Energie der Gruppe nachmittags nach, weil die überwiegend in der Produktion tätigen Mitarbeiter so viel Kopfarbeit nicht gewöhnt waren. Deshalb wurde die Schlussphase etwas verkürzt.

Mitarbeiter wollen keine Drückeberger

Ein weiteres Problem ergab sich durch das auf Offenheit ausgelegte Design der Veranstaltung: Die Ausweitung der Mitarbeiterbeteiligung sollte nicht die Personen mit einbeziehen, die den Ruf eines »Drückebergers« hatten. Dem Vorstand bekam die klare Aufforderung zu handeln: Im Schluss-Stehkreis, bei dem die Vorsätze benannt wurden, bekannte dieser sich mit klaren Worten zur Ablehnung solcher Mitarbeiter.

5.8 Ausweitung Mitarbeiter-Kapitalbeteiligung

Teilnehmer-Unterlagen

Von den Moderatoren wurde eine Mappe mit 16 Seiten konzipiert, die zugleich das Wissen um das Beteiligungsangebot transportierte und die Arbeitsanweisungen und Informationen für die ersten drei Gruppenarbeiten enthielt.

Für die KVP-Phase am Nachmittag wurde bewusst nur eine minimale Arbeitsstruktur vorgegeben.

Zeitplan

Zeit	Lernziel	Aktivität	Material
9.15 Uhr 15 min	Einstimmung	**Stimmungsbarometer 1** Einchecken Teilnehmer, Begrüßung GL, Organisatorisches durch Moderatoren. Minimale Bewegungsübung »Energiegähnen« mit Ja-Fragen und recken der Teilnehmer.	Mikro
9.30 Uhr 20 min	Ressourcenaktivierung	**Kennenlernaktion** in Tischgruppe Partnerinterview (Mini-AI) und Extrakt auf Flipchart schreiben	
9.50 Uhr 25 min	Wissen präsentieren auf lockere Art	Ein Moderator erläutert das **Angebot des Unternehmens**	Beamer
10.15 Uhr 20 min	Austauschen	Kaffeepause	
10.35 Uhr 55 min	Wissen verarbeiten über Beteiligung und Angebot	Bearbeitung eines **Multiple-Choice-Fragebogens** allein und in Gruppe zu wirtschaftlichen Zusammenhängen	Fragebogen in Mappe, Gruppenantwortblatt, Schlüsselblatt als Handout
11.30 Uhr 30 min	Gruppenarbeit stimulieren Klärungen, Wissen vermitteln	**Gruppenleistung vorführen,** falsch beantwortete Fragen klären	Preise für Gewinnergruppe
12.00 Uhr 30 min	Arbeit an Einstellungen zur Beteiligung	**Rangfolgeaufgabe** in Tischgruppen Vergleich der Rangfolgen	Mappe und Gruppenantwortblatt als Handout

12.30 Uhr 50 min		Mittagspause (im Restaurant nebenan)	
13.20 Uhr 5 min	Energieaufbau	**Stimmungsbarometer 2** Bewegungsübung »Abenteuer auf dem Speicher«	Musik
13.25 Uhr 50 min	Eigene Meinungen zu Modalitäten einbringen, Ausgestaltung Verschiedene Gruppenvorschläge zusammenführen	**3. Gruppenarbeit:** Offene Fragestellungen zu Einzelpunkten des Modells und des Angebots, Präsentation der Ergebnisse und Moderation	Fragestellungen in der Mappe
14.15 Uhr 30 min	Themenauswahl durch Teilnehmer selbst	Gruppen diskutieren **mögliche Themenbereiche** und schlagen vier vor. Abstimmung durch Hand für die Themen	Erste Vorschläge in Mappe
14.45 Uhr 90 min	Jeder wählt individuell sein Thema, an dem er mitmacht Verbesserungsvorschläge ausarbeiten	**Gruppenarbeit 4** parallel. Ein Thema wird doppelt bearbeitet (inkl. Kaffeepause in der Gruppe)	Kurzanweisungen für die Gruppenarbeit werden auf Flipchart geklebt
16.15 Uhr 35 min	Diskussion im Plenum, Stimmung für Prioritäten in der Strategie	Jede Gruppe präsentiert **Ergebnisse und Vorschläge** Moderation	
16.50 Uhr 15 min	Konkretes Fazit aus allen Verbesserungsvorschlägen	Zurück in die **Max-Mix-Gruppe**, und jeder Tisch formuliert den aus seiner Sicht wichtigsten Schritt	Wird vom Moderator auf Flipchart geschrieben
17.05 Uhr 10 min	Gute Vorsätze formulieren	**Individuelles Blatt:** Mein persönlicher Beitrag zur Strategie und Feedback-Blatt ausfüllen **Stimmungsbarometer 3**	Farbiges A4-Blatt Feedbackblatt in Mappe
17.15 Uhr 15 min	Sich bei Kollegen verpflichten, Abschlussmotivation	Teilnehmer präsentieren ihren eigenen **Beitrag zur Zukunft** im Stehkreis Fotoserie	Foto

Ausprägung der Wirkfaktoren
Kleingruppenarbeit und hohe Ergebnisorientierung

Wirkfaktor 1: Wohlfühlen
Die Teilnehmer wurden mit Musik empfangen. Aus der Mini-AI-Übung zu Beginn entstand ein individuelles Flipchart der Gruppe. Mittags stieg ein Moderator für eine Bewegungsübung »Abenteuer auf dem Speicher« auf den Tisch.

Wirkfaktor 2: Ressourcenorientierung
Hierzu gab es am Anfang das Mini-AI-Interview (ähnlich dem Beispiel im Werkzeugkasten in Kapitel 7.2.1), aus dem heraus das Flipchart des Tisches entstand. Die beiden Bewegungsübungen erfrischten die Teilnehmer. Die Rangfolgediskussion stimulierte positive Werte in der Diskussion.

Wirkfaktor 3: Kleingruppenarbeit
Über die ganze Veranstaltung hinweg waren die Teilnehmer in Gruppen integriert. Es gab Aufgabenblätter für die einzelnen Gruppenarbeiten. Lediglich am Anfang stand eine frontale, aber gut visualisierte und locker vorgetragene Wissenspräsentation.

Wirkfaktor 4: Ergebnisorientierung
Die weiter oben skizzierte Aufgabenstruktur, basierend auf dem Instrumentierten Gruppenlernen, weist eine hohe Ergebnisorientierung auf. Die Veranstaltungsziele lagen besonders in Bereich 1 (Informieren) und 3 (Motivieren). Der Anstoß für KVP berücksichtigte auch Wirkfaktor 4 (Neue Lösungen finden).

Wirkfaktor 5: Rhythmisieren
Über den ganzen Tag wurden unterschiedliche Arten von Aufgabenstellungen angeboten. Es wurde mit Bewegungsübungen und Platzwechseln gearbeitet. Die Teilnehmer wurden von den Moderatoren zur Arbeit im Stehen an den Flipcharts ermuntert.

Wirkfaktor 6: Selbstorganisation
Die Teilnehmer hatten erst bei der Gruppenarbeit am Nachmittag die Möglichkeiten, selbst ihr Arbeitsthema auszuwählen.

Wirkfaktor 7: Virtualität
Er wurde nicht eingesetzt.

Ergebnis

Spiegel für die Geschäftsleitung

Geschäftsleitung und Teilnehmer waren nach dem Feedback zunächst nicht zufrieden, weil sie ihre personalpolitischen offenen Punkte nicht hatten klären können. Das vorgestellte Angebot erhielt im direkten Feedback eine Zustimmung von 63 Prozent. Die Mitarbeiter waren vom Sinn der Ausweitung der Genossenschaftlichen Beteiligung zwar überzeugt, verlangten aber, dass die wenig engagierten Mitarbeiter das Unternehmen verlassen müssten. Die Geschäftsleitung erhielt einen Spiegel und die Aufforderung, die Genossenschaft konsequenter zu führen. Das angeschnittene KVP-Thema geriet dabei etwas in den Hintergrund. Es stellte aber zugleich ein Forum für diese zentrale Thematik dar.

Die Akzeptanzquote lag am Jahresende bei über 90 Prozent. Die Geschäftsleitung hatte mit dem Workshop wichtige Impulse zur Veränderung des eigenen Führungsverhaltens erhalten. Es folgen tatsächlich einige der überfälligen personellen Veränderungen.

Gelernt

Mehr erreichen durch Rhythmisieren

Trotz aller Vorbereitung und Vorgespräche war die Veranstaltung nicht genug rhythmisiert worden. Das zeigte sich deutlich im Feedback und auch im Stimmungsbarometer. So ließen am Nachmittag die Kräfte nach. In einer vergleichbaren Veranstaltung drei Wochen später konnten wir diese Erkenntnisse berücksichtigen und dabei deutlich besser abschneiden. Dort war der Raum großzügiger bemessen, und wir arbeiteten mit einer längeren AI-Phase zu Beginn der Veranstaltung.

5.9 Informationstag für Existenzgründer

Ausgangssituation

Die hier beschriebene Veranstaltung wäre im Normalfall wie eine konventionelle Tagung abgelaufen. In unserem Beispiel zeigt sie allerdings eine hohe Ausprägung der Wirkfaktoren einer offenen Veranstaltung.

Thema und Ziel

Informationstag optimieren

Ein Arbeitsamt veranstaltete einen Informationstag für Existenzgründer. Es ging um Wissensvermittlung, um Aktivierung der Anwärter und darum,

5.9 Informationstag für Existenzgründer

Lücken in der Vorbereitung zu schließen. Des Weiteren sollten die zukünftigen Selbständigen angeregt werden, konkrete Schritte für ihre Zukunft zu unternehmen.

Die Ziele der Veranstaltung sind folglich angesiedelt in den Bereichen »Informieren« (1), »Lernen« (2), »Motivieren« (3), »Neue Lösungen finden« (4) und »Umsetzen« (8). Dabei gab es keinen einheitlichen Zielschwerpunkt, weil die Situation jedes Teilnehmers ganz unterschiedlich war.

Beteiligte
Die Teilnehmer waren Arbeitslose, die sich auf die eigene Selbständigkeit vorbereiten wollten. Dabei befanden sie sich in unterschiedlichen Phasen ihres Vorhabens.

Rahmenbedingungen
Als Referenten standen acht Selbständige zur Verfügung, die aus eigener Erfahrung berichten konnten. 20 Themen wie »Bankgespräch«, »Fehler vermeiden«, »Selbstmotivation«, »Kunden finden« waren von einer Planungsgruppe vorab definiert worden. Es bestand die Bereitschaft und Möglichkeit, Themen der Teilnehmer unmittelbar aufzugreifen und die nötigen Tipps und Informationen aus dem Ärmel zu schütteln.

Selbständige als Referenten

Die Agentur für Arbeit stellte einen Raum von 220 Quadratmetern für die erwarteten 50 bis 70 Teilnehmer bereit und sorgte für das Catering.

Ablauf

Überlegungen zum Ablauf
Der Tag sollte bewusst anders ablaufen als die üblichen Existenzgründerseminare – eine Herausforderung für einen Experten für Großgruppentechniken. Die Agentur fügte der Einladung eine Ablaufbeschreibung eines fiktiven Teilnehmers bei – ähnlich dem unten stehenden Text.

Ziel: möglichst viele Gespräche

Um den Teilnehmern mehr Klarheit für ihre persönlichen Ziele zu geben und ihre Umsetzungsmotivation anzuregen, sollte es möglichst viele Gespräche untereinander geben. Die Planungsgruppe bestand aus den Moderatoren und der erwähnten Gruppe Selbständiger, welche die Pilotveranstaltung entwickelten.

Input und Verarbeitung organisieren

Prozess

Die Teilnehmer wurden in Tischgruppen zu meist acht Personen eingeteilt und stellten sich nach einer kurzen Begrüßung an ihren Tischen im Partnerinterview mit Hilfe eines Mini-AI-Leitfadens vor. Dann erfolgte pro Tisch eine Auswahl von zwei bis drei Themen aus dem Angebot, mit der Möglichkeit zu weiteren Vorschlägen. Aus diesen Wünschen ergaben sich fünf Themen. Die relevanten »Dozenten« verteilten sich spontan in den vier Ecken des Raumes, einer von ihnen ging in den Vorraum. An die entsprechenden Plätze strömten nun die Teilnehmer nach ihrer eigenen Entscheidung für eine halbe Stunde »Information« mit Impulsvortrag und Flipchart. Anschließend kam die Gruppe wieder am Tisch zusammen. Jeder Einzelne berichtete innerhalb der zur Verfügung stehenden halben Stunde, was er erfahren hatte und was davon bei seinem persönlichen Selbständigkeitsvorhaben hilfreich sein würde. Dieser Zyklus von einer Stunde Dauer wurde viermal abgehalten, so dass jeder Gelegenheit hatte, vier verschiedene Themen zu vertiefen und von den übrigen über die Tischnachbarn zu hören. Manche Themen wurden aufgrund der Nachfrage bis zu drei Mal wiederholt!

> Dieser Zyklus
> - Themenwahl
> - Workshop ca. 35 min in einer Saalecke
> - Austausch am Tisch in der Gruppe, etwa 25 Minuten
>
> wird viermal wiederholt. Einge der Themen werden mehrfach angeboten

Einladung: Tagesablauf aus Sicht eines Teilnehmers

Den nachfolgenden »fiktiven« Bericht eines Teilnehmers erhielten alle Teilnehmer von der Arbeitsagentur vorab zugesandt. Er verdeutlicht, wie die Veranstaltung »rhythmisiert« ist, und beschreibt das Design in Zielsetzung und Ablauf.

>> Beim Eintreffen verweist mich ein freundlicher Mann nach dem Eintrag in die Teilnehmerliste auf einen Stehtisch zur Begrüßung. Dort steht ein bereits etablierter Selbständiger mit anderen Teilnehmern. Wir nehmen miteinander ersten Kontakt auf.

Mit der Einladung einstimmen

Dann werden wir an einen Tisch mit acht Stühlen gebeten. Auch dieser Selbständige sitzt bei uns. Jeder Tisch ist mit einer Farbe als Kennzeichnung unserer Gruppe markiert, die ich an meinem Namensschild trage.

Es folgt eine nur wenige Minuten dauernde Begrüßung aller Teilnehmer durch einen Mitarbeiter der Arbeitsagentur und den Moderator. Wir erfahren, dass wir heute nicht nur passiv aufnehmen werden, sondern es im Gegenteil um aktive Beteiligung und Klärung persönlicher Fragen sowie gegenseitige Motivation geht. Wir werden gebeten, uns hauptsächlich selbst einzubringen und Fragen zu stellen, die wir jeweils in Kleingruppen themenorientiert bearbeiten.

Als Nächstes sollen wir uns an unserem Tisch reihum kurz vorstellen. Jeder Teilnehmer nennt ein Thema, bei dem er glaubt, der Beste in der Runde zu sein (Superlative). Ich stelle mich vor und meine, dass ich wohl am meisten in der Runde über Pflanzen und Garten weiß. Eine Überprüfung erfolgt nicht, aber ich erfahre Interessantes von den anderen: Einer kann gut Briefe und Gedichte schreiben, einer kennt sich mit Schlagern aus, einer behauptet, dass er am schnellsten von uns allen die Kampenwand mit dem Bike hinauffahren kann. Bei solchen Vorstellungen wird erstmals richtig gelacht.

Dann sollen wir uns zu zweit gegenseitig interviewen, um mehr voneinander zu erfahren. Hierzu haben wir auf dem Platz eine kleine Fragen-Checkliste vorgefunden. In der Tat erfahren wir sehr persönliche Dinge: Mein Nachbar, mit dem ich dieses Gespräch führe, ist sehr sportlich veranlagt und überlegt, freiberuflich für Sportfirmen ein Verkaufsgebiet zu betreuen.

Dann werden Themen abgefragt, die uns interessieren. Zunächst wird vorgeschlagen: Vermeidbare Fehler von Gründern und Selbständigen. Dann, wie man als Selbständiger mit Dürrezeiten umgeht und seine Energie aufrechterhält (Selbstmotivation). Weitere Themen sind: Stärkenanalyse als Geschäftsbasis und Marketing für Selbständige.

Die Themen werden auf kleine Arbeitsgruppen in unterschiedliche Ecken des Raumes verteilt. Nun geht jeder zum Thema seiner Präferenz. Ich interessiere mich für Selbstmotivation, weil ich damit rechne, dass der Anfang doch schwer wird und mein Durchhaltevermögen über das Finanzielle hinaus gefragt ist.

In diesen kleinen Gruppen von kaum mehr als 15 Personen können wir unsere Fragen stellen und direkt mit einem kompetenten Kollegen sprechen, der es geschafft hat. Anschließend kommen wir wieder an unserem Tisch zusammen, und jeder berichtet, was er erlebt hat. Zwei Teilnehmer haben sich mit den Persönlichkeitsanforderungen beschäftigt. Drei mit dem Marketing. Einer hat an der Stärkenanalyse teilgenommen und erzählt Erstaunliches.

Ich entschließe mich beim zweiten Mal für das Thema der Stärken, um noch mehr über mich selbst zu erfahren. Wir werden angeleitet, einen kurzen Fragebogen auszufüllen. Ich gewinne in der Tat neue Erkenntnisse über meine Talente.

In den nächsten Runden befasse ich mich näher mit den Themen Finanzierung und Finanzmittel sowie vermeidbare Fehler. Von meinen Kollegen am Tisch erhalte ich weitere Tipps aus ihren Gruppen. Es gab noch andere Themen, die für mich unmittelbar nicht so wichtig waren, beispielsweise wie viel Betriebswirtschaft man als Selbständiger beherrschen sollte, wie viel Selbst-Controlling ich brauche, welche Netzwerke und welche Verbände für mich von Interesse sein können.

Gezieltes Networking

In einer fünften Runde verteilen wir uns im Raum nach den Bereichen unserer Selbständigkeit: Produktion, Handel, Dienstleistung für Privat und Dienstleistung für Business sowie Gesundheit. Jetzt führen wir Gespräche mit zukünftigen Branchenkollegen und tauschen Adressen aus. Das ist echtes Networking!

Zum Abschluss arbeiten wir am Tisch unser weiteres persönliches Vorgehen aus. Jeder schreibt einige Notizen auf ein großes Blatt. Der Moderator verstärkt diese »Persönliche Planung« mit einer mentalen Übung, wodurch ich mir noch intensiver über meinen Selbständigkeitswunsch und die heute gewonnenen Informationen klar werde.

Ich gehe an diesem Abend sehr bereichert nach Hause und habe ein klares Konzept für meine berufliche Zukunft. Ich spüre die Energie in mir, dies zu schaffen. Ich werde jetzt meine Familie darüber informieren und sie einbeziehen. Und morgen werde ich weitere Informationen einholen, von den Kollegentipps und über die Adressen in meinen Unterlagen.

Mein persönliches Projekt nimmt Gestalt vor meinem inneren Auge an. Ich weiß jetzt mehr über die Hürden meiner zukünftigen Selbständigkeit und wie ich sie erfolgreich überwinden kann. **《**

Teilnehmer-Unterlagen
Für die einzelnen Phasen lagen Handouts bereit. Die Referenten hatten darüber hinaus für ihre Standardthemen spezielle Informationsunterlagen mitgebracht.

Zeitplan

- ● feste Sitzordnung in permanenter »Stammgruppe«
- ☐ Je nach Thema wandert jeder Teilnehmer in eine Raumecke bzw. den Vorraum

Zeit	Lernziel	Aktivität	Material
Ab 8.00 Uhr	Wohlfühlen aufbauen	**Begrüßung** der Teilnehmer an Stehtischen, mit Handschlag und Getränk	Teilnehmerliste Namensschilder, Klebepunkte
9.00 Uhr 15 min	Information und Einstimmung	Begrüßung durch Agentur und Moderator (Organisation des Tages), dann die übrigen möglichen Referenten	●
9.15 Uhr 25 min	Kennenlernen, Ressourcenaktivierung	**Vorstellung** der Teilnehmer am Tisch mit Mini-AI-Phase	● Handout
9.40 Uhr 10 min	Teilnehmer legen selbst die gewünschten Themen fest	**Themenwünsche am Tisch klären**, Themenfestlegung	● Themenblatt
9.50 Uhr 35 min	Information und Rückfragen	**1. Runde Eckenworkshop**	☐
10.25 Uhr 25 min	Austausch, Vertiefung und Lernen voneinander	**Berichte 1** an den Tischen, anschl. wieder Themenauswahl	●
10.50 Uhr	Austausch	1. Pause	
11.05 Uhr 45 min	Information und Rückfragen	Themenpriorisierung **2. Runde Eckenworkshop**	☐
11.50 Uhr 25 min	Austausch, Vertiefung und Lernen voneinander	**Berichte 2** an den Tischen, anschl. wieder Themenauswahl	●
12.15 Uhr	Austausch	Mittagspause (Fingerfood)	
12.45 Uhr 10 min	Energieaufbau und Stimmung	**Bewegungsübung** »Abenteuer auf dem Speicher« Erneute Themenauswahl	● Musik
12.55 Uhr 35 min	Information und Rückfragen	**3. Runde Eckenworkshop**	☐
13.30 Uhr 30 min	Austausch, Vertiefung und Lernen voneinander	**Berichte 3** an den Tischen, anschl. wieder Themenauswahl	●

5. Praktischer maßgeschneiderter Einsatz

14.00 Uhr 35 min	Information und Rückfragen	**4. Runde Ecken-workshop**	☐
14.35 Uhr 15 min	Austausch	2. Pause	
14.50 Uhr 25 min	Austausch, Vertiefung und Lernen voneinander	**Berichte 4** an den Tischen	●
15.15 Uhr 20 min	Networking	**Runde 5:** Stellübung im Raum nach Branchen: Produktion, Handel, Dienstleistung (getrennt nach Gesundheit und andere Bereiche), Sonstiges	Jeder Teilnehmer erhält die in der Zwischenzeit kopierte Adressenliste aller Anwesenden mit den Rubriken »ich biete« und »ich suche«.
15.35 Uhr 15 min	Einzelplanung, Vertiefung, innere Klärung und Motivation	**Arbeit am persönlichen Plan** Übergang in mentale Phase, anschl. Fortsetzung Einzelarbeit Feedbackbogen ausfüllen	● farbiges Arbeitsblatt A3 Feedbackbogen
15.50 Uhr 5 min		Schlussworte Veranstalter, Jonglieren mit bunten Tüchern	●
15.55 Uhr 5 min		Ende mit Stehkreis Das letzte Wort haben die Teilnehmer.	

Ausprägung der Wirkfaktoren

Rundum hohe Ausprägung

Wirkfaktor 1: Wohlfühlen

Die Teilnehmer beschrifteten ihre Namensschilder selbst und konnten sich eine Farbe für die Gruppenzuordnung aussuchen. Beim Eintreffen wurden sie von den »Dozenten« mit Handschlag begrüßt. Die Tische waren durch Farben markiert. Die Bewegungsübung nach dem Mittagessen fand großen Zuspruch. Die mentale Phase trug ebenfalls zu einer guten Stimmung bei.

Wirkfaktor 2: Ressourcenorientierung

Am Anfang stellten sich die Teilnehmer in Form von Superlativen vor (»Ich bin an diesem Tisch wohl der, der die meisten Rock-CDs besitzt«). Diese Einführung schuf durch ihren emotionalen Aspekt gleich zu Beginn eine angenehme, persönliche Stimmung. Zugleich wurde sich jeder einer eigenen Stärke bewusst. Kurzinterviews in Partnerarbeit von 2 x 5 Minuten nach den AI-Prinzipien setzten auf dieser Übung auf. An jedem Tisch saß ein Vertreter der Selbständigen-Gruppe und konnte persönliche Fragen zur Selbständigkeit mit seinen Erfahrungen beantworten. Das Thema Stärkenanalyse wurde immer in einem Eckenworkshop behandelt und pflanzte sich durch die Berichte in den Gruppen fort.

Wirkfaktor 3: Kleingruppenarbeit
Über die ganze Zeit waren die Teilnehmer in einer Stammgruppe integriert. Wenn sie zu den Workshops in die Raumecken gingen – auch dort betrug die Personenzahl kaum das Doppelte eines Tisches –, kamen sie anschließend wieder zurück und berichteten ihren Kollegen. Die Referenten der Eckenworkshops, alles etablierte Selbständige, hatten an der Planungsgruppe teilgenommen und waren auf interaktive Impulsvorträge eingestellt.

Wirkfaktor 4: Ergebnisorientierung
Im Unterschied zu anderen Existenzgründerseminaren sollte mit diesem Workshop das Schwergewicht auf Motivation und Umsetzung liegen. Das Design der Wirkfaktoren war darauf angelegt. Auch die Heterogenität der Teilnehmer bei ihrem Selbständigkeitsvorhaben wurde berücksichtigt.

Wirkfaktor 5: Rhythmisieren
Der Zyklus Themenauswahl – Workshop – Berichte brachte eine starke Rhythmisierung mit sich. Mittags war eine Bewegungsübung eingebaut. Vor dem Abschluss erfolgte zur Netzwerkbildung eine Stellübung nach Branchen (siehe »Stellübung mit Bewegung und Emotionen« im Werkzeugkasten in Kapitel 7.1.3). Dann wurde in Einzelarbeit wiederum eine mentale Phase durchlaufen.

Wirkfaktor 6: Selbstorganisation
Die Teilnehmer konnten eigene Themenwünsche äußern und aus einer Vorschlagsliste auswählen. Des Weiteren war jeder in seiner persönlichen Themenwahl für die Kurzworkshops frei. Allerdings bestanden diese mehr aus Präsentationen als aus Diskussionen.

Wirkfaktor 7: Virtualität
Er wurde nicht eingesetzt.

Ergebnis

Gute Bewertung für die Arbeitsagentur

Eine Bewegungsübung zwischen den Arbeitsphasen und am Ende der Veranstaltung erhöhte die Energie. Eine Stellübung nach Branchen diente dem organisierten Adressaustausch und der Netzwerkbildung. Mehrfach wurde hier die Zeit überzogen, weil die Teilnehmer intensiv miteinander ins Gespräch kamen. Aufgrund der großen Zufriedenheit der Teilnehmer bekam die sonst nicht so verwöhnte Agentur für Arbeit gute Noten!

Wir haben diese Veranstaltung über drei Jahre hinweg mehrfach durchgeführt und immer wieder sehr positives Feedback der Teilnehmer erhalten. Da die regionale Arbeitsagentur überproportional viele Existenzgründer aufweist, wurde das Projekt nach drei Jahren leider eingestellt, weil die Agentur neue Prioritäten setzte.

Eine Überprüfung der Adressen nach zwei Jahren ergab nur eine geringe Quote an Teilnehmern, die wieder oder weiterhin arbeitslos gemeldet waren.

Gelernt

Das Konzept ging auf

Die Workshops bestätigten unsere grundlegenden Gedanken zum Ablauf. Die Veranstaltung gestaltete sich äußerst lebendig. Das Konzept des »umgekehrten« Open Space ging auf, bei einigen Themenwünschen (Computernutzung, Versicherungen) konnten wir sogar auf das Know-how von Teilnehmern zurückgreifen und diese spontan für die Übernahme eines Kurzworkshops gewinnen.

5.10 Schub für die Unternehmenskultur und Produktivität

Ausgangssituation

Rendite gleich null – Stimmung schlecht

Ein mittelständisches Industrieunternehmen mit einigen Töchtern im europäischen Ausland litt seit einigen Jahren an einer Rendite nahe null. Die Firma bediente Märkte in der Landwirtschaft und im Straßenverkehr; der Wettbewerb drückte ständig auf die Margen, was jegliche Anstrengungen bei Produktivitätsgewinnen zunichte machte.

Ein Großteil der über 500 Mitarbeiter war seit vielen Jahren am Kapital und Gewinn der Holding beteiligt. Doch aufgrund der bestehenden Situation verzeichnete diese materielle Beteiligung keinen Zuwachs und wurde neu eingestellten Mitarbeitern kaum nahegelegt. Seit einigen Jahren gab es keine Ausschüttungen mehr.

Die Stimmung unter den Mitarbeitern war schlecht. Lohnerhöhungen gab es nicht, die wöchentliche Arbeitszeit war ohne Lohnausgleich erhöht, die Urlaubstage waren verringert worden.

Die Geschäftsleitung hatte lange gehofft, dass die Führung und die offizielle Entwicklungsabteilung eine »neue Strategie« formulierte und Innovationen auf dem »Dienstweg« hervorgebracht wurden. Weil das Ergebnis sich kaum verbesserte, schien einfach nicht mehr drin zu sein. Rückblickend war das ein »hinderndes Denkmuster«.

Thema und Ziel

Aus der Ausgangssituation ergaben sich die Ziele, die nach Auftragsklärung für die Veranstaltung und die Begleitung des notwendigen Veränderungsprozesses angestrebt wurden:

Strategie und interne Zusammenarbeit verändern

1. *Im gesamten Unternehmen die Verantwortung von oben nach unten erhöhen.* Das bedeutet, auf unterster Ebene sollten die Mitarbeiter Verantwortung übernehmen. Die Verkäufer, die bisher allein unter sich getagt hatten und die Umsetzung der von der Führung festgelegten Kampagnen und Vorgehensweisen zur Aufgabe hatten, sollten sich für das Wohlergehen des gesamten Unternehmens verantwortlich fühlen.
2. *Auf breiter Basis sollte ein kontinuierlicher Verbesserungs-Prozess (KVP) angestoßen werden.* Wie kann das Unternehmen erfolgreicher arbeiten? Schließlich sollte nicht nur Geld im Unternehmen umverteilt werden, sondern durch die Beteiligung zu höherer Produktivität und damit Rendite vorgestoßen werden.
3. *Die Führung und alle Mitarbeiter sollten wieder zuversichtlicher in die Zukunft blicken und an Zuwächse von Umsatz, Markt und Rendite glauben.* Hindernde Denkmuster, die in Form sich selbst erfüllender Prophezeiungen wirken, waren abzubauen, um Platz für konkrete Strategien des »Wie« zu erhalten.
4. *Der Rahmen der existierenden materiellen Beteiligung wird wieder aktiviert*, was ein einfaches Prämiensystem für das einzuführende KVP erlaubte.

Damit lagen die Ziele der Veranstaltung in den Zielbereichen »Motivieren« (3), »Neue Lösungen finden« (4), ganz stark im Bereich »Normen und Werte wandeln« (6) sowie »Umsetzen« (8). Der Aspekt »Gemeinschaft erleben« (5) spielte dabei nur eine geringe Rolle. In diesem Bereich gab es keine Defizite; die Unternehmenskultur war insgesamt allerdings zu wenig auf Leistung ausgerichtet. Das Motto der Veranstaltung lautete »*Gemeinsam und erfolgreich die Zukunft gestalten und mit unseren Stärken den Kunden dienen*«.

Beteiligte

Alle im Unternehmen beteiligen

Es bedurfte einer ganzen Reihe von Gesprächen, die sich über mehr als ein Jahr hinzogen. Dann erst waren wir uns mit der Geschäftsleitung einig, dass hierfür eine Großgruppenveranstaltung mit allen Mitarbeitern durchgeführt werden sollte. Aufgrund der Unternehmensstruktur gab es überwiegend gewerbliche Mitarbeiter mit langer Betriebszugehörigkeit. Eine zweite wichtige Gruppe bildete der Außendienst in den deutschsprachigen Ländern und in Frankreich. Die Hierarchie bestand aus drei Ebenen: Den drei Geschäftsführern unterstanden etwa zehn Gruppenleiter. In der Produktion kamen als vierte Ebene noch etwa fünf Vorarbeiter hinzu.

Rahmenbedingungen

Für die angestrebte hohe Zielsetzung erschien eine Dauer der Veranstaltung von Donnerstagmittag bis Samstagnachmittag gerechtfertigt. Das Unternehmen bezahlte dabei die erste Hälfte als Arbeitszeit, die Mitarbeiter investierten den zweiten Teil aus ihrer Freizeit. Insgesamt dauerte die Veranstaltung über 50 Stunden; unterbrochen von zwei Nächten.

Veranstaltung in großer Lagerhalle

Für 400 Teilnehmer einen Raum mit über 1500 Quadratmeter zu finden, war äußerst schwierig. Schließlich entschieden wir uns für eine Lagerhalle in der Nähe des Unternehmens, die teilweise speziell für die Veranstaltung leer geräumt wurde. Die Entfernung zum Firmengebäude betrug nur sechs Kilometer.

Ablauf

Überlegungen zum Ablauf

Vorbereitung ist das A und O

Eine Planungsgruppe, die sich aus dem erweiterten Führungsteam und zusätzlichen Mitarbeitern zusammensetzte, sollte einen Querschnitt des Unternehmens darstellen und die Veranstaltung vorbereiten. Die Gruppe tagte drei Monate vor der Hauptveranstaltung in Form eines kleinen

Zukunftsgipfels (Appreciative Inquiry Summit). Hier wurde die Strategie entwickelt, die die Führung allen Mitarbeitern vorstellen würde.

Es war klar, dass am Anfang eine gut vorbereitete Phase stehen sollte, in der allen Beteiligten die verschärfte Situation des globalen Wettbewerbs bewusst werden würde. Die Verkäufer sollten spüren, wie sehr sie den Erfolg und sich gegenseitig mit den übrigen Mitarbeitern beeinflussten. Die internen Mitarbeiter sollten erkunden, wie sie einen Beitrag zur Verbesserung der Gesamtsituation erbringen konnten. Das Design lehnte sich deshalb und wegen der vorgegebenen Strategie an dem RTSC-Format an.

Zuerst stärken, dann aufrütteln

Damit das »Aufrütteln« gut verkraftet werden konnte, wurden die Mitarbeiter vorher mit Wertschätzenden Interviews gestärkt und so der klare Blick auf die Gesamtsituation erleichtert.

Aus den beiden Geschäftsbereichen wurde für den ersten Nachmittag jeweils ein wichtiger Kunde eingeladen und gebeten, einen Vortrag von maximal zwölf Minuten über die eigene Geschäftsentwicklung, die Erfolgsfaktoren und Best Practice-Beispiele von anderen Zulieferanten zu halten. Zusätzlich erzählten sie, was sie selbst an dem Unternehmen schätzten und welche konkreten Anforderungen sie stellten, um selbst Höchstleistungen für ihre Kunden zu erbringen. Damit wurde ein Wertschätzendes Kundenfeedback gegeben und eine anspornende Sicht auf die Realitäten erzeugt.

Am Ende des ersten Tages sollten die von einigen Mitarbeitern während des Nachmittags entwickelten Sketche die Emotionen weiter verdichten und Raum für ihre Gefühle geben. Erfolgsgeschichten während des geselligen Beisammenseins sollten die Zuversicht weiter erhöhen.

Sketche und Erfolgsgeschichten verstärken die Emotionen

Am Morgen des zweiten Tages sollte die Wahrnehmung der Stärken und der besonderen Leistungsfähigkeit des Unternehmens für eine starke Motivation sorgen. Für die vorgestellte Strategie wurden die beiden Aspekte Erfolgs-Unternehmenskultur und zukunftsfähiger Kundenservice vertieft bearbeitet. Die Ergebnisse wurden in zwei aufeinanderfolgenden Infomärkten ausgestellt, um die Teilnehmer auch über jene Themen zu informieren, die sie selbst nicht bearbeitet hatten.

Erfolgsunternehmenskultur und zukunftsfähiger Kundenservice

Um den Themen eine gute Chance auf Verwirklichung zu geben, sollte ein Veränderungsprozess KVP sofort konkret gestartet werden. Die Abendzeit diente wieder der emotionalen Verstärkung. Die Ergebnisse des Tages wurden vom erweiterten Führungskreis in den Nachtstunden in die Strategie und die »geheimen Spielregeln« eingearbeitet. Diese überarbeiteten Ergebnisse dienten am nächsten Morgen als Start in die Umsetzungsphase.

Der letzte Tag wurde für das konkrete Umsetzen und die Verantwortungsübernahme (Commitment) der Teilnehmer vorgesehen. Da die Zeit für die Fülle der Aufgaben sehr knapp bemessen war, wurden die Kaffeepausen in den meisten Fällen in die Arbeitsphasen integriert. Dieses Vorgehen unterstützte zudem den Wirkfaktor Selbstorganisation. Um die in großem Maße anfallenden Informationen aus den Kleingruppen schneller und besser verarbeiten zu können, arbeiteten einige Hilfskräfte an Laptops, die mit dem PC der Moderatoren verbunden waren.

Eine ausführliche Darstellung der detaillierten Designüberlegungen finden Sie im Kapitel 6.7.

Prozess

Jeder Teilnehmer in fester Stammgruppe

Bei der eigentlichen Großveranstaltung saßen die über 400 Teilnehmer in 50 Stuhlkreisen mit jeweils acht bis zehn Teilnehmern nach genauer Zuordnung und maximaler Mischung in Hierarchie, Geschlecht, Abteilung und sogar Temperament. In dieser festen Zusammensetzung als »Heimat« für den größeren Teil der Zeit konnte sich jeder einbringen. Jeder Gruppe standen ein Flipchart und eine Pinnwand zur Verfügung. Um die Identifikation mit der jeweiligen Gruppe zu erhöhen, wählten sich die Gruppen klangvolle Bezeichnungen aus beiden Geschäftsbereichen: »Pferde«, »Eichhörnchen«, »Wiese«, »Fahrbahn« und »Walze«. Die Namen wurden auf Sticker geschrieben, und im Stuhlkreis wurde eine passende Markierung vorgenommen – mit Plüschtieren oder anderen Gegenständen.

Gedrängtes Programm am ersten Nachmittag

Am Beginn stand mit den Wertschätzenden Interviews ein motivierendes Element. Dies half, der schwierigen Situation besser ins Auge zu blicken. Die »Aufrüttelungsphase« am späten Nachmittag war mit zwei Kunden etwas gedrängt, und die Fragerunde im Plenum wurde bewusst kurz gehalten. Wichtiger erschien uns der jeweilige gruppeninterne Diskussionsprozess. Einige Gruppen hatten in den Diskussionsphasen des Nachmittags einen Sketch ausgearbeitet, um ihre Sicht auf das Unternehmen darzustellen. Diese wurden am Abend vorgeführt und lockerten die Atmosphäre spürbar auf.

Am zweiten Tag wurde die Erarbeitung der neuen Spielregeln der Unternehmenskultur und der Zukunftsstrategie parallel vorgenommen. Zwei benachbarte Gruppen mischten sich hierzu und teilten sich untereinander nach individuellem Wunsch (Wirkfaktor Selbstorganisation) auf. Daran schloss sich als Grundlage für die gewünschte neue Innovationskultur eine Arbeitsphase über KVP an, den zukünftigen Prozess der permanenten Verbesserungen. Darin sollte eine Verbindung zum Thema Prämien und Gewinnbeteiligung geschaffen und einer Vorklärung unterzogen werden.

Parallele Erarbeitung: Neue Strategie und Unternehmenskultur

Am dritten Tag wechselte jeder in seine Abteilungsgruppe, die dann eigenständig ihr Arbeitsthema als erstes KVP-Projekt festlegte und sofort konkret bearbeitete. Am Schluss formulierte jeder Teilnehmer seinen persönlichen Beitrag für die Entwicklung des Unternehmens und stellte diesen in seiner Abteilung im kleineren Stehkreis vor.

Erstes KVP-Projekt in jeder Abteilung

Zur optimalen Integration der ausländischen Töchter waren auch deren Mitarbeiter eingeladen worden. Bei der Zusammensetzung der gemischten Gruppen wurde nun darauf geachtet, dass einzelne Gruppen nicht in Deutsch diskutierten. Die Präsentationen im Plenum waren ohnehin äußerst kurz gehalten und das Schwergewicht lag auf den Diskussionen innerhalb der Stammgruppen. So konnten die vier professionellen Übersetzer für Französisch und Englisch (zusätzlich zu den mehrsprachigen Mitarbeitern) diese Kurzpräsentationen mit Stichworten ergänzen. Während der Arbeitsphasen innerhalb der Kleingruppen widmeten sie sich den Ergebnischarts der Gruppen, gaben die übersetzten Texte in einen Laptop ein und klebten leicht vergrößerte Textzeilen auf die Charts. Damit wurde eine ausreichende Informations- und Abstimmbasis für die Phasen erreicht. Die Mehrsprachigkeit der Organisation war eine Herausforderung; es tauchten jedoch kaum Probleme auf.

Umgang mit den Sprachproblemen

Alle Verzweigungen im geplanten Ablauf verliefen reibungslos. Beispielsweise hatten wir den Teilnehmern am zweiten Nachmittag die Aufteilung auf die beiden Themen »Strategie« und »Kultur« offen gelassen. Die hier befürchtete ungleiche Verteilung gab es jedoch nicht. Die Stimmung war beständig gut, die Arbeitsergebnisse bewiesen hohe Aktivität und Beteiligung.

Umgang mit Widrigkeiten und Unvorhergesehenem
Die Arbeit der Übersetzer war stressig, und sicher hat nicht jeder ausländische Teilnehmer alles optimal mitbekommen. Aber sie waren dennoch zufrieden, dass man sie eingeladen und einbezogen hatte. Sie fühlten sich jetzt stärker als Teil der übergeordneten Betriebsgemeinschaft.

Die Arbeitsbedingungen in der Lagerhalle – Licht, Akustik, elektrische Anschlüsse für die notwendigen technischen Geräte – waren wenig befriedigend. Häufig wurde improvisiert. Hierfür zeigten die Teilnehmer jedoch großes Verständnis.

Die Integration von zehn Laptops klappte zwar technisch, die Nutzung verlief dennoch nicht reibungslos, weil keine spezielle Software für diese Aufgabenstellungen zur Verfügung stand.

Am Abend des zweiten Tages hatte die erweiterte Geschäftsleitung (mit Gruppenleitern) die Aufgabe, die Arbeitsergebnisse des Tages zusammenzufassen und in die vorbereitete Strategie zu integrieren. Parallel dazu nahm sich eine Gruppe von Freiwilligen des Themas Unternehmenskultur an. Das erwies sich bei etwa 50 Gruppen stressiger als erwartet und verkürzte den Nachtschlaf der Betroffenen erheblich.

Lediglich einen Programmpunkt hatten wir am letzten Tag aus Zeitgründen unter den Tisch fallen lassen: Eine Verdichtungsgruppe sollte parallel zu den beiden letzten Schritten einen Pressetext zur Veröffentlichung erarbeiten. Unserer Erfahrung nach ist das eine hervorragende Methode, alle Arbeitsergebnisse und Emotionen der Teilnehmer in einem gemeinsam erarbeiteten Text zusammenzuführen.

Teilnehmer-Unterlagen

Ausführliche Mappe für jeden Teilnehmer

Von den Moderatoren war eine Mappe (in drei Sprachen) mit mehr als 20 Arbeitspapieren konzipiert worden. Es waren bewusst mehr, als später benötigt wurden, denn wir hatten an einigen Stellen des Ablaufs eine Verzweigung gemäß den Teilnehmerwünschen und -vorschlägen eingeplant. So hatte beispielsweise die Geschäftsleitung damit gerechnet, dass die Mitarbeiter ein kompliziertes Prämiensystem für alle vorschlagen würden. Das war jedoch nicht der Fall.

Zeitplan

Zeit	Lernziel	Aktivität	Material
1. Tag: Donnerstag			
11.30 Uhr	Ankommen. Persönliche Begrüßung jedes TN durch die GL	**Einchecken** der Teilnehmer, Platz suchen	Gruppenzuordnung
12.25 Uhr 1 Std.	Informelles Austauschen	Gemeinsames Mittagessen	
13.25 Uhr 20 min	Einstimmung	**Offizielle Eröffnung** durch GL und Moderatoren: Einführung, Zielsetzung	
13.45 Uhr 15 min	Vertraut machen	**Gruppeninterne Vorstellung** und persönliche Assoziation mit Gruppennamen	Anleitung in Mappe
14.00 Uhr 10 min	Neugier wecken	**AI-Einführung** durch Moderatoren	
14.10 Uhr 2 × 40 + 15 min	Eigene Stärken bewusst machen und Motivation für Veränderung erzeugen	**Wertschätzendes Interview** mit integrierter Kaffeepause, parallel inspirierende Zitate auf A4-Blätter schreiben, die dann an Pinnwände geheftet werden	Mappe A4-Blätter
15.45 Uhr 65 min	Mitarbeiter kommen zu Wort	**Blitzlicht**. Anschließend Gruppenarbeit: Sicht der Mitarbeiter auf das Unternehmen und kurze Präsentationsabfragen der Tische	Anleitung in Mappe Beiträge werden im PC mitgeschrieben und per Beamer projiziert
16.50 Uhr 20 min	Perspektive der Führung darstellen, erstes Aufrütteln	**Kurzvortrag Führung** von den drei Geschäftsführern (einmal als Zukunftsmärchen)	Kurzfassung in Mappe
17.10 Uhr 25 min	Informeller Austausch	Pause	
17.35 Uhr 5 min	Auffrischung	**Bewegungsübung** ähnlich »Abenteuer auf dem Speicher« (auf Firma abgestimmt)	
17.40 Uhr 45 min	Perspektive der Führung verstehen	**Gruppeninterne Diskussion** und Fragerunde	

5. Praktischer maßgeschneiderter Einsatz

18.25 Uhr 2 x 15 + 20 + 20 min	Perspektive des Marktes verstehen	**Kurzvorträge** von 2 Kunden und Fragerunde, in Gruppen vorbereitet 20 min, dann 20 min Antworten der Kunden	Kundenthesen in Mappe
19.35 Uhr 55 min	Nachwirken der Vorträge, informeller Austausch	Abendessen in den Gruppenkreisen	
20.30 Uhr 30 min	Gemeinsames Verständnis untereinander entwickeln, Handlungsbedarf emotionalisieren	**Sketche** zur Situation des Unternehmens aus fünf Gruppen, die diese parallel zu den anderen Gruppen nachmittags entwickelt haben	Nach kurzer Anleitung in Mappe, Requisiten
Open End	Emotionale Berührung, Selbstvertrauen als Unternehmen aufbauen	**Erfolgsgeschichten** aus den Wertschätzenden Interviews werden bei einem Gläschen an den Tischen erzählt. Diese beinhalten, wie Tiefs überwunden wurden.	Mikrophon

2. Tag: Freitag			
8.30 Uhr 10 min	Positive Einstimmung auf den Tag	**Sketch der Geschäftsführer** und zwei Mitarbeiter plenar zum Tageseinstieg	Requisiten
8.40 Uhr 60 min	Welche besonderen Stärken und Leistungen gibt es bereits in der Organisation, wie können diese verstärkt genutzt werden?	Fortsetzung **Auswertung AI-Interviews** und des Gehörten vom Vortag: Gruppenarbeit und Kurzpäsentation	Anleitung in Mappe Beiträge werden im PC mitgeschrieben und über Beamer projiziert
9.30 Uhr 20 min	Erste klare Ziele und Bereitschaft zum Mitreden aufzeigen	Vorstellung der **Strategie** durch die Führung; spontanes Anknüpfen an die gehörten Stärken	Beamer
10.00 Uhr 60 min	Verarbeitungsphase des Gehörten	**Gruppeninterne Diskussion**, Fragen mit Integrierter Kaffeepause	
11.00 Uhr 20 min	Auffrischung; Teilnehmer können ihr Thema wählen	Bewegungsübung und Anmoderation: Parallele Arbeit an den **Geheimen Spielregeln** einer Erfolgs-Unternehmenskultur und an der Zukunftsvision für den Kundenservice. Gruppenumgruppierung Freiwillige für Zukunftssketche gewinnen, die ebenfalls parallel arbeiten	Musik Mappe mit Anleitung

11.20 Uhr 80 min	Gruppen produzieren Vorschläge	**Gruppeninterne Ausarbeitungen**	
12.30 Uhr 60 min	Gespräch für letzte Abstimmungen	Mittagessen in den neuen Gruppen	
13.30 Uhr	Auffrischung	**Bewegungsübung**	Musik
13.35 Uhr 45 min	Querinformation. Herumgehen, ins Gespräch kommen, Schwerpunkte mit kleinen Klebepunkten setzen, Anmerkungen machen	**Infomarkt** von 20 Gruppen zum Thema Erfolgs-Unternehmenskultur	kleine Klebepunkte
14.20 Uhr 45 min	Querinformation: Herumgehen, ins Gespräch kommen, Schwerpunkte mit kleinen Klebepunkten setzen, Anmerkungen machen	**Infomarkt** zukunftsfähiger Kundenservice (parallel dazu werden die Charts der vorherigen Runde mit den Vorschlägen übersichtlich zusammengestellt)	kleine Klebepunkte
15.05 Uhr 35 min	Eindrücke verarbeiten und Austauschen, Prioritäten erkennen	Rückkehr der Teilnehmer in Ausgangsgruppe, Zeit für den **Austausch von Eindrücken** untereinander (parallel dazu werden die Charts der vorherigen Runde mit den Vorschlägen übersichtlich zusammengestellt)	
15.40 Uhr 60 min	Große Klebepunkte vergeben Erholung, informelle Gespräche	Teilnehmer bepunkten Vorschläge U-Kultur und Visionen integrierte Kaffeepause	große Klebepunkte
16.40 Uhr 10 min	Input geben	**Anmoderation** Thema KVP	
16.50 Uhr 10 min	Auffrischung Information über Punkteergebnisse	Bewegungsübung und auf Beamer **Bekanntgabe der wichtigsten Prioritäten**	
17.00 Uhr 60 min	Verständnis, Wissen und Know-how aufbauen. Mitreden bei Entscheidung über Prämiensystem An vorheriges Thema Erfolgskultur anschließen Vertiefung: unterstützende Denkmuster für KVP in den Gruppen	**KVP** kennenlernen, die Gruppen beschäftigen sich mit Material in der Mappe Rangfolgen zum Eckpunkt »Prämien« werden abgefragt und in nächsten PC eingegeben	Mappe: einige Seiten praktischer Info und Rangfolgeaufgabe für Prämienfrage

18.00 Uhr 30 min	Information, wie es in den anderen Gruppen läuft	Bekanntgabe **Stimmen der Gruppen zum Prämiensystem**. Stimmungsabfragen zur Gruppenarbeit	Beiträge werden im PC mitgeschrieben und über Beamer projiziert
18.30 Uhr 60 min		Abendessen (mit wenig Alkohol im ersten Teil), geht in Darbietungen über	
19.30 Uhr 45 min	Wiederholung, Vertiefung und Emotionalisierung	Darbietung von drei **Zukunftssketchen** durch Freiwillige	
20.30 Uhr	Arbeitsergebnisse der Teilnehmer werden eingearbeitet	Informelle Gespräche der Teilnehmer. Jetzt erst wird Bier ausgeschenkt Parallel arbeitet die Führung die Ergebnisse des Nachmittags in die vorgestellte Strategie des Vormittags ein. Eine zweite Freiwilligengruppe arbeitet die Vorschläge zur Unternehmenskultur aus (mit Beteiligung von Führungspersonen).	PC und Drucker, zwei ruhige Arbeitsräume für ein Dutzend Personen, die arbeitsteilig auswerten

3. Tag: Samstag			
8.30 Uhr 5 min	Wach werden	**Auffrischungsübung** durch die Moderatoren	Musik
8.35 Uhr 40 min	Verdichtung, Zusammenführung, Akzeptanz	Die beiden Nachtgruppen stellen die überarbeitete Strategie und die neuen Spielregeln der internen Zusammenarbeit vor	Jeder Teilnehmer hat Kurztext auf vier Seiten auf seinem Stuhl vorgefunden. Dazu einmal pro Gruppe einen längeren Text
9.15 Uhr 75 min	Erste konkrete Umsetzungsüberlegungen, Feedback der anderen Abteilungen (internen Kunden) dient den eigenen Prioritäten für die nächste Phase	Umsetzung der Teilnehmer in Abteilungs- und Teamgruppen: Feedback empfangen und verarbeiten. Wünsche an die anderen Abteilungen formulieren, integrierte Kaffeepause	Handout in der Mappe
10.30 Uhr 90 min	Konkrete Ideen prüfen und Umsetzung ausarbeiten, Training für den späteren Alltag	**Erste richtige KVP-Arbeit** in den größeren Abteilungsgruppen und anschließend Aufbau Infomarkt-Präsentation	konkrete Anleitung in Mappe

12.00 Uhr 60 min	Erholung und informeller Austausch	Mittagessen	
13.00 Uhr	Wieder frisch machen	**Bewegungsübung**	Musik
13.05 Uhr 55 min	Querinformation. Herumgehen, ins Gespräch kommen, Schwerpunkte mit kleinen Klebepunkten oder Moderationskarten setzen, Anmerkungen machen	Herumgehen als **Info-Markt**, Feedback geben per Klebepunkte und Moderationskarten	Moderationskarten
14.00 Uhr 15 min	Stimmungsbild sammeln und zum Ausdruck bringen	Statements von den Gruppen sammeln	Mobile Mikros
14.15 Uhr 25 min	Persönliche Verbindlichkeit aufbauen (»Comittment«)	**Einzelarbeit** für jeden Teilnehmer Persönliche Beiträge der Teilnehmer werden im Stehkreis in der Abteilungsgruppe vorgestellt	Farbige A4-Blätter; Anleitung in Mappe
14.40 Uhr 30 min	Nochmals alles Revue passieren lassen	Umsetzen und Rückkehr in die ursprünglichen Gruppen Kurzer **mündlicher Bericht** jedes Teilnehmers und Verabschiedung in der Gruppe	
15.10 Uhr 20 min	Transfer vorbereiten	**Aktion zur Gesamtverabschiedung** mit spezieller Bewegungsübung, die enthält, was sie heute zu Hause und am Montag ihren Kunden über die Veranstaltung erzählen	Musik Abschiedsgeschenk
15.30 Uhr	Ende der Veranstaltung Weiter informelle Austauschmöglichkeiten	Kaffee und Kuchen (auch zum Mitnehmen) Buffet ist aufgebaut	

Ausprägung der Wirkfaktoren
Viel Futter für alle Wirkfaktoren

Wirkfaktor 1: Wohlfühlen

Es wurde viel getan, für das Wohlfühlen. Es gab Musik und Bewegungsübungen. Die Rückholung aus den Pausen erfolgte immer mit fetziger Musik und gemeinsamem Klatschen. Die Geschäftsleitung stellte am Anfang ihre Vision in Märchenform vor. Ihre Sketche an beiden Abenden und an einem Morgen sprachen die Emotionen gezielt an. Der Abschluss als Bewegungsübung verstärkte gezielt die Umsetzungsmotivation.

Wirkfaktor 2: Ressourcenorientierung

Es gab es einen AI-Auftakt mit einem Wertschätzendem Interview, in der die Perspektive der Mitarbeiter und des Unternehmens einbezogen wurde. Die dabei freigesetzten Erfahrungen und Ideen konnten in den zweiten Tag einfließen. Der Ablauf wurde geprägt durch »vorhandene Stärken sehen und nutzen«. Hinderliche Denkmuster wurden durch positive und aktivierende Ideen ersetzt.

Wirkfaktor 3: Kleingruppenarbeit

Über die ganze Veranstaltung hinweg waren die Teilnehmer in Gruppen integriert. Es gab Aufgabenblätter für die einzelnen Gruppenarbeiten. Am ersten Nachmittag wechselten die Teilnehmer nach eigenen Wünschen in eine andere Zusammensetzung. Am letzten Tag wurde teils in Abteilungszusammensetzung gearbeitet. Die Stammgruppenintegration und -identifikation sorgte für hohe Arbeitsdisziplin.

Wirkfaktor 4: Ergebnisorientierung

Die Veranstaltungsziele lagen zunächst im Bereich »Motivieren« (3). Der Start von KVP zielte auf den Bereich »Neue Lösungen finden« ab. Darüber steht das Ziel der Veränderung der Kultur (Zielbereich 6), also Abbau der hindernden Denkmuster und Etablierung von Werten für die erfolgreichere Zusammenarbeit untereinander. Dieses Zielbündel wurde konsequent erreicht. Parallele Gruppenarbeit an den gleichen Themen trug ebenfalls zu einer starken Ergebnisorientierung bei. Die übersichtliche Priorisierung der Ergebnisse aus den beiden Infomärkten am zweiten Nachmittag meisterte die Materialschlacht von 50 Gruppen!

Wirkfaktor 5: Rhythmisierung

Zu Anfang wurde mit Partnerinterviews gearbeitet; es gab Phasen des Zuhörens und der Gruppendiskussion. Bewegungsübungen, Herumgehen,

Gespräche rhythmisierten den Ablauf. Der erste Nachmittag gestaltete sich bezüglich der Rhythmisierung am schwierigsten, da die Teilnehmer sehr lange am Stück sitzen mussten. Die Pausen waren insgesamt sehr kurz gehalten, was nicht optimal war.

Wirkfaktor 6: Selbstorganisation
Die Teilnehmer hatten erst am zweiten Nachmittag die Möglichkeiten, selbst ihr Arbeitsthema auszuwählen. Bei den Infomärkten konnten sie sich frei nach eigenem Interesse bewegen. In der Umsetzungsphase war zwar die Gruppenordnung vorgegeben, aber die Gruppe wählte sich ihr Thema selbst. Gruppenarbeiten wurden immer wieder mit Kaffeepausen zur freien Einteilung verbunden.

Wirkfaktor 7: Virtualität
Über den ganzen Raum verteilt waren in einem kabellosen Netzwerk zehn Laptops eingesetzt. So konnten verbale Gruppenrückmeldungen im Kurztext auf dem zentralen Beamer visualisiert werden – wie bei einer Moderation auf Flipchart. Die Rangfolgenaufgabe zum Prämiensystem KVP wurde umgehend von den Gruppen in einen benachbarten PC gemeldet, so dass sich mit dem einfachen Excel-Programm sofort ein Meinungsbild auf der großen Projektionsleinwand ergab. Hier war der Logistikaufwand für die Übersetzer besonders groß.

Einsatz von Laptops

Ergebnis

Es hatte lange gedauert, die Geschäftsleitung vom Sinn und Nutzen einer solchen Großveranstaltung zu überzeugen. Das unmittelbare Feedback der Teilnehmer danach war sehr positiv. Noch wichtiger waren die Berichte in der Nach-Veranstaltung drei Monate später.

Wie von uns erwartet, war die entwickelte Unternehmensstrategie von allen Teilnehmern bestätigt und unterstützt worden. Es ging dabei insbesondere um eine verstärkte Kundenorientierung und Konzentration auf die Stärken des Unternehmens, »um damit den Kunden zu dienen«. Bei der Erfolgs-Unternehmenskultur mit ihren bisher kaum bekannten Erfolgsgaranten fand der größte Sprung statt. Gerade bei der Geschäftsleitung, die deutlich besser als bisher zu kommunizieren begann und das Vertrauen in die Eigeninitiative der Mitarbeiter deutlich zum Ausdruck brachte.

Ganz erstaunlich – und für die Führung letztlich sehr überzeugend – war jedoch die unmittelbare Ausbeute beim KVP-Start. Die abteilungsweise

Ausbeute an Verbesserungsvorschlägen

zusammengesetzten Gruppen hatten Ideen mit einem Einsparungs- oder Deckungsbeitragspotenzial von knapp 110 000 Euro identifiziert und teilweise bereits konkret ausgearbeitet. Das war mehr als erhofft und zugleich eine Absicherung der »Teilstrategie« für den Transfer in den betrieblichen Alltag. Beim wichtigen Thema der materiellen Entlohnung hatten die Mitarbeiter sich sehr vernünftig dafür ausgesprochen, diese in der Regel als Teil der Erfolgsbeteiligung zu sehen und nur bei Einzelverbesserungsvorschlägen außerhalb der eigenen Abteilung besondere Prämien zu zahlen. Das Gros der Verbesserungsvorschläge würde in der normalen Arbeitsorganisation mit KVP-Gruppen anfallen. Die Incentives zum Start des neuen Systems mit Karten für spezielle Fußballspiele oder Popkonzerte wurden sehr begrüßt.

Gelernt

Das Unternehmen hat viel gelernt, wie die vorstehende Ergebnisbetrachtung zeigt. Die interne Kultur hat sich seitdem stark verändert. Insgesamt fiel das Problem der Moderation und Organisation so vieler Menschen geringer aus als die Probleme mit Technik (Licht, Energie, Akustik, Sanitär, Computernetzwerk) und Catering. Seitdem haben wir uns noch mehr mit der Nutzung des Wirkfaktors Virtualität befasst, um für die Zukunft besser gerüstet zu sein.

Der Auftakt mit Appreciative Inquiry bereitete einen guten Boden für einen schwierigen Prozess. Wir fanden die Anlehnung beim GTG-System mit den Stammgruppen in den Feedbackblättern und Gesprächen mit den Teilnehmern bestätigt.

5.11 Schnelle Strategieplanung

Das nun folgende Anwendungsbeispiel ist sehr ausführlich gehalten, da es zusätzlich ein konkretes Bild des *nextmoderator* Großgruppenformats vermitteln soll. Daher ist die Darstellung des Prozesses sehr ausführlich gehalten.[2]

---

[2] Der Text wurde nach unserer Gliederung von *nextpractice* verfasst und von uns redaktionell überarbeitet. Er entspricht weitgehend dem Buch von Peter Kruse: next practice. Erfolgreiches Management von Instabilität, Veränderung durch Vernetzung, Offenbach: GABAL Verlag 2004, S. 192–200, www.nextpractice.de

5.11 Schnelle Strategieplanung

Abb. 5.11.1 Nextmoderator-Gruppe mit PC

Ausgangssituation

Ein international tätiges Industrieunternehmen mit etwa 5000 Mitarbeitern versammelt in regelmäßigen Abständen über hundert Führungskräfte, um gemeinsam an der konkreten Umsetzung der von der Geschäftsleitung vorgegebenen Strategie zu arbeiten.

Thema und Ziel

Auf der hier beschriebenen Veranstaltung sollten in anderthalb Tagen die Stärken und Schwächen des Status quo sowie die aktuellen weiteren Perspektiven analysiert werden und in eine Vereinbarung konkreter und umsetzbarer Maßnahmen münden. Damit werden Zielsetzungen in den Bereichen »Neue Lösungen finden« (4), »Entscheiden« (7) und »Motivieren« (3) angesprochen. Ein direktes Umsetzen (8) der Ergebnisse in der Veranstaltung wurde nicht angestrebt.

Perspektiven und Maßnahmen festlegen

Beteiligte

An der Veranstaltung nahm ein repräsentativer Anteil der Führungskräfte aus drei Hierarchiestufen teil. Die beteiligten 100 Personen stellten zwei Prozent aller im Unternehmen Beschäftigten dar.

Ablauf

Überlegungen zum Ablauf

Papier vermeiden, Zeit sparen

Eine papierbasierte Moderation mit der unumgänglichen Aufteilung in mehrere Gruppen sollte vermieden werden. Man wollte die Zeit sparen, die bei einem solchen Vorgehen für den Wechsel in verschiedene Räumlichkeiten und die Arbeit an der Dokumentation nötig geworden wäre. Das Unternehmen entschied sich deshalb für das Werkzeug *nextmoderator*. Vor allem aber ging es darum, den besonderen Charakter des vernetzten Arbeitens zu nutzen.

Das Veranstaltungsdesign von *nextmoderator* wird grundsätzlich auf die individuellen Wünsche des Kunden zugeschnitten und beinhaltet zumeist den wirkungsvollen Dreischritt:

- Ideenräume öffnen
- Schwerpunktthemen verdichten
- Maßnahmen entwickeln und bewerten

Wie in der klassischen Moderation wechseln sich Phasen der Plenumsarbeit mit Phasen der Kleingruppen- oder Einzelbearbeitung ab. Die Teilnehmer bleiben dabei an ihren Tischen sitzen, die Aufteilung in Plenums- und Gruppenarbeit erfolgt rein virtuell. Die jeweiligen Aufgaben werden den Tischgruppen von der Moderationsregie zugeschaltet.

Brainstorming ohne gruppendynamische Verzerrungen

In den Brainstormingphasen sind die Eingaben allen Teilnehmern sofort einsehbar, der Absender ist nicht erkennbar. Lediglich die Ideen stehen im Zentrum, und zwar ohne gruppendynamische Verzerrungen. Jede Idee muss für sich bestehen, unabhängig von ihrem Absender. Die nächsten Schritte, wie weitere TED-Abfragen oder die iterative thematische Clusterung durch das externe Experten- und Moderatorenteam, verdichten die Arbeitsergebnisse. Auf diesem Wege wird der folgende Konkretisierungsschritt der Maßnahmenentwicklung optimal vorbereitet. Die abschließende Bewertung der Maßnahmen nach Kriterien wie Nutzen, Aufwand, Realisierbarkeit, Nachhaltigkeit und Wirkung führt zu einer konsensfähigen Priorisierung und sorgt so dafür, dass die Maßnahmen mit hoher Wahrscheinlichkeit umgesetzt werden.

Während der Brainstormingphasen geben die Teilnehmer ihre Ideen, Kritikpunkte und Verbesserungsvorschläge direkt und anonym in die Laptops ein. Jede Idee wird in einer sich ständig aktualisierenden Liste auf einer zentralen Leinwand und auf den Bildschirmen der Teilnehmer angezeigt. Trifft die Idee in der Liste auf Zustimmung, kann sie per Mausklick unmittelbar positiv bewertet und somit gestärkt werden.

Über den ständigen Wechsel zwischen Generierung und Bewertung kristallisieren sich sehr schnell jene Themen heraus, welche die Betroffenen intensiv beschäftigen. Grundsätzlich hat es sich bewährt, die Frageräume möglichst offen zu gestalten, um an alle relevanten Ideen heranzukommen. Festgelegt wird nur das zu erreichende strategische Zukunftsszenario.

Ständiger Wechsel von Generierung und Bewertung

Die jeweiligen Arbeitsphasen beim Einsatz von *nextmoderator* werden mit TED-Abfragen eingeleitet und beendet. Dabei bewerten die Befragten einen Sachverhalt auf einer zweckdienlich gestalteten Skala. Sie können die Ideen direkt von ihrem Platz aus unbeeinflusst durch andere bewerten, und zeitgleich mit dem letzten Mausklick stehen die Ergebnisse für alle sichtbar fest. Die Dauer einer Abfrage hängt nicht von der Größe der gesamten Gruppe ab, sondern nur von der Anzahl der Teilnehmer in einer Kleingruppe, die sich einen Laptop teilen. Diese werden teilweise aufgefordert, sich untereinander abzustimmen, teils gibt jeder individuell seine Bewertungsstimme ab.

Diese grundlegenden Abläufe bildeten die Basis für unsere Absprache mit dem Kunden. Es schien auch nicht erforderlich, die direkte Arbeitsmotivation der Teilnehmer mit dem Wirkfaktor Wohlfühlen zu verstärken, weil alle die vernetzte Arbeit über PC sehr schätzten. Oft ergänzt nextpractice den eher kognitiven Charakter des Arbeitens im Laptopnetzwerk um Formen der ästhetischen und musikalischen Auseinandersetzung mit der Kernfragestellung. So kooperiert nextpractice seit vielen Jahren mit der niederländischen Musikgruppe *Art in Rhythm* und mit dem Corporate Art Performer Ernst Handl. Auf die Gruppenzusammensetzung sollte kein Einfluss genommen werden.

Motiviertes Arbeiten durch Vernetzung

Prozess
Die Vorbereitung einer *nextmoderator*-Veranstaltung beginnt mit der Erarbeitung der Agenda, das heißt der genauen Planung der einzelnen Arbeitsschritte. Sie erfolgt in enger Abstimmung mit dem Auftraggeber und dauert in der Regel etwa einen Tag. Ist die Agenda definiert, wird *nextmoderator* entsprechend konfiguriert und anschließend getestet. Aufgrund der modularen Programmierung lassen sich alle gängigen Veranstaltungsdesigns integrieren. Die technische Vorbereitung für eine Standardagenda mit

Modulare Programmierung der Software

TED-Abfragen, Brainstormings, Phasen der Verdichtung und Maßnahmenentwicklung dauert ebenfalls einen Tag.

Der Workshop selbst fand in einem großen Saal statt. Hier war ein Netzwerk aus 30 Laptops mit zentralem Beamer und Leinwand aufgebaut. Im Schnitt bildeten drei Führungskräfte eine Tischgruppe mit einem Rechner. Die Teilnehmer waren alle miteinander vernetzt und konnten so ihre Meinungen, Ideen und Bewertungen zu den jeweiligen Themen gleichzeitig und ungefiltert einbringen.

Zunächst wurden die Workshopteilnehmer über einige TED-Abfragen für die Fragestellung sensibilisiert. Die Mehrheit war beispielsweise der Auffassung, das Unternehmen sei vorrangig mit sich selbst beschäftigt, der Kunde stehe nicht ausreichend im Mittelpunkt. Die eigene Haltung wurde zwischen abwartend und sprungbereit eingestuft. Wie die Streuung der Einzelurteile zeigte, waren sich die Beteiligten bei ihren Einschätzungen relativ einig.

Danach folgte das erste Brainstorming, um einen gedanklichen Raum zu öffnen. Die Aufforderung, sich in einer Zukunftsvision das eigene Unternehmen als optimal vorzustellen und Stolpersteine sowie Erfolgsfaktoren zu benennen, regte die Fantasie an und half, sich aus dem unmittelbaren Alltag und dessen Einschränkung zu lösen.

Vom optimalen Zukunftsbild ausgehen

Der Moderator regte an: »*Stellen Sie sich vor, dass Ihr Unternehmen bereits optimal positioniert und strukturiert ist, und beschreiben Sie nun, welche Faktoren zu dieser Optimierung geführt haben und was dem Erfolg im Weg gestanden hat.*«

Schon nach wenigen Minuten flackerten die ersten Erfolgsfaktoren in grüner Schrift und die Stolpersteine in roter Schrift über die Bildschirme. Die Mitarbeiter ließen sich durch die Ideen ihrer Kollegen anregen, konkretisierten deren Beiträge, stimmten zu oder fügten neue Ideen an. In den Kleingruppen fanden rege Diskussionen statt. Die Ideen wurden dabei aber nicht im Konsens der Kleingruppe entwickelt. Gab es unterschiedliche Ansichten, so wurden beide Ideen ins Netzwerk eingespeist. Die kollektive Intelligenz des Netzwerkes machte sichtbar, ob eine Idee allgemein für brauchbar gehalten wurde oder nicht.

Aus den mehreren hundert Ideen hier drei Beispiele:

- Leistungsträger belohnen, für »Durchschnittskräfte« Anreize schaffen, sich von Leistungsverweigerern trennen
- offenes konstruktives Klima, »Fehler sind erlaubt«
- Auftragseingänge werden gebührend zelebriert (Partys)

Dank der technischen und geistigen Vernetzung setzte sofort ein ungemein dynamischer Prozess ein, vergleichbar mit dem Geschehen an der Börse. Neue Ideen entstanden an der Spitze der Liste, wurden von anderen aufgenommen oder verschwanden am Ende der Liste, weil sie keine Zustimmung fanden. Jeder Beitrag konnte mit einem Kommentar versehen werden, wenn der Titel allein für eine genaue Beschreibung nicht ausreichte.

Vernetzung der Ideen

Hier zeigte sich die Effektivität von *nextmoderator*. Schnell mündet der Prozess in eine Hitliste der besten und konsensfähigsten Ideen. Denn Einzelmeinungen sacken schnell in den Tabellenkeller, wohingegen Ideen, die von vielen geteilt werden, die Liga anführen. Am Ende des Brainstormings kannten alle Teilnehmer alle Ideen. Das ist optimale Querinformation.

Insgesamt nannten die Workshopteilnehmer mehr Erfolgsfaktoren als Stolpersteine, sahen also mehr Potenzial als Hemmschuhe. Beispielsweise definierte eine Mehrheit konkrete Vorschläge, wie Leistungsträger in der Zukunft über Anreiz- und Incentive-Systeme motiviert werden können. Reichlich Kritik gab es hinsichtlich der firmenbezogenen Kommunikationskultur und der abteilungsübergreifenden Zusammenarbeit.

Am Abend clusterte das nextpractice-Team die vielen einzelnen Ideen des ersten Tages und verdichtete sie zu 18 Schwerpunktthemen, die den Teilnehmern am nächsten Tag vorgestellt wurden. Hinter jedem Schwerpunktthema waren die zusammengefassten Ideen als Liste zugänglich, so dass der Clusterungsprozess für die Teilnehmer jederzeit nachvollziehbar blieb. Am Morgen bewerteten die Teilnehmer die Relevanz der einzelnen Schwerpunktthemen und es entstand eine Prioritätenliste.

Ideenfülle clustern

Während in der ersten Phase das Sammeln von Ideen im Mittelpunkt stand, wurden die Teilnehmer in der anschließenden Phase gebeten, konkret umsetzbare Maßnahmen zu entwickeln, um die Performance des Unternehmens weiter zu verbessern. Als Grundlage lagen jeder der 30 Kleingruppen die zu Schwerpunktthemen zusammengefassten Erfolgsfaktoren und Stolpersteine der ersten Runde vor – in digitaler Form, mit allen Kommentaren und zusätzlichen Informationen. Von den 18 Themenfeldern sollte sich jede Gruppe eines zur Bearbeitung auswählen.

Eine Stunde Maßnahmeplanung

Aufgabe war, innerhalb einer Stunde in der Gruppe einen konkreten und umsetzbaren Verbesserungsvorschlag zu entwickeln. Für diesen Schritt war eine mehrteilige Eingabemaske mit genauen Fragestellungen nach dem »Was, Warum und Wie« vorbereitet worden. Im Anschluss an diese Arbeitsperiode präsentierte jede Gruppe dem Plenum detailliert ihre Ausarbeitung in Form eines Vortrags oder als szenisches Spiel. Die Vorschläge reichten vom Aufbau eines speziell besetzten »Business Consulting-Teams« über die »Identifikation von verborgenen Branchenkenntnissen« bis hin zu einem ausgearbeiteten »regionalen Jobrotationsplan«. Am Ende dieser Präsentationen waren alle Teilnehmer über alle erarbeiteten Vorschläge im Bilde (Querinformation).

Die sich daraus ergebenen 18 Maßnahmen wurden von den Kleingruppen per TED nach den Kriterien Nutzen, Aufwand, Realisierbarkeit, Nachhaltigkeit und Wirkung am Laptop bewertet. Und diese Maßnahmenliste wurde dann entsprechend der vorgegebenen Kriterien sortiert. Das Unternehmen erarbeitete sich so eine Fülle unmittelbar realisierbarer Maßnahmen, benannte die Verantwortlichen und legte konkrete Zeitpläne fest – und das in kürzester Zeit.

Umgang mit Widrigkeiten und Unvorhergesehenem

Mit der Erteilung des Auftrages für einen *nextmoderator*-Workshop hatte die Unternehmensleitung den Erlaubnisraum für gründliche Reflexion und offene Ideenentwicklung ermöglicht. Zusätzlich förderte die Möglichkeit, Kritisches anonym formulieren zu können, die Bereitschaft sich einzubringen und sorgte für eine positive Grundbefindlichkeit.

Dank stabiler Technik und langjähriger Erfahrung verlief alles glatt. Die Einrichtung des LAN in einem großen Saal ist heute ein routinemäßiger Vorgang, der in relativ kurzer Zeit abgewickelt wird.

Teilnehmer-Unterlagen

Teilnehmer-Unterlagen wurden nicht ausgehändigt. Das zugrunde liegende HTML-Format erlaubte, die vollständigen Ergebnisse ohne Medienbruch im firmeneigenen Intranet zur Verfügung zu stellen.

Zeitplan

Der folgende Zeitplan zeigt den Ablauf der anderthalbtägigen Veranstaltung: Die Ideen aus den Brainstormings des ersten Tages wurden über Nacht vom nextpractice-Team zu Schwerpunkten verdichtet und am zweiten Tag weiter bearbeitet.

Zeit	Aktivität
1. Tag	
15.00 Uhr 20 min	**Begrüßung** – Zielsetzung und Organisation durch Geschäftsleitung und nextpractice-Moderator
15.20 Uhr 60 min	Einführender **multimedialer Kick-off-Vortrag** von Professor Peter Kruse: Aufrüttelung und Motivation für Veränderungen – Bewältigung von Wandel
16.20 Uhr	Pause, Gelegenheit zum informellen Austausch
16.40 Uhr 10 min	**Erklärung der Software** und des Verfahrens
16.50 Uhr 20 min	Erste **TED-Abfragen und Zusammenfassung** – Wie positioniert sich das Unternehmen zwischen Markt und Selbstbeschäftigung? – Wie ist Ihre eigene Haltung zwischen Aktion und Abwarten?
17.10 Uhr 75 min	**Brainstorming** zu Treibern und Barrieren: Das Unternehmen ist optimal positioniert und strukturiert. Welche Faktoren haben zu dieser Optimierung geführt, welche dem Erfolg im Weg gestanden? Anschließende Bewertung – jeder Teilnehmer hat eine feste Punktzahl zu vergeben
18.25 Uhr	Abendessen der Teilnehmer (zeitgleich)
	Clusterung der Ideen durch nextpractice-Team in der Nacht
2. Tag	
9.00 Uhr 30 min	Vorstellung der **18 Themenschwerpunkte** (Cluster) und Diskussion. Die Teilnehmer sitzen in den gleichen Gruppen wie am Vortag – unverändert bis zum Ende
9.30 Uhr 15 min	**Priorisierung** der Themenschwerpunkte nach Relevanz (jeder Teilnehmer hat eine feste Punktzahl zu vergeben)
9.45 Uhr 60 min	**Maßnahmenentwicklung (1)** – eines der Cluster pro Gruppe Themenverteilung nach Geschwindigkeit der Belegung; die wichtigsten Themen wurden parallel bearbeitet
10.45 Uhr	Pause, informeller Austausch
11.15 Uhr 90 min	**Präsentation** der Maßnahmen und Diskussion (1), pro Thema etwa 10 Minuten (fakultativ Vortrag oder szenische Darstellung)

12.45 Uhr	Mittagspause
13.45 Uhr 90 min	**Präsentation** der Maßnahmen und Diskussion (2) Nach Wunsch Vortragsform oder szenische Darstellung
15.15 Uhr 30 min	Die **18 Maßnahmen werden per TED bewertet** nach Nutzen, Aufwand, Realisierbarkeit, Nachhaltigkeit und Wirkung Verantwortliche und Zeitpläne werden festgelegt
15.45 Uhr 15 min	Fazit in der Runde Feedback
16.00 Uhr	Ende der Veranstaltung, Kaffeebuffet

Ausprägung der Wirkfaktoren[3]
Faszination Virtualität durch Involvierung

Wirkfaktor 1: Wohlfühlen

Anders als der technische Charakter eines laptopgestützten Netzwerkes zunächst erwarten lässt, ist ein *nextmoderator*-Workshop durch einen lebhaft-angeregten Austausch innerhalb der Tischgruppen geprägt. Darüber hinaus induziert die Faszination, mit einer großen Gruppe in Resonanz zu geraten, kollektive Intelligenz zu kreieren und Teil eines umfassenden sozialen Gehirns zu werden, ein intensives Flow-Erlebnis. Wenn beispielsweise die Ideenlisten umgeschaltet werden, geht nicht selten ein Raunen durch die Teilnehmerschaft, der Raum nimmt Energie auf. Die Präsentation einiger vorgeschlagener Maßnahmen als Sketch unterstützte darüber hinaus das Wohlfühlklima.

Wirkfaktor 2: Ressourcenorientierung

Durch die Transparenz aller Ideen und szenische Präsentationen wurde die Ressourcenaktivierung gefördert.

Wirkfaktor 3: Kleingruppenarbeit

Da es keine anders lautende Absprache mit dem Auftraggeber gab, besetzten die Teilnehmer die Tischgruppen frei. In der Regel blieb diese Besetzung

---

3 Die Beschreibung der Wirkfaktoren erfolgte in Abstimmung mit dem *nextmoderator*-Team. Die Einschätzung obliegt allein den Autoren. Sie folgen den Prinzipien dieses Buches, wonach das Spektrum der Möglichkeiten für die einzelnen Wirkfaktoren sehr umfassend ist. Auch wenn die Kunden jeweils sehr zufrieden waren, blieben danach noch viele ungenutzte Potenziale, z. B. bei der Ressourcenaktivierung und der Rhythmisierung. Die Software erlaubt z. B. eine Aufteilung der Themen auf verschiedene PCs und dann im Wechsel die Fortsetzung der Arbeit durch die anderen.

dann konstant. Die Gruppen von durchschnittlich drei Personen führten intensive Gespräche, obwohl jeder Teilnehmer für das Netzwerk meist eine eigene Stimme hatte. Die Maßnahmenphase verlief als strukturierte Gruppenarbeit mit Laptop nach vorgegebenem Raster, die anschließend präsentiert wurde. Ansonsten entsprach die Arbeit der Gruppe mehr einer Abfolge von Brainstormings. Speziell hier zeigt sich die Zwittereigenschaft von *nextmoderator*: Die Software kann fließend eingestellt werden von reinen Individualmeinungen und -abstimmungen zu solchen durch den Filter der Gruppe.

Wirkfaktor 4: Ergebnisorientierung
Die Veranstaltungsziele lagen im Bereich »Neue Lösungen finden«, »Entscheiden« (8) und »Motivieren« (3). Dem entsprach das gesamte Design bis hin zu den Eingabemasken. *nextmoderator* trug der Erkenntnis Rechnung, dass jeder Mensch gerne an Lösungen beteiligt sein möchte. Es wurde ausreichend Raum für kritische Meinungen eingeräumt. Entsprechend hoch war der Grad der Identifizierung mit den Lösungen und das Commitment, diese zu implementieren. Allerdings wurde die Gruppenzusammensetzung bei der abschließenden Umsetzungsplanung nicht nach Wahl und Beitrag vorgenommen.

Wirkfaktor 5: Rhythmisieren
Im Zentrum des *nextmoderator*-Workshops stand die laptopbasierte Generierung und Bewertung von Ideen und Maßnahmen sowie die Ermittlung von Stimmungsbildern mit Hilfe von TED-Abfragen. Diese unterschiedlichen Arbeitsformen variierten. Die Grundbedingung des vernetzten Arbeitens und die börsenähnliche Atmosphäre während der Brainstormings regte zu intensiven Diskussionen in den Tischgruppen an. Ortswechsel und Phasen im Stehen gab es aus Zeitgründen nur in den Pausen.

Wirkfaktor 6: Selbstorganisation
Die einzelnen Arbeitsschritte sind in der Regel zwar vorgegeben, dennoch hatte jeder Teilnehmer den Freiraum, sich anonymisiert per PC mit seinen Ideen und seiner Bewertung einzubringen.

Die Wahl des Schwerpunktes seitens der Tischgruppe erfolgte weitgehend frei. Pro Thema wurde die Anzahl der Kleingruppen begrenzt. So sollte verhindert werden, dass nur wenige Top-Themen bearbeitet werden. Hier galt das Prinzip: »Früher Vogel fängt den Wurm.«

Auch am zweiten Tag hatte jeder Teilnehmer bei den TED-Abfragen volle Entscheidungsfreiheit. Nur die Priorisierung nach der Formulierung der Maßnahmen beziehungsweise der Empfehlungen erfolgte im Konsens der Tischgruppe.

Wirkfaktor 7: Virtualität

Ein *nextmoderator*-Workshop ist grundsätzlich als Online-Moderation angelegt. Er nutzt die Vernetzung, um eine kollektive Intelligenz zu erzeugen. Die Virtualität ermöglicht, dass alle Ideen allen Teilnehmern jederzeit zugänglich sind. Damit wird das in Gruppenprozessen wichtige Kriterium der Transparenz erfüllt. Politische und taktische Spielchen sind nicht möglich. Wenn die Länge einer Ideenliste die Bildschirmgröße überschreitet, kann der Bildschirm geteilt werden, um sich neben den neu einlaufenden Vorschlägen bestimmte Listen-Ausschnitte anzeigen zu lassen. Natürlich entfaltet *nextmoderator* seine Stärke gerade durch die Virtualität. *nextmoderator* stellt ebenso wie OpenSpace-Online® nur einen begrenzten Ausschnitt aus dem STT-Modell zur Verfügung. Und dennoch wird damit bereits eine große Wirkung erzielt.

Ergebnis

Schnelle und klare Strategieplanung

Die im Plenum präsentierten Maßnahmen wurden mit zusätzlichen Kennwerten versehen: zu beteiligende Personen, Umsetzungsverantwortliche und eine Deadline für die Realisierung. Das erhöht den selbst gewählten informellen Druck, die Maßnahmen auch tatsächlich zu implementieren. Die Maßnahmen wurden in einem abschließenden Schritt nach verschiedenen Kriterien bewertet. Das auf maximale Involvierung ausgerichtete Setting einer *nextmoderator*-Veranstaltung und die aufeinander aufbauenden Arbeitsschritte sorgten dafür, dass das System auf die wirklich relevanten Themen und Maßnahmen konvergierte. Die Motivation zur Umsetzung war durch die Beteiligung der Betroffenen garantiert.

Nach Abschluss der Tagung zeigten sich die Vorteile der softwaregestützten Moderation: Alle Ergebnisse lagen als Dokumentation im HTML-Format vor und wurden dem Unternehmen direkt nach der Veranstaltung auf CD-ROM ausgehändigt sowie ins Intranet eingestellt.

Gelernt

Der Lerngewinn ist im Verhältnis zu den eingesetzten Mitteln sehr hoch. Die Führungskräfte erarbeiteten die Lösungen gewissermaßen als In-house-Consultants. Ein *nextmoderator*-Workshop produziert dabei sowohl explizites Wissen auf der Ebene sprachlich fixierbarer und intellektuell vermittelbarer Artefakte als auch implizit-prozedurales Wissen auf der Ebene der Organisation. Implizites Wissen eröffnet sich erst im gemeinschaftlichen Handeln und der Interaktion.

Weiterführende Informationen

www.nextmoderator.de
Im Downloadbereich findet sich eine Beschreibung von *nextmoderator* in der Politik bei der Regionalen Arbeitsgemeinschaft von Bremen und Niedersachsen. Auf der zweitägigen Regionalkonferenz im November 2004 vernetzte *nextpractice* rund 120 Politiker, Verwaltungsfachleute und Bürger.
www.bremen-niedersachsen.de
www.metropolregion-bremen-oldenburg.de

Download

5.12 Modernisierung und Harmonisierung der Unternehmenskultur

Ausgangssituation

Ein mittelständisches, europaweit agierendes Facility Management Unternehmen – mit einigen hundert Mitarbeitern – aus Deutschland hat es sich zum Ziel gemacht, im Bereich Führungskräfteentwicklung und Vertrieb neue Wege zu gehen. Grundlage dieser Zielsetzung war der Entschluss zur »Modernisierung und Harmonisierung« der gegenwärtigen Unternehmenskultur.

Stärken der Mitarbeiter nutzen

Die Unternehmensentwicklung sollte sich in Zukunft verstärkt an den Erfahrungen mit seinen Kunden und an den Stärken seiner Mitarbeiter orientieren. Die Identifikation der Mitarbeiter mit dem Unternehmen und das Engagement für den gemeinsamen Erfolg sollten ausgebaut und gefestigt werden.

Ein wichtiger Baustein im Gesamtmaßnahmenplan zur Initiierung und nachhaltigen Etablierung der neuen Unternehmensphilosophie, zur Verbesserung der europaweiten Zusammenarbeit und zur deutlichen Minimierung von Moderations-, Reise- und Zeitkosten sollte der wiederholte Einsatz der OpenSpace-Online® Echtzeit-Konferenzmethode sein.

Thema und Ziel

Neue Unternehmenskultur erleben

Mit der Entscheidung für eine neue Unternehmenskultur wollte das Unternehmen von Beginn an »erlebbare« Zeichen setzen. »Neue Räume für neue Wege – wir gehen gemeinsam!«, hieß das Motto für den praxisorientierten Auftakt mit OpenSpace-Online®. Mit der ersten Online-Konferenz wollte das Leitungsteam die folgenden Ziele erreichen:

- schnelles Einberufen eines europaweiten Echtzeit-Meetings
- breite und wertschätzende Einbindung der Führungskräfte von Beginn an
- Fragen und Bedürfnisse aufnehmen
- schnelle Identifizierung der wichtigsten Anliegen
- gemeinsame Diskussion über mögliche Verbesserungen
- wichtige nächste Schritte
- nachhaltige Vertrauensbildung für den weiteren Prozess
- sofortige Dokumentation der Ergebnisse zur nahtlosen Weiterarbeit.

Die Ziele entstammen somit den Bereichen »Motivieren« (3), »Neue Lösungen finden« (4), »Gemeinschaft erleben« (5), »Entscheiden« (7) sowie »Normen und Werte wandeln« (6).

Beteiligte

50 Führungskräfte

Knapp 50 europaweit vertretene Führungskräfte (Führungskräfte aus der Zentrale, Niederlassungsleiter und Verkaufsleiter) wurden zu einer ersten, dreieinhalbstündigen OpenSpace-Online® Echtzeit-Konferenz eingeladen.

Rahmenbedingungen

Alle Arbeitsplätze waren mit einem internetfähigen Computer ausgestattet, auf dem zur Vorbereitung dieser und zukünftiger OpenSpace-Online® Konferenzen die Konferenzsoftware installiert wurde.

Ablauf

Überlegungen zum Ablauf

Das Leitungsteam entschied sich für den Einsatz der OpenSpace-Online® SPECIAL Variante, die im Gegensatz zu der CLASSIC Variante zusätzlich eine Gewichtungs- und Verabredungsphase zur Identifizierung und Konkretisierung der aktuell drängenden Anliegen ermöglicht.

Prozess

Das Leitungsteam machte bereits im Einladungsschreiben deutlich, dass das Fundament für den weiteren Entwicklungsprozess ein kontinuierlicher Wissens- und Erfahrungsaustausch mit Hilfe von OpenSpace-Online® erfolgen sollte, da dieses Verfahren hervorragende Möglichkeiten zur Unterstützung gemeinsamer, lösungs- und ergebnisorientierter Zusammenarbeit bietet.

Einladung drei Wochen im Vorfeld

Drei Wochen vor der Konferenz erfolgte die Einladung der Teilnehmer per E-Mail. Innerhalb einer Woche bestätigten 43 der insgesamt 49 angeschriebenen Personen ihre Teilnahme und die zeitliche Verfügbarkeit.

Rechtzeitig vor dem Konferenzstart hatten sich alle Teilnehmer eingeloggt. Die dreieinhalbstündige OpenSpace-Online® Auftakt-Konferenz eröffnete der virtuelle Open Space Begleiter COMOSO. Er begrüßte die Gruppe und begleitete sie durch eine siebenminütige Einführungs- und Eröffnungsrunde. Keiner der Teilnehmer hatte zuvor an einer Online-Konferenz teilgenommen oder von den Open Space Prinzipien gehört. Dennoch gaben nach der Einführung die Mitwirkenden ihre Anliegen und Ideen ganz selbstverständlich ein. Innerhalb von drei Minuten stand die Workshop-Agenda für diese Konferenz. Kurz darauf starteten die ersten Workshops.

10 Minuten nach Start steht die Agenda

Insgesamt wurden 17 Workshops einberufen, die teils parallel oder nacheinander stattfanden. In den einzelnen Workshop-Räumen entwickelten sich schnell intensive Diskussionen. Das Prinzip der »Selbstorganisation« funktionierte sehr gut. In einigen Gruppen erläuterten die Initiatoren des Workshops zunächst, warum sie ihr Thema einbrachten. Andere Gruppen stiegen sofort in eine lebendige Diskussion ein. Ab und zu wechselten Teilnehmer die Workshopräume und machten von ihrem Recht der »zwei Füße« Gebrauch. Während der Workshops nutzten nur sehr wenige Teilnehmer die Möglichkeit, das Café aufzusuchen – der inhaltliche Austausch in den einzelnen Workshops war zu spannend.

Lebhafte Diskussionen in 17 Workshops

Umso schneller füllte sich der Café-Bereich im virtuellen Open Space Konferenz-Zentrum zwischen den drei Workshopeinheiten. In diesen »Pausen«, während einige Kollegen Kurzprotokolle anfertigten, wurde die Gelegenheit genutzt, zu dem übergeordneten Thema der Veranstaltung intensiv weiterzudiskutieren und mit einzelnen Kollegen »ungestörte« Zweier-Gespräche zu führen.

Intensive Gespräche im Café

Vertiefung der Top Five Auf die Workshops folgte eine gemeinsame Leserunde, in der alle Teilnehmer sich einen aktuellen Gesamtüberblick verschaffen und zu einzelnen Themen Ergänzungen vornehmen konnten. Anschließend begann die Gewichtungs- und Verabredungsphase. Zu den fünf Top-Themen des Tages wurden nun noch einmal Workshops eröffnet, in denen vertieft diskutiert wurde. Hier entstanden erste wichtige Ideen für die Gründung von Projektgruppen und die zukünftige Weiterarbeit. Mit einer gemeinsamen Schlussrunde, in der sich die Mitarbeiter äußerst zufrieden über die Konferenz äußerten und sich beim Leitungsteam für die Möglichkeit dieser Arbeitsform bedankten, endete diese Veranstaltung.

Umgang mit Widrigkeiten und Unvorhergesehenem

Drei Führungskräfte konnten wegen anderer dringender Termine nicht an der Online-Konferenz teilnehmen. Ein anderer Kollege organisierte seine Teilnahme von einem Hotel aus.

Teilnehmer-Unterlagen

Dokumentation sofort verfügbar Mit Beendigung der OpenSpace-Online® Konferenz konnte jeder Teilnehmer die ausführliche Dokumentation sofort herunterladen und speichern. Sie enthielt:

- alle Teilnehmer-Kontaktdaten
- die Liste aller eingebrachten Anliegen
- die kompletten schriftlichen Beiträge aller Workshops
- die dazugehörigen Kurzprotokolle mit Ergänzungen der Teilnehmer
- die Ergebnisse des Rankings
- die Inhalte aus den fünf Top-Vertiefungsworkshops
- alle Beiträge aus der Schlussrunde

Am nächsten Tag stellte das Leitungsteam die Dokumentation zusätzlich ins Intranet. Andere interessierte Mitarbeiter sollten die Möglichkeit haben, die aktuellen Diskussionen zu verfolgen und die Ergebnisse der Konferenz umfassend und schnell einzusehen.

Ausprägung der Wirkfaktoren

Da es in einer OpenSpace-Online® Konferenz keinen menschlichen Moderator gibt und wir als Teilnehmer nicht dabei waren, können wir für diese Veranstaltung keine fundierte Einschätzung der Wirkfaktoren geben. Die Ausprägungen des »standardisierten« Ablaufs einer OpenSpace-Online® Konferenz sind in Kapitel 4.5.3 qualitativ beschrieben.

Ergebnis

Das Leitungsteam war positiv überrascht, wie schnell sich die Teilnehmer in diese Methode ohne vorherige Einweisung einfanden und wie wertschätzend und ergebnisorientiert die Veranstaltung verlief. Überrascht war man ebenfalls von der Offenheit und dem Mut der Führungskräfte, über Schwierigkeiten in ihrem Verantwortungsbereich zu berichten. Gerade dies zeigte, dass die Einladung, gemeinsam neue Wege zu beschreiten, vertrauensvoll angenommen wurde. Die lebendigen Diskussionen, die vielen guten Ideen und der anregende Erfahrungsaustausch waren ein deutliches Zeichen für das hohe Maß an Interesse am begonnenen Prozess. Die große Mehrheit der Führungskräfte ließ es sich nicht nehmen, der Geschäftsleitung für diese besondere Art der Beteiligung per E-Mail zu danken.

Engagierte Beteiligung

Eine Feedback-Umfrage, die eine Woche danach durchgeführt wurde, bestätigte den Erfolg der Konferenz. Alle Mitarbeiter wollten auch in Zukunft die Möglichkeit haben, zu wichtigen Themen online zusammenzuarbeiten. Einige der teilnehmenden Niederlassungsleiter hatten die Idee geäußert, eine Konferenz in einem größeren Mitarbeiterkreis durchzuführen. Drei Wochen später stand die Planung weiterer OpenSpace-Online® Konferenzen. Nach rund sechs Wochen begann die erste Projektgruppe, mit dieser Methode ihre Themen voranzubringen, andere folgten. Heute bilden diese Echtzeit-Konferenzen einen festen Bestandteil im kontinuierlichen Wandel dieses Unternehmens.

Weitere Konferenzen in Planung

Gelernt

Das Leitungsteam hatte mit seiner wertschätzenden Einladung eine sehr gute Basis für den Erfolg der Veranstaltung und den weiteren Prozess geschaffen.

Das Unternehmen lernte insbesondere in folgenden Aspekten:

- Vertrauen in den Einsatz von partizipativen Verfahren und in die Mitarbeiter lohnt sich. Die Mitarbeiter schätzen die Einbindung; sie identifizieren und engagieren sich, Vertrauen wächst auf beiden Seiten.
- Die bewusste Anregung von Partizipation bedeutet auch die bewusste Übernahme neuer Verantwortung: Das Leitungsteam ist sich bewusst, dass der einmal begonnene Prozess eine kontinuier-

Partizipatives Verfahren lohnt

Online hat viele Vorteile

liche Begleitung in Form von »Information und Aktion« und von »klarer Führung und Raum geben« nach sich zieht.
- Der Einsatz der OpenSpace-Online® Methode kann mit den vielfältigen Effekten von Präsenzaktivitäten konkurrieren. Es bestehen für dieses Unternehmen in Hinblick auf die Qualität und die schnelle Verfügbarkeit der Ergebnisse große Vorteile. Die Einsparung von Moderatoren-, Zeit-, Reise- und Dokumentationskosten macht einen wichtigen Zusatznutzen aus.

Einerseits befähigt dieses Online-Verfahren das europaweit agierende Unternehmen zur eigenständigen Initiierung und Begleitung von Team- und Unternehmensprozessen. Andererseits ermöglicht es den Mitarbeitern die kreative Beteiligung und Mitarbeit an wichtigen Lösungs- und Weiterentwicklungsprozessen.

6. Design entwickeln

In diesem Kapitel zeigen wir Ihnen, wie Sie aus der Zielsetzung und innerhalb der Restriktionen (z. B. Zeit, Budget) die ideale Veranstaltungsform entwickeln können. Zunächst wird die Zielsetzung des jeweiligen Projekts geklärt. Zu diesem Zweck können Sie alle Ihnen bekannten Methoden und Möglichkeiten beispielsweise aus der systemischen Beratung einsetzen. Wichtig ist, dass ein klares Bild des Umfeldes und der Rahmenbedingungen entsteht und welche konkreten Ergebnisse die Veranstaltung erzeugen soll. Des Weiteren sind die Rollen der unterschiedlichen Stakeholder neben den mit ihnen verbundenen Erwartungen und Aufgaben zu klären. Am Ende dieses Klärungsprozesses sollten Sie die wichtigsten drei bis fünf Ziele der Großgruppenveranstaltung präzise formulieren können.

Auftrag klären

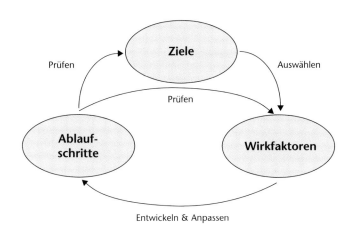

Abb. 6.0.1 Designkreislauf: Ziele, Wirkfaktoren, Ablaufschritte

Um zu einem konkreten Entwurf für den Ablauf zu kommen, durchlaufen wir den Designkreislauf Ziele, Wirkfaktoren, Ablaufschritte (Abb. 6.0.1) mehrfach in den folgenden Schritten.

- Resultierend aus der Zielsetzung den Einsatz der Wirkfaktoren festlegen
- Grundsätzliche Designüberlegungen anstellen
- Vorgaben und Restriktionen beachten
- Iterative Entwicklung der endgültigen Form – ständiger Abgleich mit den Zielen und Wirkfaktoren

Entsprechende Arbeitshilfen für diesen Designprozess erhalten Sie in unserem Downloadbereich.

Ergebnis: Wirkung mit hoher Zielerreichung

Wenn Sie diese Einzelschritte beachten, erhalten wir ein konkretes Design, dessen Wirkung eine sehr hohe Zielerreichung zur Folge hat. Jetzt dürfen wir uns auf die Veranstaltung freuen, in der die Prozessbegleitung einen weiteren wichtigen Erfolgsfaktor darstellt. Am Ende des Kapitels findet sich hierfür ein konkretes Beispiel.

6.1 Ziele und Wirkfaktoren

6.1.1 Zusammenhang Zielbereiche und Wirkfaktoren

Spezielle Wirkfaktoren für unterschiedliche Zielbereiche

Als ersten Schritt ordnen Sie die von Ihnen formulierten Ziele der Veranstaltung unseren acht Zielbereichen zu. Meistens wird es eine Kombination aus mehreren Zielbereichen sein, mit unterschiedlicher Gewichtung. Um jetzt daraus die besonders zu beachtenden Wirkfaktoren abzuleiten, ist es sinnvoll, sich erst einmal eine Übersicht über die Zusammenhänge zu verschaffen.

In der folgenden Matrix finden Sie einen ersten Anhaltspunkt, welche Ausprägung der Wirkfaktoren für einen bestimmten Zielbereich empfehlenswert ist. Diese beruhen auf unserer persönlichen Erfahrung und Einschätzung und beruhen auf idealtypischen Annahmen mit entsprechender Aufgabenstellung. Dies deckt sicher nicht den ganzen Bereich aller möglichen Zielsetzungen und Ausgangssituation ab.

6.1 Ziele und Wirkfaktoren

Zudem sollten wir uns vor Augen halten, dass nicht unbedingt die Maximierung aller Wirkfaktoren ein ideales Design ausmacht. Jeder Wirkfaktor stellt eine Art Dosis dar, die verabreicht wird. Jede Situation verlangt nach der richtigen Dosis. Eine Überdosierung kann unangenehme Folgen haben.

Der Wirkfaktor 7 »Virtualität« (vgl. Kapitel 2.7) nimmt eine Sonderstellung ein. Er kann bei praktisch allen Zielen von geringer bis hoher Ausprägung sinnvoll eingesetzt werden. Sein Einsatz hängt immer von den Rahmenbedingungen ab und kann daher nicht direkt aus den Zielbereichen abgeleitet werden. Wir haben diesen Wirkfaktor deshalb nicht in die Matrix integriert.

Als Skala haben wir einen Bereich von null bis fünf Sterne gewählt. So können wir Bandbreiten ausdrücken. Die entsprechenden Sterne sind markiert.

Wirkfaktor / Zielbereich	Wohlfühlen (1)	Ressourcenaktivierung (2)	Kleingruppenarbeit (3)	Ergebnisorientierung (4)	Rhythmisieren (5)	Selbstorganisation (6)
1. Informieren	★⯨☆☆☆	★☆☆☆☆	★☆☆☆☆	★☆☆☆☆	☆☆★⯨☆	★☆☆☆☆
2. Lernen	☆★★☆☆	☆★★★☆	☆★★★☆	☆★★☆☆	☆☆★★★	☆★★★☆
3. Motivieren	☆☆★★★	☆☆☆☆★	☆★★⯨☆	☆☆★★★	☆☆☆★★	☆☆★⯨★
4. Neue Lösungen	☆☆★★☆	☆☆★★★	☆☆★★★	☆☆★★☆	☆★★⯨☆	☆☆★★☆
5. Gemeinschaft	☆☆☆★★	☆☆★★★	☆☆★⯨☆	★⯨☆☆☆	☆★⯨☆☆	☆★⯨☆☆
6. Werte u. Normen	☆★★⯨☆	☆☆☆★★	☆☆★★★	☆☆☆⯨★	☆★★☆☆	☆★★⯨☆
7. Entscheiden	★⯨☆☆☆	☆☆★★☆	☆☆★★★	☆☆☆★★	☆★⯨☆☆	★⯨☆☆☆
8. Umsetzen	★☆☆☆☆	☆★★⯨☆	☆☆★★⯨	☆☆★★⯨	☆★⯨☆☆	☆☆★⯨☆

Tabelle 6.1.1 Dosierung der Wirkfaktoren für die Zielbereiche

Das Bild wird übersichtlicher, wenn wir Wirkfaktoren und Zielbereiche in grafischen Zusammenhängen darstellen.

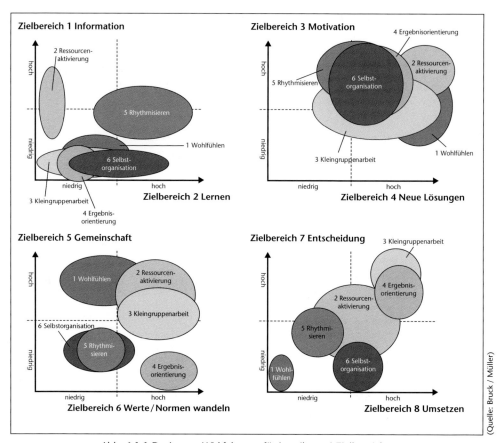

Abb. 6.1.1 Dosierung Wirkfaktoren für jeweils zwei Zielbereiche

6.1.2 Wirkfaktoren und Zielbereiche näher betrachten

Im Folgenden betrachten wir im Detail für jeden einzelnen idealtypischen Zielbereich die Wirkfaktoren und ihre vorteilhaften Ausprägungen. Wir geben für den Wirkfaktor 7 »Virtualität« aufgrund seiner Sonderstellung keine Empfehlung, gehen in unserer qualitativen Betrachtung jedoch auf die Möglichkeiten ein.

Zielbereich 1: Informieren
Rhythmisieren besonders wichtig

Wirkfaktor 1: Wohlfühlen – ist nur begrenzt einzusetzen, da sonst ein zu starker Eventcharakter entsteht.

Wirkfaktor 2: Ressourcenaktivierung – dient zum Öffnen der Teilnehmer vor allem am Anfang, beispielsweise mit Mini-Interviews oder Kennenlernübungen.

Wirkfaktor 3: Kleingruppenarbeit – stimuliert die Informationsverarbeitung und Reflexion. Hilft beispielsweise beim Überprüfen, ob die Botschaft angekommen ist.

Wirkfaktor 4: Ergebnisorientierung – aus unserer Sicht ist dieser Faktor von untergeordneter Bedeutung, da keine neuen Lösungen erarbeitet werden sollen. Im Sinne des Aufnehmens der Information ist der Faktor wichtig.

Wirkfaktor 5: Rhythmisieren – bei längeren Veranstaltungen wird dieser Faktor zunehmend wichtig; hängt ebenfalls von Teilnehmerzusammensetzung ab.

Wirkfaktor 6: Selbstorganisation – es kann sinnvoll sein, dass die Teilnehmer sich ihr Informationsinteresse aussuchen können.

Wirkfaktor 7: Virtualität – spielt nur eine Rolle, wenn an verschiedenen Standorten informiert werden soll. Eine reine Online-Veranstaltung ist möglich.

Zielbereich 2: Lernen
Etwas stärkere Nutzung der meisten Wirkfaktoren

Wirkfaktor 1: Wohlfühlen – ist nötig zur Stärkung der Gedächtniswirkung und der Lernbereitschaft der Teilnehmer.

Wirkfaktor 2: Ressourcenaktivierung – hat große Bedeutung für Erfahrungslernen und Erkenntnisgewinne.

Wirkfaktor 3: Kleingruppenarbeit – je nach Lernstoff kann eine hohe Strukturierung erforderlich sein. Stammgruppen erhöhen den Unterstützungscharakter.

Wirkfaktor 4: Ergebnisorientierung – um die gewünschten Lernziele zu erreichen, sollte man am Ende konkrete Ergebnisse in den Händen halten.

Wirkfaktor 5: Rhythmisieren – unterstützt die Aufnahme und das Behalten des neuen Lernstoffs.

Wirkfaktor 6: Selbstorganisation – erlaubt den Teilnehmern ihre eigene Schwerpunktsetzung. Damit kann auf individuelles Lerntempo Rücksicht genommen werden. Bei Erfahrungslernen ist ein hohes Maß an Selbstorganisation hilfreich.

Wirkfaktor 7: Virtualität – kann ergänzend zur Vor- und Nachbearbeitung eingesetzt werden, vor allem in verteilten Gruppen. Reine virtuelle Veranstaltungen sind denkbar (e-Learning).

Zielbereich 3: Motivieren
Überdurchschnittliche Nutzung aller Wirkfaktoren

Wirkfaktor 1: Wohlfühlen – die emotionale Ansprache erleichtert und fördert die Motivation der Teilnehmer.

Wirkfaktor 2: Ressourcenaktivierung – ganz entscheidend für die intrinsische Motivation. Neue Sichtweisen werden ermöglicht. Für das Ziel der Motivation steht dieser Wirkfaktor immer an erster Stelle.

Wirkfaktor 3: Kleingruppenarbeit – der Austausch untereinander fördert das Verständnis und die Motivation.

Wirkfaktor 4: Ergebnisorientierung – die Erarbeitung konkreter Ergebnisse motiviert aus sich heraus. Die Ausprägung richtet sich im Einzelfall nach den weiteren Zielen.

Wirkfaktor 5: Rhythmisieren – Abwechslung fördert die Motivation. Bei längeren Veranstaltungen ist angemessenes Rhythmisieren noch wichtiger.

Wirkfaktor 6: Selbstorganisation – die Freiheit, selbst bestimmen zu können, an welchem Thema man arbeiten möchte, ist motivationsförderlich.

Wirkfaktor 7: Virtualität – die Integration einer großen »Community« kann sehr motivierend sein, wie wir am Praxisbeispiel der weltweiten Strategie gezeigt haben (siehe Kapitel 5.6).

Zielbereich 4: Neue Lösungen finden
Hohe Nutzung der meisten Wirkfaktoren

Wirkfaktor 1: Wohlfühlen – möglichst alle Sinne der Teilnehmer sollten angesprochen werden.

Wirkfaktor 2: Ressourcenaktivierung – erhöht die Kreativität, Effektivität bei der Lösungsfindung und die Qualität der Ergebnisse.

Wirkfaktor 3: Kleingruppenarbeit – Kleingruppen sind effektiv im Finden neuer Lösungen. Durch die Unabhängigkeit werden unterschiedliche Wege gegangen. Kreativitätstechniken können angeboten werden.

Wirkfaktor 4: Ergebnisorientierung – Wettbewerb bringt zusätzlichen Ansporn für kreative Lösungen. Zielorientierung sorgt für eine Filterung.

Wirkfaktor 5: Rhythmisieren – erhöht die Konzentration. Wirkt unterstützend auf die Kreativität, insbesondere Bewegung und Ortswechsel. Eignet sich, um die Ideen weiter reifen zu lassen.

Wirkfaktor 6: Selbstorganisation – bietet sich bei abteilungsübergreifenden Gruppen an. Minderheitsideen können im Rahmen einer kleinen Gruppe konkretisiert werden. Freiraum der Ideen unterstützt die Kreativität.

Wirkfaktor 7: Virtualität – kann dabei helfen, viele Teilnehmer in die Ideenfindung zu integrieren. Gruppen können sich spontan bilden.

Zielbereich 5: Gemeinschaft erleben
Hohe Nutzung der ersten drei Wirkfaktoren

Wirkfaktor 1: Wohlfühlen – gute Stimmung ist förderlich für jegliche Gemeinschaft. Körperliche Nähe lässt es noch stärker erleben.

Wirkfaktor 2: Ressourcenaktivierung – die Verbindung mit den eigenen Ressourcen erhöht die Intensität des Erlebens und erleichtert die Begegnung untereinander. Das gemeinschaftliche Aktivieren der Ressourcen schafft bereits Gemeinsamkeit. Geschichten, die Emotionen ansprechen, unterstützen diese Ressourcenaktivierung.

Wirkfaktor 3: Kleingruppenarbeit – alle in einem Raum und der Kontakt mit den verschiedensten Teilen des Systems bringt Gemeinschaftsgefühl.

Wirkfaktor 4: Ergebnisorientierung – Der Weg ist das Ziel. Ein fertiges konkretes Ergebnis in der Hand – das gemeinsame Werk – bildet das i-Tüpfelchen. Ansonsten lässt sich Gemeinschaftsgefühl mit Hilfe dieses Wirkfaktors nicht speziell fördern.

 Wirkfaktor 5: Rhythmisieren – gemeinschaftliches Rhythmisieren wirkt unterstützend (gemeinschaftliche Bewegung, Klatschen, Singen).

 Wirkfaktor 6: Selbstorganisation – auch die beste Gemeinschaft lebt von individuellem Freiraum, in dem die Einzelnen unterschiedliche Stärken einbringen und ausleben können. Ansonsten ist jedoch zu viel Freiraum nicht gut für die Entwicklung von Gemeinschaftsgefühl.

Wirkfaktor 7: Virtualität – erlaubt das Verbundensein (Community) mit einer großen Gemeinschaft zu erleben.

Zielbereich 6: Normen und Werte wandeln
Hohe Nutzung der meisten Wirkfaktoren

 Wirkfaktor 1: Wohlfühlen – für Umdenkprozesse ist das Ansprechen der Sinne und eine emotionale Ansprache in hohem Maße erforderlich.

 Wirkfaktor 2: Ressourcenaktivierung – aus dem Bewusstsein eigener Stärken sind Umdenken und Veränderung leichter möglich. Normen und Werte können innerlich verankert werden.

 Wirkfaktor 3: Kleingruppenarbeit – die Menschen sprechen selbst formulierte neue Denkweisen aus und reflektieren gemeinsam deren Bedeutung.

 Wirkfaktor 4: Ergebnisorientierung – wenn die Veränderung von Normen und Werten das Ziel ist, ist beim Design größter Wert auf die Ergebnisorientierung zu legen. Sonst passiert nicht genug in den Köpfen und Herzen der Teilnehmer.

 Wirkfaktor 5: Rhythmisieren – auch der Wechsel von Platz, Ort oder Gesprächspartner erleichtert das Umdenken und die Akzeptanz neuer Perspektiven. Man sollte diesen Faktor allerdings nicht zu häufig einsetzen.

 Wirkfaktor 6: Selbstorganisation – die Mischung aus nicht zu viel und nicht zu wenig Freiraum ist optimal.

Wirkfaktor 7: Virtualität – ist für dieses Ziel im Allgemeinen weniger wichtig. Virtualität kann dann hilfreich sein, wenn es um das Feedback einer großen Gemeinschaft geht.

Zielbereich 7: Entscheiden
Hohe Nutzung der Wirkfaktoren 2 bis 4

Wirkfaktor 1: Wohlfühlen – für intuitive Entscheidungen kann das Ansprechen der Sinne förderlich sein.

Wirkfaktor 2: Ressourcenaktivierung – erhöht die Qualität der Entscheidungsfindung durch eigene Klarheit, was die Sicht auf die Situation angeht.

Wirkfaktor 3: Kleingruppenarbeit – hilft bei der Entscheidungsfindung, weil vielfältige Sichtweisen verarbeitet werden.

Wirkfaktor 4: Ergebnisorientierung – am Ende bedarf es eines konkreten Ergebnisses, um darüber entscheiden zu können; daher ist dieser Faktor sehr wichtig. Wie üblich gehören zu Entscheidungen Personen, die damit Verantwortung übernehmen und Termine setzen.

Wirkfaktor 5: Rhythmisieren – Wenn wichtige Entscheidungen getroffen werden, hat die Sozialform einen großen Einfluss. Zu welchem Zeitpunkt sollte was entschieden werden? Die Phasen von Entscheidungen sind im Ablauf klar zu akzentuieren.

Wirkfaktor 6: Selbstorganisation – Jeder kann sich in den Bereichen einbringen, wo er Verantwortung trägt oder Experte ist. Diese Beteiligung kann gesteuert werden oder auf Freiwilligkeit basieren. Die Unternehmenskultur und die jeweilige Aufgabe haben darauf Einfluss.

Wirkfaktor 7: Virtualität – kann dabei helfen, viele Teile des Systems effektiv in eine Entscheidung einzubeziehen.

Zielbereich 8: Umsetzen
Hohe Nutzung der Wirkfaktoren 2 bis 4 und 6

Wirkfaktor 1: Wohlfühlen – kaum notwendig.

Wirkfaktor 2: Ressourcenaktivierung – erhöht die Effektivität der Gruppenarbeit und beschleunigt die Gruppenprozesse.

Wirkfaktor 3: Kleingruppenarbeit – Umsetzung in der Kleingruppe ist besonders motivierend, wenn diese die Idee oder Lösung selbständig entwickelt hat.

 Wirkfaktor 4: Ergebnisorientierung – Es ist besonders hilfreich, wenn bereits in der Veranstaltung handfest an den ersten Schritten und den operativen Lösungen gearbeitet wird.

 Wirkfaktor 5: Rhythmisieren – Dieser Faktor wirkt unterstützend, solange er in Maßen eingesetzt wird. Vor allem bei längeren Veranstaltungen wichtig, damit nicht schon in der Umsetzungsphase die Energie verbraucht ist.

 Wirkfaktor 6: Selbstorganisation – Wo kann ich meine Kompetenz einbringen? Wo will ich mitreden? Die Attraktivität des Themas spielt eine große Rolle für die Umsetzung.

Wirkfaktor 7: Virtualität – Je nach Randbedingungen kann es sehr unterstützend wirken, die Arbeitsschritte und damit auch den Fortschritt dokumentiert zu sehen.

6.1.3 Wirkfaktoren für die eigenen Ziele ermitteln

Bislang haben wir uns mit den allgemeinen Zielbereichen und den Wirkfaktoren auseinandergesetzt. Nun können Sie mit Hilfe der Tabelle 6.1.2 die gewünschte Ausprägung der Wirkfaktoren für Ihre drei bis fünf Hauptziele festlegen.

Bezug der Wirkfaktoren zu den geplanten Veranstaltungszielen

Tragen Sie in die linke Spalte der Tabelle Ihre Ziele als Schlüsselwörter ein und schreiben in Klammern die Schwerpunkte der Zielbereiche von 1–8. Beschreiben Sie zunächst qualitativ, in welchen Phasen ein Schwerpunkt gesetzt werden sollte, und übertragen Sie diese Beschreibung anschließend in die Sternenskala. Der effektive Einsatz der Wirkfaktoren hängt neben der konkreten Umsetzung von den später betrachteten Rahmenbedingungen wie der Unternehmenskultur und der Zielgruppe ab. Die Wirkfaktoren sind daher im Laufe des Designprozesses weiter zu modifizieren.

 Für jedes Feld tragen Sie nun eine bestimmte Menge an Sternen als erste Schätzung auf Basis der Tabelle 6.1.1 ein. Als »Durchschnitt« (wenn nötig nach den Zielen gewichtet) erhalten Sie eine erste Abschätzung des Wirkfaktorenprofils.

6.1 Ziele und Wirkfaktoren

Wirkfaktor / Ziele ausformuliert	Wohlfühlen (1)	Ressourcenaktivierung (2)	Kleingruppenarbeit (3)	Ergebnisorientierung (4)	Rhythmisieren (5)	Selbstorganisation (6)
Ziel 1	☆☆☆☆☆	☆☆☆☆☆	☆☆☆☆☆	☆☆☆☆☆	☆☆☆☆☆	☆☆☆☆☆
Ziel 2	☆☆☆☆☆	☆☆☆☆☆	☆☆☆☆☆	☆☆☆☆☆	☆☆☆☆☆	☆☆☆☆☆
Ziel 3	☆☆☆☆☆	☆☆☆☆☆	☆☆☆☆☆	☆☆☆☆☆	☆☆☆☆☆	☆☆☆☆☆
Ziel 4	☆☆☆☆☆	☆☆☆☆☆	☆☆☆☆☆	☆☆☆☆☆	☆☆☆☆☆	☆☆☆☆☆
Ziel 5	☆☆☆☆☆	☆☆☆☆☆	☆☆☆☆☆	☆☆☆☆☆	☆☆☆☆☆	☆☆☆☆☆
Wirkfaktorenprofil erste Einschätzung						
– qualitativ						
– quantitativ	☆☆☆☆☆	☆☆☆☆☆	☆☆☆☆☆	☆☆☆☆☆	☆☆☆☆☆	☆☆☆☆☆

Tabelle 6.1.2 Notwendige Ausprägung der Wirkfaktoren für Hauptziele

Tragen Sie anschließend in die nachfolgende qualitative Tabelle in Stichworten ein, welche Aspekte des Wirkfaktors für die Erreichung der verschiedenen Ziele eine hohe Bedeutung haben.

Wirkfaktor / Ziele ausformuliert	Wohlfühlen (1)	Ressourcenaktivierung (2)	Kleingruppenarbeit (3)	Ergebnisorientierung (4)	Rhythmisieren (5)	Selbstorganisation (6)
Ziel 1						
Ziel 2						
Ziel 3						
Ziel 4						
Ziel 5						

Tabelle 6.1.3 Qualitativer Einfluss der Wirkfaktoren auf die Ziele

Anschließend können Sie in der Tabelle 6.1.2 die qualitative Zeile mit den wichtigsten Aspekten des Wirkfaktorenprofils komplettieren, falls Sie dies nicht vorher schon in ihren Top-down-Überlegungen getan haben.

6.2 Weitere grundsätzliche Designüberlegungen

Einige Zwischenüberlegungen

Nachdem Sie nun ein konkretes Bild vom Ergebnis der Veranstaltung und den nötigen Wirkfaktoren gewonnen haben, sollten Sie weitere Überlegungen zum Design der Veranstaltung anstellen. Beachten Sie dabei folgende Aspekte:

- Informationsfluss
- Dialog in der Großgruppe
- Gruppenzusammensetzung
- Anfang und Abschluss
- Prozessbegleitung

Alles in allem gilt es, ein ausgewogenes Design im Auge zu behalten.

6.2.1 Informationsfluss

Vielfalt erzeugen, Überblick geben, Verdichten und Entscheiden

Der Informationsfluss ist ein zentrales Element im Großgruppendesign. Im Wesentlichen folgt er dem Zyklus: Vielfalt erzeugen – Überblick geben – Verdichten und Entscheiden. Dann beginnt der Prozess von Neuem. Wenn wir in diesem Zusammenhang den neutralen Begriff Informationen verwenden, so bezieht sich das auf die ganze Vielfalt der dahinter verborgenen Dimensionen wie Sachinformationen, Ideen, Bildern (inneren und äußeren), Visionen, Werten, innerem Erleben, Emotionen usw.

Stellen Sie sich folgende Schlüsselfragen:

- Welche Arten von Informationen wollen wir erzeugen und fließen lassen?
- Wie sollen die Informationen fließen?
  - Welche Art von Vielfalt ist zu welchem Zeitpunkt im Prozess besonders hilfreich oder gar erforderlich?
  - Wann und wie wollen wir selektieren und damit entscheiden, was weiter verfolgt werden soll?

– Welche alternativen Pfade gibt es für Minderheitsmeinungen?
• Wer kann dazu beitragen?
• Was soll als Ergebnis dokumentiert werden?
• Wie gestalten wir einen ausgewogenen Wechsel zwischen Plenums- und Kleingruppenarbeit?
• Wie können wir an den bereits laufenden Prozess andocken?
• Wie können wir einen fließenden Übergang zum Prozess nach der Großgruppenveranstaltung erreichen? Wie können wir die Ergebnisse weitertragen?

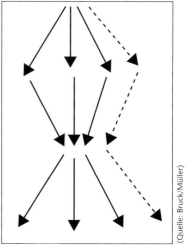

Abb. 6.2.1 Informationsfluss mit Alternativpfad

6.2.2 Dialog in der Großgruppe

Das Plenum dient meistens dazu, Ergebnisse darzustellen und emotionale Eindrücke auszutauschen. Ein echter Dialog in sehr großen Gruppen braucht klare Regeln, um ein hohes Niveau zu halten. Fragen Sie sich, für welche Themen es wichtig ist, einen Dialog in der Großgruppe einzusetzen. Konflikte oder divergierende Meinungen können mögliche Gründe sein. Ein solcher Dialog kann mit unterschiedlichen Werkzeugen umgesetzt werden, beispielsweise mit einer »Fishbowl« (Werkzeugkasten in Kapitel 7.2.4). Je größer die Gesamtgruppe wird, desto wichtiger werden Beschränkungen. Ab 100 Personen ist es ratsam, die Teilnehmer stärker zirkulieren und die Erlebnisse in ihren festen Kleingruppen mitteilen zu lassen. Das bringt allerdings einen Verzicht auf die maximale Querinformation mit sich. Hier kann der Wirkfaktor »Virtualität« seine Vorteile entfalten.

Regeln und Vertrauen

6.2.3 Gruppenzusammensetzungen

Auf der Basis einer Analyse und unter Einbeziehung der Zielsetzung und Rahmenbedingungen erfolgt die Entscheidung, welche Stakeholder überhaupt zu der Veranstaltung eingeladen werden. Für den Ablauf stellt sich bei jeder Kleingruppenarbeit die Frage der optimalen Zusammensetzung.

 Die Gruppenzusammensetzungen sind ein ganz wesentliches Element und haben einen starken Einfluss auf die Qualität der Ergebnisse und die Dynamik.

Details zu den unterschiedlichen Zusammensetzungen sind in Kapitel 2.3 »Kleingruppenarbeit« beschrieben. Folgende Schlüsselfragen sind zu beachten:

- An welchen Stellen erfordern die Veranstaltungsziele eine Zusammenstellung nach Interessengruppen bzw. nach Funktionen oder Know-how? Wann kann jeder Teilnehmer seinen persönlichen Vorlieben folgen (Freiraum)?
- Welche Wechsel sind notwendig, um die Teilnehmer zu aktivieren? Wo ist Kontinuität gefragt?
- Welcher Nutzen kann aus der Stammgruppenidee gezogen werden? Soll die Zusammensetzung rein zufällig geschehen? Soll sie dann beibehalten oder verändert werden?

6.2.4 Der Anfang und der Abschluss

»Allem Anfang wohnt ein Zauber inne.«
Hermann Hesse

Auf den Anfang kommt es an

Jeder Abschluss ist der Anfang von etwas Neuem. Für jeden Anfang braucht es den Abschluss von etwas Altem. Dabei sind die Übergänge ganz entscheidend. Es fällt uns leichter, diese Übergänge bewusst wahrzunehmen, wenn wir auf den Anfang beziehungsweise den Abschluss blicken.

Den Zauber des Anfangs gilt es, mit möglichst viel Freiraum zu ermöglichen. Schenken Sie dem Anfang deshalb in der Vorbereitung möglichst viel Aufmerksamkeit. Der Anfang setzt Maßstäbe (z. B. Pünktlichkeit), beeinflusst die Stimmung und prägt den Charakter der Veranstaltung. Starten Sie mit etwas Besonderem: Laden Sie die Teilnehmer zu einem Moment der Stille ein. Beginnen Sie mit einer künstlerischen Darbietung. Oder: Setzen Sie Musik ein.

Zum Anfang gehört nicht nur die Eröffnung im Plenum, sondern bereits der Empfang der Teilnehmer, und sogar die Art der Einladung. Zur Einladung kann die Aufforderung gehören, einen speziellen Gegenstand mitzubringen oder eine besondere Aktivität durchzuführen, wie das Pflanzen einer Blume.

Der Schluss bleibt den Teilnehmern in Erinnerung. Auch dieser Teil der Veranstaltung sollte sorgfältig gestaltet werden. Er kann eine gute Unterstützung für den Transfer und das Follow-up bieten. Der Erhalt der Dokumentation und weiterer Informationen schließt sich daran an. Insgesamt sollten Anfang und Schluss besonders auf die Wirkfaktoren 1 »Wohlfühlen« und 2 »Ressourcenaktivierung« und 4 »Ergebnisorientierung« abheben.

6.2.5 Prozessbegleitung

Der Prozessbegleiter sollte bei einer solchen Veranstaltung den gesamten Raum mit seiner Präsenz abdecken. Bei kleineren Großgruppen bis 70 Teilnehmer reicht ein Prozessbegleiter (Moderator) aus, denn er kann den ganzen Raum noch leicht durchschreiten. Bis zu 200 Teilnehmern sollten zwei Prozessbegleiter sich die Bälle zuspielen, während sie an unterschiedlichen Plätzen im Raum verteilt sind. Damit kann die Aufmerksamkeit der Teilnehmer wandern und ist nicht immer frontal ausgerichtet. Wir können dies als Rhythmisieren (Wirkfaktor 5) auf der Moderationsebene sehen. Bei über 200 Teilnehmern sind drei Prozessbegleiter empfehlenswert, die sich im Dreieck im Raum aufteilen. Achtung: Zu viel Wechsel zwischen diesen Begleitern kann jedoch für die Teilnehmer verwirrend und ermüdend sein.

Raum abdecken

6.3 Dramaturgie und ideales Design

Großgruppenarbeit bedeutet im Wesentlichen: Räume schaffen – Räume der Begegnung und des Austauschs. Insofern kann die gesamte Großgruppenveranstaltung als ein einziges Ritual angesehen werden (Weber, 2005). Die Schlüsselfrage lautet: Wie können wir den Teilnehmern ein sinnliches Erleben des Themas ermöglichen? Hier helfen Methoden aus der szenischen Arbeit, Metaphern, Märchen, Geschichten, Gegenstände aus dem Arbeitsumfeld der Beteiligten. Dreidimensionale Erlebniswelten beeindrucken besonders kraftvoll.

Großgruppenveranstaltung als Ritual

Großgruppenveranstaltungen basieren immer auf einem ganz speziellen Ablauf. Jedes der in Kapitel 3 beschriebenen Formate hat seine eigene Dramaturgie, ob RTSC oder Zukunftsgipfel (Appreciative Inquiry Summit). Eng mit der Dramaturgie verbunden sind folgende Fragen:

Von Standardformaten zur individuellen Dramaturgie

- Wie soll mit emotionaler Dynamik gearbeitet werden?
- Wann sind Verarbeitungspausen (z. B. Nachtruhe) notwendig?

Der Ablauf kann mit einer Dramaturgie aus der Theater- und Filmwelt verwoben werden. Als Beispiel sei hier die Heldenreise genannt, die aus folgenden Handlungsbausteinen besteht:

Stationen einer Heldenreise

- *Exposition:* Die gewohnte Welt wird gezeigt.
- *Ruf zum Abenteuer:* Der Held spürt die Notwendigkeit einer Veränderung.
- *Weigerung:* Der Held zögert, dem spürbaren Ruf zu folgen.
- *Aufbruch:* Aufgrund einer verschärften Situation oder auf die Aufforderung eines Mentors hin bricht der Held jetzt endlich zu seiner Reise auf.
- *Die erste Hürde:* Der Held besteht schwere Prüfungen. Oft ist es ein innerer Kampf mit sich selbst und widrigen Umständen.
- *Andauernde Bewährungsproben:* Der Held hat in der neuen Welt noch mehr Proben zu bestehen.
- *Vordringen zur tiefsten Höhle:* Eine letzte Vorprüfung vor der alles entscheidenden Prüfung wartet.
- *Die entscheidende Prüfung* (Feuerprobe): Der Held besteht die Prüfung.
- *Belohnung:* Der Held erhält neue Fähigkeiten, besondere Erkenntnisse.
- *Rückweg:* Einige kleinere Prüfungen sind zu bestehen.
- *Auferstehung:* Die Mächte der Finsternis holen zu einem letzten, verzweifelten Schlag aus und werden vom Helden endgültig besiegt.
- *Rückkehr mit dem Elixier:* Der Held kehrt in seine gewohnte Welt mit neuen Einsichten und Fähigkeiten zurück.

Zu weiteren Ideen können uns Alltagsrituale, religiöse Rituale oder Rituale aus anderen Bereichen inspirieren. Auch Märchen und Sagen bieten einen reichhaltigen Fundus. Diese Elemente können als gesamte Dramaturgie oder als Teildramaturgie eingesetzt werden.

Viele dieser Dramaturgien eignen sich für bestimmte Einsätze, etwa »Hochzeit« für die Fusion zweier Unternehmensbereiche. Oft wird man jedoch eine eigenständige Dramaturgie oder ein neues Ritual für die gesamte Großgruppenveranstaltung entwickeln. Dies besteht dann aus einer spezifischen Mischung der einzelnen Elemente und ist Bestandteil des Grobdesigns zusammen mit den anderen grundsätzlichen Elementen, wie Bestuhlung, Stakeholder und Strukturierung des Informationsflusses.

Um die ersten Ideen für ein Feindesign mit konkreten Ablaufschritten zu entwickeln, ist es wichtig, sich mit den Wirkfaktoren nochmals intensiv auseinanderzusetzen. Für diese Aufgabe sind die Schlüsselfragen, die wir am Ende jedes Wirkfaktors beschrieben haben, hilfreich. Für die konkrete Ausgestaltung finden Sie Anregungen im Werkzeugkasten (Kapitel 7). Dort finden Sie viele interessante Elemente, die Sie den Bedürfnissen Ihrer Veranstaltung anpassen können. Oder Sie können natürlich auf Ihre eigenen bewährten Werkzeuge zurückgreifen und sich ihre Wirkfaktoren bewusst machen. Weitere methodische Elemente werden im Zuge der Darstellung der Veranstaltungsformate in Kapitel 3 und 5 vermittelt. Neben all diesen Hilfsmitteln ist natürlich Erfahrung und Intuition nötig. Dabei spielen auch die einzelnen Veranstaltungsphasen hinsichtlich ihrer Dramaturgie eine erhebliche Rolle: Der Wirkfaktor 1 »Wohlfühlen« kann zu Beginn und in der Mitte der Veranstaltung eine größere Rolle spielen als am Schluss, bei dem es um Entscheidungen und Umsetzung geht.

Erfahrung und Intuition nutzen

Bei all diesen Überlegungen ist immer die Stimmigkeit des Gesamtbildes im Auge zu behalten: Die Ziele sind mit den Erwartungen und der Kultur der Teilnehmer in Einklang zu bringen.

Durch die Möglichkeiten neuer Technologien (Multimedia und Internet) können Beschränkungen überwunden und die Wirkfaktoren unterstützt werden. Nutzen Sie die Fülle der Anregungen des Wirkfaktors 7 »Virtualität« (Kapitel 2.7) und aus den Darstellungen in Kapitel 4 und 5.

Virtuelle Möglichkeiten nutzen

6.4 Vorgaben und Rahmenbedingungen beachten

Folgende Rahmenbedingungen haben einen wesentlichen Einfluss auf das Design der Veranstaltung:

- Zielgruppe und Anzahl der Teilnehmer
- Kultur der Organisation
- Erfahrung mit Großgruppen
- Örtlichkeiten und Raumgrößen
- Dauer der Veranstaltung
- Aufwand, Kosten-, Finanz- und Zeitrahmen

6.4.1 Einfluss der Rahmenbedingungen auf das Design

Zielgruppe beachten

1. Zielgruppe und Anzahl der Teilnehmer

Aus der Zielgruppe ergibt sich der intellektuelle Anspruch, die zeitliche Belastbarkeit (Dauer) und die Notwendigkeit, mehr oder weniger zu rhythmisieren. Ein hoher Anteil an Teilnehmern aus der Fabrikation bringt mit sich, dass die Teilnehmer nicht zu lange sitzen wollen. Viel Bewegung und Arbeit im Stehen ist vorzuziehen.

2. Kultur der Organisation

Über die Kultur einer Organisation drückt sich deren Reifegrad aus. Hierbei geht es um die Offenheit der Teilnehmer und die besondere Art des Umgangs miteinander.

- Was sind Tabuthemen und so genannte geheime Spielregeln innerhalb der Kultur?
- Welche Werte haben Kraft und wirken motivierend?
- Welche Werte sollten besser nicht angesprochen werden (Achtung »Fettnäppchen«)?
- Wie ist die Einstellung der Verantwortlichen zu möglichen eigenen Veränderungen, um eine Vorbildfunktion zu erreichen?

3. Erfahrung mit Großgruppen

Im Vorfeld sollte geklärt werden: Sind schon Erfahrungen vorhanden und kann mehr Freiraum gelassen werden? Welche Methoden wurden bereits eingesetzt? Wie waren die Erfahrungen damit? Daraus ergibt sich, wie viel altbewährte und wie viel neue Instrumente zum Einsatz kommen sollten.

4. Örtlichkeiten und Raumgrößen

Die Örtlichkeiten können großen Einfluss auf den Ablauf nehmen. Nicht immer ist der ideale Raum zum gewünschten Termin verfügbar, oder die Kosten sind zu hoch. Der Veranstaltungsraum sollte die zwei- bis dreifache Quadratmeterzahl im Verhältnis zur Anzahl der Teilnehmer aufweisen. Je kreativer gearbeitet werden soll, desto mehr Raum wird benötigt.

5. Veranstaltungsdauer

Die Dauer der Veranstaltung ist abhängig von der Belastbarkeit der Teilnehmer, der Brisanz des Themas, des Ziels und der Motivation. Weitere Einflüsse sind die Verfügbarkeit der Teilnehmer und des Raumes. Die Historie solcher Veranstaltungen und die Kultur der Organisation spielen ebenfalls eine Rolle.

6. Aufwand, Kosten -, Finanz- und Zeitrahmen
Eine erste Grob-Kalkulation sollte gleich mit der Designentwicklung erstellt werden. Eine entsprechende Checkliste findet sich im Downloadbereich.

6.4.2 Umgang mit räumlichen Beschränkungen

In der Praxis sind die Rahmenbedingungen oftmals nicht so ideal wie in unserer Vorstellung. Die folgenden Beispiele geben Tipps zur Überwindung von Engpässen.

Zu kleiner Plenumsraum
Die Zeit im Plenumsraum wird minimiert. Nicht alle Gruppen arbeiten im Plenumsraum, einige nutzen die fast immer vorhandenen Nischen und Vorräume am Veranstaltungsort. Falls möglich, weitere Gruppenräume anmieten.

Engpässe lassen sich überwinden

Von frontaler zu partizipativer Arbeitsform
In einer Veranstaltung mit 400 Teilnehmern ließ es sich leider nicht vermeiden, mit drei Frontalvorträgen der Geschäftsleitung zu beginnen. Die Bestuhlung war klassisch in Reihen. Dies entsprach der Unternehmenskultur. Anschließend sollte eine Prozessarbeit beginnen, um Veränderungen im Unternehmen anzustoßen.

Hier bedurfte es einer drastischen Intervention. In der Pause nach den Vorträgen räumten wir alle Stühle beiseite, so dass ein völlig leerer Raum entstand. Als die Teilnehmer aus der Kaffeepause zurückkamen, war ihnen die Überraschung und teilweise ein positiver »Schock« anzumerken. Es war allen klar, dass jetzt etwas ganz anderes beginnen würde. Die Stimmung löste sich, und wir konnten in einen Appreciative Inquiry Prozess gehen.

Zeit ist knapp bemessen
Einerseits können mit offenen Strukturen wie ZAKK (Werkzeugkasten in Kapitel 7.4.1) die Phasen der Umsetzung neuer Ideen deutlich effektiver gestaltet werden. Andererseits kann man prüfen, welche Phasen des Ablaufes man mit einer Parallelisierung des Prozesses verkürzen kann. So kann bereits eine Gruppe den nächsten Schritt vollziehen (z. B. die Vision

vordenken), während die anderen noch mit der Auswertung der detaillierten Analysephase beschäftigt sind. Diesen Gedanken haben wir in unseren Veranstaltungen bereits öfter umgesetzt. Er findet sich in etwas abgewandelter Form ebenfalls in dem Beispiel aus Kapitel 5.6 »Weltweite strategische Planung« wieder. Derselbe Prozess wurde von Teilen der Organisation in einem Pre-Summit vor der eigentlichen Veranstaltung durchlaufen.

Zeit für die Gruppenarbeit lässt sich einsparen, wenn die Teilnehmermappe verkürzt wird und an den Flipcharts und Pinnwänden eine Kurzform der Arbeitsaufgaben und Vorgehensweise in vergrößerter Schrift hängt (Werkzeugkasten in Kapitel 7.3.2).

6.5 Entwicklung der endgültigen Form

Nach der Entwicklung eines Idealdesigns und der Beachtung der Rahmenbedingungen folgt ein iterativer Prozess zur Ausarbeitung des endgültigen Designs. Am Ende, aber auch bei bestimmten Zwischenarbeitsschritten sollten Sie Ihre Designüberlegungen immer anhand der Ziele überprüfen.

Iterative Vorgehensweise *Jetzt gilt es, jeden Schritt und seine Auswirkungen zu betrachten, um die eigenen Designüberlegungen anhand des Zielbeitrages (Tabelle 6.5.1) und des Wirkfaktorenprofils (Tabelle 6.5.2) zu prüfen.*

Eine solche Überprüfung kann sowohl qualitativ in Stichworten erfolgen als auch in unserer bewährten Sternenskala. Beide Tabellen können Sie ebenfalls für die Evaluation des Designs der Veranstaltung einsetzen. Auf diese Weise lernen Sie schneller, was Ihre persönlichen Großgruppenveranstaltungen erfolgreich macht.

Es kann hilfreich sein, neben den einzelnen Schritten weitere wichtige Faktoren, wie Räumlichkeiten, Veranstaltungsort, Ausstrahlung und Kompetenz der Prozessbegleiter, als eigene »Schritte« in die Bewertung mit einzubeziehen.

Ziele Designelemente	Ziel 1	Ziel 2	Ziel 3	Ziel 4	Ziel 5	Ziel 6
1. Schritt						
2. Schritt						
3. Schritt						
4. Schritt						
…						

Tabelle 6.5.1 Einzelschritte für die Zielerreichung

Wirkfaktor Designelemente	Wohl-fühlen (1)	Ressourcenaktivierung (2)	Kleingruppenarbeit (3)	Ergebnisorientierung (4)	Rhythmisieren (5)	Selbstorganisation (6)
1. Schritt						
2. Schritt						
3. Schritt						
4. Schritt						
…						

Tabelle 6.5.2 Überprüfung der Wirkfaktoren an einzelnen Schritten

6.6 Weitere Planung und Organisation

Da wir uns in diesem Handbuch auf das Design von Großgruppenveranstaltungen konzentrieren, finden Sie alle weiteren Informationen zu Planung und Organisation der Veranstaltung im Downloadbereich.

Dort werden folgende Punkte unterschieden:

- Vorbereitung der Veranstaltung bezüglich Inhalt, Ablauf, Technik, Teilnehmer, Räumlichkeiten und bei Tagungen bezüglich der Referenten. Dabei kann man zwischen inhaltlicher Organisation und Logistik unterscheiden, und diese beiden können sich zu echtem Projektmanagement ausweiten.
- Budgetierung, Teil der Vorbereitung, nebst der späteren Nachkalkulation
- Gewinnen der Teilnehmer
- Aktivitäten vor Ort, zu Beginn und während der Veranstaltung
- Nachbereitung: Auswertung, Transfer und Fortsetzungsaktivitäten

Offene Tagungen unterscheiden sich in einigen Punkten von Veranstaltungen in Organisationen, insbesondere beim »Gewinnen der Teilnehmer«. Bei Tagungen ist Marketing erforderlich, das jedoch auf etwas andere Art ebenso bei geschlossenen Veranstaltungen nötig ist.

6.7 Designfestlegung am Beispiel »Schub für Unternehmenskultur und Produktivität«

Lernen am Beispiel Der eben beschriebene iterative Entwicklungsprozess lässt sich am besten anhand eines Beispiels verstehen. Wir beschreiben diesen Designprozess anhand der Veranstaltung »Schub für die Unternehmenskultur und Produktivität« aus Kapitel 5.10, der hier leicht gekürzt dargestellt wird.

Diese Veranstaltung hatte folgende Ziele:

1. Im gesamten Unternehmen sollte die Verantwortung von oben nach unten erhöht werden: Auf unterster Ebene sollten die Mitarbeiter Verantwortung übernehmen. Die Verkäufer, die bisher allein unter sich getagt hatten und die Umsetzung der von der Führung festgelegten Kampagnen und Vorgehensweisen als Aufgabe hatten, sollten sich für das Wohlergehen des gesamten Unternehmens verantwortlich fühlen.
2. Auf breiter Basis sollte ein kontinuierlicher Verbesserungs-Prozess (KVP) angestoßen werden. Es ging um die Frage: »Wie kann das Unternehmen erfolgreicher arbeiten?« Schließlich sollte nicht nur Geld im Unternehmen umverteilt werden, sondern durch die Be-

teiligung zu höherer Produktivität und damit Rendite vorgestoßen werden.
3. Die Führung und alle Mitarbeiter sollten wieder zuversichtlicher in die Zukunft blicken und an Zuwächse von Umsatz, Markt und Rendite glauben. Hindernde Denkmuster, die in Form sich selbst erfüllender Prophezeiungen wirken, waren abzubauen, um Platz für konkrete Strategien des »Wie« zu erhalten.
4. Der Rahmen der existierenden materiellen Beteiligung wird wieder aktiviert, was ein einfaches Prämiensystem für das einzuführende KVP erlaubte.

Damit lagen die Ziele der Veranstaltung in den Bereichen »Motivieren« (3), »Neue Lösungen finden« (4), ganz stark im Bereich »Normen und Werte wandeln« (6) sowie »Umsetzen« (8). Der Aspekt »Gemeinschaft erleben« (5) spielte dabei nur eine geringe Rolle. Die Unternehmenskultur konnte jedoch eine höhere Ausrichtung auf Leistung vertragen.

1. Schritt: Zielsetzung klären, Wirkfaktoren herausarbeiten
Aus der Tabelle 6.1.1 holen wir uns die empfohlenen Ausprägungen der vier relevanten Zielbereiche.

Wirkfaktor / Zielbereich	Wohlfühlen (1)	Ressourcenaktivierung (2)	Kleingruppenarbeit (3)	Ergebnisorientierung (4)	Rhythmisieren (5)	Selbstorganisation (6)
3. Motivieren	☆☆☆★★	☆☆☆☆★	☆★★☆☆	☆☆☆★★	☆☆☆★★	☆☆☆★★
4. Neue Lösungen	☆★★☆☆	☆☆☆★★	☆☆★★★	☆☆★★☆	☆★★½☆	☆★★☆☆
6. Werte u. Normen	☆★★½☆	☆☆☆★★	☆☆☆★★	☆☆☆☆★	☆★★☆☆	☆★★½☆
8. Umsetzen	★☆☆☆☆	☆★★½☆	☆☆☆★½	☆☆☆★½	☆★½☆☆	☆☆★½☆

Nun legen wir fest, wie hoch in diesem besonderen Fall die Ausprägung der Wirkfaktoren für die einzelnen Ziele sinnvoll erscheint:

Wirkfaktor / Ziele ausformulieren	Wohlfühlen (1)	Ressourcenaktivierung (2)	Kleingruppenarbeit (3)	Ergebnisorientierung (4)	Rhythmisieren (5)	Selbstorganisation (6)	Virtualität (7)
Normen und Werte wandeln Eigenverantwortung und Mitwirkungsspielraum entdecken (6)	☆☆★★☆	☆☆☆☆★	☆☆☆☆★	☆☆☆☆★	☆☆★☆☆	★☆☆☆☆	
Konkrete Dinge schon in Veranstaltung umsetzen (8)	★☆☆☆☆	☆☆★☆☆	☆☆☆☆★	☆☆☆☆★	★☆☆☆☆	☆★☆☆☆	
Motivation für die neue Strategie, hindernde Denkmuster abbauen (3)	☆☆☆★☆	☆☆☆☆★	☆☆☆★☆	☆☆☆★☆	☆☆☆★☆	☆☆★☆☆	
Innovative neue Lösungen entwickeln (4)	☆☆★☆☆	☆☆☆★☆	☆☆☆☆★	☆☆☆★☆	☆☆★☆☆	☆☆★☆☆	
Gesamtbewertung / Wirkfaktorprofil	Bis auf die Umsetzungsphase hier viel powern	Bis auf die Umsetzungsphase hier viel powern	Durchgängig voll in Kleingruppenarbeit	Und volle Erlebnisorientierung beachten	Eher weniger rhythmisieren	Eher unterdurchschnittlicher Freiraum	PC nutzen, Übersicht zu halten, schnelle Querinformation
Fazit Gewichtung	60–80, am Schluss weniger	60–80	80–100	80–100	40–60	20–40	Eher im Hintergrund

Nach diesen Überlegungen beginnt nun die Phase der Feinplanung. Für jeden Zielbereich und jeden Wirkfaktor werden Ideen gesammelt und in das entsprechende Feld eingetragen. Dies geschieht anhand der qualitativen Tabelle 6.1.3 mit Stichworten für die Schwerpunkte.

6.7 Beispiel »Schub für Unternehmenskultur und Produktivität«

Wirkfaktor Ziele ausformuliert	Wohlfühlen (1)	Ressourcenaktivierung (2)	Kleingruppenarbeit (3)	Ergebnisorientierung (4)	Rhythmisieren (5)	Selbstorganisation (6)	Virtualität (7)
Normen und Werte wandeln Eigenverantwortung, und Mitwirkungsspielraum entdecken (6)	Persönliche Einladung, persönlicher Empfang Musik Märchen-Metapher Sketche	Anfangs intensive AI-Phase und die ganze Veranstaltung hindurch ziehen, die schon existierenden Best Practices verstärken	Hindernde Denkmuster in Kleingruppen durch Erfolgsmuster ersetzen	Dem angestrebten Ergebnis genügend Raum geben, deutlich klarmachen. In Gruppen konkret bearbeiten lassen	Teilnehmer nicht schlaff werden lassen, ständig was Neues takten, konkret und abwechslungsreich, auch für Mitarbeiter der Produktion und aus dem Ausland	Wenn die Teilnehmer vom Thema fasziniert sind, benötigen sie kaum Freiraum. Es sollen alle intensiv dranbleiben, dafür Identifikation in Gruppe schaffen	–
Konkrete Dinge schon in Veranstaltung umsetzen (8)	Dann muss Ruhe und Zeit sein, Sicherheit bei eigenen Vorschlägen	Fokus durch AI auf Lösungsorientierung statt Problemorientierung	In aktiver Gruppenarbeit in Abteilungsgruppe	In Veranstaltung schon Umdenken praktizieren und ausarbeiten, wer was wann macht	Hier nicht zu schnell takten, sondern Zeit lassen	Da darf sich niemand entziehen. Gemeinsam Schwerpunkt festlegen, an dem gearbeitet wird	–
Motivation für die neue Strategie, hindernde Denkmuster abbauen (3)	Wohlfühlen, viel Klatschen Begeisterung durch Märchen-Metapher – nicht so intellektuell	AI ist gute Basis für Motivation	Schwung in der Gruppe erzeugen	Hindernde Denkmuster explizit besprechen und abbauen	Ständige Abwechslung gibt Schwung Auf das existierende Positive fokussieren	Nicht viel Freiraum notwendig. Priorität für konkretes Thema in Gruppe festsetzen	–
Innovative neue Lösungen entwickeln (4)	Wohlfühlen ist gute Basis für Kreativität und Verbesserungsvorschläge	Bewusstsein, was man schon geleistet hat, ist gute Basis	Kreativität in Kleingruppe aktivieren und nutzen – Zeit geben, Organisation schaffen, damit nichts verloren geht	Ausreichend Platz im Design. Wettbewerb zwischen Gruppen mit Vorschlägen schaffen. Queranforderung (interne Kunden) formulieren lassen.	Wenn Thema fasziniert, keine große Abwechslung nötig	Wenn Thema fasziniert, kein Freiraum nötig. Gruppe kann sich für eigene Themenwahl und Arbeitsweise selbst organisieren, erhält jedoch Tipps dafür	PC hilft bei Organisation, damit keine Idee verloren geht

351

2. Schritt: Einige grundsätzliche Designüberlegungen

- *Informationsfluss*

  Appreciative Inquiry Phase zu Beginn so gestalten, dass Ideen für spätere Verbesserungsvorschläge entstehen. Raum für Brainstorming geben. Fragen festhalten. Lösungsorientierte Einstellung aufbauen, auch die bisherigen Leistungen und überwundenen Krisen im Unternehmern würdigen.

  Die Kunden und auch die Geschäftsleitung werden alle Themen sehr offen ansprechen und einen großen Raum der aktuellen und zukünftigen Herausforderungen öffnen. Das Design soll dann bewirken, dass die Mitarbeiter die Herausforderungen in Lösungsvorschläge überführen.

  Vorschläge, die bei den nötigen Priorisierungen nicht vorne liegen, werden in der Veranstaltung gewürdigt und später auf ihren Gehalt überprüft. Querdenkerideen und Innovationen können in Minderheitsmeinungen enthalten sein.

- *Dialog in der Großgruppe*

  Aufgrund der Teilnehmerzahl ist hierfür nur wenig Platz. Umso stärker ist die Identifikation mit der Kleingruppe aufzubauen. Damit hier trotzdem Überblick, auch hinsichtlich der verschiedenen Sprachen, gewährleistet bleibt, wird ein Netzwerk von PCs aufgebaut, welches die Meinungen und Erarbeitungen schnell und korrekt zur Verfügung stellt. Hierfür besteht beim Kunden ein motiviertes Team junger Leute.

- *Gruppenzusammensetzungen*

  Die 50 Gruppen werden nach maximaler Mischung geplant, um die große Vielfalt zu nutzen und um es den Teilnehmern zu erleichtern, über den eigenen Tellerrand zu blicken. Die Gruppenidentifikation wird durch eigene Namenswahl und die Konstanz gefördert. Das erhöht die Arbeitsmotivation auch für ungeübte Teilnehmer und die in den Gruppen platzierten Kollegen aus dem Ausland.

- *Anfang und Abschluss*

  Ein persönlicher Empfang hat immer große Wirkung. Dann ohne Vorträge im Plenum nach einer Gruppenidentifikation schnell in die Wertschätzenden Interviews in Paaren übergehen. Die Teilneh-

mer merken: Es geht um mich selbst, ich soll mich einbringen und kann hier mitgestalten. Eine Metapher als Märchen zu Beginn wird die Dramaturgie gut unterstreichen.

Den Abschluss bilden Selbstverpflichtungen der Teilnehmer: Was können sie in Zukunft zum Erfolg beitragen? Persönliche Verabschiedung durch die Geschäftsleitung. Nochmals Bezug zum Märchen vom Anfang. Eventuell ein symbolisches Geschenk.

3. Schritt: Dramaturgie und ideales Design
Eine Metapher, die auf die Situation des Unternehmens passt, könnte die vom Dorf oder Schloss sein, das sich an Wohlstand gewöhnt hat. Zwischen König und Volk hat ein Prozess der Entfremdung eingesetzt. Jetzt kommen Veränderungen von außen (Dürre). Die Einwohner müssen neuen Pioniergeist entwickeln, neue Verhaltensweisen. Eine Dorfversammlung findet statt; Aufbruchstimmung entsteht. Am besten verpackt die Geschäftsleitung diese Metapher in ein Märchen, das am ersten Nachmittag in 10 Minuten als grundlegendes Bild für die Unternehmenssituation vorgetragen wird.

Nun wird jeder einzelne Wirkfaktor anhand der Schlüsselfragen analysiert. Für die ersten vier Wirkfaktoren ist mit viel Energie zu arbeiten. Die Dramaturgie verläuft in vier Schritten: Stärken bewusst machen, Aufrütteln, Visionieren und Umsetzen. Sie orientiert sich an den beiden Grundformaten von RTSC und Appreciative Inquiry Summit – Zukunftsgipfel -. Um die Gruppenidentifikation zu verstärken und die »Arbeits-Disziplin« hochzuhalten, wird zusätzlich der Stammgruppenaspekt aus dem GTG einbezogen.

4. Schritt: Vorgaben und Rahmenbedingungen

Rahmen	Folgerung
Teilnehmergruppen, Anzahl	Mitarbeiter aus Vertrieb, Verwaltung, Technik, Produktion und Lager, 20 Prozent nicht deutschsprachig (Englisch, Französisch). Von den deutschen Mitarbeitern sprechen sechs ausreichend Französisch, zwölf Englisch, und weitere sechs beherrschen beide Sprachen. Darüber hinaus gibt es bei den Gästen aus dem Ausland vier Personen, die Deutsch sprechen.
Kultur	Die Offenheit war früher besser und ist abgefallen. Durch die vielen Feste (Wanderrallyes, Weihnachtsfeiern) gibt es jedoch ein starkes Gemeinschaftsgefühl, das vom Feiern auf betrieblichen Erfolg umgelenkt werden will.

Erfahrung der Teilnehmer	Führung und Vertriebsleute (25 Prozent) haben Erfahrung mit Workshops. Ältere Mitarbeiter haben vor über 20 Jahren mal an solchen teilgenommen. Insgesamt können also jeweils zwei bis drei Personen mit Erfahrungen in Gruppenarbeit auf 8er-Gruppen verteilt werden. Die Teilnehmerzusammensetzung mit dem hohen Anteil aus Produktion und Ausland erfordert eine besonders starke Rhythmisierung.
Örtlichkeiten / Raum	Über 400 Teilnehmer erfordern einen sehr großen Raum mit allen technischen und sanitären Möglichkeiten. 1000 Quadratmeter reichen nicht, besser wären 1500 Quadratmeter.
Dauer	Aufgrund der Bedeutung des Projektes könnte am Donnerstagnachmittag begonnen werden. Ziel ist eine Dauer von ca. 48 Stunden mit zwei Übernachtungen dazwischen.
Finanzrahmen	Eine grobe Kalkulation ergibt ca. 140 000 Euro interne Kosten (im Wesentlichen Arbeitszeit) und 60 000 Euro externe Kosten (Miete, Bewirtung, Honorare Moderatoren). Das erfordert ein Budget von 200 000 Euro, was 1,3 Prozent der Personalkosten eines Jahres darstellt. Dieser Investition sind die Effekte der Produktivitätssteigerung gegenüberzustellen.[4]

5. Schritt: Umgang mit einengenden Rahmenbedingungen

Engpass	Lösung
Raum	In ausreichender Nähe gibt es wenig geeignete Räumlichkeiten. Die Stadthalle wirkt kalt und ist mit 1200 Quadratmetern etwas klein. Vielleicht kann eine leer stehende Lagerhalle für den Zweck angemietet werden. Dann wird die dort nötige Technik kurzfristig installiert.
Kommunikation in Großgruppe	Die Vielzahl der Kleingruppen erlaubt nicht, dass alle Gruppen in den Phasen im Plenum ihre Fragen stellen können. Es ist wichtig, dies zu kommunizieren. Die Diskussion wird dafür in der Kleingruppe intensiver sein. Die drei Geschäftsführer sollen täglich zumindest zweimal für vier Minuten in jeder dritten Kleingruppe Fragen beantworten.
Mehrsprachigkeit	Die Kleingruppen sind entsprechend der Sprachzugehörigkeit der Teilnehmer zusammenzusetzen. Diejenigen Mitarbeiter, die nur Englisch oder Französisch sprechen, sind in einigen Kleingruppen zu konzentrieren. In diese Kleingruppen werden die mehrsprachigen deutschen Mitarbeiter platziert. Insgesamt werden rund zehn Gruppen eine andere Arbeitssprache als Deutsch haben. In diese sind dann die mehrsprachigen Deutschen integriert, jeweils zwei Personen.
Zeitknappheit	Zumindest in der Zukunftsphase können die Kleingruppen parallel das Thema Strategie und Kultur bearbeiten. Bei den Diskussionsphasen über Vorträge ist auch eine Halbierung des Themenspektrums möglich.

---

1 In der Endabrechnung wurde dieses Budget nur wenig überschritten. Dem stand ein direktes Einsparungspotenzial aus den Abschlussarbeiten von über 100 000 Euro gegenüber.

6. Schritt: Weitere iterative Entwicklung des Designs

Im Anschluss an diese Arbeitsschritte wurden die Tabellen 6.5.1 und 6.5.2 qualitativ ausgefüllt. Über die gezielte Betrachtung der Wirkfaktoren und Zielbeiträge ergab sich der Ablaufplan aus dem Beispiel in Kapitel 5.10. In der Feinplanung wurden dabei die dramaturgischen Elemente aus dem Märchen noch deutlicher eingearbeitet und bei den Anmoderationen wiederholt. So prägte sich die Metapher besser bei den Teilnehmern ein und stimulierte sie in ihrer Arbeit. Weitere Klärungen der optimalen Wirkungsweise der einzelnen Ablaufschritte und ihrer Übergänge erfolgten.

Zur Kontrolle, ob die Teilnehmer mit hohem Anteil aus der Produktion das Programm »durchhalten« konnten, wurde jeder Teilschritt aus Sicht des Teilnehmers in seine Rhythmisierungselemente zerlegt. Das führte zu kleineren Ergänzungen und Umstellungen und zum endgültigen Zeit- und Ablaufplan, wie er in Kapitel 5.10. dargestellt wurde.

7. Werkzeugkasten

Dieser Werkzeugkasten beinhaltet ausgewählte methodische Elemente zum Einsatz in der Großgruppenarbeit. Darunter finden sich allgemein übliche, weniger bekannte und auch völlig neu entwickelte Elemente.

Der Werkzeugkasten bietet zusätzliche Ausgangspunkte für die Designerstellung auf Basis der Wirkfaktoren. Einige Elemente decken bestimmte Wirkfaktoren ab, andere sind übergreifend angelegt. Bei der Zusammenstellung und Reihenfolge der Elemente haben wir uns an den Wirkfaktoren orientiert. Natürlich wirkt jedes Werkzeug auch auf andere Wirkfaktoren; diese Wirkzusammenhänge veranschaulichen wir mit einer Bandbreite in unserer Sternenskala. Je nach konkreter Ausprägung des Elementes ergibt sich eine mehr oder weniger große Bandbreite. Zu Beginn jeder Darstellung erfolgt eine kurze Charakterisierung der angesprochenen Wirkfaktoren.

Übergreifende Wirkungen

Einige Elemente haben wir aus Platzgründen in den Downloadbereich verschoben. Dort finden Sie auch Details zum Wertschätzenden Interview.

Der Werkzeugkasten bietet Ihnen:

Für die Wirkung mit Schwerpunkt *Wohlfühlen*:
- Bewegungsübung »Sanfter Start – mit Händereiben«
- Bewegungsübung »Energieaufbau und Sprung (Toller Hirsch)«
- Einfache Stellübungen mit emotionalem Nutzwert
- Live-Visualisierung
- Hinweise zum Einsatz von Musik

und im Downloadbereich:
- Empfang und Namensschild
- Sketch für den Start
- Inhaltliche Bewegungsübung mit Werten
- Bewegungsübung »Abenteuer auf dem Speicher«

Für die Wirkung vorzugsweise im Bereich der *Ressourcenaktivierung*:
- Sich einstimmen in der Gruppe
- Dialog mit Bildern – Visual Explorer
- Dialogische Aufstellungen
- Fishbowl

und im Downloadbereich:
- Weitere Anwendungsbeispiele für: Einstimmung in der Tischgruppe
- **Wertschätzendes Interview**

Für die Wirkung vorzugsweise in der *Kleingruppenarbeit*:
- Wechselnde Rollen in den Gruppen
- Komprimierte Gruppenanweisungen
- Effektive Stammgruppen bei offenen Veranstaltungen

und im Downloadbereich:
- Aufgabe: Stolz, Bedauern und Werte
- Instrumentiertes Gruppenlernen

Für die Wirkung vorzugsweise für die *Ergebnisorientierung:*
- ZAKK – Zielorientierte Aktive Kooperative Kleingruppenarbeit, sowie als Alternative der Gruppenaktionsplan
- Indikatoraufstellung
- Mentale Schlussintegration

und im Downloadbereich:
- Arbeitsblatt: ZAKK – Zielorientierte Aktive Kooperative Kleingruppenarbeit
- Zielpunktaufstellung
- Struktur für Ergebnisdokumentation Open Space

Für die Wirkfaktoren Rhythmisieren, Selbstorganisation und Virtualität gibt es keinen eigenen Bereich im Werkzeugkasten.

Die Ausprägung des Wirkfaktors Rhythmisieren wird hauptsächlich durch das Gesamtdesign bestimmt. Die Einschätzung der Ausprägung des Rhythmisierens für die im Werkzeugkasten dargestellten Elemente basiert einerseits auf der Rhythmisierung innerhalb des Elementes selbst, anderseits wird ein zusätzlicher möglicher Beitrag zur Gesamtrhythmisierung honoriert.

Die Selbstorganisation ist inhärenter Bestandteil der konkreten Ausgestaltung der einzelnen Bausteine im Gesamtdesign. Dies bedeutet, es gibt praktisch keine spezielle Übung für die Förderungen der Selbstorganisation. Sehr wohl aber können die Bausteine mit mehr oder weniger Freiraum zur Selbstorganisation ausgestaltet sein. Wenn es z. B. gilt, bestimmte Themen und die Teilnehmer zusammenzubringen, so können z. B. eine Reihe verschiedener Themen durch die Moderatoren oder durch die Führung oder die Planungsgruppe an die gebildeten Gruppen aufteilen. Oder Sie lassen den Teilnehmern die Wahl, sich in Gruppen nach Themeninteresse zusammenzufinden. Die zu bearbeitende Aufgabe bleibt dieselbe, aber einmal mit und einmal ohne Selbstorganisation.

Auf den Wirkfaktor Virtualität haben wir an dieser Stelle verzichtet, da dies sehr in die technischen Möglichkeiten der verwendeten Plattform hineinspielt. Allerdings gehen wir in den Anmerkungen zu jedem Element im Werkzeugkasten auf die speziellen Einsatzmöglichkeiten in virtuellen Bereichen – vor allem dem Online-Bereich – kurz ein.

Die einzelnen Elemente in unserem Werkzeugkasten finden Sie meist in der folgenden Struktur beschrieben:

- Design – Entwickler bzw. welche Richtungen haben das Design beeinflusst?
- Anwendungsfelder – Für welche Aufgabenstellungen geeignet?
- Zielsetzung – Hauptzielsetzung dieses Elementes
- Wirkfaktoren – Welche Wirkfaktoren werden speziell wie angesprochen? Wie ist die Bandbreite ihrer Ausprägung?

  Besonders starke Ausprägungen sind fett markiert.

- Zeitrahmen – (typischer) erforderlicher Zeitbedarf
- Gruppengrößen – Bandbreite der Gruppengrößen
- Räumliche Erfordernisse – spezielle Anforderungen
- Benötigte Hilfsmittel – wichtige Hilfsmittel

- Anmerkungen zur Wirkungsweise – Kurzbeschreibung mit theoretischem Hintergrund und praktischen Auswirkungen
- Funktion des Elements – Worum es konkret geht
- Schritte – schrittweise Erklärung des Ablaufs
- Anmerkungen und weitere Hinweise

Nutzen mentaler Übungen

Noch ein Wort zu den mentalen Übungen, die Sie für die unterschiedlichsten Zwecke einsetzen können:

- Centering: Öffnung und Entspannung zu Beginn
- Kreative Lösungen suchen
- Auf Thema vor Brainstorming einstimmen (z. B. Umfeldänderungen)
- Umsetzungsplan erstellen (z. B. vor der ZAKK-Übung)
- Integrationsübung

7.1 Vorzugsweise Faktor Wohlfühlen

7.1.1 Bewegungsübung – Sanfter Start mit Händereiben

 Design: Dr. Franz Gottwald

 Anwendungsfelder: Energieaufbau zwischendurch

 Zielsetzung:
Die Teilnehmer zwischendurch erfrischen, ohne sie vorher zum Aufstehen aufzufordern

Wirkfaktoren:
Wohlfühlen (1): ☆☆☆★☆
Fördert die Aufmerksamkeit stark.

Ressourcenaktivierung (2): ★☆☆☆☆
Jede Erfrischung stimuliert zugleich die Ressourcen der Teilnehmer.

Rhythmisieren (5): ☆★☆☆☆
Bringt Abwechslung.

Selbstorganisation (6): ★☆☆☆☆
Es macht nur mit, wer will. Ein gewisser Gruppenzwang besteht jedoch.

 Zeitrahmen: 3–4 Minuten

 Gruppengröße: unbegrenzt

 Räumliche Erfordernisse: ohne Platzbedarf

 Hilfsmittel: keine, am Schluss ggf. flotte Musik

Anmerkungen zur Wirkungsweise: Die Teilnehmer werden auf verschiedenen Ebenen angesprochen: Sauerstoff fürs Gehirn, Gehirnintegration, Stimmung und Emotionalität.

Text zur Bewegungsübung »Beginn mit Händereiben«
Der Referent oder Moderator startet ohne ausführliche Anleitung. Die Teilnehmer sitzen am Anfang. Die Übung ist für den Beginn, am Morgen oder zwischendurch jederzeit geeignet.

1. Handflächen reiben, bis Wärme entsteht: »*Schön, wie es warm wird!*«
2. Die Hände zum Gesicht führen, erst auf die Augenlider, dann auf die Stirn, die Wangen, die Nase, Ober- und Unterlippen und zum Schluss auf das Kinn: »*Diese Wärme übertragen Sie nun auf das Gesicht.*«
3. Kopf und Haare massieren: »*Nun massieren Sie Ihr Gehirn, wenn die Frisur heute gerade zu schön ist, massieren Sie nur Ihren Heiligenschein über dem Kopf.*«
4. Ohren massieren: »*Wie lange hat Ihnen niemand mehr die Ohren lang gezogen. Das tun Sie heute selbst. Das bringt frisches Blut in die Ohren, und Sie sind beim Vortrag aufmerksamer.*«
5. »*Und nun die Herren mit dem rechten Arm auf die linke Schulter und den Nacken, die Damen mit dem linken Arm auf die rechte Schulter und den Nacken. Wie lange hat Ihnen niemand mehr anerkennend auf Schulter geklopft. Das tun Sie mal selbst heute – reichlich. Und nun wechseln Sie: die Herren mit dem linken Arm auf die rechte Schulter. Die Damen mit dem rechten Arm auf die linke Schulter.*«

Massieren und klopfen lassen. Dann nochmals kommentieren: »*Ich sage das extra für Damen und Herren unterschiedlich an, das bringt mehr Spaß.*« Sie ernten manche Lacher.

6. »*Und nun legen wir die linke Hand auf den Bauchnabel – stehen dabei wohl besser auf – und legen Daumen und Zeigefinger der rechten Hand auf die so genannten Gehirnknöpfe unterhalb des Schlüsselbeins. Hier massieren wir.*«

Eventuell jetzt flotte Musik dazuschalten.

7. »*Und wenn wir einmal stehen, so geben wir uns selbst noch eine liebevolle Ganzkörpermassage. Mit beiden Händen gleichzeitig klopfen wir von oben, seitlich die Beine hinunter, bücken uns dabei, bis wir unten ankommen. Dann geht es an der Innenseite der Beine wieder nach oben. Auseinander, bevor es gefährlich wird, dann über den Bauch, die Brust – King-Kong hat das auch gemacht – und sind ganz frisch und entspannt wieder da in dieser Veranstaltung.*«

7.1.2 Bewegungsübung – Energieaufbau und Sprung (Toller Hirsch)

 Design: Uns unbekannt

 Anwendungsfelder:
»Energizer« zum Abschluss – Begeisterung freisetzen

 Zielsetzung:
Teilnehmer frisch machen, Motivation verstärken

Wirkfaktoren:

Wohlfühlen (1): ☆ ☆ ☆ ★ ☆
Gibt neue Energie und fördert die Motivation.

Ressourcenaktivierung (2): ★ ☆ ☆ ☆ ☆
Jede Erfrischung stimuliert zugleich die Ressourcen der Teilnehmer.

Rhythmisieren (5): ☆ ★ ☆ ☆ ☆
Bringt Abwechslung.

Selbstorganisation (6): ★ ☆ ☆ ☆ ☆
Wer will, macht mit. Ein gewisser Gruppenzwang besteht.

 Zeitrahmen: 2 Minuten

 Gruppengröße: unbegrenzt

 Räumliche Erfordernisse:
etwas Platz für jeden Teilnehmer – für den Sprung am Ende

 Hilfsmittel: keine

Anmerkungen zur Wirkungsweise: Es geht um eine Bewegungsübung, bei der die Teilnehmer auf verschiedenen Ebenen angesprochen werden: Körper, Emotionalität und Motivation.

Text zur Bewegungsübung: »Der Mensch braucht ...« oder »Toller Hirsch«

Abb. 7.1.1
Auf die Schulter klopfen
(Quelle: Müller 2003, Beltz Verlag)

Sie beginnen damit, dass Sie alle Teilnehmer aufstehen lassen und erläutern:
»Bitte sprechen Sie mir über die entsprechende Bewegung nach.«
Linken Arm waagerecht ausstrecken, mit rechter Hand von außen nach innen streichen.
»Der Mensch braucht ...«
Lippen schürzen, beide Hände nebeneinander zum Mund führen und wie eine Zange öffnen und schließen.
»Täglich Vitamin ...«
Arme über der Brust kreuzen und verneigen.
»Und für seine Seele ...«
Hände streichen über die Wangen.
»Ganz viel Streicheleinheiten ...«
Rechte Hand klopft auf linke Schulter und Nacken.
»Und viel Lob und Anerkennung.«
Wiederholen mit linker Hand.
»Und wenn das alles so klappt ...«
Nun in die Hocke gehen.
»Dann bin ich ein toller Hirsch.«
(Hochspringen!)

Variante im Managementumfeld:

Letzter Spruch ist »Dann kommen wir zum Erfolg«. Überhaupt kann dieser Schlusssatz je nach Teilnehmerkreis und Thema der Veranstaltung variiert werden.

7.1.3 Stellübungen mit Bewegung und Emotionen

Design: Uns unbekannt

Anwendungsfelder: eher zu Beginn von Veranstaltungen

Zielsetzung:
Unmerklich eine Verbindung von Bewegung und Emotionalität schaffen. Teilnehmer anschließend sofort im Stehen an die nächste Arbeitsaufgabe gehen lassen.

Wirkfaktoren:

Wohlfühlen (1): ☆☆☆★☆
Schafft zu Begin unmerkliche Bewegung und emotionale Begegnungen in der Großgruppe.

Ressourcenaktivierung (2): ★★☆☆☆
Gemeinschaft wird erlebt. Beziehungen werden sichtbar.

Kleingruppenarbeit (3): ★☆☆☆☆
Wechselnde Kleingruppen entstehen.

Ergebnisorientierung (4): ★☆☆☆☆
In einer Frage – nach den Erwartungen – kann durchaus für das Veranstaltungsziel sensibilisiert werden.

Rhythmisieren (5): ☆☆★★☆
Bewegung und mehrere neue Kontakte stellen eine gute Rhythmisierung dar.

Selbstorganisation (6): ★★☆☆☆
Freiraum bei Auswahl der eigenen Positionierung im Raum.

Zeitrahmen:
10 Minuten mindestens vorsehen, kann ausgebaut werden

Gruppengröße: bis zu 100 Personen

Räumliche Erfordernisse:
Platz zwischen den Tischen oder Sitzkreisen vorsehen.

Hilfsmittel:
Flipchart für Angabe der Ecken-Zuordnung, Seil am Boden für Halbkreisbildung, Blätter am Boden, die »+ / Ja« und »– / Nein« signalisieren – passend für die Fragen

Anmerkungen zur Wirkungsweise:
Unmerklich geraten die Teilnehmer über diese Übung in Bewegung und gewöhnen sich an diese Arbeitsform. Die Bewegung führt zu emotionalen Kontakten. Die Übung kann in tiefere Formen wie die Dialogischen Aufstellungen übergehen oder in Kleingruppenaufgaben im Stehkreis vor einem Flipchart.

Es ist gut, die Teilnehmer gleich zu Beginn der Veranstaltung vom festen Sitzplatz weg und aus der Passivität zu locken. Diese Übung macht viel Spaß, weil sie mit emotional besetzten Fragen arbeitet.

Schritt 1: Planung
In das Ablaufprogramm zeitlich und auch räumlich zu Beginn einplanen. Eine Abfolge von mehr äußerlichen Fragen: »*Was frühstücken Sie?*« zu innerlichen Fragen: »*Inwiefern ist Ihnen das Thema heute wichtig?*« ist von Vorteil.

Bedenken Sie bei der Planung dieses Instruments bereits die Überleitung zur nächsten, möglicherweise ersten Gruppenarbeit, und regen Sie die Teilnehmer an, diese ebenfalls im Stehen zu bearbeiten.

Schritt 2: Auf passende Plätze stellen
Die Teilnehmer werden aufgefordert, sich zu verschiedenen Fragen an unterschiedlichen Plätzen aufzustellen.

Fragen aus folgenden Bereichen sind denkbar:

- *Sachlich*: Alter, Beruf, Autotypen, Wohnorte, Hobbys, Sport etc.
- *Emotional*: Genussgewohnheiten (z. B. Schokoladenesser, Tee- und Kaffeetrinker etc.), Ernährung, Idole, Sprichwörter etc.
- *Fach- oder firmenspezifisch*: Betriebszugehörigkeit, Abteilung, Fachkenntnisse, Kundenkontakt etc.
- Nach Persönlichkeitsprofil

Es ist auch möglich, die Plätze bzw. Treffpunkte nicht vorzugeben. Dann müssen die Teilnehmer durch Zurufe selbst zusammenfinden. Diese Variante bringt oft noch mehr Spaß!

Schritt 3: Gespräche untereinander anregen

Als Moderator gehen Sie zu einzelnen Gruppierungen, stellen dort Fragen und regen die Teilnehmer an, sich untereinander vorzustellen und ins Gespräch zu kommen. Mit jeder weiteren Abfrage können Sie sich persönlich zurücknehmen und die Teilnehmer selbst agieren lassen.

Weitere Tipps zur praktischen Umsetzung

- Auf dem Boden eine lange Schnur durch den Raum oder Stuhlkreis verlegen. Links und rechts davon werden mit einem Kreppband zwei große farbige Blätter mit »Ja« und »Nein« aufgebracht. So können sich die Teilnehmer gut positionieren, wenn sie sich zwischen zwei *Kategorien* zu entscheiden haben.
- Bei Stellübungen mit mehr als zwei Kategorien kann der Moderator die Ecken des Raumes anhand einer Skizze auf dem Flipchart festlegen. *(Ecke/Clusterbildung)*
- Wenn Sie Fragen stellen, auf die graduell geantwortet wird, beispielsweise nach den Jahren der Betriebszugehörigkeit, ergibt sich eine *Reihenbildung*: Es ist dann sinnvoll, die Schnur gebogen zum Halbkreis zu verlegen, damit sich die Teilnehmer untereinander sehen können.

7.1.4 Live-Visualisierung

 Design: Reinhard Kuchenmüller und Dr. Marianne Stifel

 Anwendungsfelder:
Kommunikation verstärken, Transparenz erhöhen, Tabuthemen ansprechen, (Online-)Prozesse visualisieren

 Zielsetzung:
Die simultane, intuitive Spiegelung von Inhalt, Stimmung, Prozess und Ergebnis unterstützt den Gruppenprozess.

 Wirkfaktoren:

Wohlfühlen (1): ☆☆★★☆
Live-Visualisierung spricht die Sinne an und schafft Emotionalität.

Ressourcenaktivierung (2): ★★☆☆☆
Der Einsatz handgemalter Bilder weckt die latent in den Menschen schlummernden inneren Bilder und schafft Identifikation, Nachhaltigkeit, Wahrhaftigkeit, Freude und Kreativität.

Kleingruppenarbeit (3): ★☆☆☆☆
Live-Visualisierung begleitet Kleingruppenarbeit und bringt Querinformation in die Großgruppe.

Ergebnisorientierung (4): ★★☆☆☆
Veranstaltungen mit Visualisierung erzielen eine deutlich höhere Identifikation mit den Ergebnissen.

Rhythmisieren (5): ★★☆☆☆
Die gemeinsame Betrachtung der Bilder setzt Akzente des Innehaltens im Tagesrhythmus.

Selbstorganisation (6): ★☆☆☆☆
Jeder steuert selbst, wie weit er sich mit den Bildern befasst und auf sie einlässt.

 Zeitrahmen:
Die Visualisierer begleiten die Gruppenarbeit parallel, kosten also keine zusätzliche Zeit. Es ist zu empfehlen, am Schluss eine Präsentation mit Musik einzuplanen, Dauer acht bis zehn Minuten.

 Teilnehmerzahl: unbegrenzt

Räumliche Erfordernisse:
gut belichteter und frequentierter Platz für Pinnwände

 Hilfsmittel:
Bordmittel für Personen, die visualisieren

Anmerkungen zur Wirkungsweise:
Die Bilder, ergänzt durch kurze Sätze, entstehen synchron und simultan; sie geben unparteiisch das Geschehen wieder. Die spezifische Kombination von Bild und Text (»Visual Language«) spricht die Teilnehmer emotional an, weckt deren innere Bilder und tritt mit ihnen in einen Dialog. Dadurch erhöht sich die Aufmerksamkeit, Entscheidungen werden schneller gefällt; es entsteht eine Atmosphäre von Freude, Humor und Kreativität.

Die kleinen, handgemalten Bilder sind sofort sichtbar und für die interaktive Weiterarbeit verfügbar. Es sollte ausreichend Freiraum für die Teilnehmer durch Pausen oder Ortswechsel gegeben sein, damit sie die Bilder während der Veranstaltung sehen und auf sich einwirken lassen können. Der Einsatz der Live-Visualisierung wird im Plenum angekündigt.

Grundlegende Aussage:
Hier geht es darum, den Schatz der Bilder, die in der Menschheitsgeschichte seit 40 000 Jahren angesammelt wurden, für die Aufgaben von heute und die Aktivierung von morgen lebendig zu machen.

Schritt 1: Klärung
Vorbesprechung von Auftraggeber, Gruppenleiter und Visualisierer über Rollenverständnis und Abläufe.

Schritt 2: Visualisierung des Prozesses
Aufnahme der Visualisierung in die Agenda mit Präsentation/Slideshow und Vorstellung zu Beginn der Veranstaltung. Arbeit parallel zum Gruppenprozess. Stimmungen werden dargestellt und Tabuthemen angesprochen. Die kleinen Bilder im DIN-A5-Format werden fortlaufend auf einer Bilderwand kombiniert und sind sofort als Abbild des Prozesses sichtbar.

Schritt 3: Präsentation
Ein- bis mehrfache Präsentation der Bilder, bei Großgruppen als Slideshow mit Musik, Dauer acht bis zehn Minuten. Nach der Veranstaltung Digitalisierung der Bilder in hoher Qualität.

Weitere Anmerkung:

Es gibt vielfältige Möglichkeiten der Arbeit mit Bildern: spontan schon im Prozess, später als CD, im Intranet, als Kalender, Poster; in Ausstellungen, Versteigerungen und als Anknüpfungspunkt für das Fortsetzen der Arbeit.

Live-Visualisierung ist mit Online-Prozessen kompatibel, z. B. als simultane Visualisierung von Online-Konferenzen mit Feedbackschleifen. Live-Visualisierung ist ein Spezialgebiet der Visual Facilitation: weitere Informationen unter www.visuelle-protokolle.de.

Im Folgenden finden Sie das Beispiel einer kurzen Geschichte, die sich aus einer Live-Visualisierung ergeben hat:

Abb. 7.1.2 Bilderserie Live-Visualisierung

(Quelle: Visuelle Protokolle)

7.1.5 Musik

 Design: Claudia Feichtenberger und Rudolf Müller

 Anwendungsfelder:
In allen Phasen der Veranstaltung gibt es Möglichkeiten, mit Musik zu arbeiten. Klänge erreichen jeden Menschen.

 Zielsetzung:
Stimmung und Atmosphäre schaffen, Gehirn anregen.

 Wirkfaktoren:

Wohlfühlen (1): ☆★★★☆
Sinne ansprechen, Emotionen und Stimmung erzeugen

Ressourcenaktivierung (2): ★☆☆☆☆
Einfluss auf Stimulierung des Gehirns zur Ressourcenaktivierung nehmen.

Rhythmisieren (5): ★★☆☆☆
Trägt stark durch den ungewohnten Charakter zur Rhythmisierung bei.

 Zeitrahmen:
maximal eine Minute oder intensiv mit einem Live-Musikstück 10–20 Minuten.

 Gruppengröße: unbegrenzt

 Räumliche Erfordernisse: keine

 Hilfsmittel:
CD und Musikanlage, gute Akustik. Legen Sie sich ein Musikarchiv an.

Anmerkungen zur Wirkungsweise:
Musik hat Wirkung auf Stimmung, Verhalten und Fühlen der Menschen. Der Bewusstseinszustand wird in vielfältiger Weise beeinflusst, ob durch den Trommelwirbel in einem Zirkus, Vangelis' »Conquest of Paradise« – während der Boxer Henry Maske auf den Ring zuschreitet –, oder einfach entspannende Klänge.

Grundlegende Aussage:

Eine Veranstaltung ohne Musik bleibt unlebendig! Es geht nicht um einen Musikhintergrund im Foyer, sondern um den gezielten Einsatz von Stücken in den einzelnen Phasen der Veranstaltung.

Schritt 1: Planen

Sie erstellen einen Plan, wann welche Musik im Ablauf der Veranstaltung passend ist. Sie prüfen die Akustik und halten die Musik bereit. Die Zusammensetzung Ihrer Teilnehmer wird dabei eine große Rolle spielen.

Schritt 2: Beim Eintreffen

Ein lebendiges Stück von Mozart beim Eintreffen der Teilnehmer morgens passt immer. Je nach Zielgruppe ist ein aktueller Hit sinnvoll.

Schritt 3: Ende der Pausen

Am Ende von Pausen nutzen Sie immer wieder dasselbe Musikstück, um die Teilnehmer zurückzuholen. Sie können dabei auch Klatschen. Dabei werden Sie erleben, dass Ihre Teilnehmer bald mitklatschen.

Schritt 4: Themenorientiert

Bei bestimmten Themen können Sie einen aktuellen Hit oder Oldie spielen, der die Teilnehmer auf das Thema einstimmt: Die Auswahl ist groß.

Schritt 5: Mentale Unterstützung

Für spezielle Phasen mit mentaler Unterstützung werden Sie ohnehin Entspannungsmusik oder Largo-Stücke aus dem Barock einsetzen. Bei ganz wichtigen frontalen Präsentationen kann ebenfalls Musik im Hintergrund mitlaufen. Die Bedeutung der Worte wird so dramaturgisch unterstrichen (z. B. der Pachelbel-Kanon in D-Dur).

Musikressourcen:

Hier eine kleine Musikauswahl für Ihre Arbeit:

Komponist	Titel	Anwendung
Buena Vista Social Club	Buena Vista Social Club	Ankommen der Teilnehmer, vor dem eigentlichen Beginn
Various	Bar Jazz	Pausenmusik
Rondo Veneziano	Misteriosa Venezia	
Rondo Veneziano	Fantasia Veneziana	

Perlman/Previn	The Easy Winners (Ragtime Music)	Rückholung aus Pausen
Various und Reinhard K. Sprenger	Music for Motivation	
Bach, Vivaldi, Corelli, Telemann, Pachelbel u. a.	Langsame Sätze, die Largos und Adagios (Es gibt CDs zu kaufen, auf denen die langsamen Sätze verschiedener Komponisten zusammengestellt sind)	für mentale Übungen
Various und Various von Arte Nova (Sony BMG)	Träumerei (klassische Melodien)	
Lazlo Quartett	Kaffeehausmusik	Für Kreativität, neue Ideen
Various	Instrumental Evergreens	
Arnd Stein	Wellness Musik Vol 1, 2	Einfach für Entspannung
Various	Blue Lagoon Naturklänge zur Entspannung	
GoodMove Music Ltd und Geoff Powell	Musik für tiefe Entspannung	
Various	Merengue y Salsa en la Calle 8	Flotte Musik für Bewegung
Various	Mojito Passion – Best of Salsa & Latin Music	

Empfehlenswerte Literatur:

Feichtenberger, Claudia: Lernen mit Musik, Wien: obv-hpt-Verlag 1988

7.2 Schwerpunkt Ressourcen aktivieren

Wichtig ist, dass dieser Wirkfaktor sehr früh in der Veranstaltung eingesetzt wird, bevor die Teilnehmer durch zu lange frontale Aktivitäten in eine Konsumhaltung verfallen. Der Anfang einer Veranstaltung prägt immer das weitere Geschehen.

7.2.1 Sich einstimmen in der Tischgruppe

 Design: Dr. Rudolf Müller und Walter Bruck

 Anwendungsfelder:
Kennenlernen, neue Blickwinkel, persönliche Zielklärung, Einstimmen auf Thema

 Zielsetzung:
Die eigenen Ressourcen ansprechen und einen ressourcenorientierten Blick auf das Thema entwickeln

Wirkfaktoren:

Wohlfühlen (1): ☆☆★☆☆
Schafft emotionale Begegnung gleich zu Beginn.

Ressourcenaktivierung (2): ★☆☆☆☆
Aktiviert im Sinne eines Appreciative Inquiry Light.

Kleingruppenarbeit (3): ☆☆★☆☆
Prägt Gruppenstrukturen und Eigenverantwortlichkeit.

Ergebnisorientierung (4): ☆★☆☆☆
Wirkt über Fragen zu Werten und persönlichen Veranstaltungszielen.

Rhythmisieren (5): ☆☆★☆☆
Durch vielfältige Aktivitäten: Vorstellung der eigenen Person in der Gruppe, Partnerinterview, Aufstehen und Flipchart.

Selbstorganisation (6): ★★☆☆☆
Freiraum bei Auswahl des Interviewpartners.

 Zeitrahmen: mindestens 15 Minuten vorsehen

 Gruppengröße: unbeschränkt

 Räumliche Erfordernisse: keine

 Hilfsmittel: ein Flipchart pro Gruppe

Anmerkungen zur Wirkungsweise:
Hier wird thematisiert, was die Teilnehmer berührt: Persönliches; alles, worauf sie stolz sind; bewegende Geschichten und das alle verbindende

Thema der jeweiligen Veranstaltung. Das Resultat ist ein gemeinsam gestaltetes Flipchart.

Grundlegende Aussage:
Komprimierte und emotionale Phase des Kennenlernens in der Gruppe.

Schritt 1: Vorstellen in der Kleingruppe
Hier bestehen viele Gestaltungsmöglichkeiten: ein emotionaler Einstieg mit Superlativen, wie z. B. »*Ich bin hier am Tisch wohl der mit den längsten Haaren, der am schnellsten reiten, reden, Rad fahren, laufen ... etc. kann*«, kommt immer gut an, baut Selbstbewusstsein auf und bringt die Teilnehmer zum Lachen. Die Übung kann auch dezenter gestaltet werden: »*Ich bin Chef von 200 Mitarbeitern im Werkzeugmaschinenbau. Unsere Kunden schätzen an uns ganz besonders ...*«

Schritt 2: Intensives Kennenlernen
Im Mini-Partnerinterview in Anlehnung an die Wertschätzenden Interviews entsteht eine tiefe Berührung durch Erinnerung an besondere Erlebnisse im Sinne des NLP und weitere Schlüsselfragen, die helfen, hiervon einiges freizulegen. Alternativ können prozessorientierte ergreifende Fragen genutzt werden. Dabei sollten wir uns jedoch immer der Zeitbeschränkung bewusst sein. Die Fragen sind auf den weiteren Verlauf der Veranstaltung abzustimmen. Ein kurzes Anreißen von starken Emotionen ist eher für Tagungen oder auf Inhalte fokussierte Veranstaltungen geeignet.

Manchmal ist ein kurzer Austausch über die bewegenden Themen vollkommen ausreichend.

Schritt 3: Ergebnis ausdrücken
Das, was in der kurzen Zeit freigelegt wurde, hält die Gruppe auf einem Gruppenchart fest. Auf einem Flipchart (siehe Abbildung 5.8.1) oder an einer Pinnwand werden die wichtigsten Stichwörter aus den bisherigen Gesprächen in kreativer Weise dargestellt. Alternativ können vor allem bei offenen Veranstaltungen Post-its auf Pinnwänden entlang der Verkehrswege angebracht werden.

Anmerkungen:
Im Downloadbereich finden Sie hierfür unterschiedliche Beispiele der Implementierung.

7.2.2 Dialog mit Bildern – Visual Explorer

Design:
Charles Palus und David Horth (Center for Creative Leadership)

Anwendungsfelder:
Kreativer Dialog, Konfliktthemen, Teambuilding

Zielsetzung: Kommunikation erleichtern

Wirkfaktoren:

Wohlfühlen (1): ☆★★☆☆
Das künstlerische Bild, das Motiv regt an.

Ressourcenaktivierung (2): ☆★★★☆
Austausch von Sichtweisen und bewegenden Dingen

Kleingruppenarbeit (3): ★★★☆☆
Unterstützt die Kleingruppenarbeit.

Ergebnisorientierung (4): ★★★☆☆
Unterstützt Lösungsfindung.

Rhythmisieren (5): ★★☆☆☆
Bringt Abwechslung.

Zeitrahmen:
eine bis vier Stunden (hängt vom Thema und den Schlüsselfragen ab)

Gruppengröße: unbeschränkt

Räumliche Erfordernisse: keine

Hilfsmittel: für jeden Teilnehmer mindestens ein Bild

Anmerkungen zur Wirkungsweise:
Das Sprechen in Bildern regt die Phantasie an. Ein Bild sagt mehr als tausend Worte und drückt unendlich viel aus. Die Bilder erleichtern den Einstieg in komplexe und konfliktäre Themen. Die Bilder verdeutlichen

die Vielschichtigkeit des Themas und die Begrenzung der eigenen Sichtweise. Spielerisch entsteht Sinn. Die Qualität der Schlüsselfragen bestimmt die Tiefe im Dialog.

Die Sinn-Schleife – Sense Making Loop Abb 7.2.1 (Paulus und Horth 2005) – führt von Komplexität und Chaos zu gemeinsamem Verständnis und achtsamem Tun. Dieser Prozess wird in sechs Schritten durchlaufen.

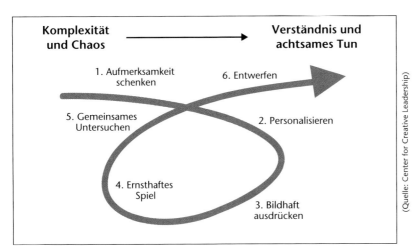

Abb. 7.2.1 Sinn-Schleife – Sense Making Loop

Grundlegende Aussage:
Mit dieser Übung soll ein Dialog, der reich an Bildern, Emotionen und Metaphern ist, erleichtert werden. Meistens werden bewegende Themen gewählt.

Schritt 1: Schlüsselfragen
Zuerst werden den Teilnehmern ein bis drei Schlüsselfragen zu einem aktuellen Thema gestellt (Beispiel: *Wie können wir bei uns eine Erfolgskultur leben?*). Dann nehmen sich alle einige Minuten Zeit für eigene Gedanken und Reflexionen. Es hilft, die Gedanken schriftlich festzuhalten.

Schritt 2: Bildauswahl
Anschließend sucht sich jeder Teilnehmer aus den Bildern, die im Raum verteilt sind, sein persönliches Bild aus. Es passt in besonderer Weise zu seiner Sichtweise auf das Thema. Hier einige Beispielbilder.

7. Werkzeugkasten

Abb. 7.2.2 Beispielbilder zu Dialog mit Bildern (Visual Explorer)

(Quelle: Center for Creative Leadership)

Schritt 3: Dialog in der Kleingruppe
In der jeweiligen Kleingruppe werden die Bilder in die Mitte gelegt. Anschließend erzählt jeder Einzelne, wie dieses Bild für ihn selbst mit dem Thema und den Schlüsselfragen zusammenhängt. Bei der Betrachtung der anderen Bilder wird die eigene Perspektive betont: »*Für mich drückt dieses Bild ... aus*« oder »*Wenn ich dieses Bild gewählt hätte, dann wäre das, weil ...*«. So entsteht ein Dialog.

Weitere Anmerkungen:
In der Suggestopädie wird diese Art des Dialogs bereits seit vielen Jahren eingesetzt, meist jedoch als Einstiegsübung mit Schwerpunkt auf dem Wirkfaktor 1 »Wohlfühlen« in Gruppen bis 20 Personen.

Bilder mit besonderer Bedeutung können im weiteren Prozess der Großgruppe aufgegriffen werden. Als Bilder können ausgewählte Bildersets wie Visual Explorer® (www.ccl.org) mit über 200 markanten Bildern oder andere Bilderkarten (Postkarten mit besonderen Motiven) eingesetzt werden.

7.2.3 Dialogische Aufstellung

Design:
Walter Bruck – aufbauend auf den soziometrischen Aufstellungen und dem Appreciative Inquiry

Anwendungsfelder:
Gruppenbildung, Diagnose, Bewegung verschaffen, Stimmung aufbauen, Kennenlernen, Großgruppendialog, Konflikte

Zielsetzung:
Eine Gruppe schnell arbeitsfähig machen. Beziehungsaufbau und gleichzeitig sanfter Einstieg ins Thema

Wirkfaktoren:

Wohlfühlen (1): ☆☆☆★☆
Fühlen, Sehen, Hören, Bewegen, Emotionen, Lachen

Ressourcenaktivierung (2): ☆☆☆★☆
Sich selbst spüren in Beziehung mit dem gesamten System, wahrnehmen, »was alles da ist«

Kleingruppenarbeit (3): ★☆☆☆☆
Jeder findet seinen ganz eigenen Platz im Raum, Kleingruppen bilden sich spontan.

Ergebnisorientierung (4): ★★☆☆☆
Macht die Ergebnisorientierung bewusst.

Rhythmisieren (5): ☆☆☆★☆
Ständige Bewegung zwischen natürlichen Ordnungen

Selbstorganisation (6): ☆★★☆☆
Jeder kann selbst entscheiden, wo er dazugehört, wie viel Abstand ihm gut tut und mit wem er spricht.

Zeitrahmen: 20 bis 40 Minuten

Gruppengröße: 10 bis 300 Personen

Räumliche Erfordernisse:
ausreichend freier Raum, in dem alle Teilnehmer stehend Platz haben

Hilfsmittel: keine

Anmerkungen zur Wirkungsweise:
Hier wird das darstellende Element der soziometrischen Aufstellungen mit den Befindlichkeiten der Aufstellungsarbeit und mit Wertschätzenden Fragen aus dem Appreciative Inquiry Ansatz verknüpft. Zudem wird ein spontan initiierter Dialog zwischen den Teilnehmern angeregt. Die Übung weist eine gewisse Ähnlichkeit mit den Stellübungen (vgl. Kap 7.1.3 hier im Werkzeugkasten) auf, ist jedoch stärker auf Ressourcenaktivierung ausgerichtet.

In der Praxis baut sich schnell eine Beziehung zwischen den Teilnehmern auf. Ein Gruppengefühl entsteht einerseits durch die Wahrnehmung der natürlichen Ordnungen und andererseits durch die Dialoge. Diese sind eine Mischung aus »einer redet und alle – na ja, die meisten – hören hin« und »alle sprechen miteinander – na ja, die meisten«. Es wird viel gelacht, es werden Dinge ausgesprochen, die befreiend wirken; Dinge, die sonst keiner so früh im Prozess zu sagen gewagt hätte.

Grundlegende Aussage:
Hier geht es darum, die Einzigartigkeit jedes einzelnen Teilnehmers zu verdeutlichen und seine Erfahrungen, Prägungen, Ideen und Vorstellungen wertzuschätzen. Gleichzeitig entsteht durch die räumliche Abbildung in Verbindung mit den sprachlichen Äußerungen neue Einsicht in die Zusammenhänge. Das Ergebnis ist eine Großgruppe, in der bereits ein recht großes Vertrauen herrscht und erste Einsichten für das Thema gesammelt wurden.

Schritt 1: Raum öffnen
Die Teilnehmer werden gebeten, alle Stühle an die Seite zu räumen – selbst wenn es einen Stuhlkreis gibt. Damit steht das ganze Plenum als freier Raum zur Verfügung. Die Übung bietet außerdem Gelegenheit für eine erste Aktivität – die Teilnehmer packen aktiv an. Ist das Wegräumen der Stühle nicht möglich, kann die Übung ins Freie verlagert werden. In diesem Fall ist besonders auf die Akustik und auf einen guten Übergang zum nächsten Schritt im Veranstaltungsdesign zu achten.

Der Prozessbegleiter erklärt, dass es bei der Übung darum gehe, sich ein wenig kennenzulernen. Das reicht meist als Einladung aus. Im Folgenden werden vorbereitete oder aus der Gruppe im Laufe des Prozesses entstehende Fragen im Raum dargestellt.

Schritt 2: Erste Landkarte auswählen

Oft beginnen wir mit einer Frage wie »*Wo leben Sie?*«. Die Antworten werden im Raum dargestellt, indem wir die Himmelsrichtungen vorgeben oder noch besser: die Gruppe fragen, wo Norden ist. Wir stellen die Fragen im Vergleich zu den Stellübungen bewusst unscharf, so gibt es mehrere Interpretationsmöglichkeiten. Zudem geben wir möglichst wenig an möglichen Antworten vor. Lebt jemand dort, wo er arbeitet, oder dort wo er wohnt, oder ganz woanders? Auf Rückfragen der Teilnehmer, wie eine Frage zu verstehen sei, antworten wir »*So, wie es für Sie richtig ist, wie Sie es verstehen*«. Dadurch kommen bereits erste Denkprozesse in Gang.

Schritt 3: Den richtigen Platz finden

Während die Teilnehmer versuchen, ihren richtigen Platz zu finden, entsteht Chaos, und wir helfen ein wenig in der Orientierung. Dies tun wir, indem wir Einzelne oder Kleingruppen fragen, wo wir denn hier sind und wer ihre Nachbarn sind. Während dieser Findungsphase entsteht bereits viel spontaner Dialog in den Kleingruppen. Dem geben wir Raum.

Schritt 4: Systemteile befragen

Jetzt nehmen wir die markanten Punkte des Systems genauer unter die Lupe und geben diesen eine Stimme im ganzen Raum. Die umstehenden Personen sollen ihre Aufmerksamkeit auf den lenken, der spricht. Markante Punkte sind solche, wo viele zusammenstehen oder wo ganz wenige oder gar einer alleine steht. Es ist nicht wichtig, jeden Einzelnen zu befragen, wir können bei sehr großen Gruppen in »Regionen« vorgehen.

Jetzt stellen wir uns neben einen Teilnehmer und fördern mit wenigen Fragen die »tieferen Befindlichkeiten« des Systems zu Tage. Ein erster Einstieg kann die Frage sein: »*Wo bin ich denn hier gelandet?*« Und so könnte es weitergehen: »*Was gibt es denn hier Besonderes (z.B. in Hamburg)?*«

Das ruft bereits Reaktionen der anderen Systemteile hervor, beispielsweise aus dem Süden: »*Bei uns ist das ganz anders und besser ...*« Wenn das nicht von selbst passiert, können wir die Dialoge zwischen den Systemteilen anregen: »*Was meint ihr (aus dem Süden) denn dazu?*« Es ist ein Spiel mit den Elementen des Systems. Das ganze System kommt in einem Großgruppendialog miteinander in Beziehung. Das baut ein starkes Vertrauen auf.

Weitere Fragen können sein: »*Wie geht es Ihnen denn/was denken Sie denn, wenn Sie da rüber sehen?*« »*Was schätzen Sie besonders an dieser Gruppe dort?*« (z.B. Menschen aus dem Norden, aus dem Vertrieb)

Ziel dieser Fragen ist es immer, über Befindlichkeiten und Gefühle zu sprechen und gleichzeitig anderen gegenüber Wertschätzung auszudrücken. Mit einer direkten Frage wie »*Was fühlen Sie hier an Ihrem Platz?*« würden wir genau das Gegenteil erreichen; das Wort »fühlen« würde meistens zur Blockade führen.

Während wir bei den ersten Begegnungen dieselben Fragen wörtlich oder anders formuliert wiederholen, können wir das bei den weiteren Befragungen immer mehr sein lassen. Wir brauchen uns dann nur noch neben den Teilnehmer stellen, ihn kurz anzublicken, und er beginnt von selbst zu erzählen. Wir als Prozessbegleiter können uns immer mehr zurücknehmen. Denn allein durch die Tatsache, uns danebenzustellen, setzen wir einen starken Anker.

5. Schritt: Neue Landkarte auswählen

Nun folgen weitere Fragen, und jede Frage hat eine geometrische Abbildung im Raum. Wichtig für die Rhythmisierung ist es, dass ein ständiger Wechsel der Geometrien und Ordnungen im Raum stattfinden kann.

Die Fragen beginnen meistens im persönlichen Lebensbereich und nähern sich schrittweise dem Thema der Veranstaltung. Eine Schlussfrage könnte etwa sein: »*Für wie wichtig halten Sie das Thema unserer heutigen Veranstaltung?*« *(Unbedingt das Thema nennen!)* Als Form wählen wir die Zielscheibe, mit dem roten Punkt in der Mitte. Weitere Details finden Sie in der Zielpunktaufstellung im Downloadbereich.

Diese Frage erscheint den Teilnehmern bisweilen zunächst überflüssig. Sie ist jedoch als Absicherung des Themas in unklaren Ausgangssituationen immer zu empfehlen. Falls es an dieser Stelle Überraschungen gibt, können die Unklarheiten sofort geklärt werden, und ein sauberer Prozess kann folgen. Wenn alle Teilnehmer das Thema für wichtig erachten, stehen sie dicht aneinandergedrängt im Raum. Dies ist ein starkes Signal mit rituellem Charakter und bekundet: Ja. Wir wollen es! Am Ende einer Großgruppenveranstaltung können wir mit einer Zielpunktaufstellung in derselben Weise abschließen.

Im Folgenden finden Sie ein paar Beispiele für Fragen und ihre Abbildungen im Raum:

7.2 Schwerpunkt Ressourcen aktivieren

Geometrische Form	Beispielfrage
Kompass (N, W, O, S)	Wo ist Ihre Heimat? Wo machen Sie den meisten Umsatz?
Halbkreis / Bogen	Wie viele Jahre verkaufen Sie bereits? Wie viel Jahre Erfahrung haben Sie in der Entwicklung neuer Ideen?
Leiter	Für wie viele Mitarbeiter fühlen Sie sich verantwortlich?
Gruppe von Kreisen	Was war Ihre erste Berufsausbildung?
Raute	Sind sie Erstgeborener, Mittlerer, Letztgeborener oder Einzelkind?
Koordinatensystem	Wie sehen Sie heute den Zusammenhang zwischen der Qualität Ihrer Produkte und der Kundenbindung? Wie stark beeinflussen Innovationen im Geschäftsbereich Human Resources den Unternehmenserfolg?
Zielscheibe	Aus der Perspektive des Kunden gedacht: Wie nahe sind wir in unserem Alltag bei unseren Kunden? Wie wichtig ist Ihnen unser heutiges Thema?

Andere Formen wie Dreiecke sind möglich, oft jedoch zu komplex als Aufgabenstellung und daher nur in Ausnahmefällen zu verwenden. Meistens reichen drei bis fünf Fragen: Dann ist die große Gruppe bereits zu einer starken Einheit geworden und es herrscht viel Vertrauen. Für jede Frage ist mit sieben bis acht Minuten unabhängig von der Gruppengröße zu rechnen. Nur bei äußerst konfliktären Situationen kann es länger dauern. Die Übung dient dann letztlich dazu, um arbeitsfähig zu werden. Einmal haben wir für fünf Fragen zwei Stunden gebraucht. Doch: Ohne diese klärenden Fragen hätten wir die Veranstaltung nicht durchführen können. Es ist beeindruckend, wie tief die Einblicke des Prozessbegleiters in das System an dieser Stelle werden können.

Weitere Anmerkungen:
Auf Veranstaltungen, bei denen viel an Tischen gearbeitet wird, kann man mit dem leeren Raum und Stuhlkreisen beginnen. Erst in der Kaffe- oder Mittagspause werden dann die Tische aufgebaut.

7.2.4 Fishbowl (Goldfischglas)

Design: Uns unbekannt

Anwendungsfelder:
Großgruppendialog, Konflikte, Vorstellung von Standpunkten im Plenum, Abschluss

Zielsetzung:
offene Diskussion und Klärung von Streitfragen in der Großgruppe

Wirkfaktoren:

Wohlfühlen (1):
Visuell lebendig durch Wechsel der Personen

Ressourcenaktivierung (2):
Dialog in der Großgruppe über das, »was ist«

Kleingruppenarbeit (3):
Gruppen können Delegierte in das Goldfischglas entsenden.

Ergebnisorientierung (4):
Kann ebenfalls zur Verdichtung eingesetzt werden, vor allem um ein Ergebnis herauszuarbeiten.

Rhythmisieren (5):
Bewegung durch wechselnde Teilnehmer

Selbstorganisation (6):
Jeder kann mitmachen, der will. Das hält die Aufmerksamkeit länger hoch.

Zeitrahmen: 30 bis 60 Minuten

Teilnehmeranzahl:
maximal sechs aktive Teilnehmer zum selben Zeitpunkt; über mehrere Runden beliebig viele

Gruppengröße: unbegrenzt

Räumliche Erfordernisse: innerer Kreis oder ein Podium

Hilfsmittel: keine, außer Mikrophon

Anmerkungen zur Wirkungsweise:
Fishbowls bieten auf Tagungen eine gute Alternative zu Podiumsdiskussionen. Rhetorische Unterschiede der Teilnehmer werden eingeebnet. Die Großgruppe hat die Kontrolle über die gesamte Aktion. Bei Bedarf kann der Moderator die ausgetauschten Argumente auf Flipchart in Stichworten mitprotokollieren. Es gibt eine Reihe von Varianten für dieses Verfahren. Hieraus ist je nach Sachverhalt die passende Form zu finden.

Grundlegende Aussage:
Es geht um Klärungen von Sachverhalten und Konflikten, für die ein normaler Dialog in der ganzen Großgruppe nicht machbar ist. Hier schafft die Fishbowl eine Struktur, in der es dann doch möglich ist. Dabei bleibt die Konzentration für alle hoch.

Schritt 1: Anmoderation
Ein kleiner innerer Stuhlkreis (oder Podium) mit maximal sieben Stühlen wird aufgebaut. Darum herum sind im großen Kreis die übrigen Stühle platziert. Die Vorgehensweise ist genau zu erklären. Es ist wichtig darauf hinzuweisen, dass sich die Teilnehmer abwechseln sollen. Meist wird die Thematik vorgegeben.

Schritt 2: Stuhlkreis besetzen
Die ersten Teilnehmer – Freiwillige nach Schnelligkeit oder bestimmt von den Kleingruppen – besetzen sechs Stühle. Einer bleibt leer. Anfängliche Hemmungen werden vom Moderator überbrückt. Er achtet auf einen Wertschätzenden Dialog und auf die Einhaltung wichtiger Spielregeln. Ein Platz in dem Stuhlkreis ist meist für den Moderator reserviert.

Schritt 3: Dialog
Die Personen im inneren Kreis diskutieren und tauschen ihre Meinungen aus. Es kann nun ein Teilnehmer aus dem Außenkreis aufstehen und den leeren Stuhl besetzen. Die Person im Innenkreis, die gerade spricht, formuliert ihre Gedanken in Ruhe zu Ende und begibt sich anschließend in den Außenkreis. Der neu Hinzugekommene besetzt dann diesen inneren Platz, und der siebte Stuhl ist wieder leer für den Nächsten aus dem Außenkreis. Bei sehr großen Gruppen kann es zum »Stau« kommen; für diesen Fall hilft die weiter unten beschriebene Variante 2.

In der Praxis entwickelt sich trotz Kommen und Gehen ein Dialog, der nicht abbricht. Das Ganze wird auch nicht hektisch, weil die Sprecher ihren Gedanken immer in Ruhe zu Ende spinnen können.

Variante 1: Feste und temporäre Sitzplätze
Jeder zweite Stuhl im inneren Stuhlkreis ist ein fester Sitzplatz und jeder erste ist ein temporärer Sitzplatz. Auf einem festen Sitzplatz darf so lange verweilt werden, wie jeder will. Auf einem temporären Sitzplatz darf man nur eine Wortmeldung abgeben, und anschließend wird dieser wieder verlassen.

Alternativ können nur zwei Sitzplätze als temporär markiert werden. Ergänzend bewährt sich hier die folgende Variante 2.

Variante 2: Weiterer Stuhlkreis als Puffer
Zusätzlich zum inneren Stuhlkreis gibt es einen etwas größeren Stuhlkreis mit 12–14 Sitzplätzen. Diese bilden sozusagen einen Puffer zwischen der großen Gruppe und der kleinen Gruppe, die diskutiert. Dies ist sehr hilfreich für sehr große Gruppen und bei einer zu erwartenden hohen Beteiligung am Dialog.

Variante 3: Alle dürfen diskutieren
Die Teilnehmer im Außenkreis dürfen sich ebenfalls an der Diskussion beteiligen.

Variante 4: Ausladen von Dauerrednern
Hier fehlt der siebte leere Stuhl. Jeder Teilnehmer kann sich zu einem beliebigen Zeitpunkt hinter einen Stuhl im inneren Kreis stellen. Sobald diese Person ausgeredet hat, verlässt sie den inneren Kreis. Diese Variante wirkt speziell Dauerrednern entgegen.

Variante 5: Gesandte aus den Kleingruppen
Bei kleinerer Gesamtzahl kann jedem Stuhl eine Kleingruppe zugeordnet werden, und dieser Platz wird nach Meinungsbildung und Absprache innerhalb der Kleingruppe dynamisch besetzt.

Anmerkungen:
Ressource: www.projektwerkstatt.de/hoppetosse/hierarchNIE/fishbowl.html

7.3 Schwerpunkt Kleingruppenarbeit

7.3.1 Wechselnde Rollen in den Gruppen

 Design:
Marvin Weisbord für die Zukunftskonferenz, adaptiert von Matthias zur Bonsen, ergänzt um den Zielpaten von Walter Bruck

 Anwendungsfelder:
Strukturierungshilfe bei allen Großgruppenformen

 Zielsetzung:
Alle Teilnehmer in der Kleingruppe im Wechsel aktiv einbeziehen

 **Wirkfaktoren:**
Ressourcenaktivierung (2): ★★☆☆☆
Eigene Fähigkeiten können gezielt eingebracht werden.

Kleingruppenarbeit (3): ☆☆★☆☆
Strukturierung der Moderationsaufgaben durch Teilnehmer

Ergebnisorientierung (4): ☆☆☆★☆
Die Verteilung der Aufgaben erleichtert die Ergebnisorientierung. Zusätzlich hat der Zielpate das Ergebnis im Blick.

Rhythmisieren (5): ★☆☆☆☆
Durch Wechsel gegeben

Selbstorganisation (6): ☆☆★☆☆
Freiwillige Übernahme von Verantwortung

 Zeitrahmen:
zwei Minuten für Lesen; dann Festlegung bei jeder neuen Gruppenarbeit

 Gruppengröße: Kleingruppen ab 5 Personen

 Räumliche Erfordernisse: keine

 Hilfsmittel:
Flipchart pro Gruppe ist günstig, sonst entfällt der Schreiber.

Anmerkungen zur Wirkungsweise:
Das Arbeitsblatt sollte in der Teilnehmermappe liegen. Die wechselnden Teilnehmerrollen sind ein bewährtes Konzept für viele Großgruppenformate, um die Selbstorganisation der Teilnehmer zu unterstützen.

Grundlegende Aussage:
Es geht um effektives Arbeiten in Kleingruppen. Jeder, der eine Aufgabe übernimmt, trägt eine überschaubare Verantwortung. Das aktiviert. Die Moderationsfunktion auf verschiedene Schultern zu verteilen, fördert die Gemeinschaft.

Text in der Arbeitsmappe
Jede Kleingruppe führt ihre eigene Diskussion und sorgt selbst für das Festhalten der Ergebnisse, die Zeitplanung und die Berichterstattung. Nachfolgend finden Sie einige nützliche Rollen, um die Aufgaben in einer Arbeitsgruppe zu verteilen. Überprüfen Sie dabei auch, ob diese Rollen für jeden Arbeitsschritt des Workshops neu besetzt werden sollen.

Moderator
Sorgt dafür, dass ein wertschätzender Umgang gepflegt wird und dass jeder, der sich äußern will, innerhalb der verfügbaren Zeit gehört wird.

Schreiber
Geht gleich zu Anfang der Gruppenarbeit ans Flipchart. Schreibt die Ergebnisse der Gruppe auf dem Flipchart mit. Bittet die Teilnehmer, zu lange Aussagen kurz zusammenzufassen.

Sprecher
Präsentiert im Plenum die Ergebnisse.

Zeitnehmer
Achtet darauf, dass die Gruppe mit ihrer Zeit sorgsam umgeht, und macht auf die verbleibende Zeit aufmerksam. Informiert während der Präsentationen den Sprecher über die verbleibende Zeit (z. B. mit Handzeichen).

Zielpate
Hat immer ein Auge darauf, dass am Ende ein konkretes vorzeigbares Ergebnis entsteht. Holt die Gruppe bei geistigen Ausflügen wieder zurück auf den Zielkorridor. Er ist verantwortlich für die Ergebnisqualität. Zusammen mit dem Schreiber und dem Sprecher sorgt er dafür, dass am Ende ein präsentierbares Ergebnis erzielt wird.

7.3 Schwerpunkt Kleingruppenarbeit

Weitere Anmerkungen:
Das Verfahren der wechselnden Rollen kann ebenso komplett virtuell eingesetzt werden.

7.3.2 Komprimierte Gruppenanweisungen

 Design: Dr. Rudolf Müller

 Anwendungsfelder:
Gruppeneffektivität und Ergebnisorientierung erhöhen

 Zielsetzung:
Zeit einsparen, die sonst für Lesen der Arbeitsblätter in der Mappe benötigt wird. Kompensation dafür, dass einige Gruppenmitglieder gar nicht lesen. Effektivität erhöhen.

 Wirkfaktoren:

Wohlfühlen (1): ★☆☆☆☆
Visuelle Orientierung auf dem Flipchart, auf dem gearbeitet werden soll

Kleingruppenarbeit (3): ☆☆★☆☆
Strukturierung der Aufgaben der Gruppe in kürzester Fassung, ggf. für Themen, deren Wahl vorher nicht bekannt war

Ergebnisorientierung (4): ★★☆☆☆
Hilft bei der Durchdringung offener Themen.

Rhythmisieren (5): ★☆☆☆☆
Fördert das Stehen der Gruppe vor dem Flipchart.

 Zeitrahmen:
Verkürzt die Orientierungszeit bei Gruppenarbeiten.

 Gruppengröße: Kleingruppen von 2 bis 24 Personen

 Räumliche Erfordernisse: keine

 Hilfsmittel:
vorbereitete DIN-A4-Blätter, vom Computer bedruckt

Anmerkungen zur Wirkungsweise:
Zeitersparung bei Standardaufgaben, thematisch bessere Durchdringung bei Themenaufgaben. Das Stehen der Gruppe vor dem Flipchart wird gefördert, während eine Arbeitsmappe mehr zum Sitzen verleitet.

Grundlegende Aussage:
Schnelle Orientierung und unterstützende Struktur für die Gruppen direkt auf ihrem Arbeitsmedium. Das Verfahren ermöglicht insgesamt effektives Arbeiten.

Schritt 1: Vorbereitung
Planen, welche Themen sich in der Großgruppenarbeit voraussichtlich ergeben und welche Strukturierung dafür hilfreich sein wird. Kurzanweisungen texten. Diese sind auf farbige DIN-A4-Blätter (Querformat, Schriftgröße mindestens 30pt, fett) zu kopieren. Eine Aufgabe kann auf zwei Blätter kopiert werden.

Schritt 2: Anbringen an den Flipcharts
Zu Beginn der Gruppenarbeiten werden die vorbereiteten Blätter von den Moderatoren auf den jeweiligen Flipcharts oder Pinnwänden befestigt.

Vorgehensweise	Thema: Interne Zusammenarbeit
• Brainstorming« (Ideensammlung) ca. 15 Minuten, breit anlegen • Auswahl treffen • Einzelpunkte tiefer analysieren • Empfehlungen formulieren • Thema könnte nächste Woche fortgesetzt werden	Zusammenarbeit und Kommunikation verbessern: • Unsere wichtigen Werte mehr leben • Welche Werte unterstützen unseren Erfolg? Qualifikation der Mitarbeiter verbessern → Fortbildung
Thema: Veränderungen von außen Veränderungen sind in folgenden Bereichen zu erwarten: • Technologie, Wettbewerb, Gesetzgeber, Kulturwandel, Lieferanten, Finanzierung Was ist für eine proaktive Nutzung der Veränderungen zu unternehmen? (Ideen aus dem Bereich Kundenbedürfnisse und Mitarbeiter eventuell in anderer Gruppe bearbeiten)	**Diese Werte sind uns wichtig für die Organisation:** Dinge, die Ihnen wichtig für das Leben in der Organisation sind. z.B. ethische Grundwerte des Zusammenlebens, wie Ehrlichkeit, Anerkennung, Kommunikation, Offenheit etc. oder solche, die nach außen wirken, wie Qualität, Nutzen, Zuverlässigkeit, Innovation

7.3.3 Effektive Stammgruppen bei offenen Veranstaltungen

Design: Dr. Rudolf Müller

Anwendungsfelder:
Querinformation und Ergebnisorientierung erhöhen, insbesondere bei offenen Veranstaltungen

Zielsetzung:
Den Teilnehmern eine Heimat geben und sie dadurch zu einem disziplinierten Ablauf der Veranstaltung anregen. Den Austausch zwischen den Teilnehmern fördern.

Wirkfaktoren:

Wohlfühlen (1): ★★☆☆☆
Symbolwert der Gruppenbezeichnungen, Heimat geben

Ressourcenaktivierung (2): ★☆☆☆☆
Durch die entstandene Nähe wagt jeder, mehr aus sich herauszugehen.

Kleingruppenarbeit (3): ☆☆★★☆
Einbinden jedes Teilnehmers in eine Heimat, persönlicher Austausch

Ergebnisorientierung (4): ☆★★☆☆
Unterstützt die Zielerreichung durch aktives Engagement der Teilnehmer, die mit ihren Berichten selbst mehr verarbeiten.

Rhythmisieren (5): ★★☆☆☆
Durch den Wechsel von Großgruppe, parallelen Workshops, Phasen in Arbeitsgruppen und in der Stammgruppe ergibt sich eine gute Rhythmisierung.

Selbstorganisation (6): ★★☆☆☆
Meist besteht innerhalb der Stammgruppe Themenfreiheit.

Zeitrahmen: mindestens 30 Minuten für eine Sitzung

Teilnehmeranzahl:
Kleingruppen bis zu 20 Teilnehmer (nur Berichte, keine Arbeitsaufgaben)

Gruppengröße: unbeschränkt

> **Räumliche Erfordernisse:**
> eigener Raum ideal, aber auch spontane Sitz- und Stehkreise möglich
>
> **Hilfsmittel:**
> bei systematischem Einsatz mindestens ein Flipchart pro Stammgruppe

Anmerkungen zur Wirkungsweise:
Die Bildung von Stammgruppen erhöht die Zufriedenheit der Teilnehmer und steigert deren Engagement sowie die Verarbeitung der Thematik der Veranstaltung. Im Downloadbereich befinden sich weitere Informationen zur Arbeit mit Stammgruppen und für die Gruppenzusammensetzung.

Grundlegende Aussage:
Menschen brauchen eine Heimat und haben das Bedürfnis nach Austausch.

Schritt 1: Vorbereitungen
Stammgruppe im Ablauf zeitlich einplanen. Passende Symbolik (Sticker, Aufkleber) zum Veranstaltungsthema auswählen. Raumfrage klären: alle in einem Raum oder in getrennten Gruppenräumen? Übergangszeiten einplanen. Auf gute Beschilderung achten, damit kein Zeitverlust durch Suchen entsteht.

Schritt 2: Wählen der Stammgruppe
Beim Einchecken die Teilnehmer auf die Gruppen (gleichmäßig) aufteilen. Sie dabei möglichst »wählen« lassen, z. B. nach Themeninteresse oder aufgrund des Namens der jeweiligen Gruppe. Sinn der Stammgruppen im Programm bei der Begrüßung und beim Einchecken erklären: Das ist eine besondere Möglichkeit, »Nähe« herzustellen.

Schritt 3: Konstituierende Sitzung
Erstes Stammgruppentreffen (Konstituierende Sitzung) möglichst nach den ersten Begrüßungsworten, spätestens nach dem ersten Vortrag. Raum der Stammgruppe so ausstatten, dass eine Insel der Ruhe und eine Heimstatt entstehen kann. Kennenlernaktion in den Stammgruppen in dieser ersten Sitzung organisieren.

Schritt 4: Häufigkeit der Treffen
Täglich mindestens drei Stammgruppentreffen. Bei parallelen Workshops ist ein Treffen der Stammgruppe nach jeder Runde ideal. Abschiedstreffen der Stammgruppen einplanen.

Weitere Anmerkungen:
Sonstige Regeln:

- Zeiten einhalten. Zeitverschiebungen schnell in allen Räumen bekannt machen.
- Referenten ebenfalls in die Stammgruppen platzieren und diese auf aktivere Teilnehmer in den eigenen Workshops vorbereiten.

Weitere Tipps befinden sich im Downloadbereich.

7.4 Schwerpunkt Ergebnisorientierung

7.4.1 ZAKK – Zielorientierte Aktive Kooperative Kleingruppenarbeit

Design:
Walter Bruck (basierend auf dem Reteaming-Ansatz von Ben Furman, Geisbauer (2006)

Anwendungsfelder:
Umsetzung, Strukturhilfe, Effektivität, Zielorientierung, unterstützendes Strukturangebot in der Kleingruppenarbeit

Zielsetzung:
höchst effektives und zielorientiertes Arbeiten aller Gruppenmitglieder

Wirkfaktoren:

Wohlfühlen (1):
Fühlen, bewegen, Zusammenhänge sichtbar

Ressourcenaktivierung (2):
Jeder leistet aktiv seinen Beitrag. Dialog wird erleichtert.

Kleingruppenarbeit (3): ☆☆☆☆★
Strukturierung der Arbeit

Ergebnisorientierung (4): ☆☆☆★★
Das Ziel bleibt im Blick; Ergebnisse werden dokumentiert.

Rhythmisieren (5):
Wechsel aus Phasen des Beitragens, Bewegens und des Dialogs

Selbstorganisation (6): ☆☆☆★★
Jeder kann in einem selbst gewählten Bereich beitragen und selbst neue Themen kreieren.

Zeitrahmen: 15 bis 120 Minuten

Gruppengröße: 1 bis 12 Personen (ideal 3 bis 7)

Räumliche Erfordernisse: keine

Hilfsmittel:
Post-its, Block und Flipchart-Stift für jeden Teilnehmer. Mindestens ein Flipchart pro Gruppe, ideal eines für 3 bis 6 Teilnehmer.

7.4 Schwerpunkt Ergebnisorientierung

Anmerkungen zur Wirkungsweise:
Das Ziel ist ständig klar vor Augen. Die Struktur ist rekursiv, d.h. jeder Schritt kann mit derselben Struktur weiter verfeinert werden. Es können sich jederzeit spontan kleinere Gruppen bilden, die Teilaufgaben/Teilschritte bearbeiten und detaillierter ausführen. Jeder Teilnehmer ist jederzeit aktiv am Prozess beteiligt. Durch das Stehen am Flipchart werden endlose Diskussionen vermieden. Standpunkte werden im Stehen vertreten. So entsteht ein konstruktiver Dialog. Wenn die Arbeitszeit der Gruppe abgelaufen ist, stellt sich nicht die quälende Frage: Was präsentieren wir? Denn das Ergebnis ist bereits präsentationsfähig.

Grundlegende Aussage:
Hier geht es um ein effektives Arbeiten in Kleingruppen an Umsetzungsthemen. Es ist sehr leicht, mit dieser Struktur zielorientiert zu arbeiten.

Schritt 1: Vorgehensweise anschaulich darstellen
Im Plenum können wir die Vorgehensweise oder den Wert der folgenden Struktur (siehe Abbildung 7.4.1) in zwei Minuten mit Hilfe vorbereiteter Post-its erläutern. Dafür haben wir die Struktur auf einem Flipchart vorbereitet oder zeichnen diese live.

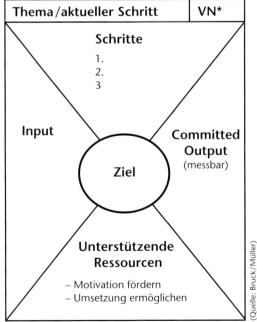

* Initialen des Verantwortlichen

Abb. 7.4.1 Arbeitsstruktur ZAKK auf Flipchart

Es ist gut, für die Erklärung ein Thema zu wählen, das mit den zu bearbeitenden Themen im Zusammenhang steht. Man kann aber auch ein Beispiel aus einem ganz anderen Kontext wählen. Beispiele: *»Kaffee kochen«*, *»Neuen Anzug kaufen«*, *»Bankett für den Abend vorbereiten«*.

Die Post-its werden auf dem Flipchart angebracht. Die Struktur lässt sich im folgenden Sinne lesen:

- Verantwortlich für das Thema ist *VN* (Vorname, Nachname).
- Welches Ziel verfolgen wir mit dem *Thema*?
- Welches konkret messbare Ergebnis wollen wir erreichen? Was ist der erreichte Nutzen?
- Welche *unterstützenden Ressourcen* haben oder benötigen wir dafür?
- Welcher *Input* führt über die *Schritte* 1 bis ... zum Ergebnis?

Jeder Schritt kann mit derselben Struktur weiter detailliert werden.

Je nach Unternehmenskultur können wir die Struktur in einer anderen Reihenfolge lesen. Auch das Arbeiten mit anderen Medien ist denkbar. In einer sehr großen Gruppe kann die Vorgehensweise anhand einer PowerPoint-Präsentation erläutert werden.

Die Teilnehmer erhalten ein Arbeitsblatt mit »komprimierten Anleitungen«. Anschließend beginnt die Arbeit in den Gruppen in folgenden Schritten:

Schritt 2.: Thema und Verantwortlichkeit festlegen
Die Gruppenteilnehmer stehen um das Flipchart. Es sollte keine oder nur wenige Sitzgelegenheiten geben. Dadurch werden alle zur aktiven Beteiligung angeregt.

Zuerst zeichnet die Gruppe die Struktur auf ein Flipchart oder an eine Pinnwand. Es ist am einfachsten, das Thema in den vorgesehenen Block zu schreiben und rechts die Initialen des Themenverantwortlichen. Es handelt sich meistens um den Initiator der Gruppe oder denjenigen, der die Verantwortung für die Umsetzung trägt.

Schritt 3: Paralleles Arbeiten
Ab jetzt beginnt eine gemeinsame Gruppenarbeit am Flipchart, indem alle parallel mittels der Post-its ihren wichtigsten Beitrag, ihre Sicht der Dinge in den entsprechenden Block einfügen. Ideen können so schnell gesichert

werden, während der Fokus der Gruppe auf einen Bereich konzentriert bleibt. Zwei oder drei Untergruppen können sich Gedanken zu einem bestimmten Bereich machen. Wenn weitere Flipcharts zur Verfügung stehen, wird die Bildung von Untergruppen erleichtert. Oft reichen Tische aus, auf die ein Flipchartblatt gelegt wird. Eine Untergruppe mit drei Teilnehmern kann erfahrungsgemäß höchst effektiv arbeiten.

Im Mittelpunkt der Struktur und des Themas steht das Ziel, der Zweck oder der Sinn. Es ist empfehlenswert, wenn dies in der Gruppe zuerst geklärt wird.

Weitere Anmerkungen:
Die verwendeten Post-its sollten mindestens im Format 12 x 7 cm oder 15 x 10 cm zur Verfügung stehen.

Wir können diese Struktur auch als spezielle Form der Großgruppe verstehen. Es ist wie auf einem Marktplatz: Im Plenum sind viele Flipcharts verteilt. Kleingruppen arbeiten an unterschiedlichen Themen; jeder wechselt wie beim Open Space die Gruppe, wenn er nichts mehr beizutragen

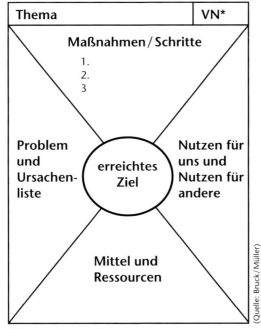

* Initialen des Verantwortlichen

Abb. 7.4.2 Gruppenaktionsplan auf Flipchart

hat. Auf diese Weise kann ein sehr kreativer und effektiver Austausch erfolgen.

Im Downloadbereich finden Sie das Arbeitsblatt. Das System lässt sich auch online abbilden.

Alternative Struktur:

Speziell für problemorientierte Kulturen und für den Einsatz auf Pinnwänden ist die Struktur auf Seite 392 unten– Gruppenaktionsplan – hilfreich.

7.4.2 Indikatoraufstellung

 Design: Walter Bruck

 Anwendungsfelder:
Diagnose, »bewusst machen, was ist« (Transparenz im Gruppenprozess). Es kann durch seine Kürze in entscheidenden Situationen spontan in den Prozess integriert werden.

 Zielsetzung:
Herausfinden, wie weit entfernt die Großgruppe von ihrem Ziel oder dem gewünschtem Ergebnis ist. Diese Analyse macht die unbewussten Kräfte im System sichtbar und ermöglicht, wichtige nächste Schritte zu erkennen.

Wirkfaktoren:

Wohlfühlen (1): ★★☆☆☆
Fühlen, Sehen, Hören

Ressourcenaktivierung (2): ☆★☆☆☆
Ganzheitlich wahrnehmen, was ist.

Ergebnisorientierung (4): ☆☆★★☆
Zeigt klar, was benötigt wird, um zum gewünschten Ergebnis zu gelangen.

Rhythmisieren (5): ☆★☆☆☆
Wird durch den völlig anderen Charakter der Methode erreicht.

Selbstorganisation (6): ★☆☆☆☆
Freiwillige machen mit.

 Zeitrahmen: 10 bis 15 Minuten

 Teilnehmeranzahl: 3 bis 12

 Gruppengröße: unbegrenzt

 Räumliche Erfordernisse:
innerer Kreis oder Platz auf einem Podium

 Hilfsmittel: keine

Anmerkungen zur Wirkungsweise:
Grundsätzlich gelten die Prinzipien der Aufstellungsarbeit. Jedoch werden hier die Repräsentanten für die Aufstellung aus dem System selbst ausgewählt.

In der Praxis kann es zu einem wichtigen »Aha-Erlebnis« für die Gruppe kommen. Die Prozessbegleiter erhalten gleichzeitig präzise Aussagen über den Zustand des Systems und können ihre anstehenden Interventionen entsprechend ausrichten. Besonders wirksam ist dieses Element, wenn die Indikatoraufstellung in der Mitte des Plenums stattfindet und das System sich darum herumgruppiert. Daher ist der (Steh-)Kreis ideal.

Grundlegende Aussage:
Es wird analysiert, wo sich die Gruppe auf dem Weg zum Ziel befindet und welche Dynamiken im Moment einen wichtigen Einfluss auf die Zielerreichung besitzen.

Schritt 1: Repräsentanten auswählen
Die Moderatoren erläutern das Ziel der Aufgabe. Anschließend werden für die folgenden Rollen Freiwillige gesucht:

- für das *Ziel*, das gewünschte Ergebnis oder den gewünschten Zustand
- für die *Kraftquelle*, aus welcher der ganze Wandel und das Ziel gespeist wird
- für *jeden Stakeholder*, der in diesem Zusammenhang wichtig ist, auch dann, wenn diese Gruppe nicht anwesend ist (z. B. Kunden). Es kann jedoch auch mit »neutralen« Stakeholderrepräsentanten (z. B. Supportteam) gearbeitet werden.

In bestimmten Situationen können weitere wichtige Systemkräfte (z. B. die Prozessbegleiter) mit einbezogen werden, oder das Ziel wird zusätzlich in seine wichtigsten Zielaspekte zerlegt. Im Allgemeinen gilt jedoch, weniger ist mehr.

Schritt 2: Eintauchen
Von einem am Boden verankerten Ein- und Ausrollpunkt aus folgen die Repräsentanten ihren inneren Bewegungsimpulsen in achtsamer Langsamkeit und finden den richtigen Platz für sich. Alternativ zu diesem Vorgehen

kann die Anfangsaufstellung durch ein Mitglied der Geschäftsleitung erfolgen. Die anderen Mitglieder der Geschäftsleitung können wortlos Änderungen vornehmen. Den Schluss derer, die Änderungen vornehmen, bildet der Vorsitzende der Geschäftsleitung.

Schritt 3: Sehen »Was ist«
Nun wird das System, wie immer in der Aufstellungsarbeit, nach seinen Befindlichkeiten befragt. Danach kann ermittelt werden, was jeder Repräsentant bräuchte, damit es ihm gut geht. Dabei vollzieht sich bereits ein erster Schritt in Richtung einer Lösung.

Schritt 4 (optional): System weiterentwickeln
Manchmal kann es hilfreich sein, den entscheidenden nächsten Schritt für das System in der Aufstellung zu entwickeln. Es ist in diesem Fall der Schritt, der für das gesamte System ansteht und der in den nächsten Stunden in dieser Großgruppe vollzogen werden will. Hierdurch wird die Indikatoraufstellung jedoch verlängert und wandelt sich zu einer Organisationsaufstellung.

Schritt 5: Auftauchen
Den Repräsentanten wird für die übernommene Aufgabe gedankt, und über den am Boden verankerten Ein-/Ausrollpunkt kehren sie zurück an ihren Ursprungsplatz.

Weitere Anmerkungen:
Wenn die Indikatoraufstellung mehrmals während eines Prozesses durchgeführt wird, kann immer auf dieselben Repräsentanten zurückgegriffen werden. Das beschleunigt den Ablauf und bringt bessere Ergebnisse.

7.4.3 Mentale Schluss-Integration

 Design: Hartmut Wagner, Freiburg

 Anwendungsfelder:
Schluss von Seminaren und Veranstaltungen, egal wie groß sie sind

 Zielsetzung:
Das Thema und die Eindrücke abrunden und so besser im Gedächtnis verankern.

Wirkfaktoren:

Wohlfühlen (1): ☆☆☆★☆
Alle Sinne und auch die Emotionen werden stark angesprochen.

Ressourcenaktivierung (2): ☆★☆☆☆
Die Persönlichkeit und ihr eigener Nutzen werden angesprochen.

Ergebnisorientierung (4): ☆☆★☆☆
Macht den eigenen Nutzen bewusst.

Selbstorganisation (6): ★☆☆☆☆
Jeder kann selbst entscheiden, wie weit er mental mitgeht, auch über sein eigenes inneres Resümee.

Virtualität (7):
Könnte auch virtuell genutzt werden.

 Zeitrahmen: 3 bis 5 Minuten

 Gruppengröße: unbegrenzt

 Räumliche Erfordernisse: keine, jeder sitzt

 Hilfsmittel: Entspannungsmusik

Anmerkungen zur Wirkungsweise:
Jeder Teilnehmer erzeugt mental eigene Bilder. Ziel ist es, die aufgenommenen Informationen (und Erlebnisse) zu verarbeiten, diese setzen zu lassen, mit bereits Bekanntem und Gewusstem zu verknüpfen und sie im Gehirn dorthin zu transportieren, wo sie nutzbar und abrufbar sind.

Beim Superlearning (accelerated learning) wird dieser Gedanke seit den 70er-Jahren systematisch genutzt. Die Wirkung von Musik und Entspannung für die meisten der 8 Zielbereiche ist inzwischen gut erforscht.

Grundlegende Aussage:
Die Veranstaltung soll für die Teilnehmer zu einem runden Abschluss gebracht werden. Sie führen so eine abschließende innere Bewertung durch. Je vielfältiger die Veranstaltung mit dem Zusammenspiel der Wirkfaktoren arbeitet, umso sinnvoller ist eine solche Bewertung.

Ablauf:
Sie finden in der folgenden Tabelle den Text für die geführte, die halb geführte und die offene Version einer Integration am Beispiel einer Tagung. Wenn man beide rechte Passagen weglässt und gar keine Impulsfragen stellt, ergibt sich die offene Form einer Integration. Bei einer stark geführten Integration werden im rechten Teil die meisten Abschnitte der Tagung direkt in Erinnerung gerufen: Diese Vorlage können Sie für Ihre Veranstaltung als Basis verwenden und Ihren Bedürfnissen entsprechend anpassen.

Offene Version	Halb geführte Version	Geführte Version
Zum Abschluss lade ich Sie ein … sich noch einmal kräftig zu recken … und zu strecken … und die Veranstaltung mit einer Integration von allem Gehörten und Erlebten abzuschließen. (Musik 1 leise einspielen, dann lauter werden lassen.) Bei diesem Ausklang … lassen Sie sich von der Musik (Titel nennen: z. B. Moondance von Rainer Molzahn) begleiten. Nehmen Sie sich die Zeit und den Raum … um wieder ganz bei sich selbst anzukommen … Dazu können Sie sich bequem hinsetzen … und Sie können Ihre Körperhaltung jederzeit verändern … um eine noch bequemere Sitzposition einzunehmen … Nehmen Sie wahr, wie Sie über Ihre Füße festen Kontakt mit dem Boden haben … und wie Ihr Atem ruhig ein- und ausströmt … Richten Sie Ihre Aufmerksamkeit nach innen … Sie können es jetzt genießen … in völliger Ruhe auf die Tagung zurückzublicken … und alles noch einmal … wie eine Bildergalerie … vor Ihrem inneren Auge vorüberziehen zu lassen … was für Sie bedeutsam war … alle wichtigen Inhalte, Erkenntnisse und Ereignisse noch einmal … wie in einem inneren Kino … auftauchen zu lassen … Und Sie können die Filmmusik … die Atmosphäre und Spannung … die besonderen Effekte … hinzufügen und genießen …		
		Erinnern Sie sich, wie Sie bei dieser Tagung angekommen sind. Sehen Sie noch einmal den Ablauf der Begrüßungsansprache vor sich. Auf Ihrer inneren Leinwand sehen Sie nun den Vortrag von Professor Wichtig. usw.
	(Dieser Teil ist fakultativ. Passen Sie die Formulierungen dem Ablauf der Veranstaltung an.) Was war für Sie bei dieser Tagung das Allerwichtigste? Was war neu für Sie? Welche Inhalte der Tagung waren für Sie besonders wesentlich? Lassen Sie diese noch einmal in Ruhe Revue passieren … Wie wird sich das Wissen um diese Inhalte in Zukunft für Sie auswirken? Was davon möchten Sie in Ihren beruflichen Alltag mitnehmen? Welche bedeutsamen persönlichen Erfahrungen haben Sie gemacht? Was davon möchten Sie in Ihr persönliches Leben integrieren? Was war das ganz Besondere an dieser Tagung für Sie?	

> Nehmen Sie sich jetzt noch einmal die Zeit, die Sie brauchen, um alles zu integrieren ... das Wissen ... die Erkenntnisse ... die Erfahrungen dieser ganzen Veranstaltung ... Lassen Sie es zusammenfließen ... und sich auf der bewussten und unbewussten Ebene ... sinnvoll verknüpfen ... mit Ihrem reichen Wissen... Ihren vielfältigen Lebens- und Berufserfahrungen ... sodass es Ihnen in Zukunft ganz natürlich zur Verfügung steht ... wenn Sie es brauchen...
>
> (Langsame Musik sachte ausblenden, schnellere Musik einblenden)
>
> *Ganz langsam ... in Ihrem Tempo ... richten Sie jetzt wieder Ihre Aufmerksamkeit nach außen ... kommen zurück in diesen Raum (lauter sprechen) ... nehmen Sie ein paar tiefe Atemzüge ... lassen Bewegung in die Zehen und die Finger kommen ... in die Beine und die Arme ... lassen die Bewegung größer werden ... recken und strecken sich .... öffnen die Augen, wenn sie geschlossen waren ... nehmen Sie diesen Raum und die anderen Teilnehmer ... wieder wahr ... und dann sind Sie ... erfrischt und erquickt ... wieder ganz da.«*

Weitere Anmerkungen:

Entspannungsmusik 1: Rainer Molzahn: Moondance, Bremen: PLS Verlag.

Musik 2 zur Rückholung: Rainer Molzahn: Rot in: Farbphantasieren, Bremen: PLS Verlag.

Oder auch: Karsten Günther: Maskerade in Venedig, Bremen: PLS Verlag.

Natürlich geht auch jede andere schnelle instrumentale Musik – sogar mit Marschrhythmus.

8. Zusammenfassung und Ausblick

In diesem Buch haben wir die tieferen Wirkzusammenhänge in der Arbeit mit Großgruppen dargestellt. Dafür haben wir nicht nur sieben essenzielle Wirkfaktoren beleuchtet, sondern ihre Verbindung zu acht Zielbereichen hergestellt. Wir haben die verbreiteten Standardformate auf ihre Hauptzielbereiche und Wirkfaktoren durchleuchtet und konkrete Erweiterungsmöglichkeiten zur Verstärkung bestimmter Wirkfaktoren formuliert. Im Kapitel 4 »Großgruppen mit virtueller Prägung« haben wir Ihnen die vielfältigen Möglichkeiten aufgezeigt, die durch den Einsatz der neuen Technologien in der Arbeit mit Großgruppen bereits heute bestehen. Bei den Praxisbeispielen in Kapitel 5 haben wir gezeigt, wie sich die Wirkfaktoren – auch bei eingeschränkten Möglichkeiten – gezielt einsetzen lassen. Um Ihnen die Entwicklung des optimalen Designs für Ihre Veranstaltung zu erleichtern, haben wir Ihnen einen auf den Zielbereichen und Wirkfaktoren basierten Designentwicklungsprozess an die Hand gegeben, der ebenso für die Evaluation der Veranstaltungen eingesetzt werden kann. Mit dem Werkzeugkasten in Kapitel 7 haben Sie konkrete und wertvolle Elemente für Ihre Arbeit erhalten. Die Informationen und praktischen Tipps aus unserem Downloadbereich erleichtern Ihnen die Vorbereitung, Planung, Durchführung und Nachbereitung Ihrer Großgruppenveranstaltung.

Wirkungsvolle praktische Großgruppenarbeit

Wir haben viel Zeit aufgewendet, um die Wirkfaktoren zu bewerten und ihren Einfluss auf die Zielbereiche zu bestimmen. Hier sind wir besonders gespannt auf Ihr Feedback und hoffen, einen Dialog unter den Experten anzustoßen. Wir wünschen uns, dass dieser Dialog dazu dient, die Wirkung aller Elemente in Tagungen und Konferenzen noch mehr auf die Zielsetzung der Veranstaltung abzustimmen. Das wird dazu führen, Veranstaltungen menschlicher und effektiver zugleich zu gestalten. Was sonst ist der Nutzen der von uns präsentierten Wirkfaktoren?

Dialog über Wirkfaktoren

8. Zusammenfassung und Ausblick

Einfluss globaler Trends auf Großgruppenarbeit

Abschließend möchten wir auf einige wichtige Trends blicken. Diese Trends werden unserer Meinung nach bestimmen, wo die Reise in der Arbeit mit Großgruppen hingeht.

Globaler Trend	Trends in der Großgruppenarbeit
Beschleunigter Wissenszuwachs	• vermehrte Großgruppendialoge • erhöhte Vernetzung durch neue Technologien • vermehrte Online-Konferenzen
Globalisierung	• vermehrte Großgruppendialoge • stärkere Ressourcenaktivierung • erhöhte Ergebnisorientierung • erhöhte Vernetzung durch neue Technologien • Mehrsprachigkeit
Schnelle Wandlungsfähigkeit	• vermehrte Großgruppendialoge • stärkere Ressourcenaktivierung • erhöhte Ergebnisorientierung • erhöhte Selbstorganisation • »einfache« und flexible Verfahren • erhöhter Einsatz neuer Technologien • Integration in komplexe, andauernde Veränderungsprozesse
Höhere Effektivität, Evaluation	• vermehrte Großgruppendialoge • kürzere Veranstaltungen • stärkere Ressourcenaktivierung • erhöhte Ergebnisorientierung • erhöhte Selbstorganisation • Verzahnung mit Projektmanagement und Umsetzung → vermehrter Online-Einsatz • individualisierte Designs • verstärkte Offenheit der Auftraggeber
Erhöhtes Bedürfnis nach Ganzheitlichkeit	• vermehrte Großgruppendialoge • Wohlfühlen • stärkere Ressourcenaktivierung • erhöhte Ergebnisorientierung • individualisierte Designs
Wertewandel – Die Menschen sind selbstbewusster, informierter und wollen mitreden	• vermehrte Großgruppendialoge • stärkere Ressourcenaktivierung • erhöhte Ergebnisorientierung • erhöhte Selbstorganisation • verstärkte Offenheit der Auftraggeber

Tabelle 8.0.1 Trends in der Großgruppenarbeit

Individuelle und fertige Designs

Aus der Tabelle sind die wichtigsten Trends für die Arbeit mit Großgruppen in den nächsten Jahren ablesbar. Einerseits wird es immer mehr individualisierte Designs geben, und andererseits sind zunehmend fertige Designs »aus der Schublade« für ganz konkrete Anwendungsfelder gefragt. Ein Beispiel hierfür ist OpenSpace-Online®. Die Eigenständigkeit der einzelnen Standardformate wird geringer werden: Sie werden von vielen »fertigen« themenorientierten Varianten (z. B. für Strategie oder Evaluation) abgelöst. Als Beispiel sei hier SOAR® für die strategische Planung mit Hilfe eines Appreciative Inquiry Summits genannt. Andererseits entstehen Mischformate, wie Appreciative Open Space, oder ganz neue Formate für spezifische Anwendungsfelder, wie Collaborative Loops für die Vernetzung von unterschiedlichen Veränderungsprozessen oder andere Beispiele aus unserem Kapitel 3.11.

Wirkfaktoren und Großgruppendialoge

Die Veranstaltungen selbst werden kürzer und finden in kürzeren Zeitabständen statt. Sie bauen aufeinander auf und sind in einen komplexen, andauernden Veränderungsprozess integriert. Ihre Ergebnisse sind stärker verzahnt mit Projektmanagement- und Umsetzungsaktivitäten. Die Wirkfaktoren »Wohlfühlen«, »Selbstorganisation«, »Ergebnisorientierung« und »Ressourcenaktivierung« gewinnen zunehmend an Bedeutung, um den erhöhten Anforderungen nach Ganzheitlichkeit und Effektivität gerecht zu werden. In diesem Zusammenhang werden sich Arten von Organisationsaufstellungen entwickeln, in denen die Mitarbeiter der Organisation für ihre eigenen betroffenen Bereiche selbst die »Repräsentanten« des Systems sind. Im eigentlichen Sinne arbeiten wir dann nicht mehr über die Repräsentanten des Systems, sondern direkt mit dem System selbst. Die erhöhte Vernetzung und der Dialog zwischen den einzelnen Stakeholdern wird immer wichtiger und ist effektiv nur mit Hilfe der modernen Technologien zu lösen. Dieser Trend wird sich mit der »jungen Generation« in den Unternehmen und mit weiter vereinfachten Technologien noch beschleunigen. Dennoch wird es eine bunte Mischung aus Präsenzveranstaltungen und Virtualität geben, denn beide Formen weisen spezifische Vorteile auf, die es zu kombinieren gilt. Ein zunehmend nahtloses Verschmelzen beider Welten wird das Ergebnis sein.

Wir sehen einer spannenden Zeit in der Arbeit mit Großgruppen entgegen. Mit diesem Buch sind Sie dafür gut gerüstet, Ihre eigenen Wege zu gehen sowie wirkungsvolle Tagungen und Konferenzen für Ihre Aufgabenstellungen zu entwickeln. Wir freuen uns, von Ihren Erfahrungen zu hören!

Anhang

Glossar

Im Folgenden werden die Begriffe und einzelnen Elemente beschrieben, die bei Großgruppenveranstaltungen eine Rolle spielen:

Besprechung, Meeting   Weniger als 30 Personen, bis zu einem Tag Dauer. Bei längerer Dauer wird sie zur Klausur.
Umgangssprachlich werden die Begriffe innerbetrieblich auch bei kürzerer Dauer synonym mit Konferenz verwendet.

Event   Großveranstaltung, bei der das Erlebnis im Vordergrund steht, z. B. in Form von Ereignissen, Künstlern, Überraschungen, Musik – unabhängig von der Dauer.

Gipfel   Dieser Begriff wird benutzt, um die besondere Bedeutung der Zusammenkunft zu unterstreichen. Beispiele sind Krisengipfel, Zukunftsgipfel, G8-Gipfel, Wirtschaftgipfel.

Großgruppen-Standardformat, Großgruppenformat   Typischer Ablauf einer bekannten Form bzw. eines Ansatzes, wie z. B. Open Space, RTSC oder Zukunftskonferenz.

Großgruppenveranstaltung   Veranstaltung mit mehr als 30 Teilnehmern, die bei kognitivem Inhalt länger als 3 Stunden zusammen sind. Sie unterteilt sich in Tagung oder Konferenz. Ausnahme: Großseminar.

Großseminar   Mehr als 30 Teilnehmer und länger als 3 Stunden, jedoch mit überwiegender Lehrzielsetzung unter Nutzung aktiver Lehrmethoden, geht über Vorträge und Diskussion hinaus. Ist in punkto Kommen und Gehen nicht so locker, wie eine Tagung oder Großgruppenveranstaltung, es gibt jedoch viele Parallelen. Stärkste Kennzeichnung: mit einem Haupt-Akteur.

Klausur Veranstaltung mit bis zu 30 Teilnehmern und mindestens einer Übernachtung aller unter einem Dach, wobei Ergebnisse angestrebt werden.

Kleingruppe Maximal 12 Teilnehmer innerhalb einer größeren Zahl, meistens jedoch 3–8 Personen.

Konferenz Veranstaltung mit mehr als 30 Teilnehmern, die bei kognitivem Inhalt länger als 3 Stunden zusammen sind, mit häufiger Kleingruppenaufteilung für den Austausch und die Diskussion untereinander. Bei einigen Formaten gehört das Wort zum Begriff, z. B. Zukunftskonferenz, RTSC-Konferenz.

Kongress Eher synonym zur Tagung. Der Begriff wird oft erst bei mehr als 250 Teilnehmern verwendet.

Offen – intern – geschlossen Bei offenen Veranstaltungen kann quasi jeder kommen, der die Teilnahmegebühr bezahlt, z. B. einem Wirtschaftskongress oder Ärztekongress.
Bei internen Veranstaltungen werden nur bestimmte Zielgruppen angesprochen, z. B. die Mitarbeiter, die Verkäufer.
Bei geschlossenen Veranstaltungen – meist sind es Konferenzen – werden ganz bestimmte (nach Funktion und/oder Eigenschaften) Personen eingeladen und es besteht eine genaue Gruppeneinteilung. Das kann ein Unternehmen oder auch eine Organisation wie eine Stadt sein.

Präsenz-Großgruppe Alle Teilnehmer der Veranstaltung sind persönlich im Raum anwesend.

Stammgruppe In der Regel von heterogener Zusammensetzung. Trifft sich mehrmals während der Veranstaltung.

Symposium Wie Tagung und Kongress, oft mit eher innovativer Einstellung in Abläufen und Zielsetzung und lockerem Ablauf.

Tagung Veranstaltung mit mehr als 30 Teilnehmern, die bei kognitivem Inhalt länger als 3 Stunden zusammen sind, sehr viel zuhören müssen – in der Regel ohne Kleingruppenaufteilung mit Diskussion.

Virtuelle Großgruppe Die Teilnehmer oder Teilnehmergruppen befinden sich an unterschiedlichen Orten und sind über neue Technologien, z. B. Einsatz spezieller Kommunikationssoftware und des Internet, zu einer Großgruppe miteinander verbunden.

Workshop Eine Besprechung mit professioneller Moderation.
Aber auch größere Veranstaltungen, bei denen die Teilnehmer zusammen etwas erarbeiten, werden oft auch als Workshops bezeichnet.

Workshop oder Arbeitskreis Begriff, der für parallel laufende Veranstaltungen genutzt wird. Manchmal gibt es zusätzlich zu einem oder mehreren Referenten einen Moderator. Ziel ist es, mehr Interaktion mit den Teilnehmern zu ermöglichen, was von der Personenzahl dieser Teil-Veranstaltung abhängt.

Für die Akteure und Begleiter von Veranstaltungen gibt es eine Vielzahl unterschiedlicher Begrifflichkeiten, die im Folgenden nach unserem Verständnis definiert werden sollen:

Moderator Führt durch die Veranstaltung. Stellt Fragen und visualisiert die Antworten und Meinungen der Teilnehmer. Erklärt Schritte im Ablauf.

Plenum Die Gesamtheit der Teilnehmer einer Veranstaltung.
Wird auch als Bezeichnung für den Raum verwendet, in dem alle Teilnehmer anwesend sind.

Prozessbegleiter Dieser ist innerbetrieblich bei Veränderungsprozessen tätig. Über die Moderation von Veranstaltungen hinaus ist er verantwortlich für definierte Ergebnisse und die Gruppendynamik.

Referent Hält einen Vortrag zu einem Thema. Steht am Ende Fragen aus dem Publikum zur Verfügung.

Einige Begriffe zum besseren Verständnis der virtuellen Welt:

Community Ist eine Virtuelle Gemeinschaft, die ein bestimmter Zweck verbindet.

Echtzeit-Kommunikation In Echtzeit (synchron) miteinander zu kommunizieren bedeutet, dass die Teilnehmer zur gleichen Zeit direkt miteinander kommunizieren, wie z. B. in einem Chatraum.

Konferenzsoftware Ist eine spezielle Plattform, die bestimmte Arten der Kommunikation bündelt. Der Name beschreibt bereits den Einsatzzweck eine Online-Konferenz.

Online-Konferenz Eine Online-Konferenz ist ein Zusammentreffen von Teilnehmern, die an unterschiedlichen Orten sind und sich über eine virtuelle Kommunikation miteinander für die Dauer der Online-Konferenz verbinden und austauschen.

Plattform Eine Software und Infrastruktur, welche die virtuelle Kommunikation ermöglicht. Im Normalfall integriert eine Plattform viele spezielle Werkzeuge der virtuellen Kommunikation, wie z. B. Chat, Videokonferenzen, Foren. OpenBC ist z. B. ebenfalls eine Plattform, mit dem Einsatzzweck »Netzwerken« und »Wissensaustausch«, und stellt gleichzeitig eine Community dar.

Virtuelle Kommunikation Die Kommunikation erfolgt nicht direkt persönlich von Angesicht zu Angesicht, sondern über ein Kommunikationsmedium, wie z. B. Telefon oder Internet.

Zeitversetzte Kommunikation Zeitversetzt (asynchron) sich miteinander austauschen bedeutet im Gegensatz, nicht in Echtzeit miteinander zu kommunizieren. Ein Beispiel dafür ist der Austausch über E-Mail oder in Foren.

Literatur und Quellen

Speziell zum Wirkfaktor Wohlfühlen

Feichtenberger, Claudia: Lernen mit Musik, Wien: obv-hpt-Verlag 1998.

Horn, Robert E.: Visual Language Global Communication for the 21st Century, Washington: MacroVU Inc. 1998.

Kuchenmüller, Reinhard/Stifel, Marianne: Quality without a Name, Visual Facilitation, in: The IAF Handbook of Group Facilitation, San Francisco: Jossey-Bass 2005.

Wagner, Hartmut: Musik für lebendiges Lernen, Bremen: PLS Verlag 1993.

www.prozessbilder.de

www.visuelle-protokolle.de

Speziell zum Wirkfaktor Ressourcenaktivierung

Barrett, Frank J.: Creating Appreciative Learning Cultures; in: Organizational Dynamics, 24 (1), 1995, S. 36–49.

Bohm, David: Der Dialog. Das offene Gespräch am Ende der Diskussionen, Stuttgart: Klett-Cotta 1998.

Bonsen, Mattias zur/Maleh, Carole: Appreciative Inquiry (AI). Der Weg zu Spitzenleistungen, Weinheim, Basel, Berlin: Beltz Verlag 2001.

Bruck, Walter: Nachhaltige Veränderungen aus den menschlichen Kraftquellen im Unternehmen, Bad Homburg v.d.H.: Eigenverlag 1999.

Bunker, Barbara B.: »Appreciating Diversity and Modifying Organizational Cultures. Men and Women at Work«; in: Srivastva, Suresh, Cooperrider, David L. et al. (Hrsg.): Appreciative Management and Leadership: The Power of Positive Thought and Action in Organizations (Überarbeitete Auflage) 1999, San Francisco: Jossey-Bass, S. 126–149.

Cooperrider, David L.: Generative Metaphor Intervention. A New Approach to Intergroup Conflict; in: Journal of Applied Behavioral Science, 26 (2), 1990, S. 223–244.

Cooperrider, David L.: Positive Image, Positive Action. The Affirmative Basis of Organizing; in: Srivastva, Suresh, Cooperrider, David L. et al. (Hrsg.): Appreciative Management and Leadership: The Power of Positive Thought and Action in Organizations, San Francisco: Jossey-Bass 1990, S. 91–125.

Dhority, Freeman/Hartkemeyer, Martina u. Johannes: Miteinander denken. Das Geheimnis des Dialogs, Stuttgart: Klett-Cotta 1998.

Frenzel, Karolina/Müller, Michael/Sottong, Hermann: Storytelling. Das Praxisbuch, München, Wien: Carl Hanser Verlag 2006.

Geisbauer, Wilhelm: Reteaming. Methodenhandbuch zur lösungsorientierten Beratung, Heidelberg: Carl-Auer-Systeme Verlag, 2. Auflage 2006.

Geißler, Karlheinz A.: Schlusssituationen. Die Suche nach dem guten Ende, Weinheim, Basel, Berlin: Beltz Verlag, 4. Auflage 2004.

Lakoff, George/Johnson, Mark: Leben in Metaphern. Konstruktion und Gebrauch von Sprachbildern, Heidelberg: Carl-Auer-Systeme Verlag, 5. Auflage 2004.

Mohl, Alexa: Das Metaphern-Lernbuch. Geschichten und Anleitungen aus der Zauberwerkstatt, Paderborn: Junfermann Verlag 1998.

Morgan, Gareth: Bilder der Organisation, Stuttgart: Klett-Cotta 2000.

Morgan, Gareth: Images of Organization, Newbury Park: SAGE Publications Ltd 2006.

Morgan, Gareth/Löwe, Qualle: Pinguin. Imaginären als Kunst der Veränderung, Stuttgart: Klett-Cotta 1998.

Robbins, Antony: Das Power-Prinzip Grenzenlose Energie. Wie Sie Ihre persönlichen Schwächen in positive Energie verwandeln, München: Heyne Business, 8. Auflage 1995.

Schmidt-Tanger, Martina: Veränderungscoaching. Kompetent verändern, Paderborn: Junfermann Verlag, 2. Auflage 1999.

Vopel, Klaus W.: Gruppenrituale. Mit dem Herzen sehen lernen, Salzhausen: Iskopress, 3. Auflage 1997.

Vopel, Klaus W.: Vertrauen ist besser. Rituale und Zeremonien für Gruppen und Teams, Salzhausen: Iskopress 2006.

Speziell zum Wirkfaktor Kleingruppenarbeit

Besser, Ralf: Transfer. Damit Seminare Früchte tragen. Strategien, Übungen und Methoden, die eine konkrete Umsetzung in die Praxis sichern, Weinheim, Basel, Berlin: Beltz Verlag 2001.

Blake, Robert R./Mouton, Jane S.: Instrumented Team Learning. A Behavioral Approach to Student-Centered Learning, Austin, Texas: Scientific Methods 1975. Deutsch: Instrumentiertes Lernen in Gruppen, Würzburg: Vogel Verlag 1978.

Holzer, U.M./Eigenschink-Holzer, U.: Miteinander besser lernen. Handbuch für Trainer u. Lehrende, Offenbach: Gabal-Verlag 1994.

Speziell zum Wirkfaktor Virtualität

Erickson, T./Kellogg, W. A.: Social translucence. An approach to designing systems that mesh with social processes, in: ACM Transactions on Computer–Human Interaction, 7(1), 2000 S. 59–83.

Fry, Ron/Kaplan, Soren: Whole System Engagement through Collaborative Technology at World Vision, in: The Handbook of Large Group Methods, San Francisco: Jossey-Bass 2006.

Godwin, Lindesy/Rennecker, Julie: Creating Intangible Value. Advances in

Interdisciplinary Studies of Work Teams, in: Collaborative Capital, Volume 11, S. 89–111, Elsevier Ltd 2005.

Kim, Amy Jo: Community Building. Strategien für den Aufbau erfolgreicher Web-Communities, Bonn: Galileo Press 2001.

Kontzer, T.: Benefits of collaboration. A new survey indicates companies that are linking their processes with third-party partners and suppliers are enjoying a variety of benefits, 2002 Information week. Online source. Retrieved October 1, 2004 from
http://www.informationweek. com/story/IWK20021125S0012

Whitmyer, Claude/Grimes, Gail Terry: Herding Cats Through the Gates of Cyberspace. The Process of Introducing Virtual Collaboration and Learning Technology as a Tool For Large-Group Interventions, The University of the Future LLC, San Francisco 2006.

Ein Schritt-für-Schritt Leitfaden für Veranstalter hilft bei der eigenständigen Vorbereitung und Durchführung der Konferenzen:
www.OpenSpace-Online.com

www.icohere.com

www.nextpractice.de

Speziell zu Psychologie und Lernen, Rhythmisierung

Klein, Zamyat M.: Kreative Seminarmethoden. 100 kreative Ideen für erfolgreiche Seminare, Offenbach: Gabal-Verlag 2003.

Müller, Rudolf: Mehr Bewegung in das Lernen bringen, Weinheim, Basel, Berlin: Beltz Verlag 2003.

SKILL Autorenteam (Hrsg.): Seminare lebendig gestalten. Kreativ lehren und lernen, Offenbach: Gabal-Verlag, 3. Auflage 1997.

Vester, Frederic: Denken, Lernen, Vergessen, München: dtv-Verlag, 28. Auflage 2001.

www.dgsl.de

www.brainbox.at

www.dvnlp.de

Allgemein zu Großgruppen und speziellen anderen Formaten

Ashkenas, Ron /Murphy, Patrice: WorkOut, in: Holman, Peggy, Devane, Tom/Cady, Steven (Hrsg.): The Change Handbook, San Francisco: Berrett-Koehler 2006.

Ashkenas, Ron/McCreight, Matthew/Murphy, Patrice: Work-Out and Six Sigma, in: Rath/Strong: Six Sigma Leadership Handbook, New York, Wiley, 2003, S. 141–168.

Brown, Juanita/Isaacs, David: The World Café. Shaping Our Futures Through Conversations That Matter, San Francisco: Berett-Koehler 2005.

Bruck, Walter/Sutterlüti, Wolfgang: Der Lebensunternehmer im Einklang mit Beruf, Familie und Selbst – ein Wertschätzender Open Space, in: Susanne Weber (Hrsg.): NetzwerkIntervention. Beratungspraxis in der Arbeit mit Großgruppen. Erfahrungen aus Wirtschaft, Politik und Zivilgesellschaft, Wiesbaden: Gabler Verlag 2002.

Bunker, Barbara Benedict/Alban, Billie T.: The Handbook of Large Group Methods. Creating Systemic Change in Organizations, Pfeiffer Wiley 2006.

Burow, Olaf, A./Marschall, S./Schulte, D./Taubken, N.: Großgruppenveranstaltung in der politischen Bildung. Bundeszentrale für politische Bildung (Hrsg.), Konzept und Redaktion Heino Gröf, Bonn: bpb 2006.

Dave, Ulrich/Steve, Kerr/Ron, Ashkenas: The GE Work-Out How to implement GE's revolutionary method for busting bureaucracy and attacking organizational problems – fast!, Columbus: McGraw-Hill 2002.

Fänderl, Wolfgang (Hrsg.): Beteiligung übers Reden hinaus. Gemeinsinn-Werkstatt: Materialien zur Entwicklung von Netzwerken, Gütersloh: Verlag Bertelsmann-Stiftung 2005.

Holman, Peggy/Devane, Tom (Hrsg.): Change Handbook. Zukunftsorientierte Großgruppen-Methoden, Heidelberg: Carl-Auer-Systeme Verlag 2002.

Holman, Peggy/Devane, Tom (Hrsg.): The Change Handbook. Group Methods For Shaping the Future, San Francisco: Berrett-Koehler 1999.

Holman, Peggy/Devane, Tom (Hrsg.): The Change Handbook. The Definitive Resource on Today's Best Methods for Engaging Whole Systems, San Francisco: Berrett-Koehler, 2. Auflage 2006.

Kanter, R.: Confidence. How Winning Streaks and Losing Streaks Begin and End, New York: Crown Business Publishers 2004.

Königswieser, Roswita/Keil; Marion (Hrsg.): Das Feuer großer Gruppen. Konzepte, Designs, Praxisbeispiele für Großveranstaltungen, Stuttgart: Klett-Cotta Verlag 2000.

Müller, Rudolf: Die erfolgreiche Tagung, Köln: Wirtschaftsverlag Bachem 1999.

Murphy, Patrice/Kirwan, Celia/Ashkenas, Ron: Rapid Results, in: Holman, Peggy/Devane, Tom/Cady, Steven (Hrsg.): The Change Handbook, San Francisco: Berrett-Koehler 2006.

Ley, Astrid/Weitz, Ludwig (Hrsg.): Praxis Bürgerbeteiligung. Ein Methodenhandbuch, Bonn: Verlag Stiftung Mitarbeiter/Agenda Transfer 2003.

Pomahac, Monika: Vier Großgruppenkonferenzen im Vergleich. Diplomarbeit, Wien: Wirtschaftsuniversität 2001.

Schaffer, R./Ashkenas, R. and Associates: Rapid Results! How 100-day projects build the capacity for large-scale change, San Francisco: Jossey Bass 2005.

Schaffer, R./Thomson, H.: Successful change programs begin with results, in: Harvard Business Review, (January-February 1992), S. 79–89.

Stavros, J./Cooperrider, D./Kelley, L.: Strategic Inquiry with Appreciative Intent. Inspiration to SOAR! AI Practitioner: AI and Strategy, November 2003.

Sutherland, J./Stavros, J.: The Heart of Appreciative Strategy, AI Practitioner: AI and Strategy, November 2003.

Weber, Susanne Maria: Rituale der Transformation. Großgruppenverfahren als pädagogisches Wissen am Markt, Wiesbaden: VS Verlag für Sozialwissenschaften 2005.

www.all-in-one-spirit.de
www.aicommons.com
www.axelrodgroup.com
www.biggoals.org
www.communityweaving.org
www.dynamic-relationships.com
www.ehama.org
www.familynetwork.org
www.genuinecontact.net
www.netzwerk-gemeinsinn.net
www.ResolutionsWorks.com
www.rhsa.com
www.theworldcafe.com
www.theworldcafe.com/Germancafetogo.pdf (die Regeln in deutscher Sprache)
www.tobe.net

Allgemein zu Veränderungsprozessen

Bonsen, Mathias zur: Führen durch Visionen, Wiesbaden: Gabler Verla 1994.

Collins, Jim: Good to Great and the Social Sectors. A Monograph to Accompany Good to Great, Collins 2005.

Collins, Jim: Good to Great. Why Some Companies Make the Leap ... and Others Don't, London: Random House 2001.

Doppler, Klaus/Lauterburg, Christoph: Change Management. Den Unternehmenswandel gestalten, Frankfurt/New York: Campus Verlag, 10. Auflage 2002.

Fiedler-Winter, Rosemarie: Ideenmanagement, Mitarbeitervorschläge als Schlüssel zum Erfolg. Praxisbeispiele für das Vorschlagswesen der Zukunft, Landsberg: mi-Verlag 2001.

Gay, Friedbert (Hrsg): Persönlichkeitsprofil DISG, Offenbach: Gabal-Verlag, 32. Auflage 2004.

Königswieser, Roswitha/Exner, Alexander: Systemische Intervention. Architekturen und Designs für Berater und Veränderungsmanager, Stuttgart: Klett-Cotta, 4. Auflage 1999.

Maaß, Evelyne/Ritschl, Karsten: Teamgeist. Spiele und Übungen für die Teamentwicklung, Paderborn: Junfermann Verlag, 2. Auflage 1998.

Matta, N./Ashkenas, R.: Why good projects fail anyway, *Harvard Business Review*, (September 2003), S. 109–114

Morgan, Gareth: Bilder der Organisation, Stuttgart: Klett-Cotta 2000.

Morgan, Gareth: Images of Organization, Newbury Park: SAGE Publications Ltd 2006.

Morgan, Gareth: Löwe, Qualle, Pinguin. Imaginären als Kunst der Veränderung, Stuttgart: Klett-Cotta, 1998.

Müller, Rudolf: Mitarbeiterorientierte Visions- und Organisationsentwicklung, in: Gläbe, R./Meissne, H.: Mitarbeiterzufriedenheit, Kissing: Weka-Verlag 1999.

Rosenstiel, Lutz von: Grundlagen der Organisationspsychologie, Stuttgart: Schäffer-Poeschel, 5. Auflage 2003.

Schaffer, R.: Demand better results – And get them, *Harvard Business Review*, (March-April 1991), S. 142–149.

Schaffer, R.: The breakthrough strategy, Harper Business 1988.

Senge, P. et al.: The Fifth Discipline Fieldbook, New York: Doubleday 1994. Deutsche Übersetzung: Das Fieldbook zur Fünften Disziplin, Stuttgart: Klett Cotta Verlag 2004.

Surowiecki, James: The Wisdom of Crowds, Abacus 2005

Thun, Friedemann Schulz von: Miteinander Reden, 3 Bände, Reinbek: Rowohlt TB, Neuauflage 2000.

Speziell zu Open Space

Maleh, Carole: Open Space: Effektiv arbeiten mit großen Gruppen, Weinheim, Basel, Berlin: Beltz Verlag 2001.

Maleh, Carole: Open Space in der Praxis, Weinheim, Bascl, Berlin: Beltz Verlag 2002.

Owen, Harrison: Open Space Technology. Ein Leitfaden für die Praxis, Stuttgart: Klett-Cotta 2001.

Owen, Harrison: Erweiterung des Möglichen. Die Entdeckung von Open Space, Stuttgart: Klett-Cotta 2001.

www.openspaceworld.org

Speziell zur Zukunftskonferenz

Müller, Rudolf: Zukunftsworkshop, in: Trainingspraxis 2, Stuttgart: Schäffer-Poeschel 2002, S. 355–371.

Weisbord, Marvin R./Janoff, Sandra: Future Search. An Action Guide to Finding Common Ground in Organizations & Communities, San Francisco: Berett-Koehler Verlag 1995.

Weisbord, Marvin/Janoff, Sandra/Trunk, Christoph: Future Search – die Zukunftskonferenz, Stuttgart: Klett-Cotta 2001.

www.futuresearch.net

Speziell zum Zukunftsgipfel – Appreciative Inquiry Summit

Bonsen, Mattias zur/Maleh, Carole: Appreciative Inquiry (AI). Der Weg zu Spitzenleistungen, Weinheim, Basel, Berlin: Beltz Verlag 2001.

Bruck, Walter/Weber, Susanne: Der Zukunftsgipfel. Appreciative Inquiry Summit ist der nächste Schritt der Evolution in der Arbeit mit großen Gruppen, in: Königswieser/Keil (Hrsg.): Das Feuer großer Gruppen, Stuttgart: Klett-Cotta 2000.

Bruck, Walter: »AI – Appreciative Inquiry« in: Praxis Bürgerbeteiligung, Bonn: Verlag Stiftung Mitarbeit, 2003.

Ludema, James/Whitney, Diana/Mohr, Bernard: The Appreciative Inquiry Summit. A Practitioner's Guide for Leading Large-Group Change, San Francisco: Berrett-Koehler Verlag 2003.

Watkins, Jane/Mohr, Bernard: Appreciative Inquiry Change at the Speed of Imagination, San Francisco: Jossey Bass 2001.

www.appreciative-inquiry.de.

http://appreciativeinquiry.cwru.edu/ (Appreciative Inquiry Commons)

Speziell zu RTSC

Bonsen, Matthias zur: Real Time Strategic Change. Schneller Wandel mit großen Gruppen, Stuttgart: Klett-Cotta 2003.

Jacobs, Robert W.: Real-Time Strategic Change, San Francisco: Berrett-Koehler Verlag 1997.

Jacobs, Robert W./McKeown, Frank: Collaborating for Change. Real Time Strategic Change, San Francisco: Berrett-Koehler Verlag 2000.

Speziell zu Großgruppen mit virtueller Prägung

Ender, Gabriela: OpenSpace-Online® E-BOOK in Deutsch und Englisch, über www.OpenSpace-Online.com, 2005–2007.

Ender, Gabriela: Echtzeit-Konferenzen mit der OpenSpace-Online® Methode – Ergebnisorientierte Beteiligung via Internet, in: Gust, Mario/Seebacher, Uwe: Innovative Workshop-Konzepte«, Ottobrunn: USP Publishing International 2004.

Ender, Gabriela: OpenSpace-Online® Real-Time Methodology, in: Peggy Holman / Tom Devane / Steve Cady: The Change Handbook, San Francisco: Berrett-Koehler Verlag 2007.

Erickson, T./Kellogg, W. A.: Social translucence: An approach to designing systems that mesh with social processes, in: ACM Transactions on Computer – Human Interaction, 7(1), S. 59–83, 2000.

Godwin, Lindesy/Rennecker, Julie: Creating Intangible Value. Advances in Interdisciplinary Studies of Work Teams, in: Collaborative Capital: Volume 11, S. 89–111, Elsevier Ltd. 2005.

Kaplan, Soren: Technology and Organization Development, in: The Handbook of Large Group Methods: Creating Systemic Change in Organizations, San Francisco: Pfeiffer Wiley, 2006.

Kontzer, T.: Benefits of collaboration. A new survey indicates companies that are linking their processes with third-party partners and suppliers are enjoying a variety of benefits, 2002 Information week. Online source. Retrieved October 1, 2004.

Kruse, Peter: Next practice. Erfolgreiches Management von Instabiltät, Veränderung durch Vernetzung, Offenbach: Gabal-Verlag 2004.

Rothwell, William J. (Hrsg.): Practicing Organization Development. A Guide for Consultants, Roland Sullivan 2. Auflage 2005.

Ein Schritt-für-Schritt Leitfaden für Veranstalter hilft bei der eigenständigen Vorbereitung und Durchführung der Konferenzen:
www.OpenSpace-Online.com

Rätzel, Daniela/Rüppel, Heiko /Sickel, Holger: Gestaltung lernförderlicher Möglichkeitsräume. Selbstgesteuertes Lernen in virtuellen Lernräumen, in: Burow/Hinz: Die Organisation als Kreatives Feld, Kassel: University Press, 1. Auflage 2005.

Rüppel, H.: Zukunftswerkstatt-Online. Wege zu einer telekooperativen Lernkultur?, 2004. Im Internet unter:
http://opus.uni-kassel.de/opus/htdocs/volltexte/2004/150
www.icohere.com
www.covision.com

Werkzeugkasten

Geisbauer, Wilhelm: Reteaming. Methodenhandbuch zur lösungsorientierten Beratung, Heidelberg: Carl-Auer-Systeme, 2. Auflage 2006.

Paulus/Horth: Leading Creatively. The Art of Making Sense, in: Ivey Business Journal, (September 2005).

Horn, Robert E.: Visual Language Global Communication for the 21st Century, Washington: MacroVU Inc., 1998.

Kuchenmüller, Reinhard/Stifel, Marianne: Quality without a Name, Visual

Facilitation, in: The IAF Handbook of Group Facilitation, San Francisco: Jossey-Bass 2005.
www.projektwerkstatt.de/hoppetosse/hierarchNIE/fishbowl.html
www.reteaming.com
www.ccl.org/visualexplorer

Allgemein zur Veranstaltungen und deren Organisation
Beckmann, Klaus u.a.: Seminar-, Tagungs- und Kongressmanagement. Veranstaltungsdidaktik und -design, Projektmanagement, Durchführung und Nachbereitung, Berlin: Cornelsen Verlag, 2. Auflage 2006.
Kühn, Thomas: 30 Minuten für Ihre erfolgreiche Veranstaltungsplanung, Offenbach: Gabal-Verlag 2005.
Mehrmann, Elisabeth/Plaetrich, Irmhild: Der Veranstaltungsmanager, München: dtv-Verlag 1993.
Philippi, Reinhard: 30 Minuten für Veranstaltungsdramaturgie, Offenbach: Gabal-Verlag, 2. Auflage 2006.
Feiter, Claudia: Konferenzen professionell organisieren, Wiesbaden: Gabler-Verlag 1995.
www.gcb.de
www.ghh-consult.de

Download

Viele weitere interessante Informationen und praktische Arbeitshilfen können Sie über die Webseiten der Autoren herunterladen. Alle weiteren Informationen finden Sie dort:

www.walterbruck.com/download/wgg/
www.sunternehmensentwicklung.de/download/wgg/html

Als Code geben Sie bitte *Wirkfaktoren* ein.

Im Folgenden finden Sie eine Auswahl des Angebots. Wir werden die Elemente im Laufe der Zeit erweitern. Die folgende Übersicht ist nach den Hauptkapiteln unseres Buches gegliedert.

Zu Kapitel 4 *Virtualität:*
- Ergebnisdokumentation der ersten Appreciative Inquiry Online-Konferenz
- Links zur Auswahl der Plattformen
- Gedanken zum Design von Virtuellen Gemeinschaften

Zu Kapitel 5 *Maßgeschneiderte Veranstaltungen:*
- Weltweite Strategische Planung Teilnehmerunterlagen
- Vertriebstagung – Startimpuls für ein neues Vertriebsmodell
- Wanderrallye und Zukunftskonferenz
- Anwendungsbeispiel von nextmoderator in der Politik

Zu Kapitel 6 *Designfestlegung:*
- Arbeitshilfen
- Checklisten

Zu Kapitel 7 *Werkzeugkasten:*
Wirkfaktor »Wohlfühlen«
- Empfang und Namensschild
- Sketch zum Start
- Inhaltliche Bewegungsübung mit Werten
- Bewegungsübung »Abenteuer auf dem Speicher«
  Wirkfaktor »Ressourcenaktivierung«
- Anwendungsbeispiele für Einstimmung in der Tischgruppe
- Wertschätzendes Interview

Wirkfaktor »Kleingruppenarbeit«
- Informationen und Tipps zur Arbeit mit Stammgruppen
- Aufgabe Stolz, Bedauern und Werte
- Instrumentiertes Gruppenlernen

Wirkfaktor »Ergebnisorientierung«
- *Arbeitsblatt:* ZAKK – Zielorientierte Aktive Kooperative Kleingruppenarbeit
- Zielpunktaufstellung
- Struktur für Ergebnisdokumentation Open Space

Sonstige Übergreifende Werkzeuge
- Mentale Phase für Stolz und Trauer

Zusätzlich finden Sie im Downloadbereich wertvolle Links, Checklisten, Tipps, Anschreiben und Arbeitshilfen für das Vorbereiten, Durchführen und Nachbereiten einer Großgruppenveranstaltung.

Index

Die fett gedruckten Begriffe kommen so häufig vor, dass nur wenige Verweise auf wichtige Erklärungen gegeben werden. Die fett gedruckten Seitenzahlen markieren die wichtigsten Seiten.
G = Glossar, D = Download, → = siehe

Da sowohl bei der Darstellung der Standardformate als auch der maßgeschneiderten Beispiele eine klare Struktur der Darstellung gegeben ist, werden diese Überschriften z. B. Ziele, Einsatzbereiche, Grundelemente, Phasen, Zeitplan, Ablauf, Organisation und Raum, Vorbereitung, Querinformation, Erfolgsfaktoren und Grenzen, Wirkfaktoren, Varianten und Erweiterungen im nachstehenden Stichwortverzeichnis nicht eigens vermerkt, weil es sonst inflationär wird.

Ablaufoptimierung → Prozessoptimierung
Abschluss → Schluss
Abstimmungen 34, **78**, 87, 105, 197
Abwechslung 81ff.
Agenda 132, 176, 213, 243, 256
Anfang 61, **340**, 352
Anerkennung 23
Appreciative Inquiry 18, **160ff.**, 184, 186, 249ff.
– ~ Interview → Wertschätzendes Interview
– ~ Online Konferenz 220, D 424
– ~ Story Capture Tool 206
– ~ Summit 98, 99, 102, 103, **160ff.**, 227, 229, 241ff., **261ff.**
→ Appreciative Open Space
– SOAR 172, 186
Appreciative Open Space 98, 102, 103, **172ff.**, 256
Ancient Wisdom Council 179
Arbeitshilfen D 425
Arbeitskreis G 413
Atmosphäre 48, 54, 151
Aufmerksamkeit 47, 49, 60
Aufrütteln 151, 156f., 299f.
Auftraggeber 39, 238, 256
Aufstellung 242, 250, 365

– Dialogische ~ 256, 379ff.
– Indikator~ 399ff.
– Organisations~ 409
– Zielpunkt~ 259ff., D 425
Austausch 61f., 83, 93, 121, 169, 193

Begeisterung 5, 248
Benchmarking 161
Besprechung 29, G 411
Best Practice 22, **151ff.**, 254
Bestuhlung 37
Betriebsversammlung 23
Bewegung 36, **51**, 157, 220, 233, 280, 287, 294, 308, 361ff., 379, D 425
Bewertungsskala 44
Bewusstsein 32, 55, **58**
Bilder 58
Blitzlicht 39, 69, 251, 303
Brainstorming 312f.

Chat 89, 92, 202, 208, 219
Checklisten D 424
Collaborative Loops 181
Commitment 34, 300, 319
Communities 332, G 414
– ~ of Practice 223

Community Weaving 181
Conference Model 180
Cycle of Resolution 182
CoVisions's Council 196

Datenbanken 91
Dauer 29, 225
Dekoration 106
Denkmuster 34, **149ff.**, 173, 297
Design 17, 45, 74, 98, 152, 162, 170, 204, 243, 284, 312, **327ff.**
Dialog 30, 62, 88, 92, 114, 186, 339, 352, 376, 379
– ~ische Aufstellung → Aufstellung
→ Großgruppendialog
Disziplin 119, 127, 200, 308
Dokumentation **49f.**, 78, 105, 221, 250, 320, 324
Download D 424
Dramaturgie 341ff., 353
Dynamic Facilitation 186

EFQM 167
Ehrlichkeit 23
Eigenaktivität 83
Einladung 46, 214, 265, 323, 340
Einsatzbereiche 24, 100ff., 191ff.,
Einstimmung 151, 259, 285, 304, 374
Emotionen 45ff., 61, 154, 341, 365
Empfang 46, D 424
Energie 51, 56f., 76, 160, 166
– ~aufbau 361, 363, 365
Ergebnis
– ~dokumentation D 425
– ~orientierung 26, **72ff.**, 389, 391, **394ff.**, Kapitel 3–7
– ~messung 79
– ~verantwortung 114
Evaluation 27, 128, 211, 409
Event 29, 52

Feedback 75, 79, 196, 234, 240, 264, 288, 325
Fishbowl 384
Flipchart 38, 147, 197, 243, 278, 287, 346, 366, 387ff., 394
Follow-up 78, 341
Fragen 115
Freiraum 55, **84f.**, 107, 127, 247
Führungskräfte 60f., 248, 311f., 321
Fusion 150, 161

Gala-Bestuhlung 38, 236
Gemeinschaft 6, 8, 57, 64, 71, 138, 152, 173
– Lern~ 223
– virtuelle ~ 222
Gemeinsinn Werkstatt 183
General Electric 188
Genuine Contact 183
Gesetz zwei Füße **129**, 174, 216, 258, 323
Glaubwürdigkeit 157
Goldfischglas 104, 384
Großgruppen
– Definition **29f.**
– Diagnose 379, 399
– Dialog 379, 384
– ~intervention 5
– ~veranstaltung 31f., 37f., 338f., G 411
– Präsenz~ 31, 97ff., 192, 195, 218, G **412**
– systemische ~arbeit 8
– virtuelle ~ 31, 193, G 413
– **Standardformat 97ff.**, G 411
Großseminar 29, G 411
Gruppen
– Arbeitsstruktur **68**, **387ff.**, 394ff.
– ~ am PC 311
– ~aktionsplan 397
– ~bildung 379
– ~effektivität 389, 394
– ~dynamik 194, 196, 312f.,
– ~größe 66

→ Kleingruppe
→ Kleingruppenarbeit
- **Max-Mix** ~ 41, **67f.**, 141, 276
→ Planungsgruppe
- Rollenverteilung 62, 139, 167, 252, **387**
- Themengruppe 68
- Stakeholder 39, 67, 327, 339f., 400
- Verdichtungsgruppe **70f.**
- Zusammensetzung 67, 339f., 352
GTG-Modell 17, 98, 102, 103, 112, 119, **120ff.**, 230, **275ff.**, 288ff., 310, 353

Hauptversammlung 104
Hedgehog Konzept 264, 268
Heldenreise 342
Helfer → Support Team
Hummeln 129

Identifikation 67
Ideenentwicklung 114, 128, 193, 210
Indikatoraufstellung → Aufstellung
Infoboard **53**, 85, 220
Infomarkt 39
Informationsfluss 338, 352
Informationstagung
→ Tagung, klassisch-lineare
→ Tagung, moderne parallele
→ GTG-Modell
Informationsvermittlung 32
Innovation 114
Instrumentiertes Gruppenlernen 283, D 425
Interview
- Online ~ 221ff.
- Telefon~ 221
→ Wertschätzendes Interview

Jahresauftaktveranstaltung 161, **248**

Kalkulation 345, 354, D 425
Kennenlernen 365, 379
Kick-off 63, 241, 283

Klausur 30, G 412
Klatschen
- energetisches ~ 52
- indianisches ~ 52
Konflikte 376, 379, 384
Kooperation 211
Krisen 8
Kultur → Unternehmenskultur
Kleingruppe 85, G 412
Kleingruppenarbeit 65ff.
→ ZAKK
Kommunikation
- ~ verstärken 368
- Echtzeit ~, synchron 87f., 92, 184, 190, 192, 195, G 413
- virtuelle ~ **190**, G 414
- zeitversetzte ~, asynchron 87f., 190, 192, 198, 217, G 414
Konferenz G 412
- globale ~ 193, 198, 261ff.
- ~plattform 205ff., G 414
- ~software 205ff., G 414
→ Online-Konferenz
- The Conference Model → Conference Model
- Web~ 88
Kongress G 412
→ Tagung
Kontakte 35
Kundenbeziehungen 211, 248ff., 255ff., 276ff., 309
KVP 283ff., 297ff., 348

Landkarte 382ff.
Leitbild 150, 161f.
Lenkungsausschuss 39
Lerngemeinschaften 223
Licht 51, 302
Live-Visualisierung → Visuelle Protokolle
Logistikteam 39ff., Kapitel 3 und 5
Lösungen 24, 30

Märchen 22, 303ff., 341f., 351ff.
Meeting 29, 263, G 411
Mentale 61
– ~ Anker 79
– ~ Phasen 79, 157, 233, 294, 361
– ~ Schluss-Integration 402
→ Phantasiereisen
Metaphern 158, 341, 351ff., 377
Mitwirkung 35, 326
Mitarbeiter-Beteiligung 230, 281ff., 297, 349
Moderator 39ff., 68, 199, 207, 212, 275, 314, 388, G 413
Motivation 59, 71, 73, 320
Musik 47, **51**, 138, 280, 287, 308, 313, **371ff.**, 405

Nachbereitung D 425
Nähe **36**, 67
Namensschild 231, 237, 242, D 424
Nextmoderator 195, 310ff., D 424
Netzwerke 33, 211, 223, 230, 292
Neuigkeiten 35
NLP 18, 375
Non-Profit 261ff.
Nutzen 31, 128

Online-Konferenz 200ff., G 414
– Feedback 272
Open Space Technology 98f., 102f., 127, **128ff.**, 172ff., 184, D 425
→ Appreciative Open Space
OpenSpace-Online 184, 209ff., 321ff.
Organisation 57, 347f., D 425
– ~skultur → Unternehmenskultur
Outdoor 148
OvationNet 202, 265f.

Parallel Engineering 89
Pause 36, **82**, **106**
Persönlichkeitsprofil 275

Phantasiereisen 59
Planung 23, 320, 347
Planungsgruppe 6, **39f.**, 76, 182f., Kapitel 3 und 5
Plattform 204ff., 220, 265f., G 414
– Auswahl der ~ D 424
→ Konferenzsoftware
Plenum 37, 320, G 413
Podiumsdiskussion 104, 108, 208
Politik 321, D 424
Post-Its 53, 107, 237, 394
Post-Merger-Integration → Fusion
Präsentation 69, 71, 77
Projektgruppen 183, 202, 223
→ Teams
Prozessbegleiter **40**, 93, 341, G 413
Prozessoptimierung 128, 150, 161
Psychologische Aspekte 18

Querinformation 53, **69f.**, 85, 101ff., 316, 391, Kapitel 3 und 5

Rahmenbedingungen 230, 343f., 353
Rapid Results 185
Rat der Weisen 185
Raumfragen 71, 124, 134, 144, 344
– Gruppenraum 38
– Gestaltung 48
Redestab, -stein 69
Referent 39, 76, 103, 108, **110**, 231, 236, G 413
Reflexion 115
Reteaming 137, 391
Ressourcen 19, 56, 219, 275
– ~aktivierung **55ff.**, 137, 148
Rhythmisieren 80ff., 358, Kapitel 3 und 5
Rituale 57, 158, 263, 341f.
RTSC Real Time Change Strategie 98f., 102f., **149ff.**, **296ff.**, 353

Schluss 340, 353, 402ff.
Schmetterlinge 129
Selbstorganisation 84ff., 128ff., 359, 391ff.
Sinne 45, 58, 81ff., 94, 148
Sinn 58
- ~-Schleife 377
Sicherheit 36
Singen 51
Sketch 22, 47, **52**, 153, 299, 318, D 424
SOAR 172, 186
Spielregeln 34, 151, 304
Spirit 152
Sprache 67, 298ff., 354
Stakeholder 39ff., 59, 68, 186, 193, 339, 400
Stammgruppe 67, 70, **121ff.**, 156, 237, 293, 300, 340, **391**, G 412, D 425
Stehkreis 23, 284, 294, 366
Stehtische 116
Stellübungen → Aufstellung
Stimmung 6, 21, 50f., 69, 368, 371
- Aufbruchs~ 149, 167, 379
- ~sbarometer 277f., 288
→ Aufrütteln
→ Blitzlicht
→ Einstimmung
Storytelling 57
Stuhlkreis 38, 155
Strategie 22, 114, 139, 146, 161, 191, 261, 301, 320, D 424
STT-Modell 91, 320
Stuhlkreise 21
Suggestopädie / Superlearning 18, 379, 403
Support Team (Helfer) 39, 93, 400
Symbole 72, 123, 141, 158
Symposium G 412
System 139, 381

Tabuthemen 368
Tagung G 412

- Fach~ 235ff.
- innerbetriebliche ~ 24
- klassisch-lineare ~ 98, 102, **103**, 229ff.
- moderne parallele ~ 98, 102f., **108ff.**, 236ff.
- öffentliche ~ 24
- Verbands~ 229ff., 255ff.
→ GTG-Modell
Teilnehmer
- ~anzahl 29
- ~auswahl (systemisch) **76**
- ~bedürfnisse 75, 322
- ~struktur 26
Team 182, 185, 188, 241ff., 263ff., 274ff.
→ Logistikteam
→ Projektgruppen
→ Support Team
→ Vorbereitungsteam
TED-Abfragen 197, 313ff.
→ Abstimmungen
The Conference Model → Conference Model
The World Café → World Café
Themen
- ~auswahl 84, 291
- ~vielfalt 84
Transfer 78, 307, 341
Trends 408

Überdosis 45, 74, 329
Übergangszeiten 110
Umsetzung 32, 148f., 168, 394ff.
- ~splan 74
Unternehmenskultur 22f., 34f., **150ff.**, 296ff., 321ff., 336, 344
Umfeld 57

Veränderung 9, 182ff.
- ~sprozess 18, 23, 35, 59, 63, 150, 161, 180, 205, 210, 223, **241ff.**
Veranstalter 39

Veranstaltung
- Interne ~ G 412
- Geschlossene ~ G 412
- Offene ~ G 412
- Präsenz~ 87
- ~sdauer 29, 344

Verantwortung 216, 325, 348
Verhaltensänderungen 31
Vertiefung parallel 108
Vertrauen 36, 64, 241
Verpflegung 53
Vertrieb 128, 227, 229, 249, 274ff., D 424
Videokonferenz 89, 197
Virtualität 86ff., 189ff.
Virtuelle Gemeinschaften 222, D 424
Virtueller Kern 192
Vision 115, 143, 149f., 162
- gemeinsame ~ 138f.
- Unternehmens~ 22, 55, 57, 74, 77, 163ff., 261ff.

Visuelle Protokolle 50, 208, **368ff.**
Visual Explorer 376
Vorbereitung Kapitel 3 und 5
- ~steam 39
Vorteile für Teilnehmer 194
Vortrag 30

Wandel → Veränderung
Web Logs (Blogs) 90
Werte 57, 148, 159ff., 408, D 424, D 425
Wertschätzendes Interview 21, 57, 164f., 173, 235, 243f., 250, 256, 300, D 424
- verkürztes ~ 237, 276, 283, 290, 374
- virtuelles ~ 220
Wertschätzende Haltung 162
Wettbewerb 77
Wikis 89
Wirkfaktoren 43ff. (Kapitel 3, 5, 6, 7)
- ~profil 337, 346
Wisdom Council 185
Wissen 321, 323

- ~smanagement 32
- ~svermittlung 30
WLAN 198
Wohlfühlen 45ff.
WorkOut 188
Workshop 133, 176, 213, G 413
World Cafe 63, 98, 102f., **113ff.**, 172, 184, 235, **242ff.**

ZAKK 75, 168, 176, 345, **394ff.**
Zeit 345, 354
Zielbereiche 25, 32 und Kapitel 2, 3, 5
- **Informieren 32**, 229ff., 236ff., 281ff., 289ff.
- **Lernen 32**, 229ff., 236ff., 289ff.
- **Motivieren 33**, 236ff., 248ff., 262ff., 274ff., 282ff., 298ff., 311ff., 322ff.
- **Neue Lösungen 33**, 246ff., 255ff., 262ff., 274ff., 282ff., 289ff., 298ff., 311ff., 322ff.
- **Gemeinschaft 33**, 229ff., 241ff., 248ff., 255ff., 262ff., 282ff., 322ff.
- **Normen / Werte 34**, 241ff., 274ff., 282ff., 298ff., 322ff.
- **Entscheiden 34**, 40, 262ff., 311ff., 322ff.
- **Umsetzen 34**, 236ff., 243ff., 255ff., 289ff., 298ff.

Ziele **32f.**, 53, 98, 101, Kapitel 6
- Gemeinsame ~ 24
- **Innovation** 33
- ökonomische ~ 35
- **Teilnehmer~** 35
- **Veranstalter~** 32ff.
Zielgruppe 344
Zielpunktaufstellung → Aufstellung
Zuhören 30, 115
Zukunftskonferenz 98, 99, 103f., **138ff.**, 227, 229, D 424
Zukunftsgipfel → Appreciative Inquiry Summit
Zusammenarbeit 128, 150ff., 161
- interkulturelle ~ 211

Die Autoren

Dr. Rudolf Müller
Mühlenstraße 27
83098 Brannenburg
Deutschland
Tel.: 49 (0) 80 34 – 70 78 25
Fax: 49 (0) 80 34 – 70 80 14
info@SUnternehmensentwicklung.de
www.SUnternehmensentwicklung.de

Jahrgang 1944, Studium der Betriebswirtschaft und Psychologie.
20 Jahre geschäftsführender Gesellschafter in mittelständischen Unternehmen. Tätigkeitsschwerpunkte internationales Marketing sowie Personal- und Organisationsentwicklung.
Daneben Trainerausbildung (Suggestopädie), Organisation vieler Tagungen und Kongresse für eine ganzheitliche Gestaltung, Spezialausbildungen: Persönlichkeitsprofile (GRID, Team Management, DISG, PSA, SOI), NLP-Practitioner, Edu-Kinesthetik (Brain-Gym) sowie Psychotherapie nach HPG.
Diverse Bücher und Artikel über Lerntechniken, Großgruppenarbeit, Management und Psychologie, Visionsentwicklung, Zukunftsfähigkeit.
Schwerpunkt von Dr. Müller ist die Umsetzung der ganzheitlichen, kreativ-aktiven Lehr- und Lernmethoden auf betriebswirtschaftliche Themen zur Beschleunigung des Prozesses von Lernen und geistigem Arbeiten und zur Erhöhung der Transferenergie. Er hat sich auf firmeninterne Workshops für strategische betriebswirtschaftliche Themen parallel zur Zusammenarbeit und Kommunikation im Unternehmen spezialisiert. Es geht dabei um die Integration der Ziele von Organisation und Mensch.
Dr. Müller ist fest davon überzeugt, dass im permanenten Veränderungsprozess der Wirtschaft und insbesondere der Unternehmen zugleich die Basis für eine Beschleunigung der menschlichen Entwicklung liegt. Der Wettbewerb zwingt die Unternehmen, zunehmend in den Faktor Mensch zu investieren, was neben dem Firmenerfolg auch gesellschaftliche Prozesse in Gang bringen wird, die in ihrem Ausmaß und ihrer Wirkung heute noch nicht abzusehen sind.
Dr. Müller lebt in Brannenburg bei Rosenheim. Er leitet das Institut für Unternehmensentwicklung.

Walter Bruck
Unternehmen entwickeln
Goethestraße 5
61350 Bad Homburg v. d. Höhe
Deutschland
Tel.: 49 (0) 7 00 – Walter Bruck
Fax: 49 (0) 7 00 – 9 25 83 727
kontakt@walterbruck.com
www.walterbruck.com

»*Das Geheimnis des Erfolgs ist die Freude« (Walter Bruck)*
Jahrgang 1965, geboren in Friesach (Kärnten), Dipl.-Ingenieur der Elektrotechnik und Dipl.-Informatiker, 1994 Einstieg als Top Management Berater bei Roland Berger. Seit 1997 ist er als selbständiger Pionier der Wertschätzenden Unternehmensentwicklung – Appreciative Inquiry – im deutschen Sprachraum tätig. Für seine innovativen Ansätze in Veränderungsprozessen ist er international anerkannt.

Zielgruppe:
Menschen, die neue Wege gehen – und ihre Ziele leichter und freudvoller erreichen wollen. Er unterstützt Unternehmen, Organisationen und Individuen, speziell wenn diese vor Wendepunkten in ihrer Entwicklung stehen.

USP: Unternehmen innovativ entwickeln
- Qualität, Erfolg, Kundenorientierung und persönliche Erfüllung in der Arbeit verbinden
- Nachhaltige innovative Wandlungsprozesse gestalten und begleiten
- Neue Werkzeuge für effektiveren Dialog & bessere Unternehmenssteuerung entwickeln

Themen: Unternehmerische Aufgabenstellungen wie:
- Strategie neu ausrichten und umsetzen
- Kundenservice als ein Dienst am Kunden
- Kundenbindung stärken – Qualität erhöhen
- Erfolgskultur leben – Turn-around herbeiführen

Walter Bruck findet auch in »unmöglichen« Aufgabenstellungen innovative Lösungen. Für die effektive Zusammenarbeit von verteilten Teams entwickelt er einfach zu nutzende Werkzeuge mit Hilfe moderner Technologien.

Kernelemente für die Großgruppenarbeit

1. Zielbereiche

1. Informieren	5. Gemeinschaft erleben
2. Lernen	6. Normen und Werte wandeln
3. Motivieren	7. Entscheiden
4. Neue Lösungen finden	8. Umsetzen

Details finden Sie im Kapitel 1.2.1 ab Seite 32.

2. Wirkfaktorenübersicht

Details finden Sie im Kapitel 2 ab Seite 43.

Wirkfaktor 1: Wohlfühlen	Wirkfaktor 2: Ressourcenaktivierung:
• Sinne ansprechen	• Sinn erkennen – Bewusstsein schaffen
• Geborgenheit und Nähe schaffen	• Grundhaltung des Hinwendens
• Sich bewegen	• Austausch und Dialog
• Emotionalität wecken	• Beziehung und Gemeinschaft
Wirkfaktor 3: Kleingruppenarbeit:	**Wirkfaktor 4: Ergebnisorientierung:**
• Zeitanteil und Gruppengröße	• Zielklärung
• Zusammensetzung und Konstanz der Kleingruppen	• Ergebnisorientiertes Arbeiten
• Strukturierung der Kleingruppenarbeit	• Ergebnisse sichern und lernen
• Organisation der Querinformation	
Wirkfaktor 5: Rhythmisieren	**Wirkfaktor 6: Selbstorganisation:**
• Aktivität und Passivität	• Themenfreiheit
• Ansprache der Sinneskanäle	• Themenauswahl
• Arbeitsformen und Sozialform	• Personenkontakt
• Ort	• Ausklinken
Wirkfaktor 7: Virtualität	
• Echtzeit	• Zeitversetzt
• Sichtbarkeit	• Bewusst sein
• Verantwortlich sein	• Aktivitäten unterstützen
• Dialoge visualisieren und strukturieren	• Wissensräume gestalten
• Sinnesvielfalt	

Details finden Sie im Kapitel 2 ab Seite 43.

 **Bücher für Training und Personalentwicklung**

Trainerkarriere
464 Seiten, gebunden
ISBN 978-3-89749-218-9

Praxis E-Learning
448 Seiten, gebunden
ISBN 978-3-89749-595-1

Persönlichkeitsmodelle und Persönlichkeitstests
450 Seiten, gebunden
ISBN 978-3-89749-636-1

Beratungs-Kompass
370 Seiten, gebunden
ISBN 978-3-89749-565-4

Praxis Weiterbildung
448 Seiten, gebunden
ISBN 978-3-89749-473-2

Wirkungsvolle Tagungen und Großgruppen
300 Seiten, gebunden
ISBN 978-3-89749-678-1

Informationen über weitere Titel unseres Verlagsprogrammes erhalten Sie in Ihrer Buchhandlung, unter **info@gabal-verlag.de** oder **www.gabal-shop.de**.

GABAL — Karriere-Ratgeber mit Internet-Workshop

mind maps mit mindmanager®
140 Seiten
ISBN 978-3-89749-675-0

outlook für die praxis
140 Seiten
ISBN 978-3-89749-589-0

einfach besser texten
140 Seiten
ISBN 978-3-89749-590-6

bewerben in traumbranchen
128 Seiten
ISBN 978-3-89749-553-1

assessment center
160 Seiten
ISBN 978-3-89749-552-4

persönlichkeitsmarketing
128 Seiten
ISBN 978-3-89749-510-4

überzeugen ohne zu argumentieren
128 Seiten
ISBN 978-3-89749-511-1

die 100%-bewerbung
160 Seiten
ISBN 978-3-89749-462-6

business with the japanese
128 Seiten
ISBN 978-3-89749-461-9

busiquette – korrektes verhalten im job
128 Seiten
ISBN 978-3-89749-289-9

sie bekommen nicht, was sie verdienen, sondern was sie verhandeln
128 Seiten
ISBN 978-3-89749-177-9

nutzen bieten – kunden gewinnen
144 Seiten
ISBN 978-3-89749-254-7

Informationen über weitere Titel unseres Verlagsprogrammes erhalten Sie in Ihrer Buchhandlung, unter info@gabal-verlag.de oder www.gabal-shop.de.

 **Business-Bücher für Erfolg und Karriere**

Erfolgreiche Teamarbeit
220 Seiten
ISBN 978-3-89749-585-2

Wenn die anderen das Problem sind
218 Seiten
ISBN 978-3-89749-586-9

Methodenkoffer Führung und Zusammenarbeit
350 Seiten
ISBN 978-3-89749-587-6

Methodenkoffer Persönlichkeitsentwicklung
350 Seiten
ISBN 978-3-89749-672-9

Das Leuchtturm-Prinzip
184 Seiten
ISBN 978-3-89749-627-9

Der Omega-Faulpelz
144 Seiten
ISBN 978-3-89749-628-6

Projektmanagement
208 Seiten
ISBN 978-3-89749-629-3

Soft Skills für Young Professionals
648 Seiten
ISBN 978-3-89749-630-9

Vertrauen und Führung
160 Seiten
ISBN 978-3-89749-670-5

5 coole Ideen
140 Seiten
ISBN 978-3-89749-671-2

Small Talk von A bis Z
160 Seiten
ISBN 978-3-89749-673-6

Toolbox Business-Kommunikation
140 Seiten
ISBN 978-3-89749-674-3

Informationen über weitere Titel unseres Verlagsprogrammes erhalten Sie in Ihrer Buchhandlung, unter **info@gabal-verlag.de** oder **www.gabal-shop.de**.

 **Günter, der innere Schweinehund**

Günter, der innere
Schweinehund
224 Seiten
ISBN 978-3-89749-457-2

Günter, der innere
Schweinehund, für Schüler
232 Seiten
Lesealter: ab ca. 10 Jahren
ISBN 978-3-89749-583-8

Günter, der innere Schweinehund, wird Nichtraucher
216 Seiten
ISBN 978-3-89749-625-5

Günter, der innere
Schweinehund, wird schlank
216 Seiten
ISBN 978-3-89749-584-5

Günter lernt verkaufen
216 Seiten
ISBN 978-3-89749-501-2

Günter, der innere
Schweinehund, lernt flirten
200 Seiten
ISBN 978-3-89749-665-1

Informationen über weitere Titel unseres Verlagsprogrammes
erhalten Sie in Ihrer Buchhandlung, unter **info@gabal-verlag.de**
oder **www.gabal-shop.de.**

GABAL — Bücher für Management

Verkäufer Coaching
190 Seiten, gebunden
ISBN 978-3-89749-570-8

Strategischer Verkauf
192 Seiten, gebunden
ISBN 978-3-89749-650-7

Unternehmensführerschein
256 Seiten, gebunden
ISBN 978-3-89749-575-3

Die Umsatz-Maschine
240 Seiten, gebunden
ISBN 978-3-89749-631-6

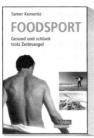

FOODSPORT®
272 Seiten, gebunden
ISBN 978-3-89749-633-0

Erfolgreich als Sachbuchautor
336 Seiten, gebunden
ISBN 978-3-89749-632-3

Value of Investment
157 Seiten, gebunden
ISBN 978-3-89749-634-7

Die heiligen Kühe und die Wölfe des Wandels
400 Seiten, gebunden
ISBN 978-3-89749-666-8

Das 21. Jahrhundert ist weiblich
270 Seiten, gebunden
ISBN 978-3-89749-667-5

TQS – Total Quality Selling
250 Seiten, gebunden
ISBN 978-3-89749-668-2

Die fünf ZukunftsBrillen
250 Seiten, gebunden
ISBN 978-3-89749-669-9

Was Führungskräfte und Mitarbeiter vom Spitzensport lernen können
192 Seiten, gebunden
ISBN 978-3-89749-653-8

Informationen über weitere Titel unseres Verlagsprogrammes erhalten Sie in Ihrer Buchhandlung, unter **info@gabal-verlag.de** oder **www.gabal-shop.de**.

Gesellschaft zur Förderung
Anwendungsorientierter
Betriebswirtschaft und
Aktiver
Lehrmethoden in Hochschule und Praxis e.V.

Was wir Ihnen bieten

- Kontakte zu Unternehmen, Multiplikatoren und Kollegen in Ihrer Region und im GABAL-Netzwerk
- Aktive Mitarbeit an Projekten und Arbeitskreisen
- Mitgliederzeitschrift *impulse*
- Freiabo der Zeitschrift wirtschaft & weiterbildung
- Jährlicher Buchgutschein
- Teilnahme an Veranstaltungen der GABAL und deren Kooperationspartner zu Mitgliederkonditionen

Unsere Ziele

Wir vermitteln **Methoden und Werkzeuge**, um mit Veränderungen kompetent Schritt halten zu können und dabei unternehmerische und persönliche Erfolge zu erzielen. Wir informieren über den aktuellen Stand **anwendungsorientierter Betriebswirtschaft**, fortschrittlichen Managements und menschen- und werteorientierten Führungsverhaltens. Wir gewähren jungen Menschen in Schule, Hochschule und beruflichen Startpositionen **Lebenserfolgshilfen**.

Klicken Sie sich in unser Netzwerk ein!

mailen Sie uns:
info@gabal.de
oder rufen Sie uns an:
06132 / 50 95 90
Besuchen Sie uns im Internet:

www.gabal.de